Volker Wolff leitet die Presseausbildung im Masterstudiengang Journalismus der Universität Mainz und ist Herausgeber der Zeitschrift »Wirtschaftsjournalist«. Davor war er Redakteur des »Handelsblatts«, Ressortleiter bei »Capital« und Chefredakteur der »Wirtschaftswoche«.

Volker Wolff

ABC des Zeitungs- und Zeitschriftenjournalismus

UVK Verlagsgesellschaft mbH

Praktischer Journalismus
Band 67

Bibliografische Information der Deutschen Bibliothek
Die Deutsche Bibliothek verzeichnet diese Publikation in der Deutschen
Nationalbibliografie; detaillierte bibliografische Daten sind im Internet
über http://dnb.ddb.de abrufbar.

ISSN 1617-3570
ISBN 3-89669-578-9

© UVK Verlagsgesellschaft mbH, Konstanz 2006

Einbandgestaltung: Susanne Weiß, Konstanz
Satz und Layout: Klose Textmanagement, Berlin
Druck: fgb · freiburger graphische Betriebe, Freiburg

UVK Verlagsgesellschaft mbH
Schützenstr. 24 · D-78462 Konstanz
Tel.: 07531-9053-0 · Fax: 07531-9053-98
www.uvk.de

Inhalt

Vorwort

Zeitungen und Zeitschriften werden seit einigen Jahren kräftig durchgeschüttelt. Es fehlen die Anzeigen, und es fehlen die Leser. Oft wird von Krise geredet und, viel spricht dafür, dass die Pressemärkte in ihrer Ausreifephase stecken. Als Folge der Entwicklung rollten Sparwellen durch die Redaktionen. Sie richteten vielerorts Verwüstungen an: Die Qualität kam unter die Räder, Grenzen zu Anzeigen verwischten, Sorgfalt verblasste.

Gleichzeitig wurden die Zeitungen aber auch attraktiver: Die Redaktionen haben ihre Blätter anspruchsvoller gestaltet und die Themenpalette verbreitert. Wer vor fünfzehn Jahren von Nutzwert oder Service redete, begab sich unmittelbar ins Abseits. Heute suchen nahezu alle Zeitungen und Zeitschriften mit dem Service den Weg zurück zu ihren Lesern. Zudem machen die Darstellungsformen der Magazine, die Features, die Porträts, die Reportagen oder auch die Interviews die Zeitungen bunter und lesbarer. Stoppen ließ sich der Leserschwund damit nicht, aber niemand weiß, was heute wäre, wenn die Verlage ihren Lesern und ihren Anzeigenkunden noch immer die grauen, farblosen Berichtsblätter der 70er- oder 80er-Jahre anbieten würden.

In den Rationalisierungswellen sind ganze Zeitungsberufe untergegangen. Inzwischen schreiben und gestalten Journalisten ihre Seiten selbst. Oft gibt es kein Redigieren durch die Hierarchie, kein Layout vom Profi, keine Bildauswahl oder Bildbearbeitung durch Spezialisten, kein Korrigieren durch Korrektoren und keine Druckvorstufe mehr. Der gestandene Zeitungsredakteur macht alles selbst. In großen Zeitschriftenredaktionen sieht das noch anders aus, in den zahllosen kleineren Zeitschriftenredaktionen aber nicht. Die Technik machte es möglich; das Berufsbild des Zeitungs- oder Zeitschriftenredakteurs hat sich in zwei Jahrzehnten erheblich gewandelt.

Selbst innerhalb der immer gleich erscheinenden Prozesse wie dem Schreiben oder Recherchieren eines Artikels haben sich gravierende Veränderungen ergeben: Der Gang ins Archiv findet im Internet statt. Recherche ist heute papierlos und hat viel damit zu tun, die immer größeren Einflüsse der Öffentlichkeitsarbeit zu erkennen und richtig einzuordnen. Auch beim Schreiben von Artikeln sind die Zeiten der universellen Regeln vorbei. Heute wird sorgsam nach vielen Darstellungsformen differenziert. Zudem wurden bei Zeitungen und Zeitschriften Grafiken, Kästen und Tabellen als mittlere Informationsebene eingezogen.

Für die Journalisten kommt eines zum anderen. Die Zusammenballung der Tätigkeiten am Arbeitsplatz des Redakteurs bedingt neue Fähigkeiten und Routinen. Neue Themen und neue Darstellungsformen fordern die Autoren. Und die ökonomische Krise zerrt an den Budgets, den Planstellen und den Nerven aller. Zu allem Überfluss sickern immer mehr von Öffentlichkeitsarbeitern gesteuerte und bezahlte Manuskripte in Redaktionssysteme, ohne dass die auf Anzeigen ausgerichteten Verlage mit auskömmlichen Honoraren Dämme gegen das PR-Material errichten. Und der Prozess geht weiter, weil alle Trends ungebrochen sind: der Leserschwund, die technische Entwicklung, die Magazinisierung der Zeitungen, das Vordringen der PR und das Sparen in den Redaktionen. Der Pressejournalismus ist schneller, gefährlicher und schwieriger geworden. Dem muss ein Lehrbuch für Studium und Praxis Rechnung tragen.

Im Folgenden geht es um bewährte Regeln des Journalismus und ihre Erhaltung unter neuen Formen, neuen Bedingungen und neuen Techniken auf immer neuen Märkten. Dieses Buch soll Rat geben und unmittelbar nützlich sein für die Arbeit in Redaktionen. Es soll auch helfen, die Brücke zwischen Zeitschriften und Zeitungen zu schlagen. Die Magazinisierung der Zeitungen ist längst Realität, und sie erstreckt sich nicht nur auf die Entdeckung der Grafiken durch die Zeitungsredaktionen. Sie ist durchgängig und betrifft Darstellungsformen, Farbeinsatz, Überschriften, Bildauswahl, Seitengestaltung und Servicethemen. Es ist absehbar, dass über kurz oder lang die Zeitungen auch die Meldungsseiten der Magazine übernehmen. Ebenso werden Aufbau und Sprache des Magazinberichts, der so genannten Newsstory, Einzug in die Zeitungsspalten halten, weil sie mehr Lesespaß versprechen. Wer heute in den Pressejournalismus geht, sollte sich bei Zeitungen wie bei Zeitschriften zurechtfinden.

Deshalb werden hier die unterschiedlichen Spielarten der Berichte und Meldungen von Zeitungen und Zeitschriften in einem Kapitel gleichrangig beschrieben. Außerdem werden die vielen anderen Darstellungsformen aus beiden Presselagern vorgestellt. Dabei stammen die Beispiele, anhand derer das Vorgehen der Redaktionen aufgezeigt wird, nach Möglichkeit sowohl aus Zeitungen als auch aus Zeitschriften. Das Bearbeiten von Servicethemen wird ebenso ausführlich behandelt wie Recherche, Redigieren, Gestaltung und die zunehmend bedeutenden Fragen des journalistischen Ethos.

Dieses Buch ist keine Abhandlung zum Zwecke der akademischen Diskussion, aber es fußt auf dem Stand der Journalistik. Es fehlen manche Definitionsversuche und Kategorisierungen der kommunikationswissenschaftlichen Literatur, weil diese nur einen begrenzten Erkenntniswert für das konkrete Bewältigen realer Aufgaben in den Redaktionen haben. Das mag manchem als Praktizismus erscheinen, der vielen in der kommunikationswissenschaftlichen Literatur so tadelnswert ist. Im Interesse der praktischen Relevanz ist es Absicht.

An diesem Buch haben meine Mitarbeiterinnen Pia Heinemann und Dr. Simone Schinz intensiv mitgewirkt. Dafür bin ich ihnen sehr dankbar. Wenn dieses Buch nützlich ist, haben sie ihren großen Anteil an diesem Nutzen.

Mainz, im Dezember 2005   Volker Wolff

1. Nachrichten und Nachrichtenauswahl

Wo ist die Nachricht? Jeder Journalist kennt das Gefühl, auf einem Termin nichts als Langeweile oder Bekanntes präsentiert zu bekommen und dann doch von der Veranstaltung berichten zu müssen. Wo ist die Nachricht? Jeder, der einmal versucht hat, einen Bericht mit dem Wichtigsten anzufangen, weiß, wie schwierig es ist, aus einem Brei von Worten das Wichtigste herauszufischen. Was ist eine Nachricht? Wo ist die Nachricht? Diese Fragen zielen auf den Kern des Journalismus. Sie zu beantworten, heißt immer auch schon im Ansatz zu klären, was Journalismus ist und wie er arbeitet.

Umso misslicher ist es, dass der Begriff Nachricht alles andere als eindeutig festgelegt ist – weder in der Wissenschaft noch in der journalistischen Praxis. Die Wissenschaft windet sich elegant um die Schwierigkeiten der Journalisten herum und stellt zunächst einmal fest, dass es viele Bedeutungen für den Begriff gibt. Das reiche ganz allgemein von Mitteilung oder Botschaft im Kommunikationsprozess über eine speziellere Bedeutung im Sinne von Neuigkeit im Journalismus bis hin zu einer journalistischen Darstellungsform. Die genannte Neuigkeit wird dann auch gerne erläutert, etwa im Sinne einer Mitteilung über ein aktuelles Ereignis, für das ein öffentliches Interesse besteht (Schulz 2002, S. 328). So richtig geholfen ist mit diesen Erkenntnissen aber keinem Journalisten, der sich in einer Stadthalle mit der Rede des vorbeireisenden Ministers aus Berlin herumschlägt: Wo ist die Nachricht?

Hilfreicher ist da schon die von Bernd-Peter Arnold aufgegriffene, inzwischen nahezu klassische, Nachrichtendefinition der BBC. Sie gibt dem Journalisten nicht nur Hinweise auf das Berichtenswerte, sondern auch noch Regeln darüber an die Hand, wie korrekt berichtet wird:

> »Nachrichten sind neue sowie wahrheitsgemäß und sorgfältig wiedergegebene Informationen, die
> - aktuelle Ereignisse aus der ganzen Welt zum Gegenstand haben,
> - die anderen wahrheitsgemäß und sorgfältig erarbeiteten Hintergrundinformationen gegenübergestellt werden, welche zuvor jedoch wie Nachrichten behandelt werden müssen,

- die auf faire Weise von ausgebildeten Journalisten ausgewählt werden und dies ohne künstliches Ausbalancieren und ohne persönliche Motivation oder redaktionelle Einfärbung,
- die in eine Nachrichtensendung aufgenommen werden, weil sie interessant sind oder in den Augen der erwähnten Journalisten für die Zuhörer von persönlichem Belang sind,
- und die ohne Furcht objektiv gestaltet werden mit Blick auf die Programmgrundsätze der BBC bezüglich guten Geschmacks und journalistischer Grundsätze.«

BBC 1976, zit. n. Arnold 1999, S. 118 f.

Diese Definition scheint streng in ihren Anforderungen. Vielleicht ist sie aber der Grund für das unbestrittene Renommee der BBC im Journalismus. Sie ist in Anspruch und Inhalt selbstverständlich übertragbar auf die Presse und führt bei sorgfältiger Beachtung zu einer Berichterstattung, die dem Leser dient. In Großbritannien wie in Deutschland.

Neu, aktuell, interessant, sorgfältig, furchtlos – aus der Definition geht deutlich hervor, dass die journalistische Arbeit an der Nachricht zwei Arbeitsschritte umfasst: die Auswahl und die Gestaltung. Dabei ist zunächst zu beachten, dass beide Schritte stets auf zwei Stufen der journalistischen Produktion anstehen. Zunächst beim Ereignis selbst, sofern ein Journalist den Termin wahrnimmt. Hier wählt er aus der Fülle der angebotenen Informationen aus und bearbeitet sie. So entsteht seine Nachricht. Die reiht sich ein in den großen Strom der Informationen, aus denen nun die Zeitung, die Zeitschrift oder die Sendung zusammengestellt werden. Auch für diesen Strom professioneller Nachrichten gilt die Definition der BBC. Jetzt erfolgt die Wahl aus der Auswahl. Der Anspruch der Definition gilt ohne Abstrich auf jeder Stufe. Wichtig ist, dass dieselbe Herangehensweise auf beiden Produktionsstufen angewendet wird, damit das Blatt oder die Sendung aus einem Guss sind. Erst dann ist der Anspruch der Definition erfüllt.

1.1 Die Elemente der Nachricht

Die Definition der BBC nennt die vier üblichen Kriterien, die eine beliebige Information zu einer Nachricht machen: aktuell – neu – interessant – von persönlichem Belang. Sie sagt aber nichts zur Quelle der Information. Dabei ist die

Quelle gelegentlich entscheidend dafür, ob berichtet wird oder nicht. Ein Gerücht, aufgeschnappt in der Finsternis einer Kellerbar, darf es nie zur Nachricht bringen. Ein Gerücht, kolportiert und für plausibel erklärt von wichtigen Insidern, ist unter bestimmten anderen Voraussetzungen durchaus der Nachricht wert. Eine Information aus dem Internet kann gefälscht und Teil einer Börseninszenierung sein, auch hier ist Vorsicht angebracht. Voraussetzung für die Beförderung einer Information zur Nachricht ist deshalb die Qualität der Quelle. Nur das, was aus einer nachprüfbar seriösen Quelle stammt, ist es wert, auf die vier üblichen Kriterien hin abgeklopft zu werden. Der Business Channel von Gruner + Jahr publizierte 1999 kurzzeitig eine gefälschte Ad-hoc-Mitteilung aus dem Internet zu einer Aktie. Die Aktie brach ein. Später saßen auch Nachrichtenagenturen gefälschten Meldungen auf. Zum Beispiel im Mai 2002 einer vermeintlichen Übernahme der Gold Zack AG. Das Internet ist eine Nachrichtenquelle höchst ambivalenter Art: Hier finden sich amtliche Mitteilungen, wichtige Zahlen und – gezielte Desinformation. Unbekannte Websites sollten deshalb sorgfältig geprüft werden: Wer betreibt die Website? Werden Quellen für die Nachricht genannt? Was sagen diese Quellen? Melden unabhängige Quellen Ähnliches. Im Zweifel ist die Information tabu.

Aktuell, neu, interessant, von persönlichem Belang – woher weiß der Journalist, ob die Information wirklich den Anforderungen an eine Nachricht genügt? Es gibt eine Faustregel, die wie die meisten Faustregeln manchmal nicht weiterhilft, zunächst aber eine Orientierung bietet: Dreh die Definition um. Keine Nachricht ist alles, was weder neu noch aktuell oder interessant ist oder keinen persönlichen Belang hat. Dies alles kann ignoriert werden. So reduziert sich der Berg der Pressemeldungen, Waschzettel, Einladungen und Hinweise ganz erheblich. Denn selbst seriöse Quellen breiten sich heute öffentlich über Bekanntes oder Belangloses aus.

Altes und Bekanntes raus: Es ist eben keine Nachricht, wenn ein notorischer Opponent zum wiederholten Male die Unfähigkeit der Regierung beklagt und die Fälle der Vergangenheit aufwärmt. Es ist für Leser unbedeutsam, dass der Regierungssprecher seine Aussagen vom Vortag bekräftigt. Er wiederholt nur Gesagtes in der Hoffnung, damit in die Öffentlichkeit zu gelangen. Es ist unerheblich, ob sich der Bauernverband grundsätzlich gegen eine Kürzung der Agrarsubventionen ausspricht oder die Gewerkschaft die Bedeutung von Lohnerhöhungen für den Konsum beschwört. Genauso unwichtig ist es, wenn ein Unternehmer wieder einmal in einem Interview mitteilt, im Osten investieren zu wollen oder ein neues Geschäftsfeld in Angriff zu nehmen. Unternehmen, Verbände, Gewerkschaften oder Regierungen scheuen sich heute nicht, bereits Verkündetes in anderer Aufmachung erneut zu verbreiten, um sich in der Öffentlichkeit positiv in Erinnerung zu bringen. Auch dafür beschäftigen sie ihre Presseabteilungen.

Belangloses und Langweiliges raus: Es ist wirklich keine Nachricht, wenn die Bundesregierung mitteilt, dass das Kabinett getagt hat. Genauso gelassen kann ignoriert werden, wenn zum Beispiel das Bundesverkehrsministerium mitteilt, dass sein Minister mit Ländern, Städten und Verkehrsunternehmen dafür sorgen will, dass bei der Fußballweltmeisterschaft in Deutschland Ortsfremde das Stadion finden. Genau diese Meldung verbreitete aber das Ministerium im Oktober 2004. Mindestens ebenso belanglos ist der übliche Hinweis irgendeines Unternehmens, mit dem Umsatz oder der Kundenzahl eine Millionenhürde genommen zu haben. Die Belanglosigkeit gilt auch dann, wenn diese Information bereits über eine Agentur verbreitet wird. Es gibt nämlich inzwischen Agenturen, die nach Art der Nachrichtenagenturen Original-Texte von Unternehmen und Verbänden verbreiten, ohne dabei auf die Nachrichten-Kriterien zu achten.

Was ist aktuell? Für den Duden ist Aktualität Gegenwartsbezogenheit. Aktuell ist also etwas von augenblicklichem Interesse oder von unmittelbarer Bedeutung für die Gegenwart. Aktuell ist alles, was einen Bezug zu dem hat, was in der Öffentlichkeit gerade diskutiert wird. Gibt es diese Diskussion, sind auch Stimmen aktuell, die in der öffentlichen Diskussion sonst stumm bleiben, vorausgesetzt natürlich, sie haben Interessantes zu sagen. Dann werden Zahlen und Zusammenhänge zur Nachricht, für die sich sonst niemand interessiert und die zu Recht als Belanglosigkeit übergangen werden. Zum Beispiel werden Bilanzzahlen ausländischer Fußballvereine aktuell, wenn ein deutscher Verein Schieflage bekommt. Vogelpopulationen französischer Küstenstreifen werden aktuell, wenn vor diesen Küsten ein Tanker verunglückt. Selbst kleine Hersteller roter Teppiche werden aktuell, wenn die Stars und Sternchen auf einem Filmfestival oder bei der Oscar-Verleihung über ihre Produkte schreiten.

Aktuell ist nicht gleich neu. Aktuell kann auch längst Bekanntes werden. Zum Beispiel ein Urteil, eine Rechtsvorschrift oder Präzedenz- und Analogfälle, die in einem Zusammenhang mit dem gegenwärtigen Geschehen stehen. Bundesligaskandale der Vergangenheit werden wieder aktuell, wenn plötzlich manipulierte Spiele entdeckt werden. Alte Vorschriften werden zu Recht zur Nachricht, wenn ihr Missbrauch offenbar wird. Längst vergessene Unternehmen werden aktuell, wenn in einem neuen Insolvenzfall Parallelen zu ihrer Pleite auftauchen. Manchmal bedarf es nur einer Kanzlerrede zu dieser Parallelität der Ereignisse.

Auch alte Geschichten können aktuell sein.

Was ist neu? Diese Frage stellt sich täglich. Theoretisch gilt im Journalismus nur die absolute Neuigkeit: Zur Nachricht wird nur das, was wirklich neu ist. Mehr noch: Es ist die Aufgabe des Journalisten zu verhindern, dass Altes als neu verbreitet wird. Doch Öffentlichkeitsarbeit und PR zielen häufig darauf ab, Neuigkeiten vorzutäuschen. Immer wieder versuchen Politiker, alte Vorschläge erneut öffentlich zu machen, gerne platzieren Unternehmen bekannte Zahlen in anderer Aufmachung. Alle diese Informationen dürfen nicht zu Nachrichten werden. Theoretisch jedenfalls. Nur Neues zählt.

Auf der anderen Seite werden täglich Dinge veröffentlicht und als neu verkauft, die schon irgendwo standen. Und dennoch ist das fachgerechter Journalismus. Im Journalismus hat der Neuigkeitswert ein subjektives Element. Neu ist die Information, wenn davon auszugehen ist, dass sie für das Publikum des Mediums neu ist. Beispiel neue Behandlungsmethode bei Krebs: Es ist durchaus denkbar, dass in einer internationalen Fachzeitschrift für Mediziner monatelang über eine neue Behandlungsmethode diskutiert wird, bevor Massenmedien auf die neue Methode eingehen. Mehr noch: Es ist geradezu typisch für den Journalismus, dass Medien auf Informationen einsteigen und sie zu Nachrichten machen, die bereits in anderen Medien verbreitet wurden. Fast alle Skandale werden zunächst exklusiv von einem Medium bekannt gemacht. Alle anderen Medien greifen dann – streng genommen – Bekanntes auf. Die Nebentätigkeit eines CDU-Politikers bei einem Energiekonzern wurde Ende 2004 zunächst exklusiv vom KÖLNER STADT-ANZEIGER veröffentlicht. Die anderen Medien verbreiteten diese Nachricht später.

Beide Kriterien, das der Aktualität und das der Neuigkeit, sind nur mit erheblichem Wissen zu beurteilen. Wer die öffentliche Diskussion nicht verfolgt, kann nicht beurteilen, ob eine Information zu dieser Diskussion gehört. Wer keine Nachrichten verfolgt, kann nicht beurteilen, was neu ist.

Der Journalist entscheidet, was neu ist.

Was ist interessant? Bei dieser Frage trennen sich die Wege der Medien. Der Boulevardjournalismus setzt hier eine andere Betonung als die so genannte Qualitätspresse. Letztere geht von der Bedeutung des Gegenstandes der Information aus: Alles was für ihre Leser wichtig ist, ist interessant. Dieses Interesse ergibt sich auch dann, wenn die Information bar jeder Sensation ist. Wichtig sind deshalb die nationale und die internationale Politik, wichtig sind die Märkte, wichtig sind auch große Unternehmen und das, was sie tun. Nur zur Verdeutlichung: Der Umsatz von Exxon Mobil oder der Marktwert von General Electric sind größer als das Bruttoinlandsprodukt Belgiens. Beide Unternehmen sind damit auch für deutsche Medien wichtig. Deshalb sind für die so genannte Qualitätspresse Informationen aus diesen Unternehmen interessant. Interessant in diesem Sinne sind auch Menschen mit bedeutenden Ämtern. Ihr Handeln ist von Gewicht. Deshalb wird die Information darüber zur Nachricht. Das schließt nicht aus, dass auch in Qualitätsmedien weniger Gewichtiges zur Nachricht wird. Dann aber eher mit nachrangiger Bedeutung.

Für den Boulevardjournalismus wird das Interessante stärker vom Sensationellen bestimmt. Ein Verbrechen wird schnell zur Nachricht, wenn es besonders blutig ist. Menschen werden zum Gegenstand von Nachrichten, nur weil ihr Handeln Aufsehen erregend war oder sie eine gewisse Prominenz erlangt haben. Es liegt auf der Hand, dass mit dieser Art des Sensationsheischens schnell die Gefahr verbunden ist, den Schutz der Intimsphäre oder andere Persönlichkeitsrechte zu verletzen.

Tatsächlich ist auch das Nachrichtenmerkmal »interessant« nicht unabhängig vom Medium und seinen Rezipienten zu sehen. Die Leser einer Fachzeitschrift für Büromöbel erwarten in ihrer Zeitschrift andere Nachrichten als die Leser einer bayerischen Boulevardzeitung oder die einer hessischen Regionalzeitung. Ein und derselbe Leser sucht in unterschiedlichen Medien unterschiedliche Nachrichten. Der bayerische Verkäufer von Büromöbeln erwartet in seiner Boulevardzeitung andere Nachrichten als auf der Meldungsseite seiner Fachzeitschrift.

Dennoch gibt es sogar Listen von Kriterien, die als Entscheidungshilfe für das Merkmal »interessant« dienen sollen. Eine davon wurde 1934 von Carl Warren den US-Journalisten an die Hand gegeben. Sie kursiert auch durch die deutschen Lehrbücher. Danach sind Prominenz, Nähe, Gefühl, Sex, Fortschritt, Folgenschwere, Konflikt, Kampf, Dramatik und Kuriosität die Eigenschaften, die eine Information interessant machen. Es liegt auf der Hand, dass der Gebrauch dieser Liste eher zu Nachrichten nach Art der Boulevardpresse führt als zu Nachrichten, die geeignet sind, halbwegs umfassend das Geschehen wiederzugeben.

Was ist von persönlichem Belang? Die Frage danach, was für ihre Leser von persönlichem Belang ist, wird für die Presse tendenziell immer wichtiger. Das gilt in dreifacher Hinsicht:

- Zunächst versuchen besonders Regional- und Lokalzeitungen, ihre Leser durch mehr lokale und regionale Information stärker an ihr Blatt zu binden. Die entsprechenden Angebote werden ausgebaut. Die Leser sollen sich und ihr Umfeld in ihrer Zeitung wiederfinden. Dazu gehören natürlich auch die Informationen über Ereignisse in diesem Umfeld. Diese Informationen sind von persönlichem Belang. Sie werden zur Nachricht.

- Zum Zweiten entspricht es immer mehr dem Verständnis guten Journalismus, aus einer zunächst allgemeinen Information durch gezielte Recherche eine für die Leser unmittelbar relevante Information zu machen. Deshalb ist es wichtig, die Aspekte von Ereignissen herauszuarbeiten, die die Leser persönlich betreffen. So werden unpersönliche Ereignisse für die Leser konkret und leichter zu erfassen. Beispiel Steuerreform: Es gehört heute zum Standard guter Redaktionen, aus Übersichten, die das Bundesfinanzministerium zu neuen Steuertarifen herausgibt, Tabellen zu erarbeiten, deren Beispiele mit Einkommen oder Kinderzahl auf die eigenen Leser zugeschnitten sind.

- Zum Dritten entwickelt sich das Herausarbeiten des individuellen Nutzens in den Medien zunehmend zur individuellen Beratung. Geldanlage, Gesundheit, Studium, Ernährung, Reisen, Bauen oder Körperpflege sind Themen, die auch von Tageszeitungen zunehmend aufgegriffen werden. Der persönliche Belang ist dann der gute Rat für eine Lebenslage. Informationen, die einen guten Rat darstellen, werden zur Nachricht.

Wie auch immer mit Blick auf das Medium und den Leser die Nachrichteneigenschaften »interessant« und »von persönlichem Belang« festgelegt werden, die Information muss neu und aktuell sein. Das Veröffentlichen alter und inaktueller Informationen führt geradewegs in die Verlautbarung, die völlig unprofessionelle Veröffentlichung von Informationen der Öffentlichkeitsarbeiter, eine der üblichen Berufskrankheiten.

Interessantes muss neu und aktuell sein.

1.2 Das Finden der Nachricht

So selbstverständlich es klingt, das Auffinden der Nachricht ist nicht selbstverständlich. Jeder Pressetermin nötigt dem Journalisten die Entscheidung über die Nachricht ab. Er muss schnell entscheiden, was neu, aktuell, interessant und von persönlichem Belang ist. Um das wirklich beurteilen zu können, muss er sich auf jeden Termin vorbereiten. Das gilt für Termine aller Art, sei es der Besuch bei den Kleintierzüchtern, den Vortrag eines Bischofs oder die Pressekonferenz nach einem Fußballspiel. Erst der Blick ins Archiv zeigt die oft interessante Vorgeschichte, nennt die Namen der Handelnden, offenbart den Stand der aktuellen Diskussion, die – um im Beispiel zu bleiben – die Grundlage des bischöflichen Vortrags bildet.

Manchmal gibt es aber immer noch Termine, nach denen selbst der gut vorbereitete Journalist rätselt, was denn nun neu sei. Die Situation kennt jeder Journalist: Eine Podiumsdiskussion verläuft chaotisch, und kein Statement birgt Neues, eine Jugendaufführung im Schultheater ist schlicht grauenhaft, die Pressekonferenz der Sparkasse zur Situation des ortsüblichen Immobilienmarktes ist bar jeder Substanz. Wo ist die Nachricht?

Dann wird gefragt. Und zwar entschlossen in alle möglichen Richtungen: Zum Beispiel auf der Basis der Vergangenheit. Gab es im Vorjahr ein Problem, und ist davon nicht mehr die Rede, wird der Stand der Angelegenheit erfragt. So findet sich schnell das Unterschlagene. Oder es wird gezielt der Standpunkt zur aktuellen Diskussion erfragt. Dann kommt oft Farbe in die Geschichte. Oder es wird der persönliche Belang der Leser herausgearbeitet. Dabei hilft es oft, sich bestimmte Versprechen konkret in Euro vorrechnen zu lassen. Viele Ankündigungen zu Preissenkungen, Steuererleichterung oder Tariferhöhungen entpuppen sich dann schnell als etwas vollmundig.

> Es gibt überall dumme Fragen – nur nicht im Journalismus.

Ist auch nach bester Vorbereitung und sorgfältigsten Fragen nichts Neues und Aktuelles in Sicht, gibt es keine Nachricht. Eine Meldung oder ein Bericht sind dann journalistisch nicht mehr zu verantworten. Da mögen die Diskussionsveranstalter oder die Sparkasse einwenden, was sie wollen. Der Journalist entscheidet, worüber er schreibt, und nicht die Pressemappe, die er bekommt.

1.3 Die Auswahl und Bearbeitung der Nachricht

Die strenge BBC-Nachrichtendefinition enthält vier Forderungen, die der Journalist erfüllen muss, um aus einer geeigneten Information eine Nachricht zu machen:
1. Die Information muss wahrheitsgemäß und sorgfältig wiedergegeben werden.
2. Sie muss wahrheitsgemäß und sorgfältig erarbeiteten Hintergrundinformationen gegenübergestellt werden.

3. Sie muss fair ausgewählt werden, ohne jedes Ausbalancieren, ohne persönliche Motivation und ohne redaktionelle Einfärbung.
4. Sie muss furchtlos und objektiv gestaltet werden unter Beachtung journalistischer Grundsätze.

Zunächst: Diese Forderungen richten sich an alle am Bearbeiten von Nachrichten Beteiligten. Sie gelten für den Korrespondenten vor Ort, den Nachrichtenredakteur am Nachrichtentisch, den Ressortleiter oder den Chefredakteur. Theoretisch müssen sich alle immer wieder kritisch fragen, ob sie diesen Anforderungen genügt. Der ernsthafte Versuch, nahe an die Wahrheit heranzukommen, die gebotene Sorgfalt sowie die eingeforderte Fairness oder Furchtlosigkeit gelten auf jeder Hierarchieebene. Jeder Einzelne ist immer wieder dafür verantwortlich, dass die Regeln eingehalten werden. Wenn der Korrespondent vor Ort aus Angst vor lokalen Wirtschafts- oder Politikgrößen großzügig über deren Peinlichkeiten hinweggeht, müssen der Redakteur oder der Ressortleiter die Antworten auf Fragen nach den Peinlichkeiten einfordern. Versucht der Chefredakteur, einem Freund mit einem Artikel einen Gefallen zu erweisen, verzerren also persönliche Motive die Information der Leser, müssen die Redakteure ihren Chef auf sein Versagen hinweisen. So schwer es auch fallen mag, dem Anspruch an Professionalität kann sich in einer Redaktion niemand entziehen.

Die wahrheitsgemäße und sorgfältige Wiedergabe

Gerade für den Journalismus gilt: Die absolute Wahrheit gibt es nicht. Vor allem gibt es fast niemanden, der einem Journalisten wirklich die Wahrheit erzählt. Bestenfalls erzählt er ehrlich seine Sicht der Dinge. In der Regel aber präsentieren Parteien, Unternehmen, Ministerien, Verbände, Vereine und ihre Vertreter zum Zwecke der Beeinflussung der Öffentlichkeit ihre Auffassungen. Und die entsprechen fast nie der ganzen Wahrheit. Dennoch hat der Journalist der Wahrheit so nahe wie möglich zu kommen. »Die Achtung vor der Wahrheit, die Wahrung der Menschenwürde und die wahrhaftige Unterrichtung der Öffentlichkeit sind oberstes Gebot der Presse«, sagt Ziffer 1 des deutschen Pressekodexes.

Genau darum geht es, die Achtung vor der Wahrheit oder das Bemühen, der Wahrheit wenigstens so nahe wie möglich zu kommen. Niemand verlangt von den Journalisten, dass sie nur Wahres verbreiten. Auch kein Gericht. Die Landespressegesetze beschreiben eine Sorgfaltspflicht der Journalisten: »Die Presse hat alle Nachrichten vor ihrer Verbreitung mit der nach den Umständen gebotenen Sorgfalt auf Wahrheit, Inhalt und Herkunft zu prüfen.« Journalisten schulden Lesern das professionelle Bemühen um die Wahrheit durch Sorgfalt. Und das ist oft schwer genug.

Die Formulierung des Gesetzestextes zeigt aber auch, dass es in der Sorgfaltsfrage keine allgemein gültige Verpflichtung gibt, sondern dass es hier auf den Einzelfall ankommt. Auf die »nach den Umständen gebotene Sorgfalt«. Nun sind die Umstände im Journalismus zumeist schlecht, ist doch in der Regel Eile geboten, die jeder Zeit raubenden Recherche entgegensteht. Dennoch haben sich auch mithilfe der Richter in den vergangenen Jahren einige Regeln herausgeschält, die eine »berufs-« oder »pressemäßige« Sorgfalt konkretisieren.

Zunächst sind die Quellen einer Information zu prüfen. Als seriöseste aller Quellen gelten Behörden. Amtliche Mitteilungen dürfen sogar ungeprüft übernommen werden. Zwar weiß die Öffentlichkeit spätestens seit der unberechtigten Warnung Baden-Württembergs vor bestimmten Eiernudeln, dass auch Behörden irren, dennoch gilt für amtliche Quellen die berufsmäßige Sorgfaltspflicht auch ohne weitere Prüfung als erfüllt. Das rechtliche Risiko trägt die Behörde. Soweit die Rechtslage.

Damit kein Missverständnis entsteht: Behördeninformationen dürfen ungeprüft veröffentlicht werden, sie müssen es aber nicht. Tatsächlich sind Behördenmitteilungen heute keineswegs immer zur Veröffentlichung geeignet. Auch Ministerien verbreiten Belangloses, auch Regierungen suchen Eigenwerbung über die Presse. Im Interesse der Leser schließt die Sorgfalt hier auf jeden Fall die Prüfung von Aktualität, Neuigkeit und Gewicht ein. Diese Prüfung steht am Anfang.

Eine Art Vertrauensgrundsatz gilt auch für die Meldungen anerkannter Nachrichtenagenturen. Sie bedürfen nach der Rechtsprechung »in der Regel« keiner weiteren Überprüfung. Nun irren selbst die seriösesten Agenturen relativ häufig. Deshalb empfiehlt sich nach wie vor die Beachtung eines uralten journalistischen Grundsatzes: Warte auf die zweite Agentur.

Alle andere Quellen, auch andere Medien, genießen keinen Vertrauensschutz. Eine falsche Nachricht wird bekanntlich nicht dadurch richtig, dass sie von anderen veröffentlicht wurde: Papst Johannes Paul II. befand sich auf dem Wege der Besserung, als der schwedische Fernsehsender SVT Anfang März 2005 stundenlang auf seiner Website den Tod des Oberhauptes der katholischen Kirche meldete. Also ist auch bei bereits veröffentlichten Informationen nach der Quelle auch die Information selbst zu prüfen. Dies gilt auch und gerade für Manuskripte. Wie oft irren Autoren, wie oft purzeln Millionen und Milliarden durcheinander, wie schnell sind Namen von Personen und Unternehmen falsch. Im Redaktionsalltag reicht das Prüfen der Plausibilität. Lässt aber das Manuskript oder die angebotene Information eine Frage offen, muss diese Frage dem Autor, dem Absender, dem Informanten, einem Spezialisten oder dem Korrespondenten vor Ort gestellt werden. Erst dann ist die Sorgfaltspflicht erfüllt. Dieser Check angebotener Informationen muss sein. Die Juristen reden von »zumutbarer Anstrengung, den Wahrheitsgehalt einer Mitteilung zu ermitteln«. Meist reicht ja schon ein Telefonanruf.

Die gebotene Sorgfalt steigt mit der Bedeutung der Information. Je heißer die Information, je größer ihre politische, wirtschaftliche oder soziale Tragweite für einen Betroffenen, desto intensiver muss diese Prüfung ausfallen. Andererseits gilt aber auch, dass die Zeit für die Prüfung einer Information bei wichtigen Nachrichten kurz bemessen sein darf. Je wichtiger, desto kürzer. Auch das entspricht der Rechtsprechung. Die Journalisten stecken in einer Zwickmühle: schnell oder sorgfältig?

Tatsächlich ist diese Zeitfrage weniger entscheidend: Besonders wichtige Informationen, zum Beispiel der Tod eines Regierungschefs, der Zusammenbruch eines Unternehmens, das Großfeuer in der weltbekannten Oper, werden schnell von den Agenturen verbreitet. Und dann reicht die Meldung der zweiten Agentur zur Freigabe. In allen anderen Fällen muss eben ausreichend Zeit zur Prüfung sein. Das gilt besonders dann, wenn es im öffentlichen Interesse um die Privatsphäre von Menschen geht.

Umfasst die Sorgfaltspflicht auch die Anhörung des Betroffenen? Sie sollte es. Nicht nur nach Auffassung der meisten Richter. Auch der Fairness wegen. So unangenehm die Information des Betroffenen über konkrete Vorwürfe auch werden kann, sie muss sein. Seine Stellungnahme kann ja auch schriftlich eingeholt werden. Sie rundet jede Nachricht sinnvoll ab. Auch und gerade ein knurriger Hinweis, nichts dazu sagen zu wollen.

Die faire Auswahl

Eine Meldung mitzunehmen ist ein politischer Akt, sie nicht mitzunehmen, ist auch einer. Journalisten wissen das seit Generationen. Damit müssen sie leben. Und sie können es auch, wenn sie sich furchtlos und professionell verhalten. Professionell im Sinne der öffentlichen Aufgabe (s. S. 319), im Dienst für ihre Leser. Mit diesem Selbstverständnis fällt es leicht, die in der Nachrichtendefinition geforderte faire Auswahl und Gestaltung vorzunehmen.

Der Verzicht auf künstliches Ausbalancieren

Genau dieses künstliche Ausbalancieren gegen den Neuigkeitsgehalt von Informationen wird gerne von Politikern und Unternehmen eingefordert. Sie erwarten die Wiederholung ihrer Argumente, wenn sich beim politischen Gegner oder Wettbewerber etwas bewegt und darüber berichtet wird. Bei Berichten über Gerichtsverfahren zählen dann die Anwälte den Chefredaktionen Zeilen und Absätze mit den Argumenten von A oder B vor. Druck dieser Art muss gelassen ausgehalten werden.

Der Verzicht auf persönliche Motive

Es bedarf keiner weiteren Erläuterung, dass die Partei, das Wertpapierdepot, der Anzeigenkunde oder die Freunde des Redakteurs bei der Auswahl und Bearbeitung von Nachrichten keine Rolle spielen dürfen. Gleiches sollte auch für das Drohpotenzial gelten, das Behörden, Unternehmen oder andere entfalten können. Dass es aber immer wieder passiert, dass die Meldungsauswahl und ihre Gestaltung von persönlichen Motiven aller Art gezeichnet sind, zeigt nur, wie notwendig es für den einzelnen Journalisten ist, immer wieder seine Art der Nachrichtenauswahl zu überprüfen.

Verzicht auf redaktionelle Einfärbung

Natürlich ist jede Nachrichtenauswahl ein subjektiver Prozess. Am Ende entscheidet ein Redakteur, eine Information mitzunehmen oder nicht. Er bildet sich ein Urteil, das zwangsläufig subjektiv ist. Der Hinweis auf den Verzicht redaktioneller Einfärbung der Nachrichtenauswahl ist nichts anderes als eine Aufforderung um ein Bemühen, jede Art von Redaktionstendenz bei der Auswahl zurückzustellen. Es ist die erste Barriere der BBC gegen die Vermischung von Ereignisinformation und Meinung.

Die furchtlose und objektive Gestaltung

Die BBC näht erkennbar gerne doppelt. Sie kennt die Schwächen von Medien und Journalisten. Wenn für die Auswahl der Nachrichten der Verzicht auf persönliche Motivation und redaktionelle Einfärbung gelten soll, so liegt es auf der Hand, dass die Furchtlosigkeit auch für die Gestaltung der Nachricht gilt. Um aber jedes Missverständnis auszuschließen, weist der Nachrichtenbegriff noch einmal darauf hin: Furcht darf Redakteure nicht steuern. Weder die Angst vor Politikern noch die Angst vor Anzeigenkunden, Chefredakteuren oder Verlegern. Und objektiv sollen die Nachrichten gestaltet werden, so objektiv wie ein Mensch nun einmal arbeiten kann. Mit diesem Hinweis auf notwendige Objektivität verbindet sich zunächst der Hinweise auf die zum Teil bereits beschriebenen Arbeitsmethoden, zum Beispiel die zweite Agentur, die den Journalisten dazu bewegen sollen, möglichst über gesicherte Fakten zu informieren, in der Hoffnung, dass sie damit der Wahrheit näher kommen. Aber es verbindet sich damit auch die Aufforderung an den Journalisten, bei der Bearbeitung der Informationen seine eigene Meinung aus dem Spiel zu lassen. Eine Nachricht soll meinungsfrei sein. Darauf soll sich der Leser verlassen können.

Dieser Verzicht auf Meinungselemente in den Nachrichten gilt seit Ende des Zweiten Weltkriegs in den (west)deutschen Medien. Er bedeutet nicht, dass die Medien selbst frei von Meinung zu sein hätten, sondern weist nur darauf hin, dass nach angelsächsischem Vorbild die Informationen über Ereignisse von den Meinungsbeiträgen deutlich zu trennen sind. Dieser Grundsatz hatte seit dem Fall der Zensur Mitte des 19. Jahrhunderts in Deutschland nicht gegolten.

Die Beachtung journalistischer Grundsätze

Auch in Deutschland gibt es journalistische Grundsätze. Die wichtigsten darunter sind nach britischem Vorbild die Publizistischen Grundsätze des Deutschen Presserats, einer Gemeinschaftsorganisation der Verleger und Journalistengewerkschaften. Dieser so genannte Pressekodex (s. S. 318 ff.) beschreibt ausführlich und durchaus präzise guten Journalismus. Dabei geht es um nahezu alle Fehler, die Journalisten machen können, zum Beispiel um mangelnde Sorgfalt, Recherchefehler, das Verfolgen privater oder geschäftlicher Interessen, die Verletzung von Persönlichkeitsrechten, die Bestechlichkeit oder das Aufbauschen von Informationen. Der Pressekodex wiederholt viel von dem, was die Nachrichtendefinition der BBC fordert. Er ist umfassend. Wer unter sorgfältiger Beachtung des Pressekodexes seine Meldungen bearbeitet, kann nicht mehr viel falsch machen.

1.4   Zusammenfassung

Nachrichten sind journalistisch bearbeitete Informationen. Sie entstehen aus der Auswahl und Bearbeitung von Inhalten zu Ereignissen aus aller Welt. Kriterien dafür, welche Information zur Nachricht wird, sind Aktualität, Neuigkeit, Interesse und persönlicher Belang der Leser sowie eine zuverlässige Quelle. Was neu, aktuell oder interessant ist, hängt davon ab, was die Leser einer Zeitung oder Zeitschrift bewegt, was Einfluss auf ihr Leben hat oder für sie neu ist. Die Auswahl und Bearbeitung der Informationen erfolgt auf allen denkbaren Stufen einer Redaktion.

Dabei sollten alle Beteiligten den Pressekodex und bestimmte Sorgfaltsregeln beachten, mit denen das Bemühen um Wahrheit und guten Journalismus gesichert werden soll. Die Auswahl und Bearbeitung der Informationen zu Nachrichten sollten nach der in Deutschland unstrittigen angelsächsischen Vorstellung von Nachrichten frei von persönlichen Motiven und Meinungen erfolgen.

Literatur

Arnold, Bernd-Peter: Nachrichtenwert und Nachrichtenauswahl. Anmerkungen aus der Sicht der Praxis, in: Media Perspektiven 1/1982, S. 28–34.

Arnold, Bernd-Peter: ABC des Hörfunks. 2. überarb. Aufl., Konstanz 1999.

Deutscher Presserat (Hrsg.): Regeln für guten Journalismus, o. J. Bonn.

Gerhardt, Rudolf, Erich Steffen: Kleiner Knigge des Presserechts, Frankfurt 2002.

Hruska, Verena: Die Zeitungsnachricht: Information hat Vorrang. 3. neubearb. Aufl., Bonn 1999.

Schneider, Wolf; Paul-Josef Raue: Das neue Handbuch des Journalismus. 1., vollst. überarb. und erw. Neuausg., Reinbek 2003.

Schulz, Winfried: Nachricht, in: Noelle-Neumann, Elisabeth u. a. (Hrsg.): Das Fischer-Lexikon Publizistik, Massenkommunikation. Aktualisierte, vollst. überarb. und erg. Aufl., Frankfurt 2002, S. 328–362.

Söhring, Jörg: Presserecht. 3., erw. u. überarb. Aufl., Stuttgart 2000.

Weischenberg, Siegfried: Nachricht/Bericht, in: Weischenberg, Siegfried u. a. (Hrsg.): Handbuch Journalismus und Medien, Konstanz 2005, S. 306–310.

2.   Die Recherche

Die Recherche wird in der Literatur gerne als Teilprozess der journalistischen Tätigkeit gesehen, angesiedelt irgendwo vor dem Schreiben oder bei der Auswahl von Nachrichten. Oder sie wird da, wo explizit von einem »recherchierendem Journalismus« gesprochen wird, als eine besondere Leistung des investigativen Journalismus dargestellt. Beide Betrachtungen werden der Bedeutung der Recherche aber nicht gerecht. Beide sind zu eng. Denn im Sinne des aus dem Lateinischen über das Französische ins Deutsche gelangten Begriffs ist Recherche die Nachforschung oder Ermittlung und damit nichts anderes als das systematische Stellen und Beantworten von Fragen zu journalistischen Inhalten. Und Fragen und Beantworten sind nun einmal ständiger Teil nahezu jeder journalistischen Tätig-keit: bei der Themenfindung, auf jeder Pressekonferenz, bei der Nachrichtenauswahl, bei der Auswahl einer Darstellungsform, bei der Aufmachung von Artikeln oder Seiten, bei der Bildauswahl, beim Schreiben von Bildzeilen und natürlich beim Schreiben der Artikel.

Im Journalismus sollte deshalb pausenlos recherchiert werden: Warum soll die Information öffentlich werden, ist sie zutreffend, ist sie vollständig, sind die Namen richtig geschrieben, stimmt der beschriebene Ablauf, stimmt die Zuordnung von Verantwortung usw. Dies gilt zumindest in der Theorie. Praktisch erweist es sich aber als ausgesprochen mühsam, sich und anderen immer wieder viele Fragen zu stellen, wenn es pressiert und man auch nicken kann und sich damit einen lästigen Artikel vom Bildschirm schafft. So zeigt sich schnell: Recherche ist auch eine ständige Herausforderungen und damit zu wesentlichen Teilen eine Frage der Einstellung und der Berufsauffassung. Das macht sie schwierig und leicht zugleich.

Leicht, weil mit Distanz, Disziplin und Sorgfalt sehr viele Nachrichten ausrecherchiert werden können. Es ist kein besonderes Problem, die Pressemitteilung eines Unternehmens zum Jahresabschluss, den so genannten Waschzettel, beim Schreiben des Berichts zu ignorieren und selbst in die Gewinn- und Verlustrechnung zu schauen. Im Bericht steht dann das, was passiert ist: Dass der Verlustfall eingetreten oder dass der Umsatz eingebrochen ist. Und ignoriert wird dann das, was auf dem Waschzettel steht und was in schlechten Zeiten immer etwas mit Beschönigung zu tun hat.

Es ist ganz einfach, sich vor einem Gesprächstermin zu fragen, was der Gesprächspartner mit dem Termin erreichen will, um sich als Journalist nicht zum Handlanger machen zu lassen. Ebenso ist es wirklich keine Heldentat, sich die Grundfragen der Nachricht nach dem Neuen und dem Wichtigen immer wieder und überall zu stellen und dann auch zu beantworten. Denn genau darum geht es in der Recherche: Sie arbeitet das Neue und Wichtige richtig heraus. Deshalb gehört sie zum Prozess der Nachrichtenauswahl genau wie zum Prozess des Schreibens oder des Redigierens.

Ganz offenbar ist es aber in der Praxis nicht so leicht mit dem ständigen Stellen und Beantworten von Fragen, denn die meisten Zeitungen und Zeitschriften sind voll von den Produkten der Öffentlichkeitsarbeiter: Waschzettel werden zu Manuskripten verarbeitet, schön färbende Korrekturen bei Interviews werden übernommen, gezielte Information oder Desinformation wird nachgeplappert, Produktempfehlungen werden abgedruckt und ferngesteuerte Artikel passieren ungebremst die redaktionelle Bearbeitung. Der Einfluss der Öffentlichkeitsarbeiter war wohl nie größer als heute, auch weil, wie zu Recht immer wieder beklagt wird, nicht mehr recherchiert wird. Unter Zeitdruck die Uhr anzuhalten und zum Telefon zu greifen, kostet Kraft, genau wie es Zeit und Kraft kostet, ein unausgegorenes Manuskript zu einem den Leser umfassend informierenden Artikel umzuarbeiten oder es wegzuwerfen und für Ersatz zu sorgen.

Recherche ist in erster Linie eine Einstellungssache. Wer die Kraft hat, jederzeit alle eigenen Fragen zum Artikel zu beantworten, ist auf dem richtigen Weg.

Weil das so ist, weil Recherche so viel mit Einstellung zu tun hat, ist es auch schwierig, den Weg zur perfekten Recherche zu beschreiben. Er hängt zunächst von der Aufgabe ab.

Geht es um das Erstellen und Bearbeiten von Manuskripten – Redelfs spricht von der Überprüfungs- und Vervollständigungsrecherche –, führt er im Wesentlichen über die distanzierte Prüfung der Informationsquelle und ihrer Motive und über das systematische Zusammentragen von Fakten bei den relevanten Adressen. Diese Überprüfungs- und Vervollständigungsrecherche ist das Tagesgeschäft des Journalisten.

Geht es um die so genannte Themenrecherche (Redelfs), so hat auch die wenig Geheimnisvolles: Das Aufspüren von Themen außerhalb der gesetzten Termine gehört inzwischen auch bei Zeitungen zum Alltäglichen des Berufs und hängt vor allem mit neugierigem Engagement und der kundigen Bearbeitung von Themenfeldern zusammen.

Aus dieser Themenrecherche kann sich die in der Literatur immer wieder besonders beschriebene investigative Recherche entwickeln, eine Enthüllungsrecherche gegen Widerstände. Zwar gibt es viele Beispiele glanzvoller Recherchen, bei denen aus wenigen Hinweisen durch hartnäckiges und systematisches Fragen und Suchen bedeutende Enthüllungen wurden. Aber gerade die sehr fallbezogene investigative Recherche entzieht sich einem bestimmten Schema, von dem der sorgfältigen Fakten- und Motivrecherche als notwendiger Basisarbeit einmal abgesehen. Die Analysen erfolgreicher investigativer Recherchen in der Literatur machen Mut, beharrlich zu sammeln, zu verdichten und zu fragen. Sie rechtfertigen aber nicht das Herausheben eines »recherchierenden Journalismus«, so als ob es einen nicht recherchierenden Journalismus geben könne.

Recherche macht aus der Verlautbarung erst Journalismus im Sinne der öffentlichen Aufgabe. Und alle die, die in Medien auf das Recherchieren verzichten, versagen bei ihrer Arbeit. Dass es unter den Journalisten Spezialisten gibt, die die Zeit, die Budgets, die Erfahrung, das Wissen und die Verbindungen haben, immer wieder wichtige Sachverhalte herauszufinden, die andere gerne vertuscht hätten, steht auf einem anderen Blatt. Spezialisten leisten in allen Berufen Besonderes, diese Recherche-Spezialisten zweifellos auch. Von ihrer Einstellung, ihrer Systematik, ihren Strategien oder ihrer Taktik kann jeder profitieren.

Recherche gilt als Anspruch auf das Herausarbeiten des Neuen und Wichtigen auch für die unspektakulären Meldungen und Berichte, unabhängig davon, ob sie lokaler, regionaler oder überregionaler Natur sind. Bei dieser Alltagsrecherche kommt es zunächst auf die Quellen, das korrekte Verfolgen von Wahrheit und auf die Sorgfalt an. Gute Recherche ist zunächst gutes Handwerk. Und weil dieses Handwerk aus keiner Phase der journalistischen Arbeit wegzudenken ist, werden viele Aspekte der guten Recherche in diesem Buch auch in anderen Kapiteln aufgegriffen. Das gilt zum Beispiel für die Beschreibung der Nachricht (s. S. 12 ff.), für das Interview (s. S. 101 ff.), für das Redigieren (s. S. 284 ff.) oder für die Behandlung der Fragen des journalistischen Ethos (s. S. 317 ff.).

2.1 Die Überprüfungs- und Vervollständigungsrecherche

Dass Journalisten auf der Suche nach der Wahrheit Sorgfaltspflichten zu erfüllen haben, wurde bereits im Zusammenhang mit der Nachricht beschrieben. Und dass es bei dieser Sorgfaltspflicht immer auf den Einzelfall ankommt auch. Im

Grundsatz gilt, dass nur bei amtlichen Informationsquellen (Polizei, Ministerien, Bürgermeister) und bei Informationen von Nachrichtenagenturen keine juristische Pflicht zur Überprüfung der Quelle besteht.

Informationen aus allen anderen Quellen müssen nicht nur von Rechts wegen geprüft werden. Hier gilt der eherne Grundsatz, dass Fakten durch mindestens eine weitere Quelle zu bestätigen sind. Stammt die Information zum Beispiel aus dem Internet, hat die Recherche einzusetzen. Stammt sie aus anderen Medien, gilt dasselbe. Es ist zwar lästig, eine Kleinigkeit, die bereits in auflagenstarken Blättern stand, noch einmal – zum Beispiel beim Betroffenen – zu überprüfen, aber auch auflagenstarke Medien machen Fehler. Schlimmer noch: Auch auflagenstarke Blätter erfinden und verzerren. Wer systematisch bereits Gedrucktes auf seinen Wahrheitsgehalt hin überprüft, erfährt immer wieder, dass Zitate oft Versatzstücke sind, dass sich Zitierte falsch verstanden sehen oder dass Zusammenhänge nicht stimmen oder unzulässig verkürzt werden. Wer so etwas wiederholt, haftet gleich mit.

Stammt die Information von Personen, die ein erkennbares Eigeninteresse haben, ist besondere Sorgfalt geboten. Wie oft werden Opfer bei Journalisten vorstellig und enthüllen nach eigener Einschätzung »Skandalöses« und wie oft entpuppt sich das »Skandalöse« bei näherem Hinsehen als ungemein ordnungsgemäß. Journalisten werden eben gerne instrumentalisiert, im Großen wie im Kleinen, von der großen Regierung genau wie vom erzürnten kleinen Versicherungsnehmer.

Stammt die Information von Öffentlichkeitsarbeitern ist sogar Vorsicht erforderlich: Die Instrumentalisierung durch professionelle Öffentlichkeitsarbeit erfolgt heute nicht mehr nur im Sinne des Verkündens eigener Großtaten, sondern längst auch zum Zweck des Schlechtredens Dritter. Dafür gibt es mit »Schwarze PR« sogar einen eigenen Begriff. Schwarze PR wird in Wirtschaft und Politik gern als Kampagne geführt. Dann wird gezielt das vermeintlich Miese des Gegners verbreitet, natürlich nicht mit Presseerklärungen, sondern als geschickt zugesteckte Hintergrundinformation mit der Aussicht für den Journalisten auf eine exklusive Enthüllung. Oft entsprechen die herumgezeigten Fotos der Leichen aus dem Keller anderer nicht der ganzen Wahrheit. Man kann auch sehr geschickt in die Irre führen: Wer über ein Prüfungsinstitut erzählt, es sei nicht akkreditiert, und dabei vergisst zu erwähnen, dass es überhaupt keine Akkreditierung gibt, sagt ja nichts Falsches. Und genau darum geht es den PR-Experten bei dieser informationellen Kriegsführung.

> Das Überprüfen der Quelle und ihrer Motive ist der erste und wichtigste Rechercheschritt.

So überzeugend eine Sache auch vorgetragen wird, der Journalist muss alle erreichbaren Quellen erschließen, um der Wahrheit näher zu kommen. Dazu gehört es auch, den Betroffenen zu fragen. Wenn der dann schweigt, was sein gutes Recht ist, kann der Journalist das schreiben – und gewinnt mit dem Artikel an Glaubwürdigkeit, weil der Betroffene erkennbar Gelegenheit hatte, zu allem Stellung zu nehmen.

Dies alles ist nur die juristische Seite der Sorgfaltspflicht. Guter Journalismus ist besser, weil er immer wieder danach fragt, was neu und was wichtig ist. Wie oft versuchen Politiker, sich mit Belanglosigkeiten in Erinnerung zu bringen, zum Beispiel mit der »Bekräftigung« ihrer Einschätzung, also der Wiederholung des bereits Gesagten. Und wie oft tarnen Unternehmen ihre Missgeschicke durch Ablenkung. Neu, wichtig und relevant soll die Nachricht sein (s. S. 12 ff.). Auch hier hilft Recherche. Der Blick des Recherchierenden in die Datenbank zeigt, was schon gesagt wurde. Außerdem wird klar, in welchem Zusammenhang ein Ereignis steht und was beispielsweise über einen Jahresabschluss nach den Katastrophen und Ankündigungen der Vorjahre berichtet werden muss.

Egal ob es um das Erhellen eines unklaren Manuskriptes oder um das investigative Aufrollen noch unveröffentlichten Geschehens geht, immer müssen Fakten zusammengetragen werden. Dabei ist die Spannweite der so genannten W-Fragen (Wer, Was, Wann, Wo, Wie, Warum, Woher, Wie geht es weiter, Was folgt daraus) erheblich. Sie reicht vom einfachen Überprüfen eines Namens oder einer Ortsangabe über das Verstehen komplexer Zusammenhänge zum Beispiel aus der Neurobiologie oder dem internationalen Bilanzrecht bis hin zum Beantworten vertrackter Fragen, ob und wie etwa eine erkennbar nur auf dem Papier existierende Luxemburger Kapitalgesellschaft etwas mit verschwundenen Millionenbeträgen in Deutschland zu tun hat.

Dass dabei eine Recherche erst dann als abgeschlossen angesehen werden kann, wenn Sachverhalte und Abläufe präzise und detailliert dargestellt werden können, steht außerhalb allen Zweifels. Präzise und detailliert kann dabei nur heißen: einschließlich der notwendigen Zahlen, einschließlich der Klarheit über die Rolle der Beteiligten, einschließlich passender Zitate der Betroffenen oder der anschaulichen Beschreibung wichtiger Plätze. Mit anderen Worten: Die Recherche gilt erst dann als abgeschlossen, wenn alle denkbaren W-Fragen beantwortet sind, wenn alles das auf dem Tisch liegt, was zum Schreiben eines Berichts mit Hintergrund- und Zukunftsaspekt (s. S. 79 ff.) benötigt wird. Diese Forderung klingt nicht nur banal, sie ist es auch. Sie ist aber mehr als berechtigt, weil immer wieder auch die umfangreichsten Berichte allen redaktionellen Prüfungen zum Trotz Unvollständiges oder Unschlüssiges präsentieren.

Die Faktensuche setzt bei den Betroffenen an. Der Begriff der Betroffenen ist dabei großzügig zu interpretieren, denn oft reicht schon die Homepage, um

Zahlen, Namen oder Zitate in den Griff zu bekommen oder um den Hintergrund zu verstehen. Es gibt zwar sehr viel Belangsloses im Netz, aber es gibt auch Websites, die zuverlässig und recht vollständig informieren.

Zu den Betroffenen gehören auch die Pressestellen. Sie unterstützen zwar nach ihrem öffentlich bekundetem Selbstverständnis Journalisten, verfügen aber dennoch über ein umfangreiches Repertoire an Möglichkeiten, gezielte Fragen unbeantwortet zu lassen. Es kommt eben auf die Frage an. Genau deshalb ist mit zunehmender Brisanz der Fragen der Kreis der Betroffenen größer zu fassen. Je weiter die Recherche aus der Überprüfung und Vervollständigung von Manuskripten in die Dimension des Investigativen gerät, desto eher sind auch Opfer oder Gegenspieler innerbetrieblicher oder außerbetrieblicher Art Betroffene. Das gilt auch für Ehemalige aus der Mitte des Geschehens, zum Beispiel ehemalige Politiker oder Vorstandsmitglieder, die sich in der jeweiligen Institution aber noch auskennen und Zusammenhänge, Regeln oder Wirkungsweisen gut beschreiben können. Bei heiklen Themen verändert sich auch der Zeitpunkt der Befragung im Rahmen der Faktenrecherche: Opfer werden zuerst, Zeugen danach und Täter zuletzt befragt.

Mit der Zuverlässigkeit der Aussagen von Beteiligten ist es allerdings oft nicht sehr weit her. Menschen irren, Menschen nehmen ihre Welt subjektiv wahr. Manche manipulieren Fakten, andere wiederum lügen, besonders dann, wenn sie von Journalisten befragt werden. Wieder andere haben vor Gericht vergessen, was sie gesagt haben. Es gibt viele Gründe, weshalb Informanten nicht blind vertraut werden darf. Bei komplexen Recherchen werden Aussagen oft klarer, wenn sie schriftlich festgehalten und vom Zeugen unterschrieben werden.

Eine zweite Anlaufstelle für Informationen sind Wissenschaftler und unabhängige Experten. Von den neuesten Erkenntnissen der Astrophysik bis hin zum detailliertesten Problem des Kartellrechts – für alles gibt es Experten. Diese sitzen zum Beispiel in Hochschulen und sind von Berufs wegen zumeist in der Lage, die Themen gut zu erklären. Zudem haben viele Wissenschaftler den für Journalisten wichtigen Vorteil, keine Interessensvertreter zu sein. Der Oeckl, das Taschenbuch des öffentlichen Lebens, der Dauergast auf dem Schreibtisch jedes Journalisten, weist für Wissenschaft und Forschung weit über 1.000 Adressen von Instituten oder wissenschaftlichen Vereinigungen aus. Es ist eigentlich nicht vorstellbar, dass sich darunter nicht für jede denkbare Sachfrage ein auskunftsfähiger und auskunftsfreudiger Gesprächspartner findet.

Auch die dritte Gruppe von Ansprechpartnern steht auf Hunderten von Seiten mit Tausenden von Adressen im Oeckl. Es handelt sich um Verbände, Vereine und Vereinigungen aller Art. Es gibt in Deutschland schier nichts, für das es nicht einen Verband mit viel Expertenwissen gibt. Die sind natürlich Interessenvertreter. Dazu wurden sie gegründet. Dennoch verfügen sie in der Regel über Fachwissen, Zahlen, Beispiele von Betroffenen und Lösungsansätze für Probleme. Vom Feuerlöscher über den Fischhandel bis zur Tapete, für alles gibt es einen Verband. Vom Berufsfußballer über den Stenografen bis hin zu den Hebammen, jeder Beruf hat seine Organisation. Vom Schutz der Fischotter über Naturparks bis hin zu den Zoos, auch für Natur und Umwelt gibt es Hunderte von spezialisierten Organisationen. Und alle stehen im Oeckl.

> Verbände werden häufig in die Gesetzgebung einbezogen. Sie nehmen dann zu Referentenentwürfen oder Gesetzesvorlagen Stellung. Deshalb kennen sie die entsprechenden Entwürfe oft lange vor der Öffentlichkeit.

Die vierte bedeutende Quelle relevanter Informationen sind Behörden. Eigentlich gibt es auch hier nichts, für das es nicht ein eigenes Amt gibt. Von der Wehrtechnik bis zum Wetter, für alles gibt es Bundesämter, von der Bundesregierung ganz abgesehen. Hinzu kommen die Hunderte von Regierungen und Ämtern auf Landes-, Bezirks- oder Kommunalebene, die allesamt für irgendetwas zuständig sind, sei es die Gewerbeaufsicht, den Wasserschutz oder den Denkmalschutz. Außerdem gibt es noch die vielen Gerichte, von den obersten Bundesgerichten bis hinunter zum Verwaltungs- oder dem Amtsgericht. Und alle diese Behörden entwickeln gegenüber Journalisten einen besonderen Charme: Sie sind auskunftspflichtig. Dieses Recht auf Auskunft ist in den Landespressegesetzen verankert und macht Behörden für Medien so einzigartig. Der Umgang mit der Auskunftspflicht ist bei den Behörden allerdings genau festgelegt.

Exkurs: Die Auskunftspflicht von Behörden

Alle Behörden sind zur Auskunft verpflichtet, ganz gleich, ob sie Bund, Land oder Kommune unterstehen. Auskunftspflichtig sind auch alle Ämter, Gerichte, Staatsanwaltschaften, Parlamente, Verwaltungen. Die Auskunftspflicht gilt auch für die Teile von Behörden, die in privatrechtliche Rechtsformen gekleidet sind, zum Beispiel Verkehrsbetriebe, Wasserwerke oder Stadtwerke. Diese Auskunftspflicht gilt auch für alle Privatunternehmen, die hoheitliche Aufgaben erfüllen, zum Beispiel Bezirksschornsteinfeger oder Versicherungsunternehmen, die Mopedkennzeichen ausgeben. Allerdings beschränkt sich hier die Auskunftspflicht auf die Geschäftsbereiche, in denen die hoheitliche Aufgabe besteht, auf die

Mopedkennzeichen zum Beispiel. Öffentlich-rechtliche Sender unterliegen nicht dieser Behördenpflicht.

Die Auskunft dürfen nur der Behördenleiter, sein Stellvertreter oder die Pressestelle erteilen. Die übrigen einzelnen Beamten oder Mitarbeiter sind zur Verschwiegenheit verpflichtet, müssen aber Journalisten an die zuständige Stelle verweisen.

Die Auskunftspflicht erstreckt sich auf alles, woran die Öffentlichkeit ein berechtigtes Interesse hat. Allerdings muss die Behörde nur zu Tatsachen Stellung nehmen. Sie muss keine Bewertung vornehmen, und sie muss auch nicht für Interviews zur Verfügung stehen. Behörden müssen auch über ihre eigenen Probleme reden und dürfen diese nicht vertuschen. Alle Behörden, auch Staatsanwaltschaften, sind dazu verpflichtet, bei schwebenden Verfahren über den Stand des Verfahrens zu unterrichten. Allerdings darf die Auskunft unter bestimmten Voraussetzungen verweigert werden, etwa wenn laufende Aktionen gefährdet würden, zum Beispiel eine Polizeiaktion. Auf die Frage, wie ein schwebendes Verfahren ausgeht, muss keine Behörde antworten.

Grundsätzlich müssen Behörden nur das beantworten, was sie gefragt werden. Sie müssen keine aktive Informationspolitik betreiben. Andererseits sind Behörden zur Wahrheit verpflichtet. Eine unvollständige oder die Wahrheit durch Unvollständigkeit verzerrende Darstellung ist eine Verletzung der Amtspflicht. Dagegen kann man klagen. Für die Behörde droht dann das Disziplinarrecht.

Die Behörden sind nicht verpflichtet, ihre Antworten mediengerecht zu präsentieren. Der Journalist kann auch keine bestimmte Form der Auskunft verlangen. Mündlich oder schriftlich, er muss nehmen, was kommt und auf alles vorbereitet sein. Allerdings muss die Auskunft sachgerecht sein. Den Haushaltsplan am Telefon vorzulesen, gilt nicht als sachgerecht. Ein Recht auf Akteneinsicht besteht für Journalisten nicht, es sei denn, der Sachverhalt lässt sich nur so vermitteln. Für Pressejournalisten stellen diese Einschränkungen kein größeres Problem dar. Bei Hörfunk und Fernsehen, die mit Bildern und Originaltönen arbeiten, muss im Notfall der Text einer Stellungsnahme eingelesen oder eingeblendet werden.

Zudem gibt es Geheimhaltungspflichten, an die sich eine Behörde halten muss, zum Beispiel das Arztgeheimnis, das Sozialgeheimnis oder das Steuergeheimnis. Allerdings muss die Behörde stets die rechtliche Grundlage ihres Schweigens nennen. So genannte Amts- und Dienstgeheimnisse oder andere Sachverhalte, die die Behörde selbst als geheim deklariert, reichen dabei als Grundlage nicht aus. Die Behörde kann sich bei Auskunftsverweigerung darauf berufen, dass es kein überwiegendes öffentliches Interesse an der Auskunft gebe, dass also das Wohl der Öffentlichkeit durch die Preisgabe der Information stärker beeinträchtigt werde als durch das Verweigern der Auskunft. Dieses öffentliche Interesse am Verweigern muss allerdings schon sehr gewichtig sein. In diese Kategorie fallen etwa Fahndungen, fällt die Behandlung von Entführungen und Erpressungen oder fallen Bebauungspläne, wenn mit deren frühzeitiger Bekanntgabe die Spekulation ausgelöst werden könnte.

Völlig unabhängig vom Auskunftsanspruch der Journalisten gegenüber den Behörden können Journalisten wie alle Bürger Einblick in öffentliche Register nehmen. Dies gilt zum Beispiel für das Handelsregister, das Markenregister, das Musterregister oder das Melderegister. Jedermann, also auch ein Journalist, kann von der Meldebehörde Auskunft über Vor- und Nachnamen, den Doktortitel und die Anschrift einzelner Einwohner verlangen. Für weitere Auskünfte, zum Beispiel frühere Wohnorte, den Familienstand oder frühere Namen muss ein berechtigtes Interesse nachgewiesen werden. Dazu zählt in der Regel auch das öffentliche Interesse, das Journalisten bei der Recherche für eine Veröffentlichung verfolgen. Ähnlich wie mit dem berechtigten Interesse bei dieser erweiterten Melderegisterauskunft verhält es sich mit der Einsichtnahme in das Grundbuch: Bei öffentlichem Interesse kann Einsicht genommen werden.

Bleibt das Internet und bleiben Datenbanken als Quellen der Information. Die Literatur ist sich einig: Das Internet bietet unendlich viele Informationen, viel Falsches, Einseitiges und Überflüssiges eingeschlossen. Die Einseitigkeit und die Unvollständigkeit sind das Problem: Im Internet finden sich schnell und kostenfrei Agenturmeldungen aller Art. Aber es finden sich nicht alle und es finden sich erst recht nicht alle journalistisch bearbeiteten Meldungen. Die haben – kostenpflichtig – nur die Nachrichtenagenturen. Im Internet lassen sich Presseartikel finden, zum Beispiel in den elektronischen Archiven der meisten Zeitungen im Netz. Aber auch hier finden sich nicht sämtliche Presseartikel zu einem Thema. Die haben – wiederum kostenpflichtig – die kommerziellen Datenbanken.

Auf die Quellen und die Fragen kommt es an: Im Internet findet sich für Wirtschafts- und Finanzjournalisten manch Zuverlässiges zu Wertpapieren und Unternehmen, meist auf den Seiten der Unternehmen oder der Finanzdienstleister. Vollständigkeit kann dabei nicht garantiert werden. Für einfache Fragen, zum Beispiel Kursverläufe, Bilanzpositionen oder Geschäftsfelder, reicht es aber oft. Über das Internet finden Wissenschaftsjournalisten Aktuelles auf den Seiten der Hochschulen dieser Welt. Aber Fehlerfreiheit ist damit ebenso wenig garantiert wie die wissenschaftliche Qualität der Autoren. Kurzum, das Internet ist in der Regel eine eher unsichere Informationsquelle.

Ungeschlagen ist das Internet dagegen als Kommunikationsmittel. Und manchmal ist Recherche schneller und erfolgreicher, wenn ein Fachmann gefragt wird – zum Beispiel mit einer E-Mail.

2.2 Die Themen- und investigative Recherche

Der exklusiv recherchierte Bericht, die Kür im journalistischen Alltag, ist keineswegs immer verdeckt und gegen Widerstände recherchiert, sondern meist das Ergebnis sorgfältigen und langen Beobachtens und kenntnisreichen Begleitens eines bestimmten Informationsfeldes, einer Region, einer Partei oder eines Marktes. Er ist in der Regel die Ernte jahrelangen Beackerns eines Feldes. In der Literatur zur journalistischen Recherche wird die Themenrecherche als eine Art zweiter Stufe der Recherche irgendwo zwischen der Überprüfungs- und Vervollständigungsrecherche, dem Tagesgeschäft und der investigativen Recherche beschrieben.

Wer über Jahre zum Beispiel den Kulturbetrieb einer Gemeinde, eine Branche, eine Partei oder eine Wissenschaftsdisziplin als Journalist begleitet, weiß, was einmal geplant war, welche Investitionen groß verkündet worden waren, welche Ziele sich eine Organisation auf die Fahne geschrieben hatte oder wo die Hoffnungsträger waren. Er weiß auch, was auf dem Weg durch die Jahre an Peinlichkeiten und Missgeschicken vorgefallen ist. Kurzum, er kennt die Schwachstellen und alle Ankündigungen. Genau die aber bilden den Ausgangspunkt manch guter Recherche völlig außerhalb des Terminkalenders und der Öffentlichkeitsarbeit der jeweiligen Organisation. Die simple Frage, was eigentlich aus dem Vorhaben, dem Menschen oder der Schwachstelle geworden ist, führt häufig direkt zu interessanten Entwicklungen, über die dann exklusiv berichtet werden kann. Auch dies meint Roger Blum, Schweizer Medienwissenschaftler und Journalist, wenn er die Redakteure der NEUEN ZÜRCHER ZEITUNG (NZZ) als Sammler und nicht als Jäger charakterisiert. Als Sammler, die recherchiert haben, bevor etwas passiert. »Die Hintergründe für die Schlagzeilen von morgen – NZZ« plakatierte die Schweizer Qualitätszeitung 1998 und brachte damit für Blum »den Charakter der NZZ-Recherche treffend zum Ausdruck« (Blum 2000, S. 9).

Die Themenrecherche kann aber auch mit dem so genannten Computer-Assisted-Reporting (CAR) in Verbindung gebracht werden. Dabei handelt es sich um das rechnergestützte Auswerten großer Mengen von Behördendaten durch Journalisten. Die Rechner verknüpfen unterschiedliche Datenbestände mit dem Ziel, neue, interessante Sachverhalte aufzudecken. Es gibt Beispiele für derlei Themenrecherchen. Zum Beispiel das des MIAMI HEROLD, der örtliche Wählerverzeichnisse mit Immobiliendateien abglich, um dann festzustellen, dass einige vermeintliche Wähler unbebauten Grundstücken oder Gewerbegebieten zugeordnet waren. Die Journalisten hatten damit einen Hinweis auf systematischen Wahlbetrug gefunden, dem sie dann ganz traditionell nachgingen. Am Ende musste die Wahl wiederholt werden – und die Journalisten erhielten den Pulitzerpreis. Derartige Erfolgsbeispiele gibt es allerdings nur aus den USA und Skandinavien. Es gibt sie nicht für Deutschland. Aus einfachem Grund: In den genannten Ländern sind Daten, die bei Behörden vorliegen, öffentlich, in Deutschland nicht. Ein Hinweis auf die Auskunftspflicht von Behörden hilft Journalisten wenig, weil sie nicht auf einer bestimmten Form der Auskunft bestehen können. Und mit mündlichen Hinweisen lässt sich CAR nicht realisieren. Deshalb gilt das Potenzial von CAR in Deutschland noch als begrenzt. Was das bundesweite Informationsfreiheitsgesetz, mit dem der Zugang zu amtlichen Informationen geregelt wird, daran ändert, muss abgewartet werden.

Kenntnis, Erfahrung und journalistische Neugier führen zu neuen und interessanten Themen, darunter sind auch immer wieder einige, die manche Beteiligte nicht so gerne in der Öffentlichkeit behandelt sehen. Auch manch exklusive Enthüllung erweist sich so als das Ergebnis guten journalistischen Handwerks.

Nicht zufällig erhalten gerade die Journalisten, die sich über Jahre als Kenner eines Themenfeldes erwiesen haben, gelegentlich auch Hinweise und Tipps, die sie unmittelbar in eine investigative Recherche führen. Dass die Tippgeber damit etwas bezwecken, dass Instrumentalisierungsgefahr besteht und dass in diesen Momenten die Quellen- und Motivprüfung konsequent einzusetzen hat, wissen diese Journalisten. Ihre Erfahrung aber zeigt, dass sich die Herausforderung einer investigativen Recherche, die konfliktträchtige Enthüllung gegen Widerstände, nicht wenigen privilegierten Journalisten, sondern allen guten Journalisten stellen kann. Damit ist sie aber noch nicht alltäglich, sie hat nur viel mit guter Tagesarbeit zu tun.

Beispiel Volker Lilienthal, Leitender Redakteur des Nachrichtendienstes EPD MEDIEN und ausgewiesener journalistischer Fachmann für Schleichwerbung. Wegen seiner besonderen Expertise erhielt Lilienthal von der Redaktion des JOURNALISTEN, der Mitgliederzeitschrift des Deutschen Journalistenverbandes, 2002 den Hinweis auf eine Münchner Unternehmensberatung, die gegen Bezahlung Schleichwerbung in der ARD-Serie »Marienhof« veranlasste. Lilienthal recherchierte verdeckt, wurde aber nach einiger Zeit von der Unternehmensberatung gestoppt und über Jahre durch zwei Instanzen mit allen verfügbaren Rechtsmitteln an der Fortsetzung der Recherche und der Veröffentlichung ihrer Ergebnisse gehindert. Erst im Januar 2005 setzte das Oberlandesgericht München den diversen Unterlassungs-, Auskunfts- und Schadenersatzansprüchen der Unternehmensberatung ein Ende. Lilienthal konnte im Sommer 2005 über die Praxis der Schleichwerbung berichten und hatte zudem eine weitere richterliche Bestätigung des unter Umständen bestehenden Rechts auf verdeckte Recherche durch Journalisten erstritten. Sowohl seine Tarnung als auch die Verwendung eines heimlich mitgeschnittenen Gesprächs waren zulässig. Die ARD hatte, wie die FRANKFURTER ALLGEMEINE titelte, ihr Watergate.

Die Geschichte der Recherche und Enthüllung der Schleichwerbung im »Marienhof« zeigt, dass gute Tipps auch ohne Scheckbuch und »Schwarze PR« existieren, dass im Einzelfall bis zur Veröffentlichung lange und teure Wege durch Instanzen gegangen werden müssen und dass die große Enthüllungsrecherche immer mitten hinein in eine Grauzone zunächst nicht zulässiger Recherchemethoden führt.

Es ist eben nach § 201 Strafgesetzbuch untersagt, das nicht öffentlich gesprochene Wort eines anderen aufzuzeichnen und eine solche Aufnahme zu verwenden. Genauso verboten sind heimliche Fotos aus der Wohnung, das Hacken von Daten, das Öffnen von Briefen oder das unbefugte Eindringen in anderer Leute Geschäfts- oder Privaträume. Und dennoch können diese Straftatbestände im Einzelfall gerechtfertigt sein. Nicht anders sieht es im Zivilrecht aus, wo wie im Fall Lilienthal immer Unterlassungs- und Schadenersatzansprüche bestehen können, wenn ein Dritter durch die Recherche in seinen geschützten Rechten verletzt wird. Derer gibt es viele und immer wieder kommt es bei juristischer Bewertung im Einzelfall auf die Abwägung der Güter an.

Recherche hat auch ethische Aspekte und investigative Recherchen erweisen sich auch in diesen Punkten immer wieder als kritisch. Es dürfen bei einer Recherche eben grundsätzlich keine unlauteren Methoden angewendet werden, sagt der Pressekodex in Ziffer 4. Und dass sich Journalisten grundsätzlich zu erkennen geben müssen. Im Einzelfall aber, so ergänzt Richtlinie 4.1 die Grundsätze, ist eine verdeckte Recherche gerechtfertigt, wenn damit Informationen von besonderem Wert beschafft werden, die auf andere Weise nicht zugänglich sind. Auf den Einzelfall kommt es an. Genau deshalb kann es für die investigative Recherche auch kein Erfolgsschema geben. Bestenfalls begleitend den wichtigen Hinweis, jeden Rechercheschritt in die Grauzone juristischen Abwägens sorgsam und mit Unterstützung erfahrener Spezialisten zu überprüfen.

2.3 Recherchetechniken

Statt des Patentschemas lässt sich aber aus der Literatur über erfolgreiche investigative Recherchen eine Reihe weiterer Empfehlungen herauslesen, die für jede gründliche journalistische Recherche und damit für jedes journalistische Arbeiten relevant sind.

- Fragenkomplexe bilden: Entlang der üblichen W-Fragen werden schriftlich Fragenkomplexe zum Thema gebildet. Diese Fragenkomplexe werden je nach Stand der Recherche immer wieder ergänzt. Gearbeitet wird im Unterschied zum Interview mit offenen Fragen. So gerät kein Aspekt aus dem Blick.

- Befragungsplan aufstellen: Je nach Streitpotenzial des Themas erfolgt die Befragung von außen nach innen. Zunächst werden Opfer oder externe Fachleute gehört. Dann werden die Kreise enger. Der Hauptbeteiligte wird zum Schluss befragt. In einigen Fällen veranlasst die Recherche die Betroffenen, einstweilige Verfügungen auf Unterlassung zu erwirken. Dagegen können in einer Schutzschrift Fakten gesetzt werden. Diese müssen aber bereits recherchiert sein. Grundsätzlich wird mit allen Betroffenen gesprochen. Bei widersprüchlichen Aussagen auch mehrfach, um die Widersprüche aufzuklären.
- Rechercheprotokoll führen: Jede wichtige Aussage wird mit ihrem Kontext protokolliert. In dieses Rechercheprotokoll gehören neben Datum und Uhrzeit auch die vollständigen Namen, Anschriften, Telefonnummern und Funktionen der Befragten. Die Niederschrift sollte unbedingt zeitnah erfolgen.
- Schreibtisch verlassen: Der Schreibtisch ist die Schaltzentrale jeder umfangreichen Recherche. Authentische Eindrücke lassen sich aber nur vor Ort gewinnen. Auch Zeugen, Beobachter und entfernt Beteiligte trifft man häufig nur am Ort des Geschehens. Wichtige Gespräche sollten nicht am Telefon geführt werden.
- Unterlagen aufheben: Alle Unterlagen, selbst Schmierzettel und Notizen, sollten bis weit nach der Veröffentlichung aufgehoben werden – aus Sicherheitsgründen für einen Prozess oder als Ausgangsbasis für die Fortsetzung der Geschichte.

2.4 Gerüchte und Verdachtsmomente

Wer recherchiert, stößt auch auf Verdächtigungen und Gerüchte. Selbst in harmlosen Nebensätzen verbergen sich bisweilen Unterstellungen, die von den Betroffenen auch deshalb höchst ungern gelesen werden, weil sie falsch sind. Die in einem Nebensatz einer Agenturmeldung dahingeworfene Bemerkung einer Imageberaterin über den damaligen Bundeskanzler Gerhard Schröder, dass es seiner Überzeugungskraft zugute komme, »wenn er sich die grauen Schläfen nicht wegtönen würde«, war nach Ansicht des höchsten deutschen Gerichts nicht zulässig. Schröder hätte dazu befragt werden müssen.

Die Gerichte verlangen aus guten Gründen von Journalisten, die über Verdächtigungen oder Gerüchte berichten, sehr viel Vorsicht und Sorgfalt. Ein geschickt platziertes Gerücht oder ein gemurmelter Verdacht können im Handumdrehen Menschen zerstören, Existenzen und Unternehmen vernichten. Und wenn in Zeiten der »Schwarzen PR« im Kampf um die Öffentlichkeit manchen Einflüsterern offenbar jedes Mittel Recht ist, müssen Journalisten, die bei ihren Recherchen auf

Verdächtigungen oder Gerüchte stoßen, besonders sorgfältig, vorsichtig und distanziert bleiben.

Im Kern geht es vor jedem Bericht über einen Verdacht darum, eine Art Checkliste abzuarbeiten, die Betroffene vor Schäden und Journalisten vor Fehlern schützt. Dabei wird zunächst geprüft, ob der Verdacht überhaupt von öffentlichem Interesse ist, womit Privatangelegenheiten sofort als Thema ausscheiden. Berührt ein Verdacht dagegen eine gewerbliche oder politische Tätigkeit und kann vermutet werden, dass die Allgemeinheit, Kranke, Schwache oder Minderheiten zu Schaden kommen, dann kann in der Regel von einem öffentlichen Interesse ausgegangen werden.

Im nächsten Prüfungsschritt geht es um so genannte Beweistatsachen. Für die Berichterstattung über einen Verdacht muss, so sagte es jedenfalls der Bundesgerichtshof, ein Mindestbestand an Beweistatsachen vorliegen, die für den Wahrheitsgehalt sprechen und der Information damit erst den Öffentlichkeitswert verleihen. Eine einzelne Strafanzeige oder die eidesstattliche Erklärung eines Informanten reichen dafür nicht aus. Es müssen weitere Belege für den Verdacht recherchiert werden, zum Beispiel Aussagen von Behörden oder Dokumente. Die Sorgfaltspflicht des Journalisten geht dabei weit: Alle erreichbaren Quellen müssen ausgeschöpft werden. Außerdem fordert die Sorgfaltspflicht besondere Sachlichkeit und Fairness: Auch entlastende Tatsachen sind zu sammeln und zu veröffentlichen. So reizvoll die Aussicht auf eine große exklusive Enthüllung auch ist: Der korrekte Journalist bemüht sich im Interesse der Wahrheit und aller Betroffenen ernsthaft darum, seine Enthüllung zu falsifizieren. Zum Beispiel dadurch, dass er den Betroffenen fragt und ihm Zeit lässt, sich über die Frage zu beraten oder seine Antwort vorzubereiten.

Vor allem aber müssen Journalisten bei der Berichterstattung über Verdachtsmomente durchgängig Distanz wahren. Gerade der bisweilen zerstörerisch wirkende Umgang mancher Medien mit Anschuldigungen zeigt, wie wichtig das Vermeiden von Vorverurteilungen ist. Genau das erwarten auch die Gerichte von einer seriösen Berichterstattung. Journalisten sollen nur dokumentieren, was an Vorwürfen und Erklärungen der verschiedenen Beteiligten existiert. Sie dürfen sich diese Vorwürfe auf keinen Fall zu Eigen machen. Diese Distanz muss zum Beispiel auch gegenüber einer Staatsanwaltschaft und deren Erklärungen gelten. Die wörtliche Übernahme von Presseerklärungen der Staatsanwaltschaft kann schnell zu einer unzulässigen Vorverurteilung werden.

Bei Gerüchten, bei denen überhaupt keine Tatsachenhinweise vorliegen, sind die Hürden für eine Berichterstattung noch höher. Über Gerüchte darf eigentlich nur bei einem überragenden Interesse der Öffentlichkeit berichtet werden. Außerdem muss ein Gerücht, sollte es denn so wichtig sein, dass darüber berichtet werden muss, schon aus einer seriösen Quelle stammen. Natürlich gehört die

Befragung des Betroffenen zur Recherche von Gerüchten, natürlich gehört die Distanz zur Berichterstattung. Außerdem muss ein Gerücht nach den Vorstellungen des Pressekodexes im Bericht auch als Gerücht gekennzeichnet sein. Grundsätzlich unzulässig ist auf jeden Fall die Verbreitung von Gerüchten aus der Privatsphäre von Betroffenen.

2.5 Zusammenfassung

Recherche ist im Sinne des Wortes zunächst nichts anderes als das systematische Stellen und Beantworten von Fragen zu journalistischen Inhalten und damit beständiger Teil nahezu jeder journalistischen Tätigkeit. Recherche arbeitet das Neue und Wichtige heraus. Deshalb gehört sie zum Prozess der Nachrichtenauswahl, des Schreibens oder des Redigierens. Ihre Qualität ist stark von der individuellen Berufsauffassung geprägt, weil teure und Zeit raubende Fragen und Antworten eine Einstellungssache sind.

Jede Recherche setzt, von der Prüfung der Relevanz einmal abgesehen, mit der Überprüfung der Quelle und ihrer Motive ein. Ziel einer sich anschließenden Faktensuche ist die schlüssige und vollständige Beantwortung aller traditionellen W-Fragen. Diese Faktensuche beginnt bei Betroffenen. Weitere Anlaufstellen für Informationen sind Wissenschaftler, unabhängige Experten, Verbände und Behörden. Nur Letztere haben gegenüber Journalisten eine Auskunftspflicht. Das Internet ist als Informationsquelle nur eingeschränkt geeignet. Für investigative Recherchen gibt es keine allgemein gültigen Erfolgsregeln. Diese Recherchen im öffentlichen Interesse sind oft mit einem hohen Prozessrisiko verbunden und rechtfertigen im Einzelfall sogar den Einsatz ansonsten unzulässiger Recherchemethoden. In allen Fällen gelten aber für die Recherche und die Veröffentlichung von Verdächtigungen und Gerüchten besonders strenge Sorgfaltspflichten.

Literatur

Blittkowsky, Ralf: Online-Recherche für Journalisten. 2. völlig überarb. Aufl., Konstanz 2002.

Bölke, Dorothee: Presserecht für Journalisten. Freiheit und Grenzen der Wort- und Bildberichterstattung, München 2005.

Blum, Roger: Sammler statt Jäger, in: Journalistik Journal, 3. Jg. Nr. 1 Frühjahr 2000, S. 8/9.

Brendel, Matthias u. a.: Richtig recherchieren. Wie Profis Informationen suchen und besorgen. 6. Aufl., Frankfurt 2004.

Haller, Michael: Recherchieren. 6. überarb. Aufl., Konstanz 2004.

Haller, Michael (Hrsg.): Recherche-Werkstatt, Konstanz 2001.

Hanfeld, Michael: Jetzt hat die ARD ihr Watergate, in: Frankfurter Allgemeine , Nr. 125 vom 2.6.2005, S. 40.

Kaiser, Ulrike: Ein Maulkorb ohne Bestand, in: Journalist 6/2005, S. 17–20.

Klems, Michael: »Finden, was man sucht!«. Strategien und Werkzeuge für die Internet-Recherche. Hrsg. v. d. Landesanstalt für Medien Nordrhein-Westfalen, Köln 2003.

Leif, Thomas (Hrsg.): Mehr Leidenschaft Recherche. Skandal-Geschichten und Enthüllungsberichte. Ein Handbuch zu Recherche und Informationsbeschaffung, Wiesbaden 2003.

Ludwig, Johannes : Investigativer Journalismus. Recherchestrategien – Quellen – Informanten, Konstanz 2002.

Redelfs, Manfred: Exklusives aus der Datenfülle, in: Journalist 8/2004, S. 44–46.

Redelfs, Manfred: Recherche, in: Weischenberg, Siegfried u. a. (Hrsg.): Handbuch Journalismus und Medien, Konstanz 2005, S. 390–394.

Sage & Schreibe Werkstatt. Internet Recherche. Wie man Stecknadeln im Heuhaufen findet. Beilage journalist 2/2000.

Söhring, Jörg: Presserecht. 3., erw. u. überarb. Aufl., Stuttgart 2000.

3. Die Sprache der Presse

Schreiben geht nicht flott, und häufig ist die erste schnelle Fassung eines Kommentars oder einer Reportage schlicht schlecht. Qualität kommt von Qual, stand an der Wand einer renommierten Journalistenschule. Das war zwar hinsichtlich der Sprachwurzeln falsch, aber einprägsam. Einer muss sich quälen, der Schreiber oder Leser, predigte Wolf Schneider, einst Journalist und Journalistenausbilder, unermüdlich in seinen Seminaren. Er hatte Recht. Jeder erfahrene Journalist weiß, dass der Zugang zum Leser erarbeitet werden muss und dass es mühsam sein kann, vom ersten bis zum letzten Anschlag verständlich und klar zu schreiben. Flott geht nämlich nur eines: den Leser zu verlieren. Auch Joseph Pulitzer, der Vater der modernen amerikanischen Tagespresse, hatte seine Regel für das Schreiben im Journalismus. Klarer geht es kaum:

> »Was immer Du schreibst,
> schreibe kurz, und sie werden es lesen,
> schreibe klar, und sie werden es verstehen,
> schreibe bildhaft, und sie werden es im Gedächtnis behalten.«

3.1 Kurz schreiben

Schreibe kurz, und sie werden es lesen – es führt überhaupt kein Weg daran vorbei: Kurze Artikel werden eher gelesen als lange, kurze Sätze werden öfter zu Ende gelesen als lange, kurze Wörter werden schneller verstanden als lange. Länge läuft nur beim Segeln, im Journalismus geht es zuerst und immer wieder um Auswahl und Beschränkung. Gerade für die Schreiber. Dass die Verleger mit ihrer Vergütung nach Zeile freie Mitarbeiter zur Länge treiben, steht auf einem anderen Blatt und zeigt nur die Unsinnigkeit mancher kaufmännischer Regelung im Journalismus.

Länge kann Leser vertreiben. Das folgende Beispiel, ein einziger Satz, verdeutlicht die Notwendigkeit zur Selbstbeschränkung:

> Ein kleines bisschen böse pointiert könnte man sagen, dass das Verfassen und, nutzloser noch: das Lesen von Liebesgedichten nun wirklich nicht die richtige Beschäftigung für ein Lebensalter sei, in dem man gefälligst neue Formen der Unartigkeit ausprobieren, den eigenen inneren Hormoncocktail wie ein Diabetiker seine Insulindosis »einstellen«, CDs brennen, den Code von DVDs knacken, unglaubliche Handyrechnungsbeträge anhäufen, Länder des ehemaligen Ostblocks für zwei Euro am Tag bereisen, die besten auf dem Markt erhältlichen Drogen ausprobieren und sich Gedanken über das, was nach dem Schulabschluss kommen mag, machen sollte.
>
> FRANKFURTER ALLGEMEINE, 25.5.2002

Es bedarf schon eines erheblichen Maßes an Selbstüberwindung, diesen ersten Satz einer Buchbesprechung im Feuilleton der FRANKFURTER ALLGEMEINEN ZEITUNG zu Ende zu lesen. Da die folgenden Sätze dieser Kritik auch nicht kürzer waren, werden nur wenige Leser den vielleicht wichtigen Inhalt dieser Besprechung wahrgenommen haben. Der Autor hat ins Leere geschrieben und sein Redakteur hat ihm dabei geholfen. So sollte es nicht sein.

Ein Journalist muss schon in kurzen Sätzen schreiben, wenn er die Leser erreichen will. Sätze bis zu 18 Wörtern gelten als leicht verständlich. Jenseits der 25 Wörter beginnt die Unverständlichkeit, mehr als 40 Wörter verhindern faktisch das Verständnis beim ersten Lesen. So gesehen ist es zumindest eine exzellente Übung, in den ersten Jahren des journalistischen Schreibens grundsätzlich unter 18 Wörtern je Satz zu bleiben. Das lässt sich mit einfachen Tricks trainieren: Bei 40 Anschlägen je Zeile ist nach vier Zeilen die Grenze von 18 Wörtern sehr oft überschritten. Jeder kann sich mit etwas Übung daran gewöhnen, seine Sätze nach vier Zeilen beendet zu haben. Die Leser werden es ihm danken.

Im eigenen Manuskript die Schlusspunkte bunt markieren. So findet sich sofort jeder lange Satz.

Es gibt eine Reihe von Praktikerregeln, die dabei helfen, Sätze innerhalb der beschriebenen vier Zeilen enden zu lassen. Hilfreich ist auf jeden Fall die Konzentration auf den Hauptsatz. Eingeschobene Nebensätze lenken ohne jeden Nutzen von der Aussage des Hauptsatzes ab. Möglichst nur eine Information pro Satz heißt es in einigen Lehrbüchern, Nebensätze sind unerwünscht in anderen. Beides ist richtig. Es ist zweitrangig, wie es sich der Journalist merkt, dass die Cicero nahen Satzkonstruktionen seiner Schulzeit der Vergangenheit angehören sollten. Dennoch fördert jeder kurze Blick in eine Abonnementzeitung Sätze wie diesen zu Tage:

> Die Gewerkschaften, die im vergangenen Jahr ihre Schwäche eingestehen mussten und auch gegen die Rentenreform nur wenige Anhänger mobilisiert hatten, nutzen die Angst der Regierung vor dem Scheitern des Referendums geschickt aus.
>
> FRANKFURTER ALLGEMEINE, 12.3.2005

Dieser Satz ist ohne jede Not zu lang. Der Relativsatz erschwert nur den schnellen Zugang. Warum nicht anders: »Die Gewerkschaften nutzen die Angst der Regierung geschickt aus. Vor einem Jahr noch hatten sie gegen die Rentenform nur wenige Anhänger mobilisiert und ihre Schwäche eingestanden ...«

Fange keinen Satz mit »Als« an, er wird zu lang – auch diese Aufforderung gehört zu den Praktikerregeln auf der Suche nach kurzen Sätzen. Tatsächlich folgt jedem Als zunächst die Beschreibung der Umstände, bevor es im Satz richtig zur Sache geht. Selten enden Sätze dieser Art unter 18 Wörtern.

3.2 Klar schreiben

Schreibe klar, und sie werden es verstehen. Eigentlich ist es mit der Verständigung doch überhaupt nicht so schwer. Selten redet jemand im Privatleben grundsätzlich geziert um das Thema herum, nur die Wenigsten verdrehen ihre Sprache mit Amtsdeutsch. Selten folgen Autofahrer »der Umleitungsempfehlung«, die meisten nehmen doch lieber »die Umleitung« – und verstehen sich trotzdem mit dem Beifahrer. Warum werden ausgerechnet dann die Wörter schrecklich und die Sätze monströs, wenn es um das Gespräch mit dem Leser geht? Der hat doch in der Regel sogar noch dafür bezahlt, kurz und verständlich informiert zu werden.

Oft ist es die Eile, die Journalisten in die aufgepumpte Sprache von Parteien, Behörden und Unternehmen treibt. Wenn der Blick beim Schreiben auf die Vorlagen der Presseabteilungen fällt, ist der Absturz in deren Sprache programmiert. Dann wird schnell aus der Straße die Straßenverbindung, aus der Briefmarke das Postwertzeichen und aus der Aufgabe die Aufgabenstellung, also Bürokratendeutsch. Das ist das eine Übel. Die Modesprache der Unternehmen, ihrer Macher oder Werber ist das andere. Wenn von bankwirtschaftlicher Kompetenz, innovativer Ablauforganisation und dynamischen Synergieeffekten die Rede ist, ist Übersetzung geboten. Bürokraten wollen juristisch unberührbar bleiben, Unternehmen Eindruck schinden, vertuschen oder verkaufen. Alles führt zu Silbenbergen und Wortungetümen. Und alles schadet der Verständlichkeit. »Schreibe klar, und sie werden dich verstehen« bedeutet deshalb zunächst, eigene Worte für den Sachverhalt zu finden. Erzähl eine Geschichte, heißt es in vielen Zeitschriftenredaktionen, wenn es um die schöne Schreibe geht. Sich den Bericht selbst zu erzählen hilft tatsächlich, eigene Worte zu finden und verständlich zu bleiben.

Mit dem Bemühen um eigene Worte entgehen die Journalisten auch der permanenten Bedrohung durch Verschleierungen oder beschönigende Begriffe. Die Kollateralschäden der Militärs sind streng genommen seitlich vom Ziel gelagerte Schäden. Tatsächlich aber geht es in der Regel um Tote und Verletzte unter der Zivilbevölkerung. Und so sollten sie auch beschrieben werden. Gewerkschaften reden gerne von spontanen Arbeitsniederlegungen, wenn sie noch keine Streiks organisieren dürfen. Nur zu häufig sind diese Aktionen aber keineswegs so spontan, wie es die Gewerkschaften vermitteln wollen, sondern von ihnen organisiert. Unternehmer reden lieber von Freisetzungen und der Verschlankung der Belegschaft als von Stellenabbau und Entlassungen. Dass auch Bundesminister oder Kanzler mit Begriffen gerne ihr Elend tarnen, gehört zum Allgemeinwissen. Ein Minuswachstum gibt es nicht. Die Volkswirtschaft ist geschrumpft, der Weg in die Rezession eingeschlagen.

Die dringende Empfehlung, eigene Worte zu suchen, bezieht sich auch auf Kästen und Stichworte. Es gehört heute zu einem gut aufgemachten Bericht, wichtige Stichworte oder Zusammenhänge vom Lauftext getrennt in Kästen zu erläu-

---

Silben zählen: Je mehr Silben ein Begriff benötigt, desto eher entstammt er der Bürokratie oder der Unternehmenswelt. Er sollte ersetzt werden.

Endungen ansehen: Wörter, die auf -ung, -heit, -keit, -ät und -mus enden, sind oft umständlich und damit überflüssig.

tern. Diese Kästen haben dann viel von einem Lexikon. Dennoch sollten ihre Texte nicht einfach aus dem Internet heruntergeladen oder dem nächststehenden Handbuch abgeschrieben werden. Denn weder im Internet noch für die Lexika gelten die Aufforderungen Joseph Pulitzers, kurz und klar zu schreiben. Etwas mehr Mühe muss es schon sein.

Mit den eigenen Gedanken und Begriffen ist das Klarheitsgebot allerdings noch nicht erfüllt. Es gibt noch ein paar zusätzliche Faustregeln, deren Beachtung das Verständnis fördert. Im Aktiv zu schreiben ist eine davon. Denn das Aktiv beschleunigt die Sätze, vermeidet viele umständliche Klammerkonstruktion für die Verben und Missgeschicke bei intransitiven Verben. Das sind die Verben, für die es kein persönliches Passiv gibt. »Gehen« oder »weinen« sind solche Verben. Niemand wird geweint. Dennoch liest man ab und an von »zu Ende gegangenen« Veranstaltungen. Aktiv zu formulieren, schützt vor dieser Peinlichkeit. Wichtiger aber ist, dass aktive Verben nicht ganz so häufig auseinander gerissen werden wie passive Verben. Denn in den zusammengesetzten Verben liegt oft ein Hindernis zum Verständnis der Sätze: Der Bundesaußenminister hat ... gesagt, der Vorstandschef schlug ... vor – jeder kennt die Rätsel, die mit den zusammengesetzten Verben in die deutsche Sprache eingebaut sind. Sie in Grenzen zu halten, ist die Aufgabe der Schreiber. Und dazu gehören aktive Sätze ebenso wie der Verzicht auf doppelte oder gar dreifache Verneinungen.

Aktive Sätze haben zudem den Vorteil, immer Ross und Reiter zu nennen. Wer hat was gemacht? Diese höchst journalistische Frage wird bei passiver Konstruktion von Sätzen schnell umgangen. Aktive Sätze erzwingen hier eine klare Antwort.

3.3 Bildhaft schreiben

Schreibe bildhaft, und sie werden es im Gedächtnis behalten. Joseph Pulitzers Anspruch ist natürlich zu hehr. Kein Meldungsschreiber erwartet, mit der Sprache seiner Meldung einen Platz im Gedächtnis der Leser zu erobern. Das sieht im Magazinjournalismus schon anders aus. Einige Sprachbilder von SPIEGEL-Autoren wurden sogar Allgemeingut. Egal ob gut oder schlecht, die Bezeichnung Birne für den damaligen Bundeskanzler Helmut Kohl hat sich im Gedächtnis der Leser eingegraben.

Schreibe bildhaft – die Aufforderung Pulitzers wird oft als dringender Rat verstanden, beherzt und häufig auf Metaphern, also bildhafte Übertragungen, zurückzugreifen. Prompt funkelt dann die Spitze des Eisberges als Licht am Ende des Tunnels. Danach geben gute Menschen grünes Licht und stellen die richtigen Weichen auf freie Fahrt. Nur selten vergessen sie aber, vorher zur Kasse zu bitten.

Kein Zweifel: Nicht alle Metaphern dürfen als Lösungsbeitrag im Sinne Pulitzers angesehen werden. Im Gegenteil: Es ist für viele Sprachwissenschaftler und Journalisten längst kein Geheimnis mehr, dass viele häufig verwendete Metaphern nichts als sprachliche Fertigstücke sind, die bestenfalls verallgemeinern und pauschalieren und weit davon entfernt sind, etwas bildhaft darzustellen. Gerade die häufig verwendeten Metaphern haben ihren Bildwert längst verloren. Abgegriffene Metaphern langweilen. Vorsicht also bei: grünes Licht geben, Weichen stellen, zur Kasse bitten, ins Zwielicht geraten, ein Eigentor schießen, Licht am Ende des Tunnels, die Spitze des Eisbergs, wie eine Bombe einschlagen, Höhenflug oder am Scheideweg stehen usw.

Dennoch soll und kann jeder Autor eine bildhafte Sprache suchen. Je überraschender, desto besser. Mit Ruhe, Zeit und guter Beobachtung sind erfrischende Sprachbilder möglich. Deshalb gelingt dies auch eher den Autoren von Magazinen

> **Alltagsmetaphern sind kein journalistisches Stilmittel.**

als den Agenturjournalisten. Eine Steuerregelung mit einem Flachdach zu vergleichen, ist überraschend. Beide werden tatsächlich nie ganz dicht. Das hübsche Bild sichert die ungeteilte Aufmerksamkeit aller Leser – der Flachdachhersteller und Dachdecker inbegriffen.

Bildhaft zu schreiben, heißt auch nicht, unentwegt Adjektive einzusetzen. Im Gegenteil: Der unbedachte Einsatz mancher Adjektive gefährdet eher die Verständlichkeit, als dass er sie fördert. Die SPD plakatierte einst in einem Wahlkampf ihren Abscheu vor der »sozialen Kälte«, als ob Kälte sozial sein könne. »Atomare Bedrohungsgelüste« sind ebenso großer Unsinn wie »finanzpolitische Maßnahmenkataloge«. Wenn schon nicht unsinnig, dann doch überflüssig sind Adjektive in Wortgebilden wie »geballte Faust«, »hohe Wolkenkratzer«, »schwere Verwüstung«, »grausame Bluttat«, »schlimmes Unglück« oder »feierliche Zeremonie«. Wolkenkratzer sind nun einmal immer hoch, Fäuste ex definitione geballt und Zeremonien zumindest feierlich gedacht. Ein Unglück ist immer schlimm und muss deshalb nicht noch so genannt werden und Bluttaten werden mit dem Hinweis grausam keinen Deut präziser umschrieben als ohne.

Es ist keineswegs übervorsichtig, als Journalist zunächst einen Bogen um Adjektive zu schlagen. So werden neben Unsinn, Gespreiztheiten und Tautologien auch Peinlichkeiten vermieden, die mit der Steigerung von Adjektiven verbunden sind, die sich nicht steigern lassen. Der Volksmund bekundet ab und an die

»optimalste« oder »idealste« Lösung, was auch durch ständiges Wiederholen nicht richtig wird. Die »vollste« Zufriedenheit mag in Zeugnissen zwar erwünscht sein, sprachlich ist sie falsch. Der »einzigste« Vorfall dieser Art ist recht rheinisch und dennoch falsch. Bei »tot« sieht es jeder ein, beim »meistgelesensten« Autoren leider nicht: Es gibt Adjektive, die dürfen nicht gesteigert werden. Oft enden sie auf -los.

Wenn schon Adjektive verwendet werden, dann bitte nach genauer Beobachtung so präzise wie möglich und mit einem Hauch von Überraschung. Dann erfüllt sich Pulitzers Forderung nach bildhafter Sprache. Haare liegen dann in »sorgfältiger Unordnung«, jetzt weiß jeder, wie lange hier gestylt wurde.

Bildhaft wird die Schreibe, wenn die Leser mit dem Journalisten sehen, hören, fühlen, riechen oder schmecken. Wenn die präzise Beobachtung mit den passenden Verben wiedergegeben wird. Verben sind die eigentlichen Farbenträger im

---

Artikel werden nicht durch Adjektive bildhaft.

Satz. Sie unterscheiden die gute von der flachen Reportage, sie sorgen für präzise Beschreibung, nicht etwa die Adjektive. Je treffender ein Verb ist, desto klarer wird der Satz.

Zwei Sätze mit insgesamt dreizehn Wörtern, die den Frust in einem Institut der Bundesagentur für Arbeit exakt einfangen und beschreiben. Verben illustrieren die Sprache.

Jutta Allmendinger fällt in ihren Stuhl zurück. Sie rollt die Augen zur Decke.
DER SPIEGEL 49/2003

Das gilt natürlich nicht für Hilfsverben. Die verschleiern oder pumpen auf. Deshalb ist es nur zweckmäßig, wenn in manchen Schreibkursen empfohlen wird, in jedem Text vor der Abgabe alle »haben«, »können«, »sein« und »müssen« auf ihre Nützlichkeit zu überprüfen.

> Beim Redigieren alle »haben«, »können«, »müssen« und »sein« markieren und prüfen.

Mit den Substantiven verhält es sich fast wie mit den Verben: Je konkreter, desto besser. Dann kommt auch Farbe ins Spiel. Reportagen leben von der präzisen Beobachtung und der exakten Beschreibung der Details. Wie soll der Leser eine Szene miterleben, wenn er mit Gattungsbegriffen abgespeist wird? Tiere sind eben Kater, Unken oder Wasserschildkröten, alle Bäume haben Namen und lassen sich damit auch als Birken, Espen oder Erlen genau umschreiben, Autos stammen von Herstellern, haben Typennamen und Baujahre und manchmal sogar Spitznamen, wie die Badewanne, der 17M (P3) von Ford aus den 60er-Jahren. Das Gebot der präzisen Beschreibung gilt überall. Was der Reportage Farbe verleiht, schmückt auch den Bericht.

> Beim Schreiben und Redigieren Gattungsbegriffe überprüfen.

Präzision und sorgfältiger Umgang mit Begriffen schließen lexikalische Varianz aus. Der Wechsel im Ausdruck, den die Deutschlehrer so unverdrossen anmahnen, gilt nicht für den Umgang mit Begriffen. Dreimal hintereinander »man« ist schlecht und gehört wegredigiert, dreimal hintereinander »Bad Soden« muss sein. Begriffe, die einmal eingeführt und erläutert sind, werden beibehalten. Abwechslung ist bei Substantiven kein Gebot der Journalistensprache. Sie wirkt oft nur lächerlich. Wenn zum Beispiel aus dem Priester erst der Seelsorger, dann der Gemeindehirt und schließlich der Gottesmann wird.

Das Problem ist auch ein Rechtliches: Der Journalist hat eine Sorgfaltspflicht und muss mit den Fachbegriffen leben. Eine Rückstellung ist keine Rücklage, das schöne Geld gehört im ersten Fall irgendwelchen Gläubigern und im zweiten Fall den Eigentümern. Das ist schon ein Unterschied. Ein Bußgeld ist keine Geldstrafe. Wehe dem, der beides verwechselt, er wird sich vom Zahlungspflichtigen dringlich belehren lassen müssen. Ein Orkan ist kein Wind und kein Sturm, die Unterschiede kann man messen. Ein Ministerialrat ist ein Ministerialrat, und er bleibt das auch beim vierten Mal. Staatsdiener klingt da nur merkwürdig.

Die gebotene Präzision auch und gerade bei Fachbegriffen bedeutet nun nicht, den Leser mit den Fremdworten oder Abkürzungen der Wissenschaftler oder Unternehmen zu ersticken. Begriffe und Bezeichnungen aus der Unternehmenswelt sind immer verdächtig, Werbung zu transportieren. Entsprechend sorgfältig sollten sie geprüft und verwendet werden. Abkürzungen gehören wie Fremdworte zunächst verständlich beschrieben und dann behutsam eingesetzt. Entsprechendes gilt für viele Zahlenangaben. Kommt es nicht auf exakte Daten in Euro, Meter oder Pfund an, geht es also nur um Größenordnungen und Dimensionen, dann ist es ganz im Sinne Pulitzers, statt der Zahlen Bilder einzusetzen: Die neue Halle ist eben so groß wie zwei Fußballplätze, das Windrad so hoch wie der Dom.

Diese Regeln helfen beim Schreiben

- Gute Sprache hat mit Askese zu tun.
- Eine gute erste Fassung ist selten. Was einem sofort einfällt, ist oft abgedroschen.
- Es lohnt, sich die Sätze zu erzählen. Ohne Papier formulieren wir kürzer.
- Gegenseitiges Lesen ist der beste Verständlichkeitstest. Muss ein Satz zweimal gelesen werden, ist er missglückt.

Joseph Pulitzers Regeln vom guten Schreiben bedürfen allerdings einer kleinen Ergänzung, die ihm vermutlich nicht einmal der Rede wert erschien: Schreibe distanziert, und sie werden korrekt informiert.

3.4 Distanziert schreiben

Alle Pressejuristen wissen es mit langen Ausführungen zu Stichworten wie Tatsachenbehauptung, Verbreiterhaftung, Verdachtsberichterstattung oder Gerücht zu belegen: Journalisten müssen sich zu allem, was sie an Tatsachen verbreiten, zu allen Zitaten, die sie veröffentlichen, erst recht zu allen Verdächtigungen, denen sie – nach sorgfältiger Prüfung – Platz einräumen, distanziert verhalten. Sie dürfen, so formulieren es die Juristen, sich die Aussagen nicht »zu Eigen machen«. Es sei denn, sie können sie selbst vor Gericht hieb- und stichfest beweisen. Dieses Distanzgebot gilt nicht nur für heikle Situationen, in denen zum Beispiel Aussage gegen Aussage steht, sondern auch bei vermeintlich unproblematischen Aussagen. Dem Leser muss immer klar werden, dass hier nur berichtet wird, was andere gesagt haben. Wenn zum Beispiel eine Behörde, eine an sich meist glaubwürdige Adresse, sagt, sie habe ausreichend Vorsorge für einen bestimmten Unglücksfall getroffen, dann heißt das noch lange nicht, dass auch ausreichend Vorsorge getroffen wurde. Gerade in Zeiten umfassender und stets zielgerichteter Öffentlichkeitsarbeit von Unternehmen, Verbänden, Organisationen und auch Behörden, muss immer wieder davon ausgegangen werden, dass längst noch nicht alles so ist, wie von manchem behauptet wird. Distanz entwickelt sich vor dem Hintergrund intensiver Öffentlichkeitsarbeit zu einer immer wichtigeren journalistischen Tugend. Diese Tugend schlägt sich auch in der Sprache nieder.

Tatsächlich gelten auch nach Auffassung der deutschen Gerichte für Journalisten strengere Sprachregeln als für andere. Wenn ein Staatsanwalt der Öffentlichkeit mitteilt, dass der Verhaftete der Täter ist, darf ein Journalist auch nach den Regeln des Pressekodexes diesen Menschen noch lange nicht als Schuldigen hinstellen. Dazu müssen erst die Richter gesprochen haben. Auch ein Zitat des selbstsicheren Staatsanwalts muss deshalb distanziert wiedergegeben werden. Und so erfrischend der Indikativ auf die Sprache auch immer wirkt, bei der Wiedergabe von Tatsachenbehauptungen muss der Journalist der gebotenen Distanz wegen in den sprachlich weniger eleganten Konjunktiv der indirekten Rede wechseln: Die Behörde teilte mit, sie habe durch diese und jene Maßnahmen ausreichend Vorsorge getroffen. Jeder Leser bemerkt dann die Distanz zur Aussage und weiß, was er davon zu halten hat. Deshalb legen im Nachrichtenjournalismus alle professionellen Medien dieser Welt so viel Wert auf die Quellenangabe und die indirekte Rede.

Der oft so gestelzt wirkende Konjunktiv der indirekten Rede muss sein. Es sei denn, es wird wörtlich und mit sorgfältig formulierter und distanzierter Zuordnung zu demjenigen, der die Aussage trifft, zitiert: Der Präsident der Behörde zeigte sich am Montag überzeugt: »Wir haben ausreichend Vorsorge getroffen.« Bei der Wiedergabe von Gerüchten und Verdächtigungen reicht aber selbst das distanziert eingeleitete Zitate nicht immer aus, da müssen für eine seriöse Berichterstattung weitere Voraussetzungen erfüllt werden (s. S. 38 f.).

Schluss-Check vor Abgabe eines Textes

- Sind die Sätze länger als vier Zeilen?
- Haben die Verben Kraft? Werden die Hilfsverben gebraucht?
- Enthält der Text noch Gattungsbegriffe? Gibt es treffendere Substantive?
- Sind die Metaphern abgegriffen?
- Ist die Distanz gewahrt?

3.5 Zusammenfassung

Die gute Sprache des Journalisten ist kurz, klar, bildhaft und distanziert. Die gebotene Kürze betrifft dabei Sätze wie Wörter. Es ist sinnvoll, sich streng daran zu orientieren, dass nach 18 Wörtern die Verständlichkeit eines Satzes abnimmt. Die Konzentration auf eine Aussage je Satz und der Verzicht auf Nebensätze helfen dabei, kurze Sätze zu schreiben. Ihre Klarheit gewinnen journalistische Texte im Zeitalter der Textvorlagen durch Pressestellen zunächst durch die Wahl eigener Worte. Nur so lassen sich Verschleierungen oder Begriffe aus dem Bürokraten- oder Unternehmensdeutsch vermeiden. Formulierungen im Aktiv und das Vermeiden doppelter oder dreifacher Verneinungen fördern die Klarheit der Texte. Eine bildhafte Sprache wird in erster Linie durch die Wahl starker Verben und präziser Substantive erreicht. Auf lexikalische Varianz sollte dabei verzichtet werden. Sie führt schnell zu sachlichen Fehlern und wirkt oft lächerlich. Adjektive bergen ohne sorgfältige Auswahl mehr Gefahren für das Verständnis des Textes als direkten Nutzen. Dasselbe gilt für Alltagsmetaphern. Sie sind oft abgegriffen und haben längst ihren Bildwert verloren. Originelle Sprachbilder bereichern dagegen jeden Text. Gute Sprache wahrt aber immer eine Distanz zu Tatsachenbehauptungen, Verdächtigungen oder Gerüchten.

Literatur

Bölke, Dorothee: Presserecht für Journalisten. Freiheit und Grenzen der Wort- und Bildberichterstattung, München 2005.

Gerhardt, Rudolf: Lesebuch für Schreiber. Vom journalistischen Umgang mit der Sprache. Ein Ratgeber in Beispielen. 6. überarb. und erw. Auflage, Frankfurt 2001.

Hruska, Verena: Die Zeitungsnachricht: Information hat Vorrang. 3. neubearb. Aufl., Bonn 1999.

Meyer, Werner (Bearb.): Journalismus von heute. Hrsg. von Mercedes Riederer, Loseblatt-ausg. Starnberg u. a., Stand Erg.-Lfg. 29, 2002.

Pruys, Karl Hugo: »Im Vorfeld wird zurückgeschossen …«. Wie Politiker und Medien die deutsche Sprache verhunzen, Berlin 1994.

Reiners, Ludwig: Stilfibel. Der sichere Weg zum guten Deutsch. Neuaufl., München 1992.

Schneider, Wolf: Deutsch für Profis. Wege zum guten Stil, München 1999.

Schneider, Wolf; Paul-Josef Raue: Das neue Handbuch des Journalismus. 1., vollst. über-arb. und erw. Neuausg., Reinbek 2003.

Sick, Bastian: Der Dativ ist dem Genitiv sein Tod. Ein Wegweiser durch den Irrgarten der deutschen Sprache, Köln 2004.

Söhring, Jörg: Presserecht. 3., erw. u. überarb. Aufl., Stuttgart 2000.

4. Die Meldung

Nachricht? Meldung? Bericht? Sowohl im Journalismus als auch in der dazugehörenden Wissenschaft werden diese Begriffe unterschiedlich verwendet. Nicht allerdings in einzelnen Redaktionen. Da weiß jeder, was sich hinter einem bestimmten Begriff versteckt und was dann genau zu tun oder zu lassen ist. Das kleine Sprachproblem stellt sich praktisch nur beim Umstieg von Hausgebrauch zu Hausgebrauch, beim Wechsel von einer Redaktion zur nächsten. Und es stellt sich in der Wissenschaft.

Folgt man der guten Nachrichten-Definition der BBC, dann ist die Nachricht eine fachgerecht bearbeitete, journalistische Ereignis-Information. Sie ist ein Inhalt und keine bestimmte Form. Sie bestimmt den Inhalt aller Darstellungsformen im Journalismus, bei denen es vorrangig auf die professionelle Information ankommt. Die nach der BBC-Definition bearbeiteten Informationen können zum Beispiel in Form einer Meldung, eines Berichts, mit einem Interview, mit einem Kasten oder mit einer Tabelle dem Leser angeboten werden. Die Darstellungsform ist eine funktionale Verpackung der Nachricht. Und die Funktion ist bei allen genannten Darstellungsformen in erster Linie die Information des Lesers über neue, aktuelle und wichtige Inhalte, also über Nachrichten.

Es gibt weitere Darstellungsformen, die vorwiegend kommentierend sind. Diese bieten zwar auch fast immer aktuelle, neue und journalistisch korrekt bearbeitete Informationen an, sie erfüllen aber zunächst eine andere Funktion und gehören damit nicht zur Kategorie der Nachrichten. Es sind Kommentare. Und es gibt Mischformen, die alle möglichen Funktionen haben. Zum Beispiel die Kritik, die immer ein bisschen Information über aktuelles Geschehen, ein bisschen Kommentar zum Geschehen, ein bisschen Service zum persönlichen Verfolgen dieses Geschehens und ein bisschen Unterhaltung ist. Sie ist somit im besten Falle auch eine Nachricht.

Manche Autoren definieren das anders und nennen das kurze Agentur- oder Zeitungsstück Nachricht. Streng genommen ist aber dieser Begriff mit der BBC-Definition besetzt.

Die Nachricht ist der prägende Inhalt aller Darstellungsformen, die informieren sollen. Meldung und Bericht sind die in Zeitungen und Zeitschriften hauptsächlich zur Information über Ereignisse verwendeten Darstellungsformen.

4.1 Die sieben W-Fragen

Bei allen Nachrichten geht es um die korrekte und umfassende Information des Lesers. Das heißt zunächst für den Journalisten, über Fakten zu berichten. Welche Fakten in die Nachricht gehören, zeigen die berühmten sieben W. Jede Nachricht, sei es eine Meldung, ein Bericht oder ein Interview soll eine Antwort auf alle sieben W-Fragen geben:

Wer? Was? Wann? Wo? Wie? Warum? Woher?

Diese sieben Fragen bilden die simpelste und zugleich wichtigste Checkliste im Journalismus. Dennoch werden sie immer wieder unvollständig beantwortet, wenn in Meldungen oder Berichten beispielsweise die Quelle oder die Angaben zu Ort und Zeit fehlen, um nur die beliebtesten Defizite zu nennen. Die sieben W-Fragen umschreiben nicht nur den Mindestumfang der Nachricht, sondern zugleich auch den Mindestumfang einer Recherche und – oft vergessen – den Mindestumfang jeder redaktionellen Bearbeitung. Fehlt zum Beispiel im Manuskript die Quelle, muss sie nachrecherchiert und in den Text eingebaut werden. Außerdem legen diese sieben schlichten Fragen zumindest bei der Agentur- und Zeitungsmeldung auch den Aufbau des Textes fest.

Der Unterschied zwischen Meldung und Bericht ist zunächst quantitativ. Die Meldung ist kurz, hat bei Agenturen und Zeitungen eine feste Struktur von drei oder fünf funktional festgelegten Einheiten und eine Länge von bis zu 30 Zeilen. Bei Magazinen sind die Größenordnungen etwas anders. In beiden Fällen aber gilt: Da, wo die Meldung aufhört, fängt der Bericht an. Er ist die Darstellungsform für die detaillierte Nachricht. Präzisere Abgrenzungen gibt es nur in einzelnen Redaktionen. Es gilt wieder einmal der Hausgebrauch: Ein vierspaltiger Bericht einer Boulevardzeitung kann kürzer sein als eine Meldung im Nachrichtenmagazin oder der überregionalen Abonnementzeitung.

Der Unterschied ist aber auch qualitativ. Der Bericht holt weiter aus und ermöglicht es so, dass die Ereignisse systematisch in Vergangenheit und Zukunft einge-

ordnet werden. Zudem können im Bericht zusätzliche Darstellungselemente wie
Szenen und Zitate eingesetzt werden. Meldung und Bericht sind die gebräuchlichs-
ten journalistischen Darstellungsformen, jeder Pressejournalist muss sie beherrschen.

4.2 Die Formen der Meldung

Die Meldung ist die kürzeste Darstellungsform der Presse. Ihre Funktion ist bei
allen Medien gleich: Sie soll den Leser schnell informieren. Dabei haben die
einzelnen Medien aber ihre eigenen Formen für die Meldung entwickelt. Die
Nachrichtenagenturen kennen zunächst mit der Eil- oder Klingelmeldung die
kürzeste Variante. »Präsident gestürzt«, »Gold bricht ein« – oft reichen Subjekt
und Prädikat für den ersten Hinweis. Dem folgt so schnell wie möglich die vollständige Agenturmeldung mit den weiteren Antworten auf die sieben W-Fragen.
Dafür gibt es feste Strukturen, die auf drei oder fünf Sätze hinauslaufen. Diese
Agenturmeldungen werden von den Zeitungen oft ziemlich unbearbeitet übernommen und mehr oder minder lieblos hintereinander dem Leser präsentiert.
Deshalb sind die Zeitungs- und die Agenturmeldung meist inhaltlich und strukturell gleich.

Bei den Zeitschriften sieht die Meldung völlig anders aus. Magazine erscheinen
nicht täglich, sie haben mindestens einen Vorlauf von mehreren Tagen und können deshalb mit alten Agenturmeldungen ihre Leser nur langweilen. Sie hätten mit
diesen Meldungen im Wettbewerb gegen die Zeitungen keine Chance. Deshalb
übernehmen renommierte Zeitschriften grundsätzlich keine Agenturmeldungen.
Sie versuchen stattdessen, ihren Lesern mit eigenen Meldungen Neues zu bieten. Diese Meldungen werden oft üppig illustriert und wie kleine Geschichten
nett erzählt. Deshalb haben Magazinmeldungen selten die strenge Struktur der
Zeitungsmeldung.

Die Magazine haben aus ihrer Not längst eine Tugend gemacht: Ihre Meldungsseiten sind im Vergleich zu den eher trostlosen Meldungsspalten der Zeitungen
nicht nur optisch attraktiv. Kein Wunder, dass mit der BERLINER ZEITUNG seit
einiger Zeit auch eine Tageszeitung versucht, nach Art der Magazine ganze
Meldungsseiten zu gestalten.

4.3 Die Agentur- und Zeitungsmeldung

Die Zeitungen übernehmen in ihren überregionalen Teilen die Agenturmeldungen. In ihren Regional- und Lokalredaktionen werden die Meldungen dagegen selbst geschrieben. Dabei kann es passieren, dass lokale Meldungen anders aufgebaut und geschrieben werden als überregionale Meldungen, die streng nach Agenturvorschrift geschrieben wurden. Das verwirrt die Leser, die zu Recht mit der Form des Artikels, in diesem Fall der Meldung, auch bestimmte Inhalte in bestimmter Aufbereitung erwarten. Deshalb sollten auch für die regionalen und lokalen Meldungen die Regeln der Agenturen für den Aufbau von Meldungen gelten.

4.4 Der Aufbau der Agentur- und Zeitungsmeldung

Diese Regeln sind einfach: KISS, keep it short and simple. Nach diesem Prinzip lernt man in den USA das Schreiben von Meldungen. Das Wichtigste zuerst und alles so kurz wie möglich, heißt es weniger einprägsam in Deutschland. Diese Prinzipien und die folgenden Regeln haben sich in den vergangenen Jahrzehnten für die Agentur- und Zeitungsmeldung etabliert. Sie sind bewährt und werden besonders bei den Nachrichtenagenturen – zum Teil in leicht unterschiedlicher Ausprägung – strikt beachtet. Dennoch hängt beispielsweise die Qualität einer Zeitungsmeldung nicht am Standardaufbau. Die Zeitschriftenjournalistenmachen es mit ihren qualitativ hochwertigen Meldungen vor: Man kann auch ganz andere Meldungen schreiben, kann interessante kleine Geschichten erzählen, wenn Zeit und Geld für Recherche und sorgfältiges Schreiben reichen. Sind beide knapp, empfiehlt sich aber zur Wahrung vollständiger Information das Schema F. Wer sich daran hält, ist sofort auf der sicheren Seite. So ist es eben immer noch: Geschwindigkeit ist der wesentliche Faktor im Nachrichtengeschäft, also gilt auch der Standardaufbau. Wie vor gut 140 Jahren, als die Nachrichtentechnik noch in den Kinderschuhen steckte und sich im amerikanischen Bürgerkrieg der klassische Meldungsaufbau der Agenturen entwickelte. Immer in der Furcht, dass die Leitung gleich zusammenbricht: Das Wichtigste zuerst. Chronologie und nette Geschichtchen stören nur. Auf das Ereignis kommt es an.

Die meisten gut gemachten Zeitungs- oder Agenturmeldungen lassen sich auf drei klassische Sätze zurückführen. Der Begriff Satz steht dabei tatsächlich häufig für eine grammatikalische Einheit. Dennoch ist es nicht zwingend, dass eine so genannte Dreisatzmeldung nur aus drei Sätzen bestehen darf. Es darf auch ruhig ein vierter Satz sein, wenn er die Sprache besser und den Inhalt verständlicher macht. Inhaltlich sind es aber drei Pakete, die als Dreisatzmeldung den Ausgangpunkt für alle Varianten der Agentur- und Zeitungsmeldungen, zum Beispiel die Fünfsatzmeldung, bilden.

Sieben Fragen und drei Sätze sind die Elementarteilchen des Journalismus.

Im ersten Satz, im so genannten Lead, steht das Wichtigste, der ganz harte Kern der Information. In der Regel sind das die Antworten auf das Wer und das Was. Jeder hat Leadsätze wie diesen hundertfach gelesen: »Der schwerste Mann der Türkei hat innerhalb von vier Monaten fast 200 Kilogramm abgenommen.« Oder: »Bei einer Schießerei zwischen mutmaßlichen Extremisten und der Polizei sind am Donnerstag im indischen Teil Kaschmirs sieben Menschen ums Leben gekommen.« Oder: »Die Feuerwehr hat eine Asphaltfläche auf dem Spielplatz an der Schillerstraße zehn Zentimeter tief unter Wasser gesetzt.« Das Wichtigste ist damit gesagt. Wer hat was gemacht.

Der zweite Satz wird Detailsatz genannt. Sein Name ist Programm. Im zweiten Satz werden die Einzelheiten des Geschehens mitgeteilt. Dabei geht es um die anderen W-Fragen, auf jeden Fall immer um das Woher, die Quelle der Information. Detailsätze lesen sich dann häufig so: »Nach Polizeiangaben gelang es zwei Extremisten, in Polizeiuniformen in den Hochsicherheitskomplex eines Regierungsgebäudes einzudringen.« Hier werden für die Meldung zur Schießerei in Kaschmir das Woher (… nach Polizeiangaben …), das Wie (… Polizeiuniformen …) und das Wo (… Regierungsgebäude …) beantwortet. Bei der Feuerwehrmeldung war das Wo (… Schillerstraße …) schon im Lead erledigt. Hier beantwortet der Detailsatz das Warum und das Woher: »Nach Angaben der Stadtverwaltung können Kinder dort Schlittschuh laufen, sobald das Wasser gefroren ist.«

Der dritte Satz wird als Hintergrundsatz bezeichnet. Er bietet oft Hinweise zu Zusammenhängen, zur Vorgeschichte und zur Analyse des Geschehens. Manchmal geht es hier auch um das Warum. Beim Abspeckwunder aus der Türkei ist der Hintergrund nahe liegend: »Als er im November 2004 in ein Istanbuler Krankenhaus gebracht wurde, hatte der 29-Jährige 387 Kilogramm gewogen.« In der Feuerwehrmeldung wird im Hintergrundsatz das Verhalten der Stadt transparent: »Das Ordnungsamt möchte die Kinder damit am Betreten von Eisflächen auf Baggerseen hindern.« Kürzer geht es kaum. Das gilt auch für die Sprache.

»Reuters-Nachrichten sind straff geschrieben. Sie verzichten auf schmücken-des Beiwerk und sollen durch die Auswahl geeigneter Aspekte, Zitate und Details konkurrenzfähig sein. Um die Informationen für möglichst viele Leser verständlich zu machen, müssen sie ausreichend Hintergrund und Beschreibung enthalten. Es gilt: Unterschätze nie die Intelligenz des Lesers, überschätze nie sein Wissen über Zusammenhänge und Vorgänge.«

HANDBUCH FÜR REUTERS-DIENST Version Januar 1998

Die Beispiele aus dem Agenturalltag verdeutlichen die Struktur einer Dreisatz-meldung. In beiden Fällen sind die Informationen des Detailsatzes auf mehrere kurze Sätze verteilt. Auf die Informationspakete kommt es an.

Kunstmuseum in Stuttgart mit Besucheransturm eröffnet

Stuttgart (dpa) – Das neue Kunstmuseum Stuttgart hat zur Publikumseröff-nung am heutigen Samstag einen Besucheransturm erlebt. In den ersten zwei Stunden seien mehr als 1.700 Menschen in den Neubau geströmt, sagte die Sprecherin des Museums. Vor dem Gebäude bildete sich eine lange Schlange. In dem 67 Millionen Euro teuren gläsernen Würfel werden Werke der Klassischen Moderne und der zeitgenössischen Kunst präsentiert werden.

5.3.2005, 21:44 Uhr

Syrien will Truppen aus Libanon schrittweise abziehen

Damaskus (dpa) – Syrien will seine Truppen in Libanon an die eigene Grenze zurückverlegen. Das kündigte der syrische Präsident Baschar al-Assad vor dem Parlament in Damaskus an. Er nannte jedoch keinen Zeitpunkt für den völligen Abzug der Soldaten. Der Rückzug würde schrittweise erfolgen. Assad reagierte damit auf den internationalen Druck nach der Ermordung des früheren libanesischen Ministerpräsidenten Rafik Hariri, für den Syrien verantwortlich gemacht wird.

5.3.2005, 21:44 Uhr

Die karge Dreisatzmeldung der Agenturen spart in der Regel Hinweise auf das künftige Geschehen aus. Wie geht es weiter? Was sind die nächsten Schritte?

59

Was heißt das im Einzelnen? Die Antworten auf diese Fragen werden einfach an Lead, Detail- und Hintergrundsatz gehängt. So entstehen der Zukunfts- und der Zukunftsdetailsatz. Der Zukunftssatz beleuchtet die Konsequenzen eines Ereignisses und geht auf die Frage nach der weiteren Entwicklung ein. Der Zukunftsdetailsatz beschreibt, sofern zur Information des Lesers sinnvoll, Einzelheiten dieser Entwicklung. Ein Beispiel aus der Welt der Wirtschaftsnachrichten verdeutlicht, wie einfach ein Zukunftssatz an die Dreisatzmeldung angehängt werden kann:

Boeing wirft Konzernchef Stonecipher raus

Washington (AFP) – Der US-Luftfahrt- und Rüstungskonzern Boeing hat seinen Chef Harry Stonecipher gefeuert. Grund sei eine persönliche Beziehung des 68-Jährigen zu einer Boeing-Managerin, teilte das Unternehmen mit. Eine Untersuchung habe ergeben, dass diese »mit dem Verhaltenskodex von Boeing nicht vereinbar« ist. Bis ein neuer Konzernchef gefunden ist, wird der 56-jährige Finanzvorstand James Bell die Geschäfte führen.

7.3.2005, 17:45 Uhr

Ist der Hintergrund erläutert, wird der Blick einfach ohne großen Übergang auf die Zukunft gerichtet. »Bis ein neuer Konzernchef gefunden ist ...«, das Faktum ist entscheidend: So geht es weiter. In einem Zukunftsdetailsatz dieser Meldung hätte nun noch stehen können, dass der Chef des Boing-Verwaltungsrates Lew Platt dem neuen Interimschef zur Seite gestellt wird oder dass Bell seine Aufgaben als Finanzvorstand behalten wird.

4.5   Der Anfang der Meldung

Die Gefahren beim Schreiben einer Meldung sind immer dieselben: Kaum zögern die Finger vor der Tastatur, fällt der Blick auf irgendeine Vorlage. Davon gibt es stets genug, sehen doch die vielen Presseabteilungen dieser Welt gerade ihre Existenzberechtigung darin, zögernden Journalisten über diese Schreibhemmung hinweg zu helfen. Also verschicken oder verteilen sie unentwegt scheinbar journalistisch aufbereitete Mitteilungen, die alle offenbar mit dem Wichtigsten anfangen und dem strengen Stil der eiligen Nachrichtenagenturen folgen: Subjekt, Prädikat, Objekt, Punkt. Die Verführung ist perfekt, die Eile zwingt die Journalisten geradezu, die Einstiege der Pressemitteilungen zu übernehmen – und mit Ihnen das, was die Presseabteilungen veröffentlicht sehen wollen.

Der Betriebsunfall ist damit eingetreten: Die Nachricht ist eben nicht mehr fair und professionell ausgewählt, so wie es die Nachrichtendefinition empfiehlt und es der Vorstellung von gutem Journalismus entspricht. Sie ist von den Pressestrategen der Absender manipuliert. Beispiel Wirtschaft: Es gehört zu jeder Bilanzpressekonferenz, dass die Journalisten sofort mit diversen Pressetexten, den so genannten Waschzetteln, versorgt werden: Kurzfassungen für die Eiligen, Langfassungen für die Ausführlichen und Redemanuskripte der vortragenden Vorstände für die Sorgfältigen. Hinzu kommen Kennziffern-Übersichten und – günstigenfalls – eine Bilanz. Ein Narr, wer da glaubt, dass die vorgelegten Papiere ausgerechnet mit den Millionen, die durch Missmanagement verbrannt wurden, den Abschreibungen auf Beteiligungen oder anderen hoch interessanten Peinlichkeiten beginnen. Auch Presseabteilungen wissen, dass Ablenkung die beste Verteidigung ist und fangen in ihren Texten nur mit Vorzeigbarem an. Das ist verständlich, der Journalist darf nur nicht darauf eingehen. Im Gegenteil: Er muss wissen, dass er genau damit nicht anfangen sollte und zunächst einmal selbst das Wichtigste suchen muss. Er kommt nicht darum herum. Seinen Einstieg muss er selbst finden.

> Vor jeder Nachricht kurz nachdenken. Was will man mir verkaufen, was soll ich schreiben? Was wollen mir die Beteiligten verschweigen? Was muss ich noch recherchieren?

Das Wichtigste nach vorne. So einfach die Regel klingt, so mühsam ist es im Einzelfall, das Wichtigste zu identifizieren. Natürlich gilt die Nachrichtendefinition unerschütterlich. Aber was ist, wenn vieles neu, aktuell, wichtig und von Belang erscheint? Wenn noch weiter gesiebt werden muss? Dann hilft manchmal ein Bild, das im Journalismus häufig eingesetzt wird, der so genannte Küchenzuruf. Der Begriff geht zurück auf den ehemaligen STERN-Chefredakteur Henry Nannen, der für alle STERN-Geschichten eine Überraschung forderte, die den Leser spontan dazu veranlasst, diese Neuigkeit der Familie in der Küche zuzurufen. Was dabei im besten Sprechdeutsch formuliert wird, ist das Wichtigste in klarer Kürze. Es ist der ideale Anfang der Meldung.

Der Küchenzuruf, die spontane Formulierung von Neuigkeiten unter Vertrauten, hilft überall im Journalismus, Sachverhalte auf den Punkt zu bringen: Er formuliert zum Beispiel die Nachricht oder die These im Vorspann eines Magazinberichts, und er setzt ein Thema in einer Redaktionskonferenz durch.

Der Küchenzuruf hilft beim Einstieg in die Meldung. Die Vorstellung, das Wichtigste in Kürze durch die offene Tür zu rufen, klärt sehr schnell, worauf es wirklich ankommt. Der angenehme Nebeneffekt dabei: In der Regel ist dann die Formulierung auch kurz und verständlich.

Ist das wirklich Wichtigste identifiziert, beginnt der erste Satz im klassischen Agenturstil mit dem Wer und dem Was. Fast immer folgt der Satzbau der schlichten Abfolge Subjekt – Prädikat – Objekt.

Schröder will »sehr zeitnah« zu Job-Gipfel einladen
Berlin (AP) Bundeskanzler Gerhard Schröder will die Unionsführung möglichst bald zu einem Spitzengespräch über die Bekämpfung von Arbeitslosigkeit und Wirtschaftskrise treffen.

8.3.2005, 11:56 Uhr

Dabei muss das Subjekt nicht immer ein handelnder Politiker sein. Es geht auch an anders.

Deutsches Bier darf mehr als die vier Zutaten Hopfen, Malz, Wasser und Hefe enthalten. Das entschied das Bundesverwaltungsgericht in Leipzig am Donnerstag.

dpa, in: Frankfurter 25.2.2005

Bei schwer einzuordnenden Themen empfiehlt es sich, dem Leser mit einer Art persönlichem Was den Zugang zur Meldung zur erleichtern. Dieser modernere Einstieg in die Meldung versucht, direkt die Relevanz für den Leser herauszuarbeiten. Hierzu ein Beispiel aus der Welt der Steuern. Zunächst der traditionelle Subjekt-Prädikat-Objekt-Einstieg: »Bundesfinanzminister Hans Eichel hat am Mittwoch im Kabinett einen Gesetzentwurf zur Veränderung der Besteuerung von Lebensversicherungen vorgelegt.« Besser ist der unmittelbare Hinweis auf die Folgen für die Leser: »Auch die Zinsen von Lebensversicherungsverträgen sollen jetzt besteuert werden. Bundesfinanzminister Hans Eichel hat dazu am Mittwoch im Kabinett einen Gesetzentwurf vorgelegt.«

Im Vermischten von Abonnementzeitungen oder im Boulevardjournalismus fangen Meldungen dagegen gerne mit dem besonders aufregenden Aspekt der Information an. Dem Ungewöhnlichen eben, gleichgültig, ob es um das Wo, das Wie, das Warum oder das Wann geht.

»Mehmet« erneut gewalttätig

München (ddp-bay). Zweieinhalb Jahre nach seiner Rückkehr nach Deutschland ist der unter dem Namen »Mehmet« bekannt gewordene frühere Serienstraftäter Muhlis A. erneut gewalttätig geworden. Gegen den 20-Jährigen wurde am Donnerstag Haftbefehl wegen räuberischer Erpressung und Bedrohung erlassen.

3.3.2005, 16:19 Uhr

Mit Pistole Herausgabe der Kinder verlangt

Troisdorf (ddp-nrw). Mit gezogener Waffe hat ein 39 Jahre alter Mann in Troisdorf von seiner Ehefrau die Herausgabe der gemeinsamen vier Kinder verlangt. Das Paar hatte sich nach Eheproblemen getrennt und die Frau war mit den Kindern zu ihrer Schwester gezogen, wie die Polizei am Donnerstag mitteilte.

3.3.2005, 17:02 Uhr

Im Lokal- und Regionaljournalismus und auf den Seiten für das Vermischte wird das Wichtigste häufig auch mit einem so genannten Schleppsatz angezogen. Der Schleppsatz stellt nicht das persönliche Was in den Vordergrund, sondern hat eher den Charakter einer lockeren Einleitung. Sie führt den Leser schnell und entspannt an die Neuigkeit heran und ermöglicht es ihm, das Folgende sofort einzuordnen.

Rügener Kreidefelsen ins Meer gestürzt

Bergen (AFP) – Rügen ist um eine wichtige Attraktion ärmer. Die »Wissower Klinken«, zwei spitz aufragende Kreidefelsen an der Steilküste, sind abgebrochen, teilte Michael Weigelt, Leiter des Nationalparks Jasmund, mit. 50.000 Kubikmeter Kreide würden nun am Strand und im Wasser liegen und der Ostsee überlassen.

24.2.2005, 17:20 Uhr

Zunehmend wird der Schleppsatz auch in anderen Ressorts von Tageszeitungen eingesetzt. Auch Meldungen zur nationalen Politik werden lesbarer, wenn sie mit Hinweisen wie »Eine Sorge weniger für Bundeskanzler ...« oder »Neuer Ärger im Außenministerium ...« eingeleitet werden.

4.6 Die Zeitenfolge der Agentur- und Zeitungsmeldung

Die Beispiele der Agenturen zeigen es schnell: Der erste Satz einer guten Meldung steht im Präsenz oder im Perfekt. Viel zu wählen gibt es dabei nicht. Gilt das Berichtete noch, etwa weil Bier fortan aus mehr Zutaten als Hopfen und Malz gebraut werden darf oder weil Rügen unwiederbringlich um eine Attraktion ärmer ist, steht der erste Satz im Präsenz: »Deutsches Bier darf mehr als die vier Zutaten Hopfen, Malz, Wasser und Hefe enthalten.« »Rügen ist um eine wichtige Attraktion ärmer.« Deshalb stehen auch viele Schleppsätze (»Die Lage der Rentenversicherung bleibt kritisch«, »Bundeskanzler Gerhard Schröder ist eine Sorge los«, »Neuer Schock für die Steuerzahler«) im Präsenz.

Ist das Geschehen abgeschlossen, sind die Taten vollbracht, ist der Schaden eingetreten, das Wort gesprochen und hat alles das noch einen Gegenwartsbezug, dann steht der erste Satz im Perfekt: »Mit gezogener Waffe hat ein 39 Jahre alter Mann in Troisdorf von seiner Ehefrau die Herausgabe der gemeinsamen vier Kinder verlangt.« »Zweieinhalb Jahre nach seiner Rückkehr nach Deutschland ist der unter dem Namen ›Mehmet‹ bekannt gewordene frühere Serienstraftäter Muhlis A. erneut gewalttätig geworden.«

Danach schwenkt die Meldung in das erzählende Imperfekt ein. Das Imperfekt ist die Standarderzählform: »Gegen den 20-Jährigen wurde am Donnerstag

Haftbefehl wegen räuberischer Erpressung und Bedrohung erlassen.« »Vor dem Gebäude bildete sich eine lange Schlange.« Alle routiniert in den zweiten Satz eingebauten Quellenangaben stehen im Imperfekt: teilte mit, berichtete, sagte.

Erst wenn in der Meldung zurückgeblendet wird, setzt das Plusquamperfekt ein. Es trennt für die Leser die Zeitebenen: »Das Paar hatte sich nach Eheproblemen getrennt und die Frau war mit den Kindern zu ihrer Schwester gezogen, wie die Polizei am Donnerstag mitteilte.« Es liegt nahe, dass das Plusquamperfekt hauptsächlich im Hintergrundsatz zum Einsatz kommt, wenn es darum geht, die oft in der Vergangenheit vergrabenen Ursachen und Hintergründe des Geschehens zu beschreiben.

Zum Futur wird gegriffen, wenn das Beschriebene erst in Zukunft eintritt. Das kann für alle Sätze der Meldung gelten, auch für das Lead. Auf die Zukunft kommt es an: »Bis ein neuer Konzernchef gefunden ist, wird der 56-jährige Finanzvorstand James Bell die Geschäfte führen.« »In dem 67 Millionen Euro teuren gläsernen Würfel werden Werke der Klassischen Moderne und der zeitgenössischen Kunst präsentiert werden.«

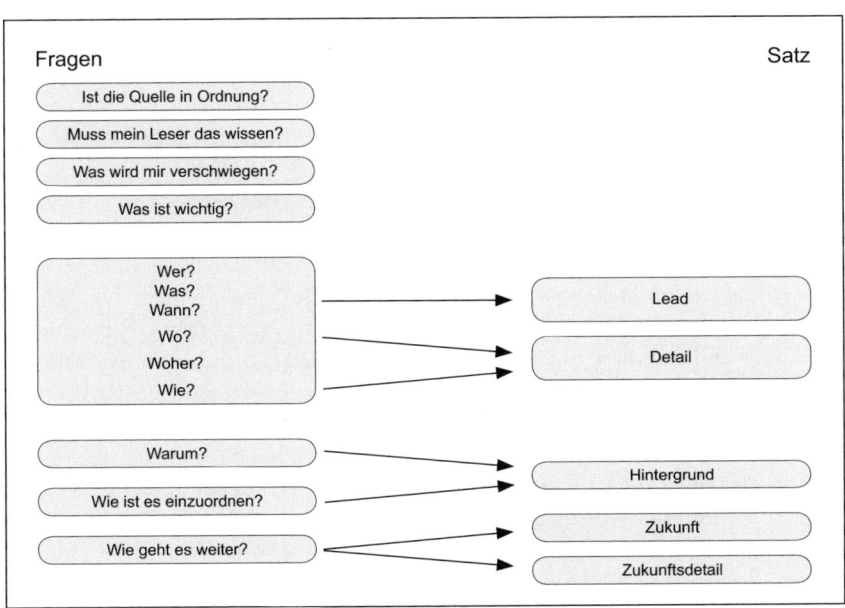

Abb. 1: Der Weg zur Agentur- oder Zeitungsmeldung

4.7 Die Magazinmeldung

Da, wo Zeitungsmeldungen als graue Kolonne aufmarschieren, entfalten bei vielen Zeitschriften gerade Meldungsseiten besonderen Glanz. Sie sind bunt und abwechslungsreich und präsentieren kurz und bündig vieles von dem, was Leser offenbar mögen: bekannte Namen, exklusive Nachrichten, schöne Fotos oder verständliche Grafiken. Deutschland, Wirtschaft, Ausland, Gesellschaft, Wissenschaft & Technik, Kultur – im SPIEGEL gönnt jedes Ressort seinen Lesern vor der üppigen Aufmachergeschichte mindestens eine nach bester Magazinerart sorgfältig gestaltete Meldungsseite. Jede Illustration ist dabei mehr als Beiwerk und die Texte sind gezeichnet vom Bemühen um Exklusivität und Qualität. Der Trend geht auch bei anderen Zeitschriften zu mehr Meldungsseiten. Diese Seiten mit ihren kurzen Texten und der gekonnten optischen Gestaltung durch Fotos, Grafiken und Karikaturen kommen dem Leserbedarf nach Abwechslung und kurzer Information entgegen. Hier können die Zeitungsmacher noch viel lernen.

Magazine leben von der Orientierung am Leser. Jedes Thema und jede Nachricht wird deshalb konsequent für die eigene Zielgruppe und aus dem Blickwinkel des eigenen Themenspektrums aufbereitet. Zudem werden bei den großen Publikumszeitschriften immer genau die Informationen gesucht, die andere Medien nicht liefern. Dafür gibt es einen einfachen Grund: Nur dieses Mehr an Information rechtfertigt den hohen Preis vieler Zeitschriften.

Für die Journalisten heißt das zunächst, dass ihnen mit Agenturmeldungen nie geholfen ist. Die kennt bei Erscheinen ihres Blattes jeder. Magazinjournalisten suchen aber stets die möglichst exklusive Geschichte. Am liebsten natürlich die unbekannte und aufrüttelnde Nachricht, ersatzweise den eigenen interessanten Aspekt einer bekannten Nachricht, einen besonderen Dreh oder das beste Zitat. Sie veredeln dann die Allerweltsnachrichten durch Nachdenken über weitere Entwicklungen, zusätzliche Recherchen und bessere Illustrationen. Da werden dann nach dem Gang ins Archiv und dem Griff in die Datenbanken Themen weitergedreht und denkbare Entwicklungen durchgespielt. Zu diesen Entwicklungen werden gezielt Zitate und Zahlen gesammelt. Das ist oft eine reine Fleißarbeit, die den Agentur- und Zeitungsredakteuren heute aus Zeitgründen kaum noch möglich ist. So ergeben sich aber selbst für bekannte Ereignisse neue oder interessantere Aspekte. Hierin liegt meist das Besondere der Magazinmeldung.

Beispiel Laurenz Meyer: Die Nachrichtenagenturen meldeten am 7. März 2005, einem Montag, dass RWE und der ehemalige CDU-Generalsekretär Laurenz Meyer über eine endgültige Aufhebung des ruhenden Arbeitsverhältnisses verhandelten. »In gegenseitigem Einvernehmen«, wie sich eine Sprecherin von RWE zitieren ließ. Ferner berichteten die Agenturen, dass RWE die seinerzeit an Meyer »ver-

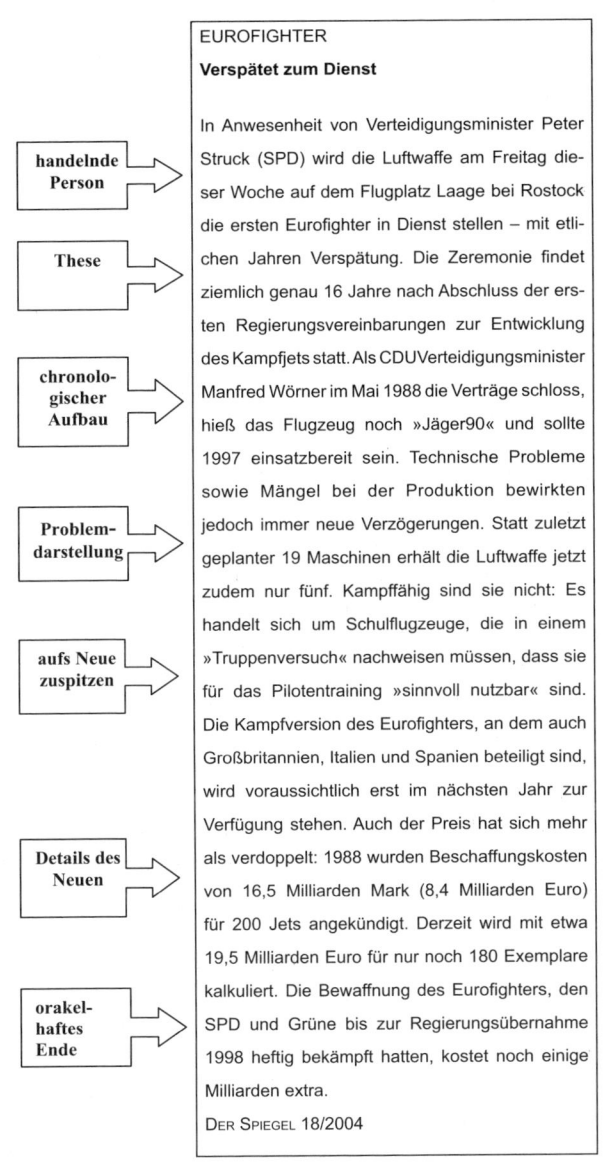

EUROFIGHTER

Verspätet zum Dienst

In Anwesenheit von Verteidigungsminister Peter Struck (SPD) wird die Luftwaffe am Freitag dieser Woche auf dem Flugplatz Laage bei Rostock die ersten Eurofighter in Dienst stellen – mit etlichen Jahren Verspätung. Die Zeremonie findet ziemlich genau 16 Jahre nach Abschluss der ersten Regierungsvereinbarungen zur Entwicklung des Kampfjets statt. Als CDU Verteidigungsminister Manfred Wörner im Mai 1988 die Verträge schloss, hieß das Flugzeug noch »Jäger90« und sollte 1997 einsatzbereit sein. Technische Probleme sowie Mängel bei der Produktion bewirkten jedoch immer neue Verzögerungen. Statt zuletzt geplanter 19 Maschinen erhält die Luftwaffe jetzt zudem nur fünf. Kampffähig sind sie nicht: Es handelt sich um Schulflugzeuge, die in einem »Truppenversuch« nachweisen müssen, dass sie für das Pilotentraining »sinnvoll nutzbar« sind. Die Kampfversion des Eurofighters, an dem auch Großbritannien, Italien und Spanien beteiligt sind, wird voraussichtlich erst im nächsten Jahr zur Verfügung stehen. Auch der Preis hat sich mehr als verdoppelt: 1988 wurden Beschaffungskosten von 16,5 Milliarden Mark (8,4 Milliarden Euro) für 200 Jets angekündigt. Derzeit wird mit etwa 19,5 Milliarden Euro für nur noch 180 Exemplare kalkuliert. Die Bewaffnung des Eurofighters, den SPD und Grüne bis zur Regierungsübernahme 1998 heftig bekämpft hatten, kostet noch einige Milliarden extra.

DER SPIEGEL 18/2004

handelnde Person

These

chronologischer Aufbau

Problemdarstellung

aufs Neue zuspitzen

Details des Neuen

orakelhaftes Ende

Abb. 2: Aufbau und Inhalt der Magazinmeldung

sehentlich« gezahlte Abfindung in Höhe von rund 80.000 Euro, die Ursache für Meyers Rücktritt, zurückgefordert habe. Meyer hatte jedoch bei seinem Rücktritt angekündigt, das Geld den SOS-Kinderdörfern zu spenden. Da sei aber nie Geld angekommen. RWE seinerseits habe nun den SOS-Kinderdörfern zugesagt, 100.000 Euro zu spenden. Im letzten Satz einer AP-Meldung stand noch folgender Hinweis: »Ob Laurenz Meyer bei dem zu erwartenden Ausscheiden aus dem RWE-Konzern erneut mit einer Abfindung rechnen kann, dazu wollte die Sprecherin keine Angaben machen.«

Auf dieser Meldung ließ sich mit einer ganzen Reihe von Fragen aufbauen. Zum Beispiel mit der einfachen Frage, auf wessen Veranlassung die Auflösung des ruhenden Arbeitsverhältnisses erfolgt? Das wussten Laurenz Meyer und die RWE. Ein Arbeitsrechtler wusste sicherlich, dass das gegenseitige Einvernehmen nichts mit der Veranlassung zu tun hat. Den konnte man zitieren. Die Veranlassung hat aber sehr viel mit der Abfindung und ihrer steuerlichen Behandlung zu tun. Veranlasst nämlich der Arbeitgeber, in diesem Fall RWE, die Trennung, ist eine Abfindung üblich. Das ließ sich klären, vielleicht bei einem Steuerexperten. Der hätte auch gerne verdeutlicht, wie die steuerliche Behandlung von Abfindungen im Juli 2000 und im Frühjahr 2005 geregelt war.

Bei etwas Nachdenken gab es an diesem Montag nur zwei Szenarien: RWE hatte die Trennung veranlasst oder Laurenz Meyer. Im ersten Fall wäre eine Abfindung üblich, im zweiten nicht. Im ersten Fall hätte RWE für ein Ausscheiden faktisch zwei Abfindungen gezahlt, eine an Laurenz Meyer und 100.000 Euro an die SOS-Kinderdörfer. Im zweiten Fall hätte der Energiekonzern 100.000 Euro an die Kinderdörfer gezahlt, ohne dass dazu eine Notwendigkeit bestanden hätte. So oder so: RWE hatte erkennbar einen gewissen Erläuterungsbedarf. Auch den Aktionären gegenüber.

Beide Szenarien wurden in den folgenden Tagen von Agenturen nicht aufgegriffen. Mit diesem Durchspielen und der entsprechenden Recherche wäre es durchaus möglich gewesen, auch am 10. März, einem Donnerstag, zum Beispiel im STERN oder der WIRTSCHAFTSWOCHE mit einer veredelten Version der Agenturmeldung den Lesern Neues anzubieten. Denn erst an diesem Donnerstag meldeten die Agenturen, dass die RWE Energy AG und Laurenz Meyer das Arbeitsverhältnis rückwirkend zum 31.12.2004 aufgehoben hätten und dass Laurenz Meyer eine Abfindung in Höhe von 400.000 Euro erhalte. Die Zeitungsleser erfuhren dies erst am Freitag.

Zu dieser Art Exklusivität kommt bei Magazinen die anspruchsvollere Schreibe der Meldungen. Zeitschriften müssen sich nach ihrem Selbstverständnis auch mit ihren Meldungen verkaufen. Magazinmeldungen müssen lesbarer sein als Agentur- oder Zeitungsmeldungen, deshalb erzählen sie eine Geschichte. Viele Magazine, zum Beispiel der SPIEGEL, stehen in dem Ruf, Umschreiber zu haben, die aus jedem

Text ein Wunderwerk schaffen. Das ist eine Mär. Alle Magazine haben natürlich Redakteure, die redigieren und die zum Beispiel Textchef heißen. Keiner von denen hat jedoch die Zeit, ganze Stücke umzuschreiben. Die Artikel müssen schon vorher sitzen. Das klappt in der Regel, wenn die Meldung, wie alle Artikel guter Zeitschriften, die Forderungen nach Personalisierung, Zitatenreichtum, szenischen Elementen und einem Spannungsbogen erfüllen.

Dass Magazinmeldungen in der Regel viel attraktiver aufgemacht werden als Zeitungsmeldungen, wurde schon bemerkt. Meldungsseiten sind immer auch ein Augenschmaus. Nahezu jede Meldung wird durch ein Foto oder eine Grafik illustriert, in manchen Fällen sogar durch beides. Da bei der Gestaltung von Meldungsseiten auch auf die Mischung der Illustrationen geachtet wird, kommt es häufig vor, dass eine Meldung nur ausgewählt wird, weil sie mit einem besonderen Foto oder einer eindrucksvollen Grafik verbunden ist. Die Textinformation ist dann nachrangig. Dies entspricht zwar nicht der publizistischen Theorie, ist aber dafür gängige Praxis.

Beispiel Krankenstatistik: Agenturmeldungen zu den Krankheitstagen eines Kalenderjahres im deutschen Maschinenbau sind nicht besonders spannend. Sie werden von den Tageszeitungen deshalb auch bestenfalls in den Meldungen des Wirtschaftsteils abgearbeitet. Die Meldung lässt sich aber optisch und inhaltlich schnell veredeln. Nimmt man sich die Zeit zu recherchieren, wie hoch der Krankenstand in den Jahren zuvor war, entsteht eine Zeitreihe, die grafisch ansprechend aufbereitet werden kann. Ergänzt um ein, zwei passende Zitate von Unternehmern, Gewerkschaftern oder Wissenschaftlern, entsteht eine in Inhalt und Aufmachung besondere Meldung, die jede Meldungsseite schmückt.

Nicht nur die Information entscheidet über die Mitnahme einer Meldung für die Meldungsseite einer Zeitschrift. Manchmal ist es allein die Möglichkeit zur besonderen Illustration.

4.8 Der Aufbau der Magazinmeldung

Magazinmeldungen werden auch im Aufbau nicht in die strenge Struktur der Agentur- und der Zeitungsmeldung gepresst. Lead, Detailsatz und Hintergrundsatz lassen sich zwar bei gutem Willen auch in vielen Magazinmeldungen finden, aber nur sehr selten in dieser Reihenfolge. Dafür sorgt allein schon die typisch chronologische Erzählweise. Sie ist kennzeichnend. Den Rest bestimmen die Nachricht und die Kreativität des Schreibers.

Häufig wird die Magazinmeldung mit einem Schleppsatz eingeleitet, der den Leser schnell zu einer These führt. Zugleich tritt, ebenfalls typisch für viele Magazinartikel, die handelnde Person auf. Chronologisch geht es weiter: Wie ist das Problem entstanden, worin besteht es, was wurde getan, was wurde nicht getan, wie sehen die Lösungsmöglichkeiten aus? Das Thema entwickelt sich. Der Leser wird zum neuen Aspekt geführt, der die Meldung exklusiv und aktuell macht. Dann wird die Meldung auf dieses Neue zugespitzt. Die Detailaspekte des Neuen werden dem Leser präsentiert. Schließlich klingt die Meldung häufig etwas orakelnd und das nächste Problem andeutend aus. Das alles Entscheidende für Aufbau und Schreibe einer Magazinmeldung lässt sich in der klassischen Aufforderung an jeden Magazinjournalisten zusammenfassen: Erzähl eine Geschichte!

	Agenturmeldung	Magazinmeldung
formale Merkmale		
Länge	kurz	kurz
Aufmachung	extrem schlicht	Foto, Illustration
Positionierung	schlicht	schlicht – prominent
Überschriften	1 Hauptüberschrift	1 Hauptüberschrift
Ergänzung	–	oft Grafik/Foto
strukturelle Merkmale		
Einstieg	W-Fragen	Schleppsatz, These
Ausstieg	verlaufend	geschlossen
Portal	–	–
These/Versprechen	–	häufig
Zahlen	häufig	häufig
Zitate	selten	häufig
Szenen	–	kurz
Beispiele	–	selten

Wechsel	–	–
inhaltliche Merkmale		
aktuelle Informationen	typisch	meist
Meinung	–	–
Empfehlung	–	gelegentlich
Hintergrundinformation	–	kompakt
Prognose	–	–

Abb. 3: Unterschiede Agenturmeldung und Magazinmeldung

4.9 Typische Fehler bei Meldungen

Jeder Journalist kennt sie, weil er sie einmal gemacht hat: die klassischen Fehler im schnellen Geschäft mit den Meldungen. Sie unterlaufen den Journalisten von Agenturen, Zeitungen und Zeitschriften, sie unterlaufen Anfängern wie Profis, Letzteren aber weniger häufig. Anfänger verpassen bei Agentur- oder Zeitungsmeldungen schon einmal das Wichtigste, weil sie nicht ausreichend vorbereitet waren. Und es sind in der Regel nur die Anfänger, die sich dann in protokollarische Plattitüden wie »trat vor die Presse« oder »wies zunächst auf die Bedeutung des Treffens hin« retten. Ein wichtiges W zu vergessen kann aber jedem jederzeit passieren. Die sieben W-Fragen sind eine Checkliste.

Gefährlicher ist für alle der Einfluss der Presse- und Öffentlichkeitsarbeiter, wenn Agentur- und Zeitungsjournalisten für ihre Meldungen an den Pressetexten kleben oder wenn Zeitschriftenjournalisten für ihre Meldungsseiten die hübsch illustrierten Informationen der Hersteller zum Beispiel der Kosmetik-, Mode-, Computer-, Reise- oder Automobilbranche nutzen. Im ersten Fall fehlen kritische Distanz und Fragen, im zweiten Fall ist der Unterschied zwischen Werbung und Journalismus in Vergessenheit geraten. In beiden Fällen wird der Leser getäuscht.

Dass Namen falsch geschrieben werden oder schlicht Unverständliches verbreitet wird, der Autor seinen Sachverhalt offenbar selbst nicht verstanden hat, ist als Fehler nicht typisch für Meldungen. Es kommt überall im Journalismus vor.

4.10 Zusammenfassung

Die Meldung ist die kürzeste Darstellungsform der Presse, jeder Journalist muss sie beherrschen. Dabei haben Nachrichtenagenturen, Zeitungen und Zeitschriften ihre eigenen Formen für die Meldung entwickelt. Die Funktion der Meldung ist jedoch bei allen Medien gleich: Sie soll den Leser schnell informieren. Nur auf Fakten kommt es an, für Kommentare ist in Meldungen kein Raum. Deshalb beantwortet jede Meldung zügig die sieben klassischen W-Fragen: Wer, Was, Wann, Wo, Wie, Warum und Woher.

Die Meldungen von Nachrichtenagenturen und Zeitungen einerseits und Zeitschriften andererseits unterscheiden sich in Aufbau, Aufmachung und Sprache. Zeitungs- und Agenturmeldung lassen sich in der Regel auf drei Standardsätze zurückführen. Dem Lead mit dem wichtigsten Neuen (Wer, Was, Wann) folgen ein Detailsatz mit Einzelheiten (Was, Wie, Wie) und Quelle (Woher) sowie ein Hintergrundsatz (Warum). In der Fünfsatzmeldung schließen sich hier ein Zukunftssatz (Wie geht es weiter?) und der Zukunftsdetailsatz (Einzelheiten dazu) an. Vor den Leadsatz können der Schleppsatz, ein das Thema locker einleitender Satz, oder ein Satz zum persönlichen Belang der Nachricht gestellt werden.

Anders ist die Struktur der Magazinmeldung. Sie ist oft chronologisch aufgebaut, nach Möglichkeit um eine handelnde Person herum. Die Einleitung erfolgt häufig über einen Schleppsatz oder eine These. Das so angerissene Problem wird dargestellt, seine Entwicklung und Details werden beschrieben. Dabei spielen szenische Elemente und Zitate eine wichtige Rolle. Die Meldung ist auf das Neue zugespitzt und endet manchmal mit der Andeutung weiterer Probleme oder dem Aufzeigen offener Fragen, die der Geschichte eine Spannung geben. Die Magazinmeldung wird im Unterschied zur Zeitungsmeldung meist mit Fotos oder Grafiken gut illustriert.

Literatur

Hruska, Verena: Die Zeitungsnachricht: Information hat Vorrang. 3. neubearb. Aufl., Bonn 1999.

Meyer, Werner (Bearb.): Journalismus von heute. Hrsg. von Mercedes Riederer, Loseblattausg. Starnberg u. a., Stand Erg.-Lfg. 29, 2002.

La Roche, Walter von: Einführung in den praktischen Journalismus. 16. völlig neu bearbeitete Auflage; Nachdr. München 2004.

Schneider, Wolf; Paul-Josef Raue: Das neue Handbuch des Journalismus. 1., vollst. überarb. und erw. Neuausg., Reinbek 2003.

Weischenberg, Siegfried: Nachrichten-Journalismus. Anleitungen und Qualitätsstandards
für die Medienpraxis, Wiesbaden 2001.

Wilke, Jürgen; Bernhard Rosenberger: Die Nachrichten-Macher. Eine Untersuchung zu
Strukturen und Arbeitsweisen von Nachrichtenagenturen am Beispiel von AP und
dpa, Köln u.a. 1991.

5. Der Bericht

Berichte sind die engsten Verwandten der Meldungen. Beide, Meldungen und Berichte, gehören zur Familie der informierenden Darstellungsformen. Sie transportieren Nachrichten. Und beide müssen dieselben hohen Ansprüche an Recherche, Inhalt und Sprache erfüllen. Deshalb gelten für die Berichte auch viele der Regeln, die für das Erstellen von Meldungen angeführt wurden.

Aber es gibt Unterschiede. Und diese Unterschiede erscheinen zunächst rein quantitativ, weil Berichte eben deutlich länger sind als die Meldungen. Die Unterschiede erweisen sich aber schnell als qualitativ, weil mit dem größeren Umfang auch andere Informationen und höhere Anforderungen an Aufbau, Ordnung und Sprache der Artikel verbunden sind. Es ist eben auch ein qualitativer Unterschied, ob die Leser über 20 oder 200 Zeilen für das Thema interessiert werden müssen.

Genau wie bei den Meldungen können auch bei den Berichten drei unterschiedliche Formen identifiziert werden: Der Agenturbericht, der oft nur eine etwas umfangreichere Meldung ist, der Zeitungsbericht und der Magazinbericht. Bei den Zeitungen gibt es unterschiedliche Ausprägungen. Sie reichen von der kurzen Variante über das szenisch angereicherte Stück zum Beispiel in den Lokalredaktionen bis hin zu den langen Berichten der Korrespondenten. Strukturell sind der Agenturbericht und die Zeitungsberichte gleich, sie werden – theoretisch – nach dem Fünf-Satz-Prinzip der Agentur- und Zeitungsmeldung aufgebaut. Der Magazinbericht wird dagegen völlig anders, zum Teil chronologisch, strukturiert. Er unterscheidet sich vom Zeitungsbericht wie die Magazinmeldung von der Zeitungsmeldung. Er ist meist detaillierter, personalisierter und spannender geschrieben. Und er wird besser illustriert. Die Ursache für den Aufwand der Magazine ist immer noch dieselbe: Weil Magazine mit ihren Artikeln zum Thema immer später kommen als die Zeitungen, müssen sie ihren Käufern etwas mehr bieten als die schnellere Konkurrenz.

5.1 Der Aufbau von Agentur- und Zeitungsberichten

In Agentur- und Zeitungsberichten müssen wie in allen Nachrichten zunächst die sieben W-Fragen für die Leser beantwortet werden: Wer? Was? Wann? Wo? Wie? Warum? Woher? Auch für Berichte bilden diese sieben Fragen die wichtigste Checkliste. Inhaltlich gibt es kaum Unterschiede zur Meldung, es geht immer noch um das Neue, das Wichtige, das Aktuelle, das sauber geordnet dem Leser präsentiert wird. Den Übergang von der Agentur- und Zeitungsmeldung zum Agentur- und Zeitungsbericht kann man sich dabei denkbar einfach vorstellen: Aus dem Fünf-Satz-Aufbau wird ein Fünf-Absatz-Aufbau. Dies heißt nun keineswegs, dass mechanisch jeder Satz der Meldung durch die Angabe zusätzlicher Informationen in einen Absatz verlängert wird. Sondern das heißt, dass auch für den Bericht fünf unterschiedliche Informationspakete gebildet werden können, die jeweils eine Zusammenfassung des Wichtigen, die Details des Ereignisses, seinen Hintergrund, die weitere Entwicklung und die Details der weiteren Entwicklung betreffen. Lead, Details, Hintergrund, Zukunft, Zukunftsdetails – alle Elemente des Fünf-Satz-Aufbaus können sich im Bericht wiederfinden. Auch sie bilden auf der Suche nach Vollständigkeit der Nachricht eine Checkliste. Und genau wie bei der Meldung kann es im Bericht sinnvoll sein, je nach Lage der Dinge zum Beispiel auf die Zukunftsdetails zu verzichten oder zusätzlich Details zum Hintergrund auszuführen. Tatsächlich wird das strenge Schema des fünfteiligen Aufbaus bei Berichten häufiger verlassen als bei den Meldungen. Dennoch ist es sinnvoll, sich bei der Recherche und beim Gliedern der Nachricht zunächst an ihm zu orientieren.

> Das Modell der fünf Absätze ist vornehmlich eine Checkliste für die Vollständigkeit der Informationen und eine Hilfe zur Ordnung der Gedanken. Die Zahl fünf orientiert sich eher an Informationsarten als an der tatsächlichen Zahl der Absätze des Berichts. Je nach Lage der Dinge sind oft mehrere Detail- oder Hintergrundabsätze nötig.

1. Absatz: Der Leadabsatz soll das Telegramm der Nachricht sein. Alles Wichtige wird schnell erzählt. Dabei muss dieser erste Absatz einen Vorspann bilden können, das heißt, dem übrigen Text fett vorangestellt werden können. Bei einem einspaltigen Vorspann wird dann dieser erste Absatz sehr kurz. Dennoch muss der Leadabsatz als Vorspann so umfassend sein, dass sich der eilige Leser den Rest

des Artikels ersparen kann. Deshalb empfiehlt sich auch hier die Orientierung am Küchenzuruf Henry Nannens, dem in bestem Sprechdeutsch auf den Punkt gebrachten Neuen. Dabei ist es manchmal durchaus angebracht, ähnlich wie bei der Meldung, bei entsprechender Nachricht den Vorspann auch mit dem persönlichen Belang zu beginnen. »Benzin wird wieder teurer« ist einfach klarer als »Das Bundeskabinett hat auf Vorschlag des Bundesfinanzministers die Erhöhung der Mineralölsteuer um 10 Prozent beschlossen«. Deshalb kann der kurze, zusammenfassende Satz mit dem persönlichen Belang dem klassischen Einstieg nach dem Wer-Was-Muster vorangestellt werden.

> Vorspanne in Magazinberichten oder bei Features, Reportagen und Serviceartikeln haben vornehmlich die Aufgabe, die Leser für den Artikel zu interessieren. Sie stellen eine Art Versprechen dar und werden deshalb anders geschrieben als Vorspanne von Agentur- und Zeitungsberichten.

Im Unterschied zum Leadsatz der Meldung präsentiert der Leadabsatz in der Regel bereits die Quelle und manchmal auch schon ein Zitat. Meist bieten die ersten Absätze der Berichte recht vollständige Informationen. Sie könnten gut als Meldungen verwendet werden.

> Es ist oft hilfreich, sich selbst die gesamte Nachricht in fünfzehn Sekunden zu erzählen. Dieser Text ist die Rohfassung des Leadabsatzes.

Die Beispiele entstammen einem Agentur- und zwei Zeitungsberichten. Im zweiten Zeitungsbericht, einem Lokalbericht, bildete der Leadabsatz einen einspaltigen Vorspann.

Agenturbericht Cassini

Washington (dpa) – Die US-Raumsonde »Cassini« hat einen bislang unbekannten kleinen Mond in einem der Ringe des Planeten Saturn entdeckt. Der Himmelskörper befinde sich in einer versteckten Lücke im äußeren A-Ring des Saturn, teilte das Institut für Weltraumwissenschaft in Boulder (US-Bundesstaat Colorado) am Dienstag (Ortszeit) mit.

11.5.2005, 15:52 Uhr

Zeitungsbericht Pressefusionen

wmu. FRANKFURT, 24. September. Der juristische Streit um eine Ministererlaubnis für die Stuttgarter Holtzbrinck-Gruppe zur Fusion von Berliner Zeitung und Tagesspiegel endet wahrscheinlich mit einer Gesetzesänderung. Bundeswirtschaftsminister Wolfgang Clement (SPD) will dem Vernehmen nach möglichst schnell die speziellen kartellrechtlichen Bestimmungen für Pressefusionen ändern. Die neuen Regeln sollen in die ohnehin anstehende Novelle des Gesetzes gegen Wettbewerbsbeschränkungen eingehen.

FRANKFURTER ALLGEMEINE 25.9.2003

Lokalbericht Weltjugendtag

Die evangelischen und katholischen Pfarrgemeinden in Frechen distanzieren sich von den Plänen der Stadt zum Weltjugendtag.

KÖLNER STADT-ANZEIGER 7.3.2005, Rhein-Erft

Die folgenden Absätze verdeutlichen den Überblick des Leads.
   2. Absatz: Der Detailabsatz beantwortet die noch ausstehenden weniger wichtigen W-Fragen und legt die Details der Nachricht dar. In Zeitungsberichten werden die Detailabsätze nach einem Vorspann häufig mit einem Zitat angefangen.

Agenturbericht Cassini

Der Trabant mit dem vorläufigen Namen »S/2005 S1« hat den Angaben zufolge einen Durchmesser von rund sieben Kilometern und kreist auf seiner Umlaufbahn im Abstand von etwa 136.000 Kilometern um den Ringplaneten. Mit seiner Schwerkraft formt der neu entdeckte Mond Wellen in die umgebende Materie des A-Rings. »Wir nehmen an, dass viele der Lücken in den Saturnringen Monde enthalten, und wir werden von nun an auf der Suche nach ihnen sein«, sagte Teamleiterin Carolyn Porco. Nähere Beobachtungen des neuen Himmelskörpers werde es in den nächsten Monaten geben, wenn »Cassini« seine intensive Erkundung der Saturnringe fortsetze, teilte das Institut mit.

11.5.2005, 15:52 Uhr

Zeitungsbericht Pressefusionen

Spekuliert wird zudem, dass Clement wegen erheblicher rechtlicher Bedenken die Ministererlaubnis für die Berliner Zeitungsfusion nicht erteilen wird. Indes soll mit der Gesetzesnovelle dafür gesorgt werden, dass das von Holtzbrinck vorgesehene Stiftungsmodell für Tagesspiegel und Berliner Zeitung künftig vom Kartellrecht abgedeckt werde. Mittelfristig hieße dies, dass Holtzbrinck seine Fusionspläne zwar nicht über eine Ministererlaubnis, aber aufgrund der Gesetzesänderung verwirklichen könnte. Erwartet wird nun, dass Holtzbrinck seinen Antrag auf eine Ministererlaubnis zurückzieht und die Fusion auf der Grundlage des neuen Rechts abermals anmeldet.

FRANKFURTER ALLGEMEINE 25.9.2003

Lokalbericht Weltjugendtag

Frechen – »Wir wären nie im Traum darauf gekommen, dass Menschen – und dazu noch sozial schwache – ihre Häuser verlassen müssen, damit Pilger einen Schlafplatz bekommen.« Dies stehe in einem krassen Gegensatz zur Werbeaktion »Herberge gesucht«, die an die Herbergssuche von Maria und Josef in Bethlehem erinnere. In einer gemeinsamen Erklärung stellen die Seelsorger der katholischen und evangelischen Kirche klar, dass sie von den Plänen der Stadt, 15 Obdachlose aus Grefrath für den Weltjugendtag auszuquartieren, nichts gewusst hätten. Dechant Christof Dürig und Pfarrerin Almuth Koch-Torjuul unterzeichneten die Stellungnahme stellvertretend für die katholischen und evangelischen Kirchengemeinden der Stadt.

KÖLNER STADT-ANZEIGER 7.3.2005, Rhein-Erft

Gerade bei Lokalberichten wird dieser zweite Absatz gerne »angefeatured«. Damit meinen die Redakteure und Autoren die etwas atmosphärische Beschreibung der Situation und die szenische Einführung der handelnden Personen. Der Leser wird dann kurz in das Geschehen mitgenommen: Menschen frösteln auf Plätzen, Kinder tollen herum oder Hundegebell begrüßt den Besucher der Hundeausstellung. Danach schwenkt der Detailabsatz aber immer auf die Details der Nachricht ein. Mit der Darstellungsform Feature hat diese kleine Szene wenig zu tun.

3. Absatz: Der Hintergrundabsatz gibt Antworten auf die Ursachen und Zusammenhänge. Er analysiert das Geschehen und geht, wenn nötig, auf die Vorgeschichte ein. Grundsätzlich gilt die alte Redaktionsweisheit, nach der die Leser kein Archiv haben. Demnach muss der Autor alle für das Verständnis notwendigen Informationen zur Verfügung stellen. Das kann im Einzelfall sehr mühsam sein und weit mehr als einen Absatz in Anspruch nehmen. Im zitierten Bericht zu Pressefusionen musste der Autor dem Leser gleich drei Hintergründe ausleuchten: die Fusionsversuche der Holtzbrinck-Gruppe auf dem Berliner Zeitungsmarkt, das gültige Kartellgesetz (GWB) und die aktuelle Rechtslage bei Pressefusionen. Auch im Cassini-Bericht der Agentur werden gleich zwei Hintergrundabsätze eingesetzt. Sind die Vorgeschichten abgeschlossen, werden die Hintergrundpassagen im Plusquamperfekt geschrieben.

Agenturbericht Cassini

Erst kürzlich hatten Astronomen auf Hawaii die Entdeckung von zwölf kleinen Saturnmonden mit drei bis sieben Kilometern Durchmesser bekannt gegeben. Damit war die Zahl der bekannten Saturnmonde auf 46 gestiegen. Nur Jupiter hat in unserem Sonnensystem mit 63 Trabanten noch mehr Monde.

Die rund 3,3 Milliarden Dollar (rund 2,5 Milliarden Euro) teure europäisch-amerikanische Doppelsonde »Cassini/Huygens« war 1997 zu einem 3,5 Millionen Kilometer langen Flug Richtung Saturn aufgebrochen, dem zweitgrößten Planeten im Sonnensystem. Im Januar in diesem Jahr funkte die europäische »Huygens«-Sonde spektakuläre Bilder vom Saturnmond Titan zur Erde.

11.52005, 15:52 Uhr

Zeitungsbericht Pressefusionen

Die bisherige Agenda der 7. GWB-Novelle hat völlig andere Inhalte. Das deutsche Kartellrecht muss an neue EU-Vorgaben angepasst werden. Der Gesetzentwurf der Regierung hierfür ist überfällig, weil das geänderte Gesetz spätestens zum 1. Mai 2004 in Kraft treten muss [...]

In den vergangenen Wochen waren erhebliche Zweifel an der Rechtmäßigkeit einer Ministererlaubnis aufgekommen, nachdem der Hamburger Bauer-Verlag ein Angebot für den Tagesspiegel abgegeben hatte, das Fachleute – zum Beispiel die Monopolkommission – als ernsthaft einstuften. Holtzbrinck hatte zuvor gesagt, der Tagesspiegel sei unverkäuflich und nur durch eine Fusion mit der Berliner Zeitung zu retten.

Die Fusionskontrolle für die Branche ist bislang wegen der so genannten Presse-Rechenklausel schärfer als die allgemeine Zusammenschlußkontrolle. Die Klausel bestimmt, daß Zeitungsfusionen bereits bei einem Umsatz von mehr als 25 Millionen Euro beim Bundeskartellamt anzumelden sind. Für andere Branchen gilt als Schwelle das Zwanzigfache […]

FRANKFURTER ALLGEMEINE 25.9.2003

Lokalbericht Weltjugendtag

Per Briefpost hatte die Stadtverwaltung die Obdachlosen an der Matthias-Werner-Straße aufgefordert, ihre Wohnungen bis zum 31. Mai zu verlassen, ohne dass ihnen die Möglichkeit zur Lagerung ihrer Möbel gegeben wird. Das Haus, das Eigentum der Stadt ist, werde für Pilger des Weltjugendtages im August gebraucht und müsse bis dahin renoviert werden […]

KÖLNER STADT-ANZEIGER 7.3.2005, Rhein-Erft

Ein Absatz, zwei Absätze, drei Absätze – die Beispiele zeigen deutlich, wie sehr der Umfang der Erläuterung von der Materie abhängt. Zugleich wird deutlich, dass der Begriff vom Hintergrundabsatz als drittem Absatz mehr ein Bild der gedanklichen Einheiten als eine numerische Angabe ist. Das gilt entsprechend für den 4. und den 5. Absatz, den Zukunftsabsatz und den Zukunftsdetailabsatz.

4. Absatz: Der Zukunftsabsatz beleuchtet den weiteren Gang der Dinge, zum Beispiel die Konsequenzen eines Ereignisses. Hier erwartet der Leser Antworten auf die Frage: »Wie geht es weiter?« Dabei bewährt es sich häufig, den weiteren Gang der Dinge auch nach der Rechtslage zu zeichnen. Oft stellt sich dann heraus, dass vieles längst nicht so spruchreif ist, wie es von Beteiligten dargestellt wird: Gesetzentwürfe müssen durch die Gremien, Urteile durch die Instanzen, politische Vorstellungen durch die Mühlen der Parteien.

Zeitungsbericht Pressefusionen

Clement will daher offenbar weitergehen. Er erwägt eine zusätzliche Erleichterung von Pressefusionen. Ein solcher fusionskontrollrechtlicher Ausnahmebereich liefe darauf hinaus, daß Zusammenschlüsse nach dem Vorbild des von Holtzbrinck geplanten Stiftungsmodells möglich werden: Zeitungsfusionen wären erlaubt, wenn die Verleger die »Unabhängigkeit der Redaktionen« nach der Fusion garantierten.

FRANKFURTER ALLGEMEINE 25.9.2003

Lokalbericht Weltjugendtag

Die Pfarrgemeinden wollen sich dafür einsetzen, dass die Abschlussfeier auf dem ehemaligen Tagebaugelände zwischen Frechen und Kerpen nicht zum Nachteil der Ärmsten der Stadt werde. Den Seelsorgern sei an einer guten Zusammenarbeit mit der Stadt im Hinblick auf den Weltjugendtag gelegen. Die Pfarrer der katholischen und evangelischen Kirchen wollen jetzt das Gespräch mit dem Bürgermeister suchen und hoffen, dass eine Lösung gefunden werde.

KÖLNER STADT-ANZEIGER 7.3.2005, Rhein-Erft

5. Absatz: Der Zukunftsdetailabsatz fehlt mangels geeigneter Aspekte häufig. Tatsächlich gibt es aber immer wieder Einzelheiten, die hierfür recherchiert werden können. Zum Beispiel kann an dieser Stelle von Fachleuten die absehbare Entwicklung diskutiert werden. Zudem passt hier auch der persönliche Belang der Nachricht. Was folgt aus der neuen Entwicklung für den einzelnen Leser? Wird es teurer, wird es preiswerter? Eine Musterrechnung für den Durchschnittsverbraucher schafft manchmal Klarheit. Diese Aspekte müssen allerdings meist zusätzlich ermittelt werden. Der Vorteil dieser Recherche ist aber doppelter Natur: Zum Ersten erfährt der Bericht durch die Zitate eine Auflockerung, zum Zweiten ergeben sich auf diese Art und Weise interessante Aspekte, die Wettbewerber in ihren Berichten nicht berücksichtigt haben.

Zeitungsbericht Pressefusionen

Fachleute halten von dieser Lösung nichts. Der Vorsitzende des Wissenschaftlichen Beirats von Clements Ministerium, der Tübinger Kartelljurist

Wernhard Möschel, sagte dieser Zeitung, die »Unabhängigkeit der Redaktionen« sei juristisch kaum überprüfbar. Er fürchte, daß die Branche mit einer solchen Regelung einer wettbewerbsrechtlichen Kontrolle »praktisch komplett« entzogen werde. Der Wettbewerbsrechtler Franz Jürgen Säcker von der Freien Universität Berlin sprach von einem »Fiasko für Meinungsvielfalt und Pressefreiheit«. Die von Clement angeblich angestrebte Unabhängigkeit der Redaktionen werde so gerade nicht erreicht.

FRANKFURTER ALLGEMEINE 25.9.2003

Grundsätzlich gelten für den Agentur- und Zeitungsbericht alle Regeln der Agentur- und Zeitungsmeldung: Das heißt zunächst Konzentration auf Fakten und eine klare, verständliche Sprache. Mit der längeren Strecke sind aber – neben der Chance auf mehr Informationen – auch höhere Anforderungen an den Autor verbunden. Die Leser müssen über viele Zeilen gefesselt werden, die vielen Informationen müssen dem Leser plausibel präsentiert werden. Große Berichte erfordern genauen Aufbau und gute Sprache.

Wer es sich angewöhnt hat, eine Meldung ohne das Sortieren des Inhalts und ohne das Überdenken des Aufbaus zu schreiben, bekommt spätestens bei einem längeren Bericht Schwierigkeiten – entweder mit dem Redakteur oder mit dem Leser. Diese Schwierigkeiten lassen sich vermeiden, wenn vor dem Schreiben das gesamte Material sorgfältig sortiert und jedem der fünf Musterabsätze zugeordnet wird. Spätestens beim Überblick über das Ergebnis des Verteilens stellt sich auch heraus, wo noch recherchiert werden muss. Sind persönliche Aspekte für die Leser denkbar oder gibt es noch keine Informationen für den Zukunftsdetailabsatz, ist die Recherche noch nicht abgeschlossen.

Nie sofort schreiben. Erst alle Informationen sortieren.

Dieses sorgfältige Sortieren der Informationen und Gedanken vor dem Schreiben ist eine der elementaren Arbeitstechniken im Journalismus. Es vermeidet Missgeschicke im Kommentar, sorgt für Spannung im Interview oder in der Reportage und macht die anspruchsvollen Serviceartikel oder Features klarer.

Nicht minder wichtig als die Klarheit im Aufbau und die Vollständigkeit der Informationen ist das Erhalten der Aufmerksamkeit der Leser. Magazinjournalisten haben dafür ein Rezept: Erzähl eine Geschichte. Diese Empfehlung, die bei den Magazinen aber einer strengen Forderung gleichkommt, lässt sich nicht ohne weiteres bei Zeitungen umsetzen, stehen doch die kürzeren Texte und die strengen Aufbauregeln von Meldung und Bericht dem chronologischen Erzählen einer Geschichte entgegen. Dennoch können sich auch Zeitungsjournalisten an dieser Empfehlung ausrichten und einige der Elemente des Magazinberichts übernehmen. Dies sind besonders das Herausstellen von Personen, der Einsatz von Zitaten und das Einschieben kleiner Szenen oder Beschreibungen der Atmosphäre. Hinzu kommen, ebenfalls als Anleihen von den Magazinen, eine besonders gut bearbeitete Sprache und der sorgfältige Ausstieg.

Alle diese Elemente greifen ineinander. Die Personen liefern mit ihrem Handeln die Nachricht und die lebendigen Zitate. Diese Zitate lockern die Absätze auf und verhelfen dem Bericht zu Authentizität. Gleichzeitig können die handelnden Personen für die Leser auch kurz in ihrem Umfeld erfasst werden. Das kann beschrieben werden, zum Beispiel im Einstieg zum Detailabsatz und im Ausstieg. Dabei versteht es sich, dass diese szenischen Elemente im Bericht nur maßvoll eingesetzt werden. Der Bericht ist keine Reportage, er soll zunächst einmal informieren. Es geht um den Zugang und um Eindrücke für die Leser. Beides lässt sich mit sorgfältiger Sprache gut vermitteln. Wieder helfen die Zitate. Daneben sind es die kräftigen Verben, die die Sätze farbig machen.

Es ist eine nahezu traditionelle Schludrigkeit im Zeitungsjournalismus, mit Erreichen der geplanten Zeilenzahl das Schreiben einfach einzustellen und den Leser mit dem derart Unvollendeten allein zu lassen: Das Wichtigste ist ohnehin bereits gesagt, der Rest scheint unbedeutsam. Wozu den Leser dafür belohnen, 200 Zeilen durchgehalten zu haben? Ähnlich fällt die Wirkung aus, wenn nach überholter Art des Umbruchs Texte einfach von hinten gekürzt werden. Das Bemühen um einen runden Ausstieg schließt das sorgfältige Kürzen im gesamten Text ein. Die elektronischen Textverarbeitungssysteme erlauben bereits seit Jahren die millimetergenaue Bearbeitung an jeder Stelle des Textes.

Ein sorgfältiger Ausstieg wird in Deutschland eigentlich nur in Magazinen gepflegt. Hier besteht bei den Zeitungen ein gewisser Nachholbedarf. Die Beispiele bilden da keine Ausnahme. Denn der Leser soll den Artikel als rund und abgeschlossen empfinden und die Information damit als umfassend. Deshalb braucht auch der Bericht den sauberen Abschluss. Dieser lässt sich mit etwas Zielstrebigkeit und Nachdenken auch unter Zeitdruck realisieren, wenn zum Beispiel der letzte Absatz bewusst auf ein abschließendes Zitat hingeschrieben wird. Das gelingt leicht, wenn dieses Zitat bereits beim Sortieren der Informationen für den Ausstieg eingeplant wird. Nicht minder geschlossen wirkt der Bericht, wenn im Ausstieg wieder die handelnde Person vom Einstieg agiert oder das Atmosphärische des Einstiegs erneut aufgenommen wird.

> Alle Informationspakete, der Leadabsatz, die Details, der Hintergrund oder die Zukunftsaspekte werden getrennt voneinander geschrieben. Danach werden die Absätze zusammengestellt. Dabei kann zum Beispiel mit dem Vorziehen der Zukunftsaspekte eine andere Reihenfolge ausprobiert werden.

Bei den Nachrichtenmagazinen gilt für das Schreiben eine einfache Regel: Kein Absatz ohne Zahl, Zitat und Szene. Diese Regel lässt sich zwar in aller Konsequenz nicht durchhalten, sie sorgt aber auch für den Fakten- und Zitatreichtum der Magazinmeldungen und -berichte. Sich als Autor so oft wie möglich an diese Regel zu halten, wirkt sich auch positiv auf Inhalt und Lesbarkeit von Zeitungsberichten aus.

5.2 Die Merkmale von Magazinberichten

Für den Bericht in Nachrichtenmagazinen, den Standardartikel der Magazine vom Typ SPIEGEL, STERN, FOCUS, WIRTSCHAFTSWOCHE, CAPITAL, NEWS oder PROFIL hat sich in Deutschland noch keine einheitliche Bezeichnung eingebürgert. Das gilt für die Wissenschaft genau wie für die Redaktionspraxis. Mehr noch: Die meisten Lehrbücher zum Journalismus lassen mit dem Zeitschriftenjourna-lismus auch den Magazinbericht links liegen. Allein Haller hat sich seit Mitte der 80er-Jahre mit dem Standardartikel der Nachrichtenmagazine, von ihm »Magazingeschichte« oder »Nachrichtenmagazingeschichte« (»Newsstory«) genannt, auseinander gesetzt. Schneider und Raue bezeichnen alle SPIEGEL-Artikel als »Features im weitesten Sinne«, weisen dann aber darauf hin, dass dieser Begriff beim SPIEGEL und anderen Zeitschriften nicht gebräuchlich sei und verwenden an anderer Stelle den Begriff der »Story«. Haas spricht von »Magazinstory«, Menhard und Treede, die der Zeitschrift eine umfangreiche Monografie widmen, sprechen von »Bericht« und beschreiben – unpassend für ein Buch über Zeitschriften – den Zeitungsbericht. Tatsächlich hatte sich der Magazinbericht bis vor wenigen Jahren weit vom Agentur- oder Zeitungsbericht entfernt. Seit die Zeitungen sich am Magazinstil orientieren, nähern sich beide Berichtstypen wieder etwas an. Die Unterschiede sind aber nach wie vor erheblich.

Der Magazinbericht spiegelt zunächst genau wie die Magazinmeldung das Grundproblem aller Magazine wider: Niemand braucht der aktuellen Information wegen eine Zeitschrift. Alle anderen Medien sind schneller, mit der schlichten Information kann die Zeitschrift im Wettbewerb nicht punkten. Deshalb veredelt sie die Information gegenüber der Zeitung durch eine ganze Reihe von Maßnahmen so weit, dass es dem Leser am Ende einen Nutzen bringt, die Zeitschrift zu kaufen. Dieses Maßnahmenbündel der Magazine umfasst unter anderem die Aufmachung, viele Zusatzinformationen zu Abläufen, Hintergrund und Zusammenhängen, eine besonders sorgfältige Sprache und einen auf Spannung und Verständnis angelegten Aufbau. Zudem muss jede Zeitschriftenredaktion dafür sorgen, dass ihre zum Erscheinungstermin ohnehin nie ganz frischen Artikel während der Liegezeit am Kiosk vor den Folgeereignissen bestehen können. Auch dafür hat sich im Magazinbericht ein Darstellungsmittel eingeschliffen, für das es keine Entsprechung bei den Agentur- und Zeitungsberichten gibt. Es handelt sich um eine klare These zum Geschehen. Diese These kann die Vergangenheit und damit den Hintergrund betreffen oder aber sie erfasst die sich abzeichnende Entwicklung. Alle Thesen dieser Art werden durch Zitate und Fakten belegt.

Die Unterschiede zwischen den Berichtsformen sind so groß, dass Nachrichtenmagazine grundsätzlich keine Agenturberichte übernehmen. Sie berücksichtigen sie allenfalls als Informationsquelle.

Die modernen Magazinberichte gehen zurück auf die Berichtsform, die Henry Robinson Luce und Briton Hadden 1923 für ihre neue Zeitschrift TIME entwickelt haben. Wie Haller beschreibt (Haller 1997, S. 84 ff.), ging es ihnen zunächst einmal darum, für ihre eilige Zielgruppe, die Entscheidungsträger, alles Wichtige der Woche aus allen wichtigen Zeitungen und Zeitschriften zusammenzutragen und in leicht lesbarer und sehr verdichteter Form aufzubereiten. Sie konkretisierten ihr Vorhaben zum Beispiel mit der Obergrenze von 400 Wörtern je Artikel, einem mit Szenen durchsetzten Aufbau und einer Tendenz im Artikel. Die ersten Magazinberichte entstanden fern vom Geschehen als Fleißarbeiten am Schreibtisch der Redakteure.

Die Magazinberichte haben sich entwickelt. Dazu hat in Deutschland seit 1947 DER SPIEGEL beigetragen. Rudolf Augstein hatte in der britischen Zone mit der Lizenz den Auftrag bekommen, ein Nachrichtenmagazin nach Art des NEWS REVIEW zu machen. Das britische Blatt bettete, an TIME orientiert, seine Nachrichten in Handlungen und betonte besonders das Persönliche der handelnden Personen. So sollte auch DER SPIEGEL werden. Damit kam der szenisch durchsetzte und stark personalisierte Magazinbericht nach Deutschland. Anfang der 90er-Jahre entwickelte sich der Magazinbericht weiter: FOCUS kam auf den

Markt und erweiterte den Magazinbericht systematisch um Tabellen, Grafiken und Kästen. Das für die Magazine notwendige Mehr an Information wird so optisch stärker zur Geltung gebracht. Der Eindruck, vollständig zu informieren, wird verstärkt.

Seit den Gründungszeiten von TIME oder SPIEGEL haben sich aber auch die Nachrichtenmagazine selbst verändert. Sie erweiterten das Spektrum ihrer Darstellungsformen. Zum Magazinbericht kamen die Reportagen, die Features, die Interviews, die Magazinmeldungen und die Porträts. Außerdem erweiterten einige von ihnen, etwa FOCUS und STERN, ihr Informationsspektrum um den Service. Dennoch ist der Magazinbericht immer noch die Standardform für die aktuelle Information. Mit ihm wird das Geschehen besonders anschaulich, spannend und authentisch beschrieben. Mit ihm wird eine Geschichte erzählt. Ganz so, wie sich es ungezählte Ressortleiter und Chefredakteure in Zeitschriften-Redaktionen von ihren Autoren immer wünschen. Diese Geschichte, der Magazinbericht, ist von bestimmten Merkmalen geprägt.

- Der möglichst vollständige Informationsüberblick: Nach wie vor werden für den Magazinbericht alle verfügbaren Informationen zusammengetragen. Magazinberichte sind Fleißarbeiten. Dabei konzentrieren sich die Autoren besonders auf Hintergründe, Ursachen, Abläufe, Zusammenhänge und Wirkungen. Das Ziel ist eine umfassende Analyse.
- Die klare These: Der Magazinbericht grenzt sich mit einer eindeutigen These gegenüber den Berichten der Konkurrenzmedien ab. Diese Aussage ist das zugespitzte Ergebnis der Recherche. Sie wird dem Leser im Vorspann als Versprechen mitgeteilt. Der Text soll dann mit Zahlen, Szenen und Zitaten diese Ankündigung aus dem Vorspann einlösen. Die These erlaubt zudem oft Schlüsse auf den weiteren Gang der Dinge und sichert damit die Redaktion gegen Folgeereignisse ab. Ohne eine derartig zugespitzte Aussage werden Magazinberichte meist konturlos. Wichtig ist, dass die Tendenz aus der Recherche gebildet wird und durch die Recherche belegt ist. Da mit jeder Zuspitzung des Rechercheergebnisses der Grat zur einseitigen Information schmaler wird, muss die These sorgfältig und verantwortungsbewusst abgeleitet werden. Jede andere Vorgehensweise führt zu einseitiger Berichterstattung und damit zur Irreführung der Leser. Tatsächlich wird gelegentlich aus Magazin-Redaktionen berichtet, dass Ressortleiter oder Chefredakteure ihre Weisungsrechte einsetzen, um gegen die Autoren in den Artikeln eine bestimmte Tendenz durchzusetzen. Dann wird zum Beispiel im Bericht unterdrückt, was gegen die verordnete These spricht, mit der Folge, dass die Berichte einseitig und falsch werden. Derlei Führung ist mit gutem Journalismus, mit der Sorgfaltspflicht der Presse und der gebotenen Suche nach Wahrheit, nicht zu vereinbaren.

- **Die starke Personalisierung:** Nahezu alles Geschehen wird fest mit Personen verbunden. Ereignisse werden als Handlungen gezeigt. Namen sind für die Magazine wirklich Nachrichten, vorausgesetzt, die Namen sind der Öffentlichkeit hinlänglich bekannt. Wegen des Bekanntheitsgrades werden die Nachrichten im Magazinbericht häufiger mit prominenten politisch Verantwortlichen verbunden. Nur selten spielen Referenten, Oberregierungsräte, Pressesprecher, Abteilungsleiter oder Prokuristen eine Rolle. Fast immer sind es Minister, Vorstandsmitglieder, Verbandsvorsitzende, Bürgermeister oder Präsidenten. Diese Art der Personalisierung führt manchmal aber auch zur Zuweisung von Verantwortung an die Falschen: Nicht immer ist ein Minister für ein Papier seines Hauses verantwortlich, nicht immer der Vorstandschef für eine Maßnahme seines Konzerns. Die für Magazinberichte typische Personalisierung konkretisiert sich auch in zahlreichen Zitaten.

- **Das Vermitteln von Authentizität:** Im Magazinbericht werden Handlungen sehr präzise recherchiert und beschrieben. Beim Leser soll der Eindruck authentischen Berichtens auch vom Geschehen hinter verschlossenen Türen entstehen. Diese genauen Beobachtungen nach Art der Reportage lockern die Texte auf und ermöglichen die anregende Erzählweise. Wird dieses Authentizitätsstreben aber übertrieben, werden überflüssige Details wie Krawattenfarben oder Speisekarten zum bestimmenden Inhalt. Dem Artikel fehlt dann die Substanz.

- **Die besonders sorgfältig bearbeitete Sprache:** Erich Böhme, der nach 15 Jahren als Bonner SPIEGEL-Korrespondent von 1973 bis 1989 Chefredakteur des Hamburger Nachrichtenmagazins war, hat Wert darauf gelegt, dass es im SPIEGEL keine besondere Sprache gebe. Es gebe nur den Versuch der Redaktion, mehr zu recherchieren, mehr zu enthüllen und das Ganze spannender darzustellen als andere. Tatsächlich erweist sich die Sprache des SPIEGEL als das Ergebnis einer bestimmten Erzählstruktur, vieler recherchierter Details, zahlreicher gut platzierter Verben und offenbar sorgfältiger Redaktion der Artikel. Wie in den meisten großen Zeitschriften-Redaktionen werden auch beim SPIEGEL alle Manuskripte mehrfach gelesen und redigiert.

- **Das grafisch aufbereitete Mehr an Information:** Magazinberichte werden heute nicht nur im FOCUS mit gut gestalteten Grafiken, mit Tabellen oder mit Textkästen angereichert. Damit lassen sich Zusammenhänge herstellen und verdeutlichen, Entwicklungen aufzeigen und Kennziffern vermitteln. Zudem können so auch Seitenaspekte, Erklärungen und Übersichten vermittelt werden. Diese Elemente werden auch als mittlere Informationsebene bezeichnet.

Die sehr kompakte Form, so wie sie von den TIME-Gründern mit höchstens 400 Worten verordnet wurde, ist im Magazinbericht deutscher Prägung nie verwirklicht worden. Dies hat nicht nur mit der vergleichsweise weniger kompakten deutschen Sprache zu tun. In deutschen Magazinen hat sich für Magazinberichte ein Mindestumfang von einer Seite herausgebildet, was bei entsprechender Aufmachung rund 600 Worten entspricht. Manche Magazinberichte sind erheblich länger: Die SPIEGEL-Titelgeschichte vom 7. März 2005 zur Arbeitsmarktbilanz der Bundesregierung erstreckte sich insgesamt über 13 Seiten.

5.3 Der Aufbau von Magazinberichten

Mit dem typischen Berichtsaufbau der Nachrichtenagenturen und Zeitungen, dem Schema von Lead, Detail, Hintergrund und Zukunft, lässt sich das bei den Zeitschriften so nachhaltig angestrebte leichte Erzählen einer spannenden und faktenreichen Geschichte nicht realisieren. Deshalb legen es alle Zeitschriftenmacher zunächst einmal darauf an, ihre Leser für das Thema zu interessieren und sie dann mit allen stilistischen Tricks für den Artikel mit Beschlag zu belegen. Erich Böhme hat nach 31 Jahren SPIEGEL die typische Struktur des SPIEGEL-Berichts in wenigen Worten klar umrissen: »Jede Nachricht ist einzupacken in eine Handlung, deren Nacherzählung wenn irgend möglich mit einem Überraschungscoup beginnt, dann das eigentliche Thema aufreißt, in einer Rückblende die Vorgeschichte erzählt, bis zur Gegenwart fortführt und eben dort endet, wo sie begann. Dass sich dieser Erzähltrick nicht über fünfzig Jahre bis in unsere Tage konservieren lässt, ist selbstverständlich. Der gehetzte Leser von heute lässt sich nicht mehr durchgängig mit einer epischen Erzählweise einfangen, der will Facts und Figuren und damit basta. Gleichwohl hat sich diese spezifische Erzählweise noch in vielen Nachrichtenstories erhalten und prägte sicher auch die Sprache.« (Böhme 1995, S. 26)

Die von Böhme beschriebene Struktur gilt für alle Magazinberichte. Sie hat sich als erfolgreich herausgebildet. Der SPIEGEL steht mit seiner Vorstellung von einer funktionsfähigen Berichtsstruktur nicht allein. Sicher gibt es im Detail von Redaktion zu Redaktion aber auch innerhalb der Redaktionen von Bericht zu Bericht deutliche Unterschiede. So verschieben sich oft die Gewichte zwischen dem so genannten Portal, in dem das Thema aufgerissen wird, und der Rückblende, die manchmal sehr knapp ausfällt. Im Kern geht es aber immer darum, den Leser zunächst für das Thema zu interessieren, ihn dann an das Thema zu binden und bis zum Ausstieg durch die Geschichte zu führen. Der gelungene Magazinbericht ist immer auch ein bisschen Verführung des Lesers zu Inhalten, die oft so neu nicht sein können.

Magazinbericht Pressefusion

Der Spiegel hat das Thema Pressefusion fünf Tage nach der FAZ aufgegriffen. Der Artikel erstreckte sich über sieben Spalten, eine anzeigenfreie Doppelseite und eine Spalte, er war halbseitig mit Fotos der Konzernchefs von Holtzbrinck, Bauer und Döpfner, aufgemacht. Die Bildzeile hinter den Namen lautete: »Sollen Zeitungen kartellrechtlich wie Kaugummis behandelt werden?« Ein weiteres Foto präsentierte die Medienpolitiker Schröder und Clement mit der Bildzeile »Ärger liegt in der Luft«. Ein kleines Balkendiagramm zeigte im internationalen Vergleich die Zahl der Zeitungstitel. Der oben vorgestellte vergleichbare FAZ-Artikel war ohne Foto oder Tabelle aufgemacht und vierspaltig umbrochen.

Der Spiegel 40/2003

Magazinbericht Palast der Republik

Am 7. März 2005 berichtete der Spiegel auf einer Seite über Verzögerungen beim Abriss des Palasts der Republik. Der Standardbericht war mit einem zweispaltigen Foto vom Gebäude aufgemacht. Die Bildzeile lautete: Palast-Ruine in Berlin-Mitte »Symbol des untergegangenen Staates«. Ein kleineres Foto zeigte den Berliner Kultursenator Flierl mit der Bildzeile »Letzte Schlacht um die DDR«.

Der Spiegel 10/2005

Die Überschrift: Die Überschrift soll neugierig machen. Deshalb wird im Magazinbericht nicht nach Art der Agenturen und Zeitungen das Wichtigste und Neueste in die Überschrift gepackt, sondern etwas Peppiges oder sogar stutzig Machendes. Im Idealfall werden dabei überraschende Begriffe und Bezeichnungen verwendet, die sich später im Text des Artikels wieder finden und dem Leser das stutzig Machende erklären. Die Spiegel-Redaktion hat wie andere Magazin-Redaktionen lange Wert darauf gelegt, dass diese Auflösung der Überschrift erst im hinteren Teil des Textes erfolgt, damit der Leser nicht die Lektüre des Textes abbricht. Von dieser strengen Vorgehensweise sind die Redaktionen etwas abgekommen. Da die Hauptüberschrift manchmal wenig zum Thema sagt, verwenden die Magazine im Unterschied zu den Zeitungen viel häufiger noch die kleinere Dachzeile, mit der das Thema benannt wird.

Magazinbericht Pressefusion
Dachzeile: VERLAGE
Überschrift: **Poker um die Meinungsmacht**
Der Begriff Poker taucht nach rund 50 Zeilen im Lauftext auf, der Begriff
Meinungsmacht dagegen nicht.

Der Spiegel 40/2003

Magazinbericht Palast der Republik
Dachzeile: HAUPTSTADT
Überschrift: **Erschlaffter Rodungsbetrieb**
Der Begriff Rodungsbetrieb erscheint bereits nach wenigen Zeilen als Teil
eines Zitates. Er wird in der ersten Spalte noch einmal verwendet. In beiden
Fällen aber nicht zusammen mit dem Attribut erschlafft.

Der Spiegel 10/2005

Der Vorspann: Der Vorspann soll den durch Aufmachung und Überschrift interessierten Leser dazu bewegen, den Bericht zu lesen. Deshalb steht im Vorspann
die These des Artikels, die typische Leitidee des Magazinberichts. Der Vorspann
verkauft den Bericht an die Leser mit dieser möglichst spannenden Ankündigung.
Nach der Lektüre soll der Leser den Beweis der These und damit die Einlösung
der Ankündigung erhalten haben. Wichtig für den Vorspann ist die Konzentration
auf eine einzige klare Aussage. Bei mehreren Aussagen kann der Artikel nicht entsprechend klar ausgerichtet werden. Wenn Erich Böhme davon spricht, dass der
Magazinbericht »wenn irgend möglich mit einem Überraschungscoup beginnt«,
beschreibt er eine besonders überraschende These im Vorspann.

Der Vorspann des Magazinberichts hat damit nur sehr wenig vom Leadabsatz
des Agentur- oder Zeitungsberichts. Er ist nicht das hinreißende Telegramm der
Nachricht, das es im Notfall dem eiligen Leser erspart, den Rest des Berichts zu
lesen. Er ist nicht das Wichtigste in Kürze, sondern eine bewusst Fragen aufwer-
fende Behauptung. Er ist die Animation des Lesers, jetzt mit dem Lesen zu beginnen. In ihrem Umfang unterliegen die Vorspanne bei nahezu allen Zeitschriften
engen Grenzen. Beim Spiegel läuft der einspaltige Vorspann der Berichte über fünf
Zeilen, bei zwei- und dreispaltiger Aufmachung über drei Zeilen.

Magazinbericht Pressefusion

Den deutschen Zeitungen steht ein tief greifender Wandel bevor: Regierungspläne für ein neues Wettbewerbsrecht sollen der angeschlagenen Branche helfen und Fusionen erleichtern. Kritiker fürchten um die Meinungsvielfalt – und selbst die betroffenen Verlage zeigen sich wenig begeistert.

DER SPIEGEL 40/2003

Magazinbericht Palast der Republik

Der Palast der Republik soll abgerissen werden. Doch Planlosigkeit, Bürokratie und Raffinesse der Berliner PDS verzögern das Ende von »Erichs Lampenladen«.

DER SPIEGEL 10/2005

Der Einstieg: Der Einstieg ist der erste Teil des in manchen Redaktionen so genannten Portals, des Tors zur Geschichte. Er ist im Magazinbericht wie in den meisten Darstellungsformen der Magazine, zum Beispiel dem Feature oder der Reportage, szenisch. Die Szene führt in der Regel mit einer der handelnden Personen zum Thema, ohne dass bereits mit dem Beweis der These begonnen wird. Das Thema wird eingekreist. Der Einstieg kann auch den von Böhme beschriebenen Überraschungscoup bergen, zum Beispiel eine Szene vom investigativ ermittelten Geheimtreffen traditionell verfeindeter Gruppen auf der Suche nach Frieden. Coups dieser Art zählen aber in Einstiegen eher zu den Ausnahmen.

Die im Einstieg auftretende Person wird im Sprachgebrauch mancher Redaktionen als »Mann mit der Mütze« oder »Mann mit der roten Mütze« bezeichnet. Dieses Etikett weist darauf hin, dass dieser Mensch im folgenden Text immer wieder in Erscheinung treten, also gut sichtbar bleiben sollte. Die Einstiegsszene behält dann erkennbar Relevanz für den Text, der Leser hat eine Orientierungshilfe. Es gilt in Magazinredaktionen als handwerkliches Missgeschick, die handelnde Person aus der Einstiegsszene nicht weiter auftreten zu lassen und damit den Mann mit der Mütze zu verlieren.

Magazinbericht Pressefusion

Eigentlich wäre ein friedliches Familienfest zu erwarten, wenn Deutschlands Presseverleger an diesem Montag in Berlin zusammenkommen. Das Rahmen-

programm samt Opernbesuch (»Der Rosenkavalier«) ist wie immer exqui-
sit. Die Festredner – Gerhard Schröder und »New York Times«-Verleger
Arthur Ochs Sulzberger Jr. – sind von höchster Prominenz. Das feierliche
Abendessen ist stets ein gesellschaftlicher Höhepunkt, von dem die standes-
bewussten Zeitungsbarone zu Hause monatelang zehren können.

DER SPIEGEL 40/2003

Magazinbericht Palast der Republik

Am Fenster steht Hans Ottomeyer, 58, mit Siegelring, Taschenuhr, einem
Tuch um den Hals und einem, das aus der Tasche lugt. Der Generaldirektor
des Deutschen Historischen Museums in Berlin ist ein Mann mit Stil. Und
ein berufsmäßiger Bewahrer. Sorgenvoll schweift sein Blick aus den Fenstern
seines Büros an der Berliner Museumsinsel hinüber zu dem postsozialisti-
schen Monster, dem »Palast der Republik« – oder besser, was noch von ihm
übrig ist. »Wir Deutschen sind eben Barbaren«, knurrt Ottomeyer. »Was uns
innewohnt, ist der Rodungstrieb. Bevor wir etwas Neues errichten, schaffen wir das Nichts. Erst haben wir das Schloss abgerissen. Jetzt schleifen wir
den Palast.«

DER SPIEGEL 10/2005

Das Thema: Im zweiten Teil des Portals wird, wie Erich Böhme es umschreibt,
das eigentliche Thema aufgerissen. Der Leser erhält einen Überblick über die
Bedeutung und Aktualität des Problems, seine wichtigsten Aspekte, und er erfährt
etwas mehr zu der im Vorspann angelegten These. Deshalb wird dieser Teil des
Portals in Anlehnung an den angelsächsischen Sprachgebrauch gelegentlich auch
als Geschichte in der Nussschale bezeichnet. Im Vergleich zum Agentur- oder
Zeitungsbericht wird im Magazinbericht ein kleiner Teil des Hintergrunds vorge-
zogen, um den Leser an das Thema heranzuführen. Das wichtige Neue wird weiter zurückgehalten. Es ist mit der These nur angekündigt.

Magazinbericht Pressefusion

Ähnlich gediegen läuft es jedes Jahr. Doch diesmal liegt Ärger in der Luft:
Gespannt wartet die Branche, wie Wirtschaftsminister Wolfgang Clement

sich im Fall der seit Monaten umstrittenen Übernahme der »Berliner Zeitung« durch den Stuttgarter Holtzbrinck-Verlag (»Tagesspiegel«) entscheidet. Zugleich will Schröder den Verlegern in seiner Rede eine Lockerung der Pressefusionskontrolle in Aussicht stellen – ganz so, wie er es bereits bei einem Geheimtreffen im Kanzleramt einer Verlegerrunde angedeutet hatte.

Der deutschen Presse, mit mehr als 350 Titeln so vielfältig wie fast nirgendwo sonst auf der Welt, steht ein tief greifender Wandel bevor. Fusionen, Synergien, Marktbereinigung: Was andere Branchen seit langem prägt, kommt mit großer Verspätung jetzt auch auf die traditionsbewussten Zeitungshäuser zu, die sich mitunter schon seit über hundert Jahren in einer Hand befinden – und zusammen nicht einmal den halben Umsatz von Audi schaffen.

Offiziell geht es allen Beteiligten um hohe Werte wie Meinungsvielfalt und Pressefreiheit – und um die Frage, wie diese bei anhaltender Anzeigenflaute weiterhin gesichert werden können.

Dahinter stehen freilich handfeste Interessen: Großverlage wie Springer (»Bild«) und Holtzbrinck (»Die Zeit«) kämpfen – nicht nur in Berlin – um Marktanteile, Meinungsmacht und die besten Chancen, wenn demnächst bundesweit die Karten neu gemischt werden. Im Poker um die Presse spielt auch die Politik mit hohem Einsatz: Sie muss den seit Monaten festgefahrenen Streit um den Zeitungsmarkt der Hauptstadt entscheiden, ohne einen der beteiligten Pressekonzerne nachhaltig zu verärgern – und zugleich eine Lösung für die Strukturkrise der angeschlagenen Zeitungsbranche finden.

DER SPIEGEL 40/2003

Magazinbericht Palast der Republik

Der Pessimismus des Oberkonservators scheint allerdings überzogen. Denn für den Palast der Republik, geschaffen als »Ausdruck der Verbundenheit von Partei und Volk« (Erich Honecker), scheint der deutsche Rodungstrieb nicht mehr auszureichen.

Drei Jahre ist es nun her, dass der Bundestag den Abriss von »Erichs Lampenladen« beschloss. Alle hochrangigen Kader der Republik – Bundeskanzler, Regierender Bürgermeister, Bundestagspräsident – haben sich für den finalen Befreiungsschlag von der DDR-Erblast ausgesprochen. Doch ausgerechnet an jenem Symbol der untergegangenen Arbeiter- und Bauernmacht demonstriert die Demokratie ihre Machtlosigkeit. Einer kuriosen Allianz aus Bürokraten, Politikern und Nostalgikern gelingt es, den Abriss hinauszuzögern. Ihr geistiges Oberhaupt: Thomas Flierl (PDS), Berlins postkommunistischer Senator für Wissenschaft, Forschung und Kultur.

DER SPIEGEL 10/2005

Für das Schreiben von Vorspann und Portal empfiehlt es sich zunächst, das Thema, das Geschehen, die wichtigsten Beteiligten sowie das Rechercheergebnis in einigen Sätzen aufzuschreiben. Aus diesen Sätzen wird die These abgeleitet. These und Thema werden auf fünf griffige Zeilen verdichtet. Diese bilden den Vorspann. Die Ausgangssätze zum Thema und Geschehen werden mit Zahlen und einem Zitat redigiert. Sie bilden Teil II des Portals, die so genannte Nussschale. Eine personalisierte Szene, die zum Thema führt, wird kurz beschrieben. Sie ist der Einstieg und wird vor Teil II des Portals gesetzt.

Der Hauptteil: Nachdem im Portal das Thema kurz beschrieben ist, wird im Hauptteil des Magazinberichts die Entwicklung geschildert: Wie ist es zu der im Vorspann als These angedeuteten Entwicklung gekommen. Der Aufbau dieses Teils ist im Unterschied zum Agentur- und Zeitungsbericht chronologisch. Deshalb beginnt sie häufig mit der so genannten »Rolle rückwärts«, dem von Erich Böhme als Rückblende bezeichneten Rückblick auf den entscheidenden Auslöser des Geschehens.

Magazinbericht Pressefusion

Seit über zwei Jahren brechen fast überall die Anzeigenerlöse weg; Zeitungen wie die »Frankfurter Rundschau« sind bereits in eine existenzbedrohende Krise geraten.

Wie in anderen Branchen auch drängen viele Verleger darum jetzt auf Fusionen, gemeinsame Anzeigenvermarktung oder andere Kooperationsformen – und werden daran vom Bundeskartellamt gehindert. Der Grund: Seit 1976 gelten für die Presse verschärfte Vorschriften. Selbst Zusammenschlüsse benachbarter Kleinstadtblätter werden von den Wettbewerbshütern meist untersagt – Fusionsvorhaben gleicher Größe, etwa von Brauereien, würden hingegen erst gar nicht geprüft.

DER SPIEGEL 40/2003

Magazinbericht Palast der Republik

Getreu dem Motto »je unverständlicher, desto schlauer« hat der studierte Ästhetiker dem Beharrungsvermögen philosophische Weihen verliehen: »Die Entscheidung, den Palast durch Nutzungsentzug vom gesellschaftlichen Wandel auszuschließen und durch Asbestentsorgung zu ruinieren, machte ihn retrospektiv zum Symbol des untergegangenen Staatswesens und suchte bewusst den Konflikt mit den kulturellen Erfahrungen der Ostdeutschen im Umgang mit diesem Gebäude.« Ergo: Widerstand ist Pflicht. Flierl will Altrocker Udo Lindenberg, inzwischen in ähnlichem Zustand wie der Palast, einen zweiten Auftritt im »Lampenladen« organisieren.

DER SPIEGEL 10/2005

Der Gang der Dinge wird mit den wichtigsten Personen und den entscheidenden Sachzusammenhängen beschrieben. Das chronologische Erzählen von Beginn an hat Vorteile: Der Leser folgt dem Autor auf jeder bedeutenden Etappe des Geschehens, schaut mit ihm auf alle relevanten Schauplätze und erfährt alle notwendigen Zusammenhänge zum Verständnis. Die Beschreibung ist reich an Zitaten, Personen und szenischen Elementen. Im Hauptteil taucht – theoretisch – immer wieder der Mann mit der Mütze auf. Der Leser erfährt, was er in der Zwischenzeit getan hat. Praktisch ist das allerdings nicht immer der Fall: Im Beispiel Palast der Republik geht Hans Ottomeyer dem Autor verloren.

Magazinbericht Pressefusion

Die so genannte Pressefusionskontrolle wurde damals erlassen, um regionale Monopole wie das der expansionshungrigen »Westdeutschen Allgemeinen Zeitung« künftig zu verhindern.

Beinahe 30 Jahre später sind diese Vorschriften nicht mehr zeitgemäß – zumindest darin sind sich noch fast alle einig […] Wirtschaftsminister Wolfgang Clement will deshalb die Vorschriften im Gesetz gegen Wettbewerbsbeschränkungen verändern […] Demnach müssen Verlage geplante Fusionen nicht mehr genehmigen lassen, wenn ihr gemeinsamer Umsatz unter einer bestimmten Schwelle liegt. Bisher betrug dieser Grenzwert 25 Millionen Euro, künftig könnte er bei 50 Millionen oder noch höher liegen […] Eine solche Regelung käme vor allem den kleinen und mittleren

Verlagen zugute, denen auf ihren Heimatmärkten bisher meist die Hände gebunden waren […] Handfesten Ärger gibt es dagegen um eine diskutierte Gesetzesänderung, die zunächst nur einen Verlag begünstigen würde: Holtzbrinck […] Fusionen zweier Verlage würden dann sehr viel leichter erlaubt, wenn denn, wie im Holtzbrinck-Modell für Berlin, eine unabhängige Stiftung über die Trennung der Redaktionen wacht.

Dieser Versuch ist allerdings schon im Vorfeld des Zeitungskongresses gescheitert. Meinungsprägende Häuser wie Axel Springer und die »Frankfurter Allgemeine« (»FAZ«) protestieren: Solchen Absichten müsse man »energisch entgegentreten«, tönte es unverhohlen aus der Springer-Spitze […] Wenn sich der Pulverdampf um die Berliner Zeitungsschlacht gelegt hat, klärt sich womöglich auch der Blick auf die Existenzfragen der Branche: die Sicherung der Meinungsfreiheit in wirtschaftlich schweren Zeiten.

DER SPIEGEL 40/2003

Magazinbericht Palast der Republik

Vorvergangene Woche konnte er einen neuen Sieg im Kleinkrieg um die Ruine verkünden: 550.000 Euro hat der Hauptstadtkulturfonds für zwei neue Projekte im Palast genehmigt […] Doch der verlässlichste Verbündete der PDS-Partisanen in jener letzten Schlacht um die DDR ist ein prächtiger Wirrwarr von Inkompetenz und Kompetenz, der so unüberwindbar erscheint wie die ostdeutschen Befindlichkeiten: […] Bis heute ist nicht einmal klar, wie das 180 Meter lange und 87 Meter breite Gebäude abgetragen werden soll […] Auch andere Gutachter sagen Schlimmes voraus. Sie warnen vor »Rissbildungen« und »Aufklaffungen« am Berliner Dom und anderem Gemäuer auf der Museumsinsel.

DER SPIEGEL 10/2005

Am Ende des Hauptteils ist die These erläutert und belegt. Im Beispiel Pressefusion sollte der Leser gut verstanden haben, warum das Gesetz geändert werden soll und dass große Verlage gegen bestimmte Details der Regierungspläne sind. Diese Details müssten ihm jetzt vertraut sein. Dann wäre die Ankündigung des Vorspanns erfüllt. Tatsächlich enthält der SPIEGEL-Bericht gegenüber dem FAZ-Bericht inhaltlich keine substanzielle Neuigkeit, er führt den Leser nur anschaulicher bis an den letzten Stand der Ereignisse. Im Magazinbericht Palast der Republik ist klar geworden, wie Planlosigkeit, Bürokratie und Raffinesse der PDS den Abriss des Palasts der Republik verhindern. Genau das war versprochen worden. Beide Artikel enden mit ihrem Hauptteil da, wo sie im Vorspann begonnen hatten.

Der Ausstieg: Die Nachricht ist erzählt, das Angekündigte erklärt, nun soll der Ausstieg dem Leser eine kleine zusätzliche Freude machen. Es geht um einen positiven Abschluss des Berichts, um ein Schmunzeln oder eine Überraschung. Dieser Ausstieg wird sorgsam erarbeitet, was die Magazinberichte immer noch vom Gros der Agentur- und Zeitungsberichte unterscheidet. Eine Standardlösung gibt es dabei allerdings nicht. Häufig taucht die handelnde Person aus dem Einstieg, der Mann mit der Mütze, wieder auf und verabschiedet sich mit einer Szene oder einem Zitat. Nicht minder häufig lässt der Autor den Leser kurz in die Zukunft blicken, meist auf das nächste sich abzeichnende Problem. Beides, der Blick in die Zukunft und das Zitat, lässt sich zu einer orakelhaften Aussage verbinden. Mit diesem Zukunftsaspekt ergibt sich eine kleine Gemeinsamkeit zum Ende vieler Zeitungsberichte.

Magazinbericht Pressefusion

»Ich habe den Eindruck, dass diesmal weder die Regierung noch das Parlament ausreichend Zeit haben, sich mit der Sache zu beschäftigen«, so [der Dortmunder Medienexperte Horst] Röper.

Und das eigentlich ohne Not. Zwar steht tatsächlich in Umsetzung einer Europäischen Richtlinie eine Novellierung der deutschen Kartellgesetzgebung an. »Die Presseklausel hat mit dem EU-Recht aber nichts zu tun«, sagt Röper. »Da wird ein Junktim und ein Handlungsdruck aufgebaut, wo keiner ist.«

DER SPIEGEL 40/2003

Magazinbericht Palast der Republik

So kann niemand mehr sagen, wann Honeckers Lieblingsgebäude wirklich weichen muss. Nur eines lässt sich ganz konkret errechnen – wie stark der rot-rote Senat vom Planungschaos profitiert. Denn dass der Bund aus dem Hauptstadtkulturfonds allerlei Ringelpiez für die Zwischennutzung des Palasts bezahlt, rief Berlins Finanzverwaltung auf den Plan. 263.722,60 Euro Grundsteuer verlangt sie für das Jahr 2004 vom Bund. Die zutreffende, aber doch irgendwie etwas dreiste Begründung: Der Palast sei ja nun keine Ruine mehr, sondern eben ein genutztes Gebäude.

DER SPIEGEL 10/2005

Die Aufmachung: Magazinberichte kommen selten ohne Begleitung. Sie sind eine Art Gesamtkunstwerk, wobei ein oder mehrere gute Fotos heute als Standard anzusehen sind. Manche Redaktionen erwarten mehr: Bei Focus gilt zunächst immer der Versuch, zu jedem Berichtstext ein Foto, eine Grafik und eine Tabelle zu stellen.

5.4 Zusammenfassung

Genau wie bei den Meldungen können auch bei den Berichten drei unterschiedliche Formen identifiziert werden: der Agenturbericht, der Zeitungsbericht und der Magazinbericht. Dabei sind Agenturbericht und Zeitungsbericht einander sehr ähnlich. Sie werden, sofern die Nachrichtenlage es zulässt, wie Zeitungs- oder Agenturmeldungen nach dem Fünf-Satz-Muster aufgebaut. Statt der Sätze, die bei den Meldungen als gedankliche und nicht grammatikalische Einheiten verstanden werden, werden bei Berichten größere Absätze gebildet. Wie bei den Meldungen hat das Gliederungsmuster auch die Funktion einer Checkliste.

Der erste Absatz heißt Leadabsatz. Er fasst das Wichtigste zusammen und kann als Vorspann verwendet werden. Der zweite Absatz wird Detailabsatz genannt. Er beantwortet die noch ausstehenden weniger wichtigen W-Fragen und legt die Details der Nachricht dar. In Zeitungsberichten fangen diese Detailabsätze nach einem Vorspann häufig mit einem Zitat oder einer atmosphärischen Beschreibung an. Der dritte Absatz gibt als Hintergrundabsatz meist Antworten auf die Ursachen und Zusammenhänge. Er analysiert das Geschehen und geht, wenn nötig, auf die Vorgeschichte ein. Der vierte Absatz beleuchtet als Zukunftsabsatz den weiteren Gang der Dinge. Er wird gegebenenfalls ergänzt vom fünften Absatz, dem so genannten Zukunftsdetailabsatz. Diese Struktur ist variabel: Entsprechend der Nachrichtenlage werden die Details oder der Hintergrund vertieft. Oder es wird auf die Darstellung der Zukunftsaspekte verzichtet.

Mit dem Magazinbericht haben die Nachrichtenmagazine eine veredelte Ereignis-Information entwickelt, die sich vom Zeitungsbericht unter anderem durch die Aufmachung, viele Zusatzinformationen zu Abläufen, Zusammenhängen und dem Hintergrund, eine besonders sorgfältige Sprache, eine ausgeprägte Personalisierung sowie eine klare These zum Thema unterscheidet. Außerdem haben Magazinberichte einen anderen Aufbau. Überschrift und Vorspann sollen den Leser für das Thema interessieren. Der Vorspann präsentiert dabei die These zum Thema. Nach einem meist mit einer Szene verbundenem Einstieg wird das Thema kurz in seiner Bedeutung und mit seinen wichtigsten Aspekten beschrieben. Einstieg und Themenbeschreibung werden in manchen Zeitschriftenredaktionen als Portal bezeichnet. Danach folgt der chronologisch aufgebaute Hauptteil, in dem die These ausführlich beschrieben und begründet wird. Er beginnt oft mit einer Rückblende auf den entscheidenden Auslöser des Geschehens. Die Beschreibung ist reich mit Zahlen, Zitaten, handelnden Personen und szenischen Elementen durchsetzt. Am Ende des Hauptteils ist die Schilderung in der Gegenwart angekommen. Die These ist vollständig erläutert. Den Abschluss des Magazinberichts bildet der so genannte Ausstieg, der häufig mit einer Szene der Person aus dem Einstieg oder mit einem Zitat gestaltet wird.

Beim Schreiben von Zeitungs- oder Agenturberichten können Stilmittel der Magazinberichte übernommen werden. Das gilt besonders für den Einsatz von Zitaten und szenischen Elementen sowie für den sorgfältigen Ausstieg.

	Zeitungsbericht	Magazinbericht
formale Merkmale		
Länge	mittel	mittel
Aufmachung	schlicht	Foto, Grafik, Tabelle
Positionierung	schlicht – Aufmachung	schlicht
Überschriften	Hauptüberschrift, Unterzeile	Dachzeile, Hauptüberschrift
Ergänzung	Kasten, Foto, Grafik, Tabelle	Kasten, Foto, Grafik, Tabelle
strukturelle Merkmale		
Einstieg	W-Fragen	Szene
Ausstieg	Zitat	Szene/Zitat
Portal	–	Einstieg und Themenbeschreibung
These/Versprechen	–	Vorspann
Zahlen	nur nach Nachrichtenlage	nach Möglichkeit pro Absatz
Zitate	einige	nach Möglichkeit pro Absatz

Szenen	selten	Einstieg
Beispiele	selten	selten
Wechsel	–	–
inhaltliche Merkmale		
aktuelle Informationen	typisch	typisch
Meinung	–	These mit Tendenz
Empfehlung	selten	selten
Hintergrundinformation	ausreichend	ausführlich
Prognose	Zukunftsabsatz	ggf. Ausstieg

Abb. 4: Unterschiede von Zeitungs- und Magazinbericht

Literatur

Augstein, Rudolf: So fingen wir an, so wurden wir angefangen, in: Der Spiegel, Sonderausgabe 1947–1997, S. 6/7.

Böhme, Erich: Erzähltrick, in: Medium Magazin 2/1995, S. 26/27.

Gerhardt, Rudolf: Lesebuch für Schreiber. Vom journalistischen Umgang mit der Sprache. Ein Ratgeber in Beispielen. 6. überarb. und erw. Auflage, Frankfurt 2001.

Haas, Hannes: Mediengattungen, in: Weischenberg, Siegfried u. a. (Hrsg.): Handbuch Journalismus und Medien, Konstanz 2005, S. 225–229.

Haller, Michael: Die Reportage. Ein Handbuch für Journalisten. 4. Auflage, Konstanz 1997.

Hruska, Verena: Die Zeitungsnachricht: Information hat Vorrang. 3. neubearb. Aufl., Bonn 1999.

Meyer, Werner (Bearb.): Journalismus von heute. Hrsg. von Mercedes Riederer, Loseblattausg. Starnberg u. a., Stand Erg.-Lfg. 29, 2002.

La Roche, Walter von: Einführung in den praktischen Journalismus. 16. völlig neu bearbeitete Auflage; Nachdr. München 2004.

Pürer, Heinz u. a. (Hrsg.): Praktischer Journalismus. Presse, Radio, Fernsehen, Online. 5., völlig neue Auflage, Konstanz 2004.

Schneider, Wolf; Paul-Josef Raue: Das neue Handbuch des Journalismus. 1., vollst. überarb. und erw. Neuausg., Reinbek 2003.

6. Das Interview

Das Interview ist nach allgemeinem Verständnis auch der einschlägigen Lexika eine gezielte Befragung. So gesehen ist das Interview zunächst eine Recherchemethode: Der Journalist fragt, um etwas zu erfahren. Erst mit der Veröffentlichung wird aus der Recherche eine Darstellungsform. Das Besondere dieser Darstellungsform im Vergleich zum Bericht: Die Informationen sind in Fragen und Antworten gekleidet. Rede und Gegenrede wechseln einander ab. Das ist entscheidend. Nur die in Fragen und Antworten publizierte gezielte Befragung wird hier als Interview im Sinne der journalistischen Darstellungsform verstanden. Dieses Interview wird in manchen Lehrbüchern als Wortlaut-Interview oder geformtes Interview bezeichnet.

Belanglose Gespräche nach Art des Small Talks erfüllen nur selten den Anspruch einer gezielten Befragung. Man kann sie veröffentlichen, was sich mancher Sender und manche Zeitschrift erlaubt. Es handelt sich dann aber nicht um Interviews im Sinne einer journalistischen Darstellungsform. Mit dem Hinweis der gezielten Befragung sind für diese Darstellungsform auch die Rollen verteilt: Einer fragt, und einer antwortet. Wer dabei welche Rolle spielt, liegt auf der Hand. Streitgespräche werden zwar in manchen Redaktionen ähnlich geschrieben und aufgemacht, es sind aber keine Interviews. Nicht ohne Grund unterscheidet der Spiegel Interviews und Spiegel-Gespräche. Außerdem ist mit der Umschreibung eine Art Mindestumfang definiert: Eine Frage reicht wohl nicht für eine gezielte Befragung.

Es gibt renommierte Zeitungsredaktionen wie die der Frankfurter Allgemeinen, die zum Beispiel für ihre Unternehmergespräche die Berichtsform wählen. Der Autor fasst zusammen, hebt hervor und lässt im Fließtext seinen Gesprächspartner antworten: in indirekter Rede oder direkter Rede. Wie es sich so ergibt. Die Fragen werden nicht veröffentlicht. Unterschiede zu Pressekonferenzen werden nicht erkennbar. Auch wenn diese Gespräche in den jeweiligen Redakti-onen oft als Interview bezeichnet werden, sind sie es nur im Sinne der gezielten Befragung. Für die Form der Veröffentlichung, die journalistische Verkleidung also, kann es dagegen nur eine Bezeichnung geben: Zeitungsbericht.

Auch angelsächsische Journalisten schreiben ihre Interviews in der Regel in Form eines Berichts. Englische und US-amerikanische Zeitungen und Zeitschriften greifen selten auf die Interview-Form zurück. Sie ist meist wichtigen Persönlichkeiten vorbehalten. So veröffentlichte NEWSWEEK 1986 das Gespräch mit Bundeskanzler Helmut Kohl, in dem Kohl den Vergleich zwischen Goebbels und Gorbatschow zog, als Interview.

Bericht oder Interview – jede Befragung kann in einer der beiden Formen veröffentlicht werden. Beide Darstellungsformen haben ihre Vor- und Nachteile. Berichte können recht trocken ausfallen, inhaltlich aber substanziell. Interviews können sehr spannend sein – aber auch zu glatt. Dahinter steckt dann oft die Autorisierung: Interviews werden in Deutschland in einem manchmal recht mühsamen Verfahren förmlich abgestimmt. Bei Berichten ist das für die Wiedergabe in indirekter Rede nicht nötig, wenn der Autor das Gesagte beweisen kann, keine Vertraulichkeit gegeben oder vereinbart war und alles korrekt wiedergegeben wird.

»Ein Interview ist auf jeden Fall journalistisch korrekt, wenn es vom Interviewten oder dessen Beauftragten autorisiert wurde«, sagt der Pressekodex in Richtlinie 2.4. Interviews sind Vertragssache zu der – oft stillschweigend durch ständige redaktionelle Praxis vereinbart – die Autorisierung gehört, sagen die Juristen. Im Journalismus angelsächsischer Prägung gilt Abstimmen dagegen als ziemlich unprofessionell. Veränderungen sind aber ausgeschlossen. Da unveränderte Interviews wegen ihrer Längen und wegen der Sprachverirrungen der Beteiligten für die Leser kaum zu ertragen sind, gibt es im angelsächsischen Journalismus nur wenig gedruckte Interviews. Von den beschriebenen, sehr wohl abgestimmten Ausnahmen einmal abgesehen. Journalistische Befragungen werden als Bericht geschrieben.

Auf der anderen Seite ergeben sich aber mit der Abstimmung Möglichkeiten, Texte zu verbessern. Da das Interview ohnehin abgestimmt wird, kann der Verlauf des Gespräches verändert, können Fragen und Antworten prägnanter und lesbarer gemacht werden. Stimmt der Interviewte der geschriebenen Fassung zu, kann sie ruhigen Gewissens veröffentlicht werden. Dass sich in diesem Verfahren gelegentlich Merkwürdigkeiten einstellen, die jeden Leser, wüsste er davon, irritieren, steht auf einem anderen Blatt. So ist es zum Beispiel heute durchaus üblich, dass ohne jedes Gespräch allein auf der Basis von Redetexten oder sonstigen Informationen Interviews geschrieben werden, die danach autorisiert und veröffentlicht werden. Die gezielte Befragung hat also nicht stattgefunden; sie wird erfunden. Trotz der Genehmigung durch den Befragten, trotz der Orientierung an Aussagen der Befragten und trotz ihrer rechtlichen Zulässigkeit hat diese Vorgehensweise etwas von einer Täuschung der Leser. Zumindest die Gesprächsatmosphäre wird fingiert.

Erst recht Betrug am Leser ist die Variante von Druckstücken, die ein Autor bis zum Mai 2000 im Magazin der SÜDDEUTSCHEN ZEITUNG veröffentlichen durfte: Erfundene Interviews, von denen die Beteiligten nichts wussten und die dementsprechend auch nicht autorisiert waren. Auch wenn der Autor, von dem sich die SÜDDEUTSCHE ebenso schnell verabschiedete wie von den verantwortlichen Chefredakteuren, seine Art Schrifttum als Borderline-Journalismus ausgab: Er hat nichts anderes getan als erfunden und gefälscht.

Das Interview hat sich als journalistische Darstellungsform erst spät entwickelt. In Deutschland wurde sie erst in der Nachkriegszeit durch Magazine wie SPIEGEL und STERN populär. Die Tageszeitungen zogen sehr langsam nach. Bis in die 80er-Jahre des vergangenen Jahrhunderts gab es in deutschen Tageszeitungen faktisch keine Interviews. Heute wimmelte es in den meisten Zeitschriften und vielen Zeitungen von Interviews. Dafür gibt es eine Reihe von Ursachen.

Zunächst erweist sich das Interview als gute Darstellungsform, um Menschen und ihre Ansichten vorzustellen. Ein Interview kann Denken transparent machen. Gelingt dies, werden auch Hintergründe und Zusammenhänge aufgezeigt. Außerdem werden Interviews meist mit Prominenten geführt. Diese Menschen und deren Meinungen interessieren die Leser besonders. So kommt Prominenz ins Blatt. Ein gelungenes Interview ist zudem lebendig und spannend. Kurzum: Die Darstellungsform glänzt mit vielen jener Elemente, die von einem guten Bericht, einer gelungenen Reportage oder einem schönen Feature gefordert werden. Sie glänzt mit Menschen, Zitaten und Hintergrundinformationen. Auf demselben Blatt steht, dass ein gut vorbereiteter und routinierter Journalist ein Interview schnell führen, schreiben und abstimmen kann.

Weil es für routinierte Journalisten nicht so schwer ist, schnell ein Interview zu einem Thema zu erstellen, nehmen Interviews mittlerweile häufig eine Art Lückenbüßerfunktion ein. Hat die Redaktion ein Thema verpasst, macht sie schnell ein Interview mit einem der Beteiligten. Das ist authentisch und kaschiert das Missgeschick. Dasselbe gilt bei Kapazitätsengpässen von Zeitschriften. Reichen Zeit oder Geld nicht für Features, Reportagen oder Magazinberichte, werden Interviews ins Blatt gestellt.

Das wesentliche Problem des Interviews ist das Autorisieren. Politiker und Unternehmer haben es sich genau wie ihre Presseabteilungen angewöhnt, die Autorisierung zu erheblichen Veränderungen zu nutzen. Da wird zurückgerudert und Gesagtes gestrichen. Sogar die Fragen der Journalisten werden verändert, obwohl sie nichts mit den Worten des Interviewten zu tun haben. Je ängstlicher der Befragte, desto belangloser ist das Interview am Ende der Abstimmungsphase. Es kann zwar – rechtlich bewertet – veröffentlicht werden, ist aber nichts anderes als eine Zumutung für die Leser und darf – journalistisch bewertet – deshalb nicht mehr publiziert werden. Am Ende eines Autorisierungsverfahrens entscheidet die Redaktion, ob sie das Abgestimmte veröffentlicht oder nicht. Zu oft schleicht sich das Zu-Glatte ins Blatt.

Manchmal verzichten die Redaktionen aber auch auf die Veröffentlichung, was im Medienzeitalter die Interviewten ärgert. Oder die Redaktionen demonstrieren der Öffentlichkeit das gescheiterte Abstimmungsverfahren. So veröffentlichte die THÜRINGER ALLGEMEINE 1999 an Stelle des Interviews mit dem damaligen Aufbau-Ost-Beauftragten Rolf Schwanitz einen weißen Kasten. Noch auffälliger machte DIE TAGESZEITUNG (TAZ) die nachträgliche Korrektur durch einen Politiker deutlich. Sie machte am 28. November 2003 auf Seite eins mit einem großen, völlig geschwärzten Interview auf: Die Redaktion hatte alle Antworten eingefärbt, die der damalige SPD-Generalsekretär Olaf Scholz verändert hatte. Seitdem fühlen sich auch Politiker wieder etwas stärker an ihre Worte gebunden.

Gelegentlich müssen Interviews zur eitlen Selbstbespiegelung der Autoren herhalten. Die präsentieren sich dann in der Schriftform kompetenter oder zupackender als im wahren Gespräch. Guter Stil und Aufrichtigkeit verbieten dieses sich Schönschreiben. Andererseits muss das Verdichten und Präzisieren auch der Fragen im Interesse der Leser sein. Es ist eine Stilfrage.

6.1 Die Formen des Interviews

Selbst wenn man die journalistische Darstellungsform des Interviews so eng wie beschrieben fasst, gibt es doch noch zwei unterschiedliche Typen des Interviews, die sich in jeder der vier Phasen Vorbereiten, Führen, Schreiben und Autorisieren unterscheiden: Das Kurzinterview und das Magazininterview.

Das Kurzinterview wird im Wesentlichen für Expertenstatements, einen informativen Kasten oder auf den Meldungsseiten von Zeitschriften eingesetzt. Vier Fragen, vier Antworten, keine großen Übergänge, alles so präzise und knapp wie möglich, das sind häufig die Elemente eines Kurzinterviews.

Sie sind als niedergelassener Orthopäde eine Kooperation mit dem Hildegardis-Krankenhaus eingegangen. Wo liegt der Vorteil für den Patienten?
GRAEBNER: Dadurch, dass sich ein niedergelassener Arzt an ein Krankenhaus bindet, kommt es für den Patienten zu keinem Bruch in der therapeutischen Betreuung. Das in der ambulanten Versorgung aufgebaute Vertrauensverhältnis bleibt auch bei einem stationären Aufenthalt in der Klinik bestehen. Gleichzeitig kann durch die unmittelbare Nähe zu den im Krankenhaus tätigen Ärzten anderer medizinischer Fachrichtungen eine

intensivere interdisziplinäre Schmerztherapie erfolgen. Dem Patienten bleiben lange Wege von einem Arzt zum anderen erspart, und zwischen den einzelnen therapeutischen Maßnahmen liegen keine längeren Zeitabstände.

Hat diese Kooperation auch finanzielle Vorteile für den Patienten?

GRAEBNER: Ja, denn die Krankenhäuser sind die Kostenträger.

Welche Eingriffe nehmen sie vor?

GRAEBNER: Ich führe bei Patienten, bei denen selbst starke Schmerzmittel keine Wirkung mehr haben, minimalinvasive Operationen durch wie zum Beispiel die Verödung der Schmerznerven, das Lasern bei Bandscheibenvorfällen oder die Behandlung von Spinalkanalstenosen.

Wie lange dauert ein stationärer Aufenthalt, und was kommt danach?

GRAEBNER: In der Regel drei bis 12 Tage. Das Ziel der operativen Eingriffe ist es, die Schmerzen zu reduzieren, so dass der Medikamentenkonsum eingeschränkt werden kann, die Patienten wieder für physiotherapeutische Maßnahmen zugänglich sind und ein beschwerdefreieres Leben möglich ist.

KÖLNER STADT-ANZEIGER 14.3.2005

Die Antworten sind vollständig, im Beispiel sogar etwas zu vollständig, da hätte noch gut gekürzt werden können. Die Fragen sind kurz und orientieren sich an den bekannten W: wo, welche, wie lange? In der Regel werden Fragen und Antworten mit einem kleinen Foto des Interviewten ergänzt. Das Kurzinterview kann schnell mit einem Fachmann zu Fragen aller Art erstellt werden: Was macht der Ältestenrat des Bundestages? Was bringt das Konjunkturprogramm? Was bedeutet dieses Urteil des Europäischen Gerichtshofs? Die Antworten sind oft auch ein Stück Lebenshilfe: Wie wechsele ich die Autoversicherung? Was ändert sich bei der Lohnsteuer? Wo komme ich noch an Eintrittskarten? So setzen Zeitungen und Zeitschriften auch das Kurzinterview ein, die Aufmachung ist bei den Zeitschriften in der Regel hübscher.

Das Magazininterview ist die längere Variante der Interviews, in der sich der Autor deutlich darum bemüht, auch eine Gesprächsatmosphäre in das Spiel von Fragen und Antworten zu legen. Das knappe Hin und Her des Kurzinterviews wird abgelöst durch sorgfältigen Aufbau, einen gut gewählten Einstieg, eine bewusst gestaltete Dramaturgie, guten Rhythmus und einen geschickten Ausstieg. Dafür wird das Magazininterview am Schreibtisch wie jeder gute Bericht durchkonstruiert. Der Journalist darf dabei sehr wohl den Gesprächsablauf verändern, auf keinen Fall aber die inhaltliche Aussage.

Aus der Bezeichnung Magazininterview folgt nicht, dass diese Art des Interviews nur den Magazinen vorbehalten ist. Diese journalistische Darstellungsform heißt nur so, weil sie von den Magazinen im deutschen Sprachraum eingeführt wurde. Auch Zeitungen setzen sie inzwischen ein. Hier ist der Umgang mit den Möglichkeiten zur Gestaltung des Textes, den positiven Folgen der Autorisierung, häufig aber weniger virtuos als in den Magazin-Redaktionen. Das mag mit dem Mangel an Zeit in Zeitungsredaktionen zu tun haben, vielleicht aber auch mit der ausgeprägten Liebe zum Detail, die Zeitschriftenredaktionen manchmal nachgesagt wird. Auf jeden Fall hat die Bezeichnung auch Programmatisches: Das Magazininterview soll besonders gut geschrieben und redigiert sein.

In jüngerer Zeit präsentieren einzelne Zeitungen oder Zeitschriften gelegentlich eine Kombination aus Interviews und Reportagen. Die Spannweite dieser Mischformen ist weit. Da gibt es Reportagen, die mit wenigen eingeschobenen Zitaten der Hauptperson lebendiger gestaltet werden. Dabei fehlen die Fragen. Diese Artikel sind eindeutig der Darstellungsform der Reportage zuzuordnen. Dann gibt es Artikel mit längeren Frage- und Antwortstrecken, die von kurzen Textpassagen mit szenischen Beschreibungen unterbrochen werden. Diese Passagen erzählen dann etwas zum Ort, zum Gesprächspartner, zu weiteren Personen oder zur Vergangenheit. Artikel dieser Art sind eher Interviews als Reportagen. Sie werden vor allem in den Wochenendbeilagen der Zeitungen oder in Trendzeitschriften verwendet.

»Das dritte Leben der Nummer 1«

Auszug aus einem Interview mit Joachim Deckarm, dem einst besten Handballer der Welt, der seit einem schweren Sportunfall Ende 1979 behindert lebt.

Kurz vor Ihrem Unfall hatten Sie sich gerade mit Ihrer Freundin eine gemeinsame Wohnung eingerichtet. Ihre Lebensgefährtin hat sich dann einige Monate später von Ihnen getrennt. Haben Sie ihr das übel genommen? Tun Sie es womöglich noch heute?
DECKARM: Das ist Schnee von gestern. Ich verstehe die junge Frau, dass sie sich dann einen anderen Lover gesucht hat.
Sie meinen, weil sie sich in diesem jungen Alter nicht entscheiden konnte, ihr ganzes Leben mit einem Mann zu verbringen, der in gewisser Hinsicht eingeschränkt ist ...

DECKARM: Der behindert ist. Zumal sie mich ja vorher anders gekannt hat.
Vielleicht zieht ja eines Tages hier in dieses Haus eine ein, die zu Ihnen passt?
DECKARM: Das wär'n Ding. Das wär' wirklich 'n Ding.

Am besten eine, die auch eine seiner großen Leidenschaften teilt: das Schachspiel. Unter seinen jetzigen Mitbewohnern gibt es leider keinen Gegner für ihn. Aber Joachim Deckarm hat außerhalb des Hauses einige Freunde, wozu besonders die langjährigen, ehrenamtlichen Betreuer gehören. Einsam ist er sicher nicht.

Herr Deckarm, sind Sie ein glücklicher Mensch?
DECKARM: Mit gewissen Abstrichen – ja.
Und immer so lebensbejahend oder nur dann, wenn Sie im Fernsehen auftreten oder Presseleute bei Ihnen auftauchen?
DECKARM: Das ist meine Einstellung. Pessimist sein, bringt nichts. Da kann man sich ja gleich erschießen.

Er lacht, als er das gesagt hat. Auf dem Weg zum Fahrstuhl aber merkt man, dass ihn doch etwas wurmt – er hat zum Abschluss noch eine Partie Schach gegen den Fotografen verloren. »Ich will Revanche«, sagt er. Und noch mal: »Ich will Revanche!« Der Ehrgeiz halt. Dann verabschiedet er uns freundlich. Und die Hand drückt wieder zu wie ein Schraubstock. Der Mann ist stark.

Kölner Stadt-Anzeiger 27./28.3.2004

6.2 Das Vorbereiten des Interviews

Jedes Interview durchläuft vier Phasen: das Vorbereiten, das Führen, das Schreiben und das Autorisieren. Es versteht sich dabei von selbst, dass das Vorbereiten und Führen eines Presse-Interviews auch als Rechercheschritte und damit Basis der meisten journalistischen Arbeiten verstanden werden können. Da gibt es keine Unterschiede. Wichtig ist allerdings der Unterschied zu Hörfunk und Fernsehen: Das gedruckte Interview hat oft nur wenig mit den gesendeten Interviews zu tun. Es macht einen gewaltigen Unterschied aus, ob man seine gezielte Befragung vor laufender Kamera oder vor ein paar leeren Blättern vornimmt. Live in zwei

Minuten alles Wesentliche ohne Versprecher oder Hänger geradlinig einem widerborstigen Politiker zu entlocken ist ungleich schwerer, als dasselbe in ruhiger Umgebung über eine halbe Stunde zu tun, in der beide Beteiligten auch noch wissen, dass das letzte Wort erst in der Autorisierungsphase gesprochen wird. Arbeits- und Fragetechnik sind völlig unterschiedlich.

Für beide Formen des Presseinterviews sind die Unterschiede meistens graduell: Das Magazininterview ist deutlich länger und muss deshalb intensiver vor- und nachbereitet werden. Allein in der Schreibphase gibt es klare Unterschiede zwischen Kurz- und Magazininterview.

Ausgangspunkt aller Vorbereitungen ist das Wissen der Leser: Was wollen die Leser jetzt wissen? Und von wem? Die Suche des Gesprächspartners fängt dabei immer oben in der Hierarchie an: Beim Amtsleiter, Vorsitzenden, Cheftrainer oder Parteichef. Sie ist nur insofern schwer, als die entscheidenden Menschen nicht immer Zeit und Lust zu Gesprächen haben. Dann muss Ersatz her. Dabei gilt grundsätzlich, dass das gedruckte Interview mit der Pressechefin oder dem Pressechef keinen sinnvollen Ersatz für ein gedrucktes Interview mit der oder dem Verantwortlichen bildet. Für Hintergrundinformationen, für Zitate aus »gewöhnlich gut unterrichten Kreisen« (so genannte Informationen »unter zwei«) oder für das Arrangement von Gesprächen sind die Pressestellen dagegen unersetzlich.

> Interviews werden mit den Verantwortlichen geführt. Nicht mit ihren Stäben.

Gelegentlich arrangieren Pressejournalisten ihre Gespräche mit sachkundigen Helfern wichtiger Entscheider. Aus diesen Gesprächen entstehen Interviews, die nach der Autorisierung als Interview mit dem Verantwortlichen ausgewiesen werden. Das ist rechtlich einwandfrei, hat aber gerade bei Magazininterviews etwas mit Täuschung der Leser zu tun. Bei Kurzinterviews besteht diese Gefahr weniger, da die Diktion von Fragen und Antworten zu knapp ist, als dass eine persönliche Handschrift des Befragten erkennbar wird.

Die inhaltliche Vorbereitung rankt sich um ein klares Ziel für das Gespräch. Der Journalist muss genau wissen, was er am Ende des Gesprächs erfahren haben will. Er muss wissen, was wann bisher dazu gesagt wurde und wo das Neuland beginnt. Das geht nicht ohne ein gründliches Einlesen. Dann trennen sich die Wege von Kurzinterview und Magazininterview: Für das Kurzinterview reicht es, das Problem in vier oder fünf Einzelaspekte zu zerlegen und diese schriftlich festzuhalten. Werden die Fragen so klar gestellt, kommen die Antworten kaum unklarer.

Das gilt auch dann, wenn es um Ratschläge für die Leser geht. Beispiel Autokauf im Ausland: Wie finde ich das richtige Land? Wie finde ich den richtigen Händler? Wie wickele ich den Vertrag ab? Was passiert mit dem Auto in Deutschland? – Vier klare Fragen, auf die ein Experte auch konkret antworten kann.

Für das Magazininterview ist es mit dem Einlesen, Durchdenken und Strukturieren in der Regel nicht ganz getan. Hier sollte die Vorbereitung intensiver sein. Im Gespräch übernimmt der Journalist eine Rolle, für die er die denkbaren Einwände kundiger Leser kennen muss. Was hätten diese Leser auf welche Aussage gerne gefragt? Welches sind die Fragen oder Argumente der Gegner, welches die der Befürworter? Diese Gesprächsplanung kann sogar noch weiter gedreht werden: Welches sind die üblichen Argumente des Interviewten auf die üblichen Einwände? Und was kann nun dem entgegnet werden? Es ist sinnvoll, ein Gespräch das eine oder andere Mal vorher durchzuspielen.

> Das kräftigste Gegenargument ist ein Zitat des Befragten.

Ort und Zeit des Gespräches erweisen sich gelegentlich als ungünstig. Fünf Minuten in der Ecke eines lauten Flughafens lassen keinen Raum für ein Magazininterview. Fünfzehn Minuten sind das Minimum. Es hat sich immer wieder als zweckmäßig herausgestellt, die Gesprächsplanung zwar auf die vereinbarte Zeit auszurichten, das Interview aber keineswegs nach dieser Zeit zu beenden. Im Interesse der Leser darf die Höflichkeit der Interviewten durchaus strapaziert werden: Es gibt Journalisten, die entwickeln bei Interviews so viel Sitzfleisch, dass ihnen nachgesagt wird, man müsse sie erst hinaustragen. Diese Journalisten nehmen aber immer mehr Fragen und Antworten als andere mit. Deshalb ist ihre Strategie gut. Die Pressestellen achten ohnehin meistens genau darauf, dass der vereinbarte Zeitrahmen nicht überschritten wird.

Fünfzehn Minuten helfen aber wenig, wenn die ganze Zeit der Fotograf einen eitlen Gesprächspartner ablenkt. Dagegen ist nur ein Kraut gewachsen: Fotografiert wird vorher oder nachher. Die Zeit dazu muss sein. Ist sie nicht da, hilft auch der Griff ins Bildarchiv.

Sehr wichtig ist die Aufzeichnung des Gespräches. Sie muss genehmigt sein, denn das heimliche Mitschneiden von Gesprächen ist verboten. Es ist ein Straftatbestand. Da es aber immer wieder notwendig ist, das gesprochene Wort des Interviewten auch zu beweisen, ist es erforderlich, schon bei der Absprache des Gesprächs die Aufzeichnung zu vereinbaren. Wer über Ort und Zeit redet, kann auch kurz das Aufzeichnen ansprechen. Die Genehmigung schafft Rechtssicherheit. Auf der anderen Seite darf jedermann frei entscheiden, ob er seine freie Rede aufgezeichnet und damit festgezurrt haben möchte. Interviews sind eine Vertragssache – sagen die Juristen. Sie haben Recht.

Die Genehmigung zum Aufzeichnen gilt auch dann als erteilt, wenn während des Gespräches ein Mikrophon hingehalten wird oder ein Rekorder für alle Beteiligten sichtbar auf dem Tisch steht. Im journalistischen Alltag stehen auch bei Exklusivinterviews ohnehin immer gleich mehrere Geräte auf dem Tisch: Auch die Pressestellen zeichnen die Gespräche auf, oft sogar aus Sicherheitsgründen mit zwei Geräten.

6.3 Das Führen des Interviews

In der Literatur werden manch nützliche, aber auch manch weniger sinnvolle Empfehlungen für die Gestaltung von Interviews gegeben. Ist es nun sinnvoll, ein Interview stets mit einer wohlwollenden Aufwärmfrage zu beginnen, wie es immer wieder empfohlen wird? Ist es nützlich, die diversen Typologien von Fragen zu beherrschen, nur um aus einem Gesprächspartner eine Information herauszuholen? Beides schadet meist nicht, die Aufwärmfrage ist aber unter Profis nichts als Verschwendung, wenn die Zeit drängt. Wichtiger als Aufwärmfragen oder Fragekategorien ist die richtige Einstellung zum Gespräch.

Zunächst: Alle wirklichen Fragen sind erlaubt. Mehr noch: Sie stehen sogar unter dem Schutz der Meinungsfreiheit. Mit rhetorischen Fragen verhält sich das ganz anders. Die gelten den Juristen als verkappte Tatsachenbehauptungen. Wer wirklich etwas wissen will, wer ergebnisoffen fragt, nimmt dagegen sein Recht auf Meinungsfreiheit wahr. Mit Blick auf die öffentliche Aufgabe von Journalisten darf man dabei durchaus entschlossenes Auftreten erwarten: Es ist eben Teil der gesetzlich beschriebenen Aufgabe der Presse, in Angelegenheiten von öffentlichem Interesse Nachrichten zu beschaffen. Angst vor Fragen darf es in der journalistischen Praxis nicht geben. Selbst die härtesten Fragen müssen sein, wenn sie im öffentlichen Interesse sind. Ein verbindlicher Ton oder ein freundliches Lächeln sind damit ja nicht ausgeschlossen.

Auch Angst vor Wiederholungsfragen ist schlecht. Natürlich ist es kein Vergnügen, die Ausflüchte eines Interviewpartners mit der sturen Wiederholung der Frage zu beantworten. Aber was sein muss, muss sein. Ein BBC-Reporter brachte es einmal fertig, dem britischen Innenminister 14-mal dieselbe Frage zu stellten. Für England. Nachfassen ist Pflicht, Beharrlichkeit ist eine journalistische Tugend.

Im Übrigen ist es immer sinnvoll, im Gespräch jederzeit die Möglichkeit im Auge zu behalten, mit Metafragen auf eine verfahrene Situation einzugehen. »Warum beantworten Sie meine Fragen nicht?« »Dürfen Sie zu diesem Thema nichts sagen?« »Warum versuchen Sie dauernd, vom Thema abzulenken?« – das alles sind Fragen zur Situation, die Klarheit verschaffen können und dem Journalisten die Gesprächsführung belassen. Denn genau auf die kommt es im Interview an.

> Wer fragt, führt.

Für das Kurzinterview mit seinen wenigen und sehr präzisen Fragen ist das Strapazieren der journalistischen Überzeugungen in der Regel nicht nötig. Vier sachliche Fragen an einen Experten lassen meist nur vier sachliche Antworten zu. Konflikte entstehen da erst überhaupt nicht. Mehr noch: Die Aufklärung ist so schlicht, dass die vier Fragen auch schriftlich gestellt werden können. Eine Mail oder ein Fax reichen. Auch die Antworten können schriftlich angenommen werden, sie bleiben in der Regel dicht an der Frage und können so in den Text übernommen werden. Das Kurzinterview ist schnell geführt. Auch deshalb erfreut es sich zunehmender Beliebtheit.

Für das Magazininterview muss die schriftliche Befragung dagegen ausgeschlossen werden. Bei aller Freiheit der Gestaltung und allen Vorteilen des Autorisierens:

> Kurzinterviews können auch schriftlich geführt werden.

Es ist kaum möglich, aus zehn schriftlichen Fragen ein gut lesbares und informatives Interview zu formen. Es fehlen die Einwände und das Eingehen auf Antworten. Das Gespräch muss sein.

Dabei ist es wegen der allgegenwärtigen Zeitnot zumeist geboten, die Kernfrage oder die Minimumthemen zuerst abzuarbeiten. Das klappt in der Regel reibungslos. Nur selten greifen die Befragten bewusst zu den Antworten, mit denen man klaren Fragen aus dem Wege geht. Nur selten setzt die Auseinandersetzung um die klare Antwort ein. Dann allerdings ist für den Fragenden professionelle Konzentration angesagt. Fast immer passt auf jeden Typ Antwort ein besserer Typ Frage:

- Weicht der Befragte in Phrasen und Satzwolken aus, bewährt sich beharrliche Präzision im Sinne der W-Fragen: Wer, Was, Wann, Wo? Und bitte alles exakt. Unterbrechen ist erlaubt. Hilft das alles nichts, bringt vielleicht die Sinnfrage nach den Ursachen des beredten Schweigens das Gespräch wieder in Form.

- Versucht dagegen der Interviewte, jeden Gesprächsfaden durch ein Maximum an Einsilbigkeit abzuschneiden, hilft es manchmal, nach den Ursachen und der weiteren Entwicklung zu fragen: Wie kam es dazu, warum, wie geht es, was folgt daraus? Alle diese Fragen verlangen mehr als ein knappes Ja oder Nein und zwingen den Gesprächspartner in einen Redefluss. Es sei denn, er will partout nicht. Dann sollte er es aber auch sagen müssen. Das Recht zum Schweigen hat er ohne jeden Abstrich.

- Selbstbeherrschung ist vom Journalisten gefordert, wenn es der Interviewte darauf anlegt, ihn in eine Diskussion zu verwickeln. Nur zu schnell geht dann die Gesprächsführung verloren. Das Ziel der Befragung gerät aus den Augen. Bei Gegenfragen hilft meist nur der lakonische Hinweis, dass die nicht zur Debatte stehen, und ein beharrliches Erneuern der soeben gestellten Frage.

- Erkennbare Unwahrheiten werden demonstrativ und sorgfältig protokolliert, der Sachverhalt noch einmal abgefragt – und dann veröffentlicht. Diese Fälle sind allerdings sehr selten, hat es sich doch längst bei Politikern und Unternehmern herumgesprochen, dass die Lüge das untauglichste Mittel der Öffentlichkeitsarbeit ist.

Interviews im Team sind immer eine Chance, das Gesprächsergebnis ergiebiger zu gestalten. Sie sind aber keine Garantie für bessere Ergebnisse, wenn sich die Fragenden nicht an ein paar Grundregeln der Teamarbeit halten, sondern sich gegenseitig die Frageketten zerstören. Wichtig ist die Aufgabenverteilung. Ist vorher festgelegt, wer bei welchem Thema bestimmt, wo es langgeht, sind Kollisionskurse der Interviewer vermeidbar. Dann lässt sich auch ganz gut das alte Spiel vom good guy und vom bad guy durchexerzieren. Dann fragt zum Beispiel der meist jüngere Fachredakteur hart, bissig und an der Grenze zum schlechten Stil, damit der ältere Vorgesetzte sanft und milde lächelnd die Stimmung wieder auffrischen kann. Die Frage ist gestellt und die Atmosphäre aber immer noch arbeitsfähig. Manchmal hilft es.

Wichtig ist es aber auf jeden Fall, sich beim Teamauftritt so lange zurückzunehmen, wie ein Kollege seine Fragen abarbeitet. Zuhören und Mitdenken sind Pflicht, Nachschieben ist erwünscht, das Thema wechseln dagegen störend. Man kann sich alles aufschreiben.

6.4 Das Schreiben des Interviews

Das Interview ist die journalistische Darstellungsform, bei der es darauf ankommt, die Fragen und Antworten eines Gesprächs wiederzugeben und, wenn nötig und möglich, die Atmosphäre des Gesprächs ebenso wie einige Merkmale des Befragten für den Leser erkennbar zu machen. Das ist mit der Auszeichnung von Fragen und Antworten zunächst ein formaler Akt. Fast jede Redaktion hat hier ihre eigenen Vorstellungen und Regeln, obwohl es doch im Kern nur darum geht, für die Leser Fragen und Antworten zu unterscheiden und den Namen des Antwortenden in Erinnerung zu halten. Eine Grundvoraussetzung müssen alle Lösungen erfüllen: Sie müssen für die Redaktion einheitlich sein und im ganzen Artikel durchgehalten werden. Außerdem ist man sich weitgehend einig, dass es kein guter Stil ist, das Layout zu aufdringlich zu gestalten und dabei zu viel halbfett zu setzen.

Im Ergebnis setzen die meisten Redaktionen ihre Fragen kursiv. Den Namen der Redaktion vor die Frage zu schreiben, ist dann genauso überflüssig wie das etwas gewollte Fragezeichen einiger Redaktionen vor jeder Frage. Die Fragen sind durch die Schrift ausreichend gekennzeichnet.

Vor die Antworten gehört der Namen. Auch wenn das im STERN anders gesehen wird. Ob in Großbuchstaben oder nicht, ob fett oder mager ist weniger entscheidend. Verzichtet eine Redaktion auf den Namen oder ersetzt sie ihn zum Beispiel durch ein Ausrufezeichen, kann es selbst bei kürzeren Interviews schnell passieren, dass der Leser zurück in den Vorspann lesen muss, um sich den Namen des Befragten in Erinnerung zu rufen. Bei längeren Interviews muss dann sogar geblättert werden. Denn nur selten sind die Befragten so populär, dass jedermann schon an den Antworten erkennt, wer hier redet. Das gilt besonders bei Wissenschaftlern oder Kulturschaffenden. Für die Schrift der Antworten greifen die meisten Redaktionen auf ihre Grundschrift zurück.

Im Kurzinterview folgen Fragen und Antworten dem gut vorbereiteten Gesprächsverlauf. Aufbau und Schreibe sind damit eigentlich keiner längeren Rede wert: Waren die Fragen präzise, werden sie auch so gedruckt. Fragen, die mit einer der W-Fragen beginnen, sind genau deshalb erwünscht. Im Kurzinterview geht es nicht um Atmosphäre, sondern nur um schnell vermittelte Inhalte. Wer, Was, Wann, Wo, Wie – alle Fragen, die in einem Magazininterview den Gesprächsverlauf unterbrechen können, sind im Kurzinterview angebracht. So präzise und knapp wie die Fragen werden auch die Antworten geschrieben. Die Aussagen der Experten dürfen dabei sprachlich geglättet werden. Mehr ist es nicht, das Kurzinterview ist eine leichte Übung.

Das Magazininterview soll informativ, nützlich und spannend sein. Es soll dem Leser neue Einsichten vermitteln und ihn auch noch gut unterhalten. Deshalb besteht die erste Aufgabe vor dem Ordnen und Schreiben darin, die überflüssigen, langweiligen oder alten Informationen herauszunehmen. Im Magazininterview wird selten alles verwendet, was gesagt wurde. Wenn 50 Prozent des Gesagten veröffentlicht werden, ist das ein guter Wert – für alle Beteiligten.

Magazininterviews werden am Schreibtisch sorgfältig aufgebaut. Die entscheidenden Bauelemente sind dabei die Kernaussage, das Thema, der gute Einstieg, die Schlusspointe sowie die Tempowechsel. Dabei ist das Thema das zentrale Element des Artikels und sorgt für den roten Faden, dem der gesamte Gesprächsverlauf folgt. Zugleich bildet es, im Vorspann oder der Unterzeile mitgeteilt, für den Leser ein Versprechen, das der Text einlösen muss. In der Regel ist dieses Thema bei der Planung des Blattes in der Redaktionskonferenz entstanden und hat dem Gespräch zugrunde gelegen.

Im Unterschied zu vielen anderen Darstellungsformen fängt beim Magazininterview das Nachdenken über den Text mit Überschrift und Vorspann an. Tatsächlich signalisiert die Überschrift die wichtigste Aussage, auf die das Interview dementsprechend zugespitzt wird. Es geht schlicht um das beste Zitat. Dieser Satz fängt ein, was in dem Gespräch das Wichtigste, Neueste oder Spannendste war. Idealerweise interessieren dieses Zitat und der nachfolgende Satz im Vorspann oder Unterzeile den Leser so stark, dass er mit dem Lesen des Interviews beginnt. Er darf dann nicht mit anderen Themen enttäuscht werden. Deshalb ist der Aufbau um das beste Zitat herum wichtig.

Das ausgewählte Zitat wird in die Hauptüberschrift gepackt und durch Anführungszeichen als Zitat gekennzeichnet. Viele Redaktionen lassen Anführungszeichen in der Hauptüberschrift zu Recht nur für Interviews zu. Sie machen damit ihre Leser auch auf die Darstellungsform aufmerksam.

Als nächstes folgt Unterzeile oder Vorspann. Hier erfahren die Leser zweckmäßigerweise, von wem dieses Zitat stammt, also wer interviewt wird, in welcher Funktion diese Person redet und über was im Interview noch gesprochen wird. Das zentrale Element des Magazininterviews, das Thema, wird hier mitgeteilt: Der Leser erhält sein Versprechen.

Zitat und Ankündigung sollen sich dabei richtig ergänzen. Der Zusammenhang von Zitat, Zitiertem und Thema ist im Idealfall so klar, dass der Leser unmittelbar das Neue und Wichtige des Interviews erkennt und zur Tat, in diesem Fall zum Lesen, schreitet. Es versteht sich von selbst, dass dieses Thema dann weder beim Schreiben noch beim Redigieren oder im Umbruch verloren gehen darf. Dasselbe gilt für das vollständige Zitat aus der Hauptüberschrift. Dass derlei Verluste aber immer wieder vorkommen, zeigt nur, wie hektisch es bisweilen in Redaktionen zugeht.

Überschriften und Themen von Magazininterviews

»Berechtigte Sorgen« – EU-Industriekommissar Günter Verheugen zur Kritik an der »Dienstleistungsrichtlinie«

»Blanker Zynismus« – Die Publizistin Alice Schwarzer über den Zusammenhang von grüner Visapolitik und Zwangsprostitution

»Die Jungs waren eifersüchtig« – Die Sängerinnen Judith Holofernes, 28, und Annette Humpe, 54, über den Erfolg deutscher Popmusik, Frauen im Rampenlicht und die neuen Alben ihrer Bands

Alle Beispiele DER SPIEGEL 10/2005

Bereits in dieser Phase der Festlegung auf Überschrift und Vorspann empfiehlt es sich, mehr als einen Gedanken an den Einstieg und den Ausstieg zu verschwenden. Gesucht werden die klare, direkte Frage zu einem wichtigen Themenkreis für den Anfang und eine gute Pointe für den Schluss. Auf dieses Ende muss dann das Interview zugeschrieben werden. Es fügt sich meist gut, wenn diese letzte Antwort einen leicht orakelhaften Ausblick enthält.

Mit der klaren, direkten Frage zu einem wichtigen Thema gelingt der Einstieg am besten. Es empfiehlt sich tatsächlich, sofort mit der Tür ins Haus zu fallen oder wenigstens den Lauftext nun mit einer etwas provozierend erscheinenden Frage zu beginnen. So bekommt das Interview Spannung. Dabei ist überflüssig, den Interviewpartner devot mit »Herr …« oder »Frau …« anzusprechen, wenn nur ein einziger Interviewteilnehmer ausgewiesen wird. Mit wem das Gespräch geführt wird, steht ja bereits in der Unterzeile. Nur bei Interviews mit mehreren Gesprächsteilnehmern muss die Anrede sein.

Eine lange Einleitung zur ersten Frage, ein so genannter Balkon, langweilt den Leser. Spätestens seit dem Vorspann sind ihm das Thema und der Interviewte bekannt. Weitere Hinführungen sind nicht nötig. Der direkte Weg zur guten Antwort ist die kurze und klare Frage.

Mit der Kernaussage, dem Thema oder den Themen, dem guten Einstieg und der Schlusspointe sind die Eckpfeiler für den Aufbau gesetzt. In diesem Sinne den Gesprächsverlauf umzubauen lohnt. Es entsteht eine spannende Geschichte, für die sich auch der eilige Leser schnell interessieren kann.

Es gibt – vornehmlich bei Tageszeitungen – noch Redakteure, die das durchkonstruierte Magazininterview ablehnen. Sie legen viel Wert auf das Authentische. Dementsprechend folgen sie mit Aufbau und Inhalt dem Gesprächsverlauf. Das macht diese Interviews allerdings nicht anregender. Ob sie ein authentischeres Bild der Person sind, kann bezweifelt werden, da Fragen und Antworten bereits eine künstliche Situation schaffen.

Bei aller Veränderung der Abläufe gebietet es die journalistische Sorgfalt, den Interviewpartner als Typ und die Atmosphäre richtig einzufangen und wiederzugeben. Interviewpartner sollten am Ende nicht besser und spannender erscheinen, als sie sind. Aus einem Langeweiler darf kein munterer Plauderer werden. Es geht auch um ein korrektes Bild für die Leser. Um jedes Missverständnis auszuschließen: So sehr sich auch beim Magazininterview Aufbau und Formulierungen vom Gesprächsverlauf lösen dürfen, die Aussagen dürfen nicht entstellt werden.

Auch die Fragen dürfen stilistisch verbessert werden, ohne allerdings den Sinn und den Tenor der folgenden Antwort zu entstellen. Auch das macht das Interview lebendiger und verbessert seinen Lauf. Es ist aber schlechter Stil, erst naive Fragen zu stellen und sich später als brillanten Fragesteller auszuweisen.

Das Magazininterview will auch die Gesprächsatmosphäre vermitteln. Ihr dienen rasche Wechsel zwischen Fragen und Antworten und ein roter Faden zwischen allen Fragen und Antworten. Abrupte Themenwechsel bremsen diesen Gesprächsfluss. Aus diesem Grunde sind W-Fragen zu neuen Themen so weit wie möglich zu vermeiden. Die Fragen also, die das Kurzinterview so typisch kennzeichnen, empfehlen sich in dieser Häufigkeit nicht für das Magazininterview. Auch sie bremsen. Bei sorgfältiger Redaktion des Magazininterviews lassen sich alle selbstständigen W-Fragen, also die W-Fragen, mit denen das Thema gewechselt wird, schadlos ersetzen. Beispiel STERN: Von den 25 Fragen eines großen Interviews der Redaktion mit Harald Schmidt waren im Heft 12 des Jahres 2005 nur vier als W-Fragen geschrieben.

Eingeschobene Bemerkungen wie »Wie bitte?« oder »Warum das denn?«, also W-Fragen, die sich direkt auf die vorhergehende Antwort beziehen, sind anders zu bewerten. Sie sind eine gesprächsübliche Reaktion auf Aussagen und passen – gut dosiert – immer zu einer Gesprächsatmosphäre.

Störende W-Fragen und Aufbrechen einer zu langen Antwort
Auszug aus einem Interview mit Bernhard Worms, dem ehemaligen CDU-Vorsitzenden Nordrhein-Westfalens und Präsidenten der Europäischen Senioren-Union, anlässlich seines 75. Geburtstages.

Wie lange wollen sie sich noch in der Politik aktiv engagieren?
WORMS: Ich bin bis 2007 gewählt (Europäische Senioren-Union). Wenn ich die Kraft habe, will ich noch so lange arbeiten.

Wen wollen Sie bei Ihrer Geburtstagsfeier besonders gerne sehen?
WORMS: Am liebsten einen Querschnitt aus der Pulheimer Bürgerschaft.
Und ich freue mich, dass Helmut Kohl seine Teilnahme am Empfang zugesagt hat. Ich bin froh, dass er nicht vor fünf Jahren gekommen ist. Damals
war gerade der Höhepunkt der Spendenaffäre. Wäre er damals gekommen,
hätte sich alles um ihn gedreht.

KÖLNER STADT-ANZEIGER 12./13.3.2005, Rhein-Erft

Eleganter wäre:
Sie sind bis 2007 als Präsident der Europäischen Senioren Union gewählt.
WORMS: Und so lange will ich auch politisch arbeiten. Wenn ich die Kraft
habe.
*Am Montag feiern Sie aber erst einmal Ihren 75. Geburtstag. In großem Rah-
men?*
WORMS: Mit einem Empfang. Ich freue mich auf einen Querschnitt aus
der Pulheimer Bürgerschaft und auf Helmut Kohl, der seine Teilnahme zuge-
sagt hat.
An ihrem 70. Geburtstag war das anders.
WORMS: Ja, damals war gerade der Höhepunkt der Spendenaffäre. Wäre
er damals gekommen, hätte sich alles um ihn gedreht.

Das Beispiel zeigt, dass es durchaus der Frage- und Antwortatmosphäre dienen
kann, wenn lange Antworten mit Zwischenfragen geteilt werden. Entscheidend
ist die Abwechslung. Ein Interview, in dem alle Fragen über vier Zeilen gehen
und alle Antworten sechs Zeilen lang sind, ermüdet den Leser. Deshalb ist beim
Schreiben darauf zu achten, dass das Interview Passagen mit kurzen Fragen und
kurzen Antworten ebenso umfasst wie Passagen mit langen Antworten. Es kommt
darauf an, dass der Leser Veränderungen im Gesprächstempo spürt.

Mit langen Gegenreden des Interviewers ist allerdings sehr vorsichtig umzugehen. Bei aller Notwendigkeit, auch einmal die Länge der Fragen zu variieren: Der
Leser erwartet Antworten und Aussagen des Befragten. Natürlich kann sich ein
wohl formulierter Widerspruch auch einmal über ein paar Zeilen erstrecken. Aber
er sollte es nur dann, wenn er genau die Frage formuliert, die sich ein kundiger
Leser nach der letzten Antwort des Befragten auch stellt.

Aufbrechen einer langen Antwort

Nach einem Interview mit Mathias Döpfner, dem Vorstandsvorsitzenden des Springer-Konzerns:

Döpfner: [...] Aber ich nenne Ihnen drei Prioritäten. Erstens die Marktführerschaft im deutschsprachigen Kerngeschäft, also bei den Zeitungen und Zeitschriften. Wo wir dies nicht erreichen und nachhaltig in die Verlustzone geraten, gibt es nur drei Möglichkeiten: restrukturieren, verkaufen oder einstellen. Wir müssen außerdem unser Printgeschäft, schon um von der deutschen Konjunktur unabhängiger zu werden, weiter internationalisieren, vor allem in West- und Osteuropa. Mindestens so wichtig ist allerdings auch die Übertragung unserer Marken und Inhalte auf digitale Vertriebswege – unsere dritte Priorität.

Das Zitat ist zu lang, zumal es noch mit zwei weiteren Sätzen eingeleitet wird. Es lässt sich aber leicht ein- oder zweimal aufbrechen. Der SPIEGEL entschied sich für einen Schnitt.

Döpfner: Aber ich nenne Ihnen drei Prioritäten. Erstens die Marktführerschaft im deutschsprachigen Kerngeschäft, also bei den Zeitungen und Zeitschriften. Wo wir dies nicht erreichen und nachhaltig in die Verlustzone geraten, gibt es nur drei Möglichkeiten: restrukturieren, verkaufen oder einstellen.
SPIEGEL: Und Ziel Nummer zwei?
Döpfner: Wir müssen unser Printgeschäft, schon um von der deutschen Konjunktur unabhängiger zu werden, weiter internationalisieren, vor allem in West- und Osteuropa. Mindestens so wichtig ist allerdings auch die Übertragung unserer Marken und Inhalte auf digitale Vertriebswege – unsere dritte Priorität.

DER SPIEGEL 2/2002

Das letzte Wort des Interviews sollte dem Interviewten gehören. Natürlich gibt es auch andere Möglichkeiten, zum Beispiel die Dankesformel, mit der DER SPIEGEL traditionell die SPIEGEL-Gespräche abschließt. Interessiert das den Leser? Darf er diese Höflichkeit nicht wie alle anderen Formalien als gegeben voraussetzen? Er darf. Die letzte Pointe des Interviewten rundet das gute Interview ab, nicht die Dankesformel.

	Kurzinterview	Magazininterview
formale Merkmale		
Länge	kurz	mittellang bis lang
Aufmachung	Foto: Briefmarke	Foto: Illustration
Positionierung	zu einem Artikel	schlicht – prominent
Überschriften	Hauptüberschrift	Hauptüberschrift + Unterzeile/Vorspann
Ergänzung	–	Grafik/Stichwort
strukturelle Merkmale		
Einstieg	W-Frage	Frage
Ausstieg	stumpf	Pointe
These/Versprechen	–	Unterzeile/Vorspann
Zahlen	nach Bedarf	nach Bedarf
Beispiele	–	selten
Wechsel	–	Rhythmus
inhaltliche Merkmale		
aktuelle Informationen	meist	meist
Meinung	–	erkennbar
Empfehlung	gelegentlich	selten
Hintergrundinformation	selten	häufig
Prognose	selten	gelegentlich

Abb. 5: Unterschiede von Kurzinterview und Magazininterview

6.5 Das Autorisieren des Interviews

In Deutschland ist das Autorisieren von Interviews oder auch einzelnen Zitaten inzwischen recht kompliziert. Das ist vor allem auf die Eigenarten von Künstlern, Politikern oder Unternehmern sowie auf das Eingreifen ihrer PR-Berater zurückzuführen. Grundsätzlich gilt aber immer: Interviews sind Vertragssache. Und es empfiehlt sich, diesen Grundsatz schon bei der Anbahnung des Gesprächs im Auge zu behalten.

Verträge können das Interview erleichtern oder nahezu unmöglich machen. Wer vereinbart, dass das Gespräch aufgezeichnet werden darf, hat niemals Beweisprobleme. Wer vereinbart, dass auf das Autorisieren verzichtet wird, verliert beim Abstimmen keine spannenden Aussagen. Wer dagegen unterschreibt, dass er dem Interviewten auch das Recht einräumt, die Fragen zu verändern, darf sich nicht wundern, wenn er seine Interviews für den Papierkorb produziert. Denn auch das gilt unumstößlich: Das letzte Wort hat die Redaktion, sie entscheidet über die Veröffentlichung.

Im Februar 2000 hat die Fachzeitschrift JOURNALIST den Formularvertrag für Interviews abgedruckt, den sich Nina Hagen damals von Journalisten unterschreiben ließ. Darin verlangte sie, dass ihr alle Zitate und Fragen sowie Überschriften, Zwischenüberschriften und Unterzeilen »zum Zwecke der Zustimmung vorzulegen« sind. Hagen verlangte nicht nur, ein gegebenes Interview zum Autorisieren vorgelegt zu bekommen. Für den Fall, dass aus einem Gespräch nur einzelne Zitate in einem Artikel verwendet würden, verlangte sie, dass ihr nicht nur die Zitate, sondern auch jeweils die drei Sätze davor und danach vorzulegen wären. Zudem bedingte sich Nina Hagen aus, dass nur Fotos verwendet wurden, die sie autorisiert hatte. Für die Durchsicht der Texte und Fotos standen Nina Hagen dem Vertrag zufolge drei Tage zu. Wurde gegen den Vertrag verstoßen, wurden 50.000 DM Vertragsstrafe fällig. Außerdem verpflichtete sich der Journalist mit der Unterschrift unter diesen Vertrag, einen Hinweis auf die Website von Nina Hagen abzudrucken.

Keine Vereinbarung bedarf der Schriftform. Meist sind es Sätze wie »Ich darf doch ein Band mitlaufen lassen?« oder »Ich sehe den Artikel ja noch einmal?«, die schon alles festklopfen. Dabei schadet es nicht, wenn ein Zeuge, zum Beispiel der Fotograf, diese Sätze auch noch vernommen hat.

Wird vor einem Interview keine Absprache getroffen, gilt Branchenübliches. Dann darf zum Beispiel ein Bericht mit Zitaten ohne Abstimmung veröffentlicht werden, wenn lediglich eine sprachlich geglättete Fassung der Aussagen des Befragten gedruckt wird. Dasselbe gilt für das Kurzinterview. Werden die wenigen Fragen und Antworten nur sprachlich geglättet, darf das Interview ohne

Autorisierung veröffentlicht werden. Bei Magazininterviews, von denen jeder Journalist weiß, dass sie anders bearbeitet werden als nur sprachlich geglättet, kann das Abstimmen als branchenüblich angesehen werden, zumal der Pressekodex es deutlich nahe legt. Selbst Redaktionen, die bis vor einiger Zeit noch bestritten, ihre Interviews autorisieren zu lassen, stimmen sie heute ab, wenn der Interviewte das Thema anspricht.

In der Regel erfolgt das Autorisieren über die Pressestelle. Nach Auffassung einiger Presserechtler steht ihr dabei sogar der Einblick in das vollständige Manuskript zu. Das gilt nicht bei der Abstimmung einzelner Zitate. Da kommt es nur auf den Kontext an, der mit einem oder zwei Sätzen vor und nach dem Zitat in der Regel präzise dargestellt ist. Es empfiehlt sich, die Texte so zum Autorisieren zu übermitteln, dass ein Papier mit Interview und Uhrzeit zu den Akten genommen werden kann. Ist die Pressestelle mit dem Manuskript einverstanden, wird das Fax mit dem Häkchen zu den Akten genommen. Das Interview kann gedruckt werden. Häufiger als das spontane Abnicken des Textes ist allerdings ein eher mühsames Hin und Her über den Inhalt: Die Pressestelle schickt eine veränderte Version zurück, die nun der Redaktion nicht mehr gefällt. Die zwangsläufige Folge: Es wird verhandelt. Tatsächlich muss sich niemand mit den ersten Korrekturvermerken abfinden. Es lohnt, um jede einzelne Formulierung zu streiten. Meistens einigt man sich. Oft auch mithilfe der Befragten selbst, die manchmal mutiger sind als ihre Pressechefs. Das Ergebnis ist am Ende immer ein Kompromiss: Jede Seite hat die eine oder andere Formulierung geopfert.

Die Fragen des Interviews sind für die Pressestellen tabu. Theoretisch jedenfalls. Niemand kann aber eine Pressestelle zwingen, ihre Zustimmung zum Interview nicht auch von der Formulierung einer Frage abhängig zu machen. Die Juristen sind sich nämlich in einem Punkt weitgehend einig: Ist Autorisierung vereinbart, darf jedermann auch ohne Begründung vom Interview zurücktreten. Derartige Fälle sind aber sehr selten.

Die Abstimmungsverfahren können scheitern. Zunächst kommt es nicht gerade selten vor, dass einen Interviewten der Mut verlässt und dass bei der Autorisierung tatsächlich Gesagtes zurückgenommen wird. Wenn dieser Rückzug von der Redaktion im Kompromiss zur abgestimmten gemeinsamen Variante akzeptiert wird, ist das Gesagte tabu. Auch als einzelnes Zitat oder indirekte Rede außerhalb des Interviews, selbst wenn es sich beweisen lässt. Das ist Teil des Autorisierungsspiels: Das Zurücknehmen muss von der Redaktion respektiert werden. Aus dem Zurücknehmen erwächst schnell ein endgültiges Scheitern, wenn das Interview im Verlauf der Autorisierung immer belangloser wird, weil der Befragte nur noch Bekanntes und Bewährtes verbreitet haben möchte. Dann steht das komplette Interview zur Disposition. Die Redaktion entscheidet. Sie kann jederzeit darauf verzichten, ein Interview zu veröffentlichen. Dieses Recht ist ihr einziges Ass im Verhandlungspoker. Sie sollte spätestens dann von diesem Recht Gebrauch machen, wenn ein abgestimmter Resttext belanglos ist. Egal, wer auch immer von seinem Wort nichts mehr wissen will: Belanglosigkeiten haben mit Nachrichten nichts zu tun.

Tritt der Befragte vom Interview zurück oder ist am Ende der Abstimmung der Substanzverlust so groß, dass die Redaktion auf das Interview verzichtet, weiß die Redaktion aber immer noch von einer Neuigkeit, die sie gerne veröffentlicht hätte. Die ist zwar nach den Spielregeln der Autorisierung im Zusammenhang mit dem Befragten tabu, nicht aber im Zusammenhang mit anderen Quellen. Das kann helfen, wenn sich eine Neuigkeit von anderer Stelle bestätigen lässt. Manchmal hat man Glück: Dann gibt es ein anderes Mitglied eines Präsidiums, eines Vorstands, eines Verbands, einer Regierung oder einer Gewerkschaftsspitze, das einem eine Neuigkeit bestätigen kann, ohne dass die ursprüngliche Quelle erkennbar wird.

Das folgende Schema (Abb. 6, S. 123) soll die Verwendung von Interviewergebnissen in Bericht, Kurzinterview oder Magazininterview im Überblick verdeutlichen.

6.6 Zusammenfassung

Das Interview ist eine Darstellungsform des Pressejournalismus, in der die Ergebnisse einer gezielten Befragung als Fragen und Antworten veröffentlicht werden. Rede und Gegenrede wechseln einander ab. Das ist das Besondere dieser Darstellungsform im Vergleich zum Bericht. Das Interview hat sich als journalistische Darstellungsform erst spät entwickelt. Bis in die 80er-Jahre des 20. Jahrhunderts hinein gab es in deutschen Tageszeitungen faktisch keine Interviews. Inzwischen wird diese Darstellungsform sehr häufig eingesetzt, weil sie Menschen und ihre Ansichten vorstellt und damit Hintergründe und Zusammenhänge aufzeigt.

Es gibt mit dem Kurzinterview und dem Magazininterview zwei unterschiedliche Typen des Interviews, die sich in jeder der vier Phasen Vorbereiten, Führen, Schreiben und Autorisieren unterscheiden. Das Kurzinterview wird im Wesentlichen für Expertenstatements, einen Kasten oder auf den Meldungsseiten von Zeitschriften eingesetzt. Vier Fragen, vier Antworten, keine großen Übergänge, Fragen und Antworten so präzise und knapp wie möglich, das sind häufig die wesentlichen Merkmale eines Kurzinterviews. Dabei sind selbstständige W-Fragen sinnvoll. Kurzinterviews können auch schriftlich geführt werden, eine Autorisierung ist nicht notwendig, sofern die Antworten inhaltlich nicht verändert werden. Beim Schreiben des Kurzinterviews spielt der Rhythmus von Fragen

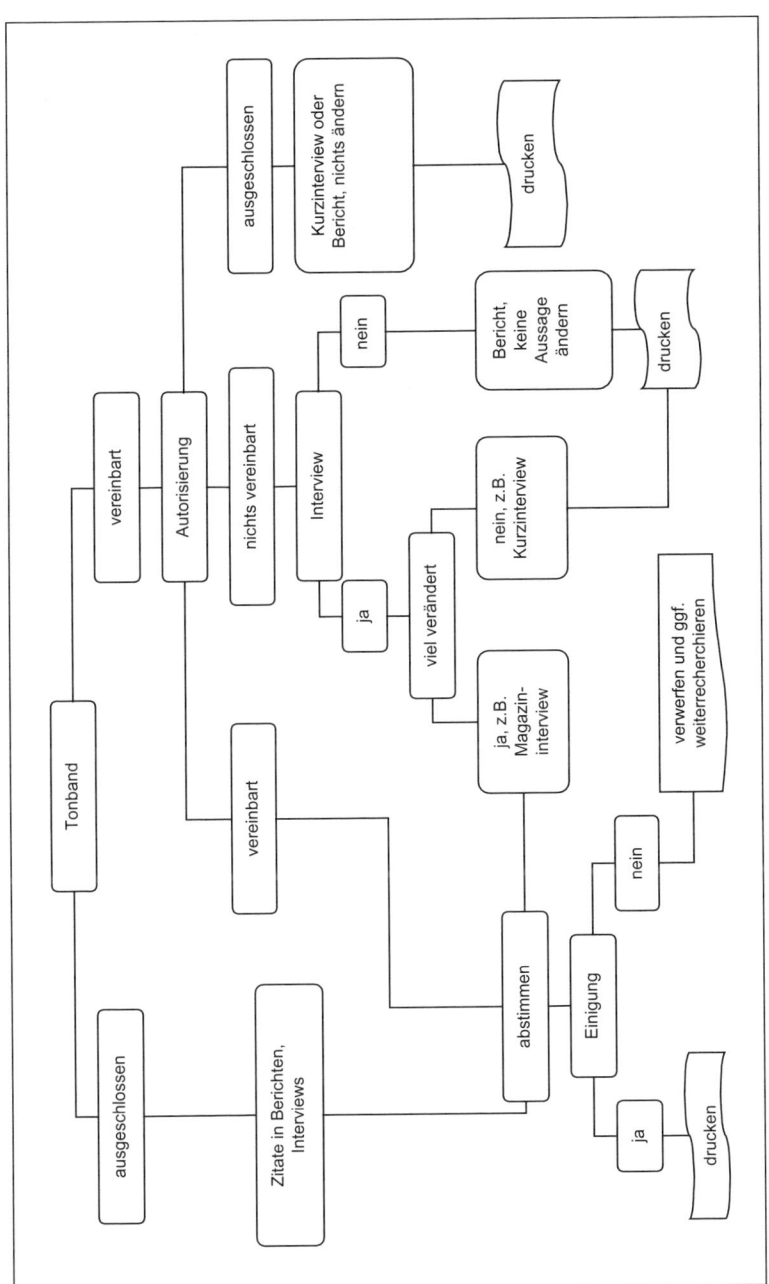

Abb. 6: Verwendung und Autorisierung von Interviewergebnissen

und Antworten keine besondere Rolle. Der Aufbau folgt in der Regel der Abfolge der Fragen.

Das Magazininterview wird wie jeder längere Artikel sorgfältig aufgebaut und löst sich weitgehend vom tatsächlichen Gesprächsverlauf. Inhaltliche Aussagen werden aber nicht verändert. Das Magazininterview wird in der Regel mit einem besonders guten Zitat zum zentralen Thema als Hauptüberschrift gekennzeichnet. Im Vorspann oder in einer Unterzeile werden der Interviewte mit seiner Funktion sowie die Themen des Interviews angekündigt. Die Formulierung der Fragen und Antworten richtet sich nach den Erfordernissen von Spannung und Lesbarkeit. Selbstständige W-Fragen werden dabei weitgehend vermieden, weil sie das Vermitteln der Gesprächsatmosphäre blockieren. Der Autor versucht, durch variable Längen der Fragen und Antworten einen abwechslungsreichen Rhythmus aufzubauen.

Wegen der erheblichen Veränderungen des Gesprochenen, werden Magazininterviews in Deutschland von den Interviewten in der Regel autorisiert. Es kann aber auch vereinbart werden, auf diese Autorisierung zu verzichten. Ist die Autorisierung vereinbart, müssen Redaktionen es akzeptieren, wenn Gesagtes zurückgenommen wird. Andererseits entscheidet grundsätzlich die Redaktion, ob ein freigegebenes Interview veröffentlicht wird. Ist der Inhalt im Autorisierungsprozess belanglos geworden, sollte die Redaktion auf die Veröffentlichung verzichten.

Literatur

Bölke, Dorothee: Presserecht für Journalisten. Freiheit und Grenzen der Wort- und Bildberichterstattung, München 2005.

Haller, Michael: Das Interview. Ein Handbuch für Journalisten. 3. überarbeitete Auflage, Konstanz 2001.

Haller, Michael: Recherchieren, 6. überarbeitete Auflage, Konstanz 2004.

Mast, Claudia (Hrsg.): ABC des Journalismus. Ein Handbuch. 10., vollst. neue Auflage, Konstanz 2004.

Reifenrath, Roderich: Die Blattmacher. Vom Handwerk des Journalisten, Frankfurt 2003.

Schneider, Wolf; Paul-Josef Raue: Das neue Handbuch des Journalismus. 1., vollst. überarb. und erw. Neuausg., Reinbek 2003.

7. Der Kommentar

Nach den katastrophalen Erfahrungen mit der deutschen Publizistik im Dritten Reich etablierten die Siegermächte im Westen Deutschlands den seitdem unbestrittenen und wenig diskutierten Grundsatz der Trennung von Fakten und Meinung. Der bereits ausführlich beschriebene Nachrichtenbegriff der BBC setzt nach wie vor die Norm: »Nachrichten sind neue sowie wahrheitsgemäß und sorgfältig wiedergegebene Informationen, […] die auf faire Weise von ausgebildeten Journalisten ausgewählt werden und dies ohne […] redaktionelle Einfärbung […] und die […] objektiv gestaltet werden […]«

Die Orientierung an diesem Nachrichtenbegriff schließt für Nachrichten sowohl bei der Auswahl der Informationen als auch bei ihrer Gestaltung die Meinung des Journalisten, soweit es eben geht, aus. Das ist die Norm: Nachrichten sind so weit wie möglich meinungsfrei. Sie bedeutet nicht, dass in jedem Medium an jeder Stelle Meinung und Ereignisinformation getrennt werden müssen. Das aber wird gelegentlich angenommen. Dabei gibt es zum Beispiel mit den Serviceinformationen Medieninhalte, die nicht nur Nachrichten sind und bei denen das Trennungsgebot von Ereignisinformation und Meinung zumindest mit dem Blick auf die Nachrichtendefinition der BBC nicht aufrechterhalten werden muss.

Jeder Blick in die deutsche Presse zeigt allerdings, dass es selbst bei den seriösesten Zeitungen mit der gebotenen Trennung von Nachricht und Meinung nicht in allen Teilen so weit her ist: Das Feuilleton kennt kaum noch meinungsfreie Berichte, und auch in vielen Sportteilen haben sich analysierende Berichtsformen, also Nachrichtenformen, etabliert, die nach Art der Magazine pointiert an einer These zum Geschehen ausgerichtet sind. Dasselbe gilt auch für die Politikteile einzelner Zeitungen. Dass die Magazine mit ihren Berichtsformen nur über eine These zum Besonderen kommen, wurde bereits beschrieben. Und nur am Rande sei vermerkt, dass eine der großen Zeitungen deutscher Sprache, die NEUE ZÜRCHER ZEITUNG, ganz bewusst auch in ihren Berichten auf das Trennen von Ereignis-Information und Meinung verzichtet. So, wie es sich im Meinungsjournalismus deutscher Sprache seit dem Fall der Zensur Mitte des 19. Jahrhundert eingebürgert hatte.

Dennoch gilt auch heute noch grundsätzlich die Trennung von Meinung und Ereignisinformation mit der Folge, dass sich für die Artikel mit Meinungselementen einige Darstellungsformen herausgebildet haben. Dabei ist, wie im Journalismus wohl unvermeidlich, das übliche Begriffsdurcheinander entstanden. Selbst für die Kategorie aller Artikel mit Meinungsanteilen, die Nicht-Nachrichten, gibt es in der Literatur und in den Redaktionen keinen einheitlichen Begriff. Ein Handbuch setzt den Begriff »Kommentar« als Gattungsbegriff, andere Autoren nutzen den Begriff »Leitartikel« als den Oberbegriff, wieder andere die Begriffe »Meinung« oder »meinungsbetonte Darstellungsformen«.

In den Zeitungsredaktionen wird von Leitern, Kommentaren oder Analysen gesprochen. Dabei sind hier Gattungsbezeichnungen seltener, weil sich meist für jede Meinungsäußerung, für die eine bestimmte Stelle im Blatt reserviert ist, eine eigene Bezeichnung herausgebildet hat: Große Analyse, kleine Analyse, Erster Leiter, Zweiter Leiter, Glosse. Alle Bezeichnungen dieser Art identifizieren ohne Verwechselungsgefahr einen bestimmten Platz im Standardlayout einer Zeitung und damit die Länge und das für die Überschriften wichtige Format. Sie erleichtern die Arbeitsabläufe. Zuruf genügt.

Nicht alle Meinungsäußerungen erfüllen dabei dieselbe Funktion. Es gibt die Bewertungen aktueller Ereignisse, die dem Rezipienten die eigene Meinungsbildung erleichtern sollen, es gibt die eher spöttischen oder sarkastischen Zwischenrufe, mit denen die Leser angeregt und unterhalten werden sollen, es gibt im Feuilleton die bewertenden Berichte über aktuelles Geschehen und es gibt, wenn auch mit nachlassender Bedeutung, die streitbare Deutung aktueller Ereignisse im Sinne der Position eines Mediums.

Versucht man, diese unterschiedlichen Funktionen von journalistischen Meinungs-äußerungen und die meist verwendeten Bezeichnungen in Einklang zu bringen, ergibt sich folgendes Bild:

- Der Kommentar bewertet aktuelle Ereignisse und dient der Meinungsbildung beim Rezipienten.
- Der Leitartikel dient der streitbaren Deutung aktueller Ereignisse und der Positionsmarkierung eines Mediums.
- Die Glosse dient der anregenden Unterhaltung.
- Die Kritik dient der Information, der Meinungsbildung und dem Service für Rezipienten.

Die Funktionen zeigen schnell, dass Leitartikel heute faktisch keine Rolle mehr spielen. Ganz unabhängig davon, dass viele Redaktionen ihre Meinungsartikel noch als Leitartikel bezeichnen, gibt es kaum noch streitbare Positionsmarkierungen, die eine Redaktion in die Pflicht nehmen und die sich wesentlich von Meinungsäußerungen zur Aufklärung und Meinungsbildung unterscheiden. Es fehlt an Themen, es fehlt am Selbstverständnis der Zeitungen und Zeitschriften als Richtungsmedien, und es fehlt wohl auch an Redaktionen, die sich mit einer vorgegebenen Meinung identifizieren. Zwar geben sich viele Zeitschriften so genannte Editorials, die formal als Leitartikel im Sinne der Definition angesehen werden könnten, tatsächlich verstecken sich aber auch hinter diesen Editorials entweder erläuternde Anmerkungen zur Genesis einiger Artikel der Zeitschrift (Werkstatt-Editorials) oder kommentierende Anmerkungen der Chefredaktion oder Herausgeber, die sich funktional auch nur selten als Leitartikel identifizieren lassen. Es fehlt fast immer das für die Redaktion Verbindliche. Es sind dann Kommentare.

Auf der anderen Seite entsprechen Kommentare dem Trend der von den elektronischen Medien bedrängten Presse, sich mit Analyse, Tiefgang und klugen Hintergrundinformationen vom schnellen Nachrichtengeschäft abzuheben und den Lesern eben mehr als nur die Ereignisinformation zu liefern. Ein guter Kommentar leistet dies. Er ermöglicht es dem Leser, das Geschehen einzuordnen und sich seine Meinung zu bilden. Außerdem bietet er im Idealfall mit guter Sprache auch ein Stück Lesevergnügen, so wie es von den Presseredaktionen zunehmend angestrebt wird. Deshalb wird bei den Zeitungen der aktuelle Kommentar sehr gepflegt und verstärkt eingesetzt, zum Beispiel auch in Regional- und Lokalteilen. Bei den Zeitschriften macht die Erscheinungsweise den aktuellen Kommentar schwierig. Mit ihm kann zu allgemeinen Themen im Wettbewerb gegen die großen Zeitungen nicht gepunktet werden.

7.1 Die Funktion des Kommentars

Analyse, Argumentation, Bewertung, Meinung, Tiefgang und auch noch gute Sprache, diese Kriterien sind nicht mit einer schnell hingeschriebenen Empörung erfüllt. Der Anspruch ist hoch. Der Kommentar hat sogar, so sehen es manche Autoren, mit der Kernfunktion des Journalismus zu tun. Er gehört zur öffentlichen Aufgabe der Presse, so wie sie in den deutschen Landespressegesetzen nahezu einheitlich formuliert ist. Zum Beispiel in § 3 Landespressegesetz Rheinland-Pfalz: »Die Presse erfüllt eine öffentliche Aufgabe, wenn sie in Angelegenheiten von öffentlichem Interesse Nachrichten beschafft und verbreitet, Stellung nimmt, Kritik übt oder auf andere Weise an der Meinungsbildung mitwirkt.«

Es geht um die Meinungsbildung der Leser durch Information und Stellungnahme. Weil die zur Ereignisinformation eingesetzten Darstellungsformen hierbei den Part der Information übernehmen, fällt den Kommentaren die für die Meinungsbildung so wichtige Stellungnahme zu. Das klingt ungeheuer trivial, gewinnt aber im Licht mancher Veröffentlichungen, die Kommentare sein sollen, an Bedeutung. Wie oft erzählen Kommentare nur die Nachricht nach, ohne dem Leser nun zu sagen, wie die Angelegenheit zu bewerten ist? Wie oft enden Kommentare im lächerlichen »Die Zukunft wird es bringen«, also mit dem öffentlichen Eingeständnis, keine Bewertung vornehmen zu können? Der meinungsfreie Kommentar ist tägliches Ereignis.

Kommentare brauchen eine Meinung, aber sie brauchen im Sinne der öffentlichen Aufgabe keine billige Polemik. Im Gegenteil: Auch der unreflektierte Einwurf, die spontane Schuldzuweisung, die lautstarke schnelle Empörung haben wenig mit einer guten Erfüllung der öffentlichen Aufgabe der Presse und viel mit journalistischem Versagen zu tun. Keine Meinung und dumme Polemik, beides hat im Kommentar nichts zu suchen. Es geht um eine qualifizierte Meinungsäußerung, um eine schlüssige Argumentation, die nach Ansicht mancher Autoren im Idealfall vorbildlich für den demokratischen Diskurs sein soll.

Der Kommentar ist eine wohl durchdachte und wohl formulierte Meinungsäußerung.

Im Einzelnen sind die Ansprüche an den guten Kommentar sogar noch höher, weil sich beim Kommentar viele Möglichkeiten zum journalistischen Scheitern ergeben, von denen immer wieder Gebrauch gemacht wird:

- Die Paraphrase der Nachricht, wenn nur Ereignisinformationen wiederholt und ausgeschmückt werden. Wenn keine Konsequenzen beleuchtet oder keine Zusammenhänge aufgeführt werden. Wenn am Ende die Meinung fehlt.
- Der schräge Schnellschuss, bei dem oft die Nachrichtenlage zu schlecht für eine Bewertung ist und der sich deshalb mit Spekulationen begnügen muss, die alles andere als geeignet sind, eine Meinungsbildung zu ermöglichen.
- Der Denkfehler, wenn beim kraftvollen Austeilen nach links und rechts wichtige Zusammenhänge übersehen oder Tatbestände falsch gesehen werden. Der Leser wird desinformiert, und der Journalist gefährdet seine berufliche Existenz.
- Das feuilletonistische Rätsel, das manche Kommentatoren ihren Lesern aufgeben, wenn sie in verschraubter Sprache unverständliche Anspielungen machen. Es drängt sich bei der Lektüre mancher Kommentare der Eindruck auf, der Autor habe versucht, mit dem Mitteln der Sprache die Dürftigkeit seiner Argumente zu kaschieren.
- Die gedruckte Ratlosigkeit, wenn Floskeln wie »Die Zeit wird es zeigen«, »Warten wir es ab« oder »Bleibt zu hoffen« den Leser mit dem Ereignis und einigen wenigen Informationen dazu allein lassen.

- Die finale Plattitüde, wenn dem Leser als Ergebnis des Nachdenkens abgegriffene Binsenweisheiten angeboten werden wie »Die Regierung muss ihre Hausaufgaben machen«, »Der Ball ist rund« oder »Neues Spiel, neues Glück«.

Sind Anspruch und Fehlerquellen die eine Seite der Medaille für das Schreiben von Kommentaren, sind die Recherchemöglichkeiten die andere. Tatsächlich ist es häufig – genügend Zeit vorausgesetzt – nicht sehr problematisch, die notwendigen Argumente und Tatsachen einzusammeln, obwohl die Recherche zunächst über das Nachrichtliche hinausgeht. Das Wer, Was, Wann, Wo und Wie ist meist hinreichend geklärt, in den Mittelpunkt der Recherche rücken das Warum und das Was folgt. Der Schwerpunkt einer Recherche verlagert sich.

Der Vorteil des Kommentierenden: Er hat Datenbanken und ein Archiv, um Themen in ihrer Entwicklung zurückzuverfolgen. Und er kann andere Meinungen zum Thema lesen und berücksichtigen. Außerdem ist es ihm unbenommen, gezielt Expertenmeinungen für die eigene Meinungsbildung einzusammeln. Sein Vorteil dabei: Da für die Experten keine Gefahr besteht, offiziell zitiert zu werden, sind sie in der Regel meinungsfreudiger und klarer als im Interview. Zudem kann der Kommentierende immer wieder auch zu Handwörterbüchern und Lexika greifen.

Zur Recherche gehört auch das Einsammeln der Stimme des Volkes. Das heißt nicht, dass Kommentare Stammtischniveau anstreben sollen. Im Gegenteil, sie sollen den öffentlichen Diskurs bereichern. Dafür müssen sie aber die Leser gegebenenfalls auch am Stammtisch abholen. Es gehört zur öffentlichen Aufgabe der Journalisten, dem Volk aufs Maul zu schauen und des Volkes Meinung der Politik zur Kenntnis zu bringen. Es gehört aber nicht dazu, dem Volk nach dem Munde reden. Die Volksmeinung ist nur Anlass und Ausgangspunkt des Kommentars.

Hält man sich vor Augen, dass nur wenige Rezipienten die Möglichkeiten haben, mehrere Medien zu verfolgen, dass also die meisten Zeitungsleser auf die eine Stellungnahme ihrer Zeitung angewiesen sind, konkretisieren sich die Anforderungen an einen guten Kommentar: Er muss das Thema mit seiner Bedeutung beschreiben, er sollte das Meinungsspektrum zum Thema wiedergeben, er sollte Maßstäbe für die Meinungsbildung zeigen, er sollte, sauber argumentierend, zur eigenen Meinung gelangen, und er sollte durchgängig verständlich und spannend geschrieben sein.

7.2 Aufbau und Sprache des Kommentars

Alle Journalisten, die sich je an Kommentaren versucht haben, kennen die – von Recherche- und Denkfehlern einmal abgesehen – drei größten Gefahren beim Kommentieren:

- Beim Schreiben fliegen die Finger den Gedanken davon. Der Autor lässt sich vom Höckchen aufs Stöckchen treiben. Der Kommentar nimmt eine nicht geplante Richtung. Am Ende hat der Autor das Thema verfehlt.
- Beim Schreiben erdrücken die Argumente die Linie. Im Versuch, alle Argumente und Sachverhalte in wenige Zeilen zu pressen, wird der Kommentar entweder unverständlich oder unklar. Zu viel des Dialektischen verschüttet die Aussage. Der Kommentar hat weder Linie noch Meinung.
- Der Autor findet erst beim Schreiben zu seiner Meinung. Dann fehlt dem Kommentar mit der Linie auch die Überzeugungsfähigkeit. Meistens fehlt es auch an guten Argumenten.

Gegen diese Gefahren ist ein einfaches Kraut gewachsen: gründlich recherchieren und gut sortieren. Systematisches Herangehen ist beim Kommentar genauso nötig wie bei anderen Darstellungsformen. Das bewusste Einlegen einer Ordnungsphase hilft, Argumente und Gegenargumente abzuwägen. Dabei geht es zunächst darum, die besonders wichtigen von den wichtigen zu unterscheiden und je nach Länge des Kommentars auch zu trennen. Und es geht darum, schon in dieser Phase zu einem klaren Ergebnis des Kommentars zu kommen. Auch der Kommentar braucht seine Art These. Nur so werden beim Schreiben Umwege, Nebengleise und Sackgassen vermieden. Steht das Ergebnis fest, kann gerade darauf hingeschrieben werden.

> Der erste Satz, der aufgeschrieben wird, beschreibt das Ergebnis des Kommentars. Für den eleganten Ausstieg wird er später redigiert.

Diese Geradlinigkeit sollte überall angestrebt werden: Der Leser sollte schnell zum Thema geführt werden, direkt zu den wichtigsten Aspekten und zielstrebig zum Ergebnis. Dabei fängt die Geradlinigkeit mit der Überschrift an.

Die Überschrift: Die Überschrift soll den Leser einfangen und ihm, wenn möglich, auch noch das Thema des Kommentars mitteilen. Das Problem dabei:

Nicht alle Zeitungen sehen für ihre Kommentare Dachzeilen vor. Die fehlen dann für das Thema. Unterzeilen, mit denen sich ein Thema gut umreißen ließe, gibt es zwar regelmäßig, sie aber dienen meist als Autorenzeilen. Folglich muss die Hauptüberschrift gleichzeitig Thema und Anreiz vermitteln, was eigentlich nicht gelingen kann. Es sei denn, ein Thema verbindet sich unmittelbar mit einem Namen. Dann sind Konstruktionen wie »Meiers Versteckspiel« denkbar. In allen anderen Fällen aber muss die Überschrift zunächst das Interesse der Leser wecken. Sie kann sich attraktiver Begriffe des Kommentars bedienen und darf seine Richtung zu erkennen geben. Das Thema muss in diesen Fällen im Einstieg zügig verdeutlicht werden, am besten innerhalb der ersten vier Zeilen.

Es empfiehlt sich, eine pointierte Kommentarüberschrift beim Redigieren zusammen mit der Autorenzeile zu lesen. Das vermeidet für den Autoren unangenehme Überraschungen wie

Großer Mist
von Franz Müller

Der Einstieg: Er soll den aufmerksam gewordenen Leser fesseln und gleichzeitig mit dem Thema vertraut machen. Das gelingt in der Regel nur mit knappen Sätzen, zupackender Sprache und einer pfiffigen Idee. Wird dem Leser das Thema zu spät mitgeteilt, besteht die Gefahr, dass er sich verabschiedet. Dasselbe gilt für umständliche und langatmige Einstiege.

Umständlicher Einstieg: »Eine lange Nacht«

Diesmal war die längste Nacht des Jahres nicht kurz vor Weihnachten, sondern an der Schwelle zum Frühling. Weil das Parlament sich weigerte, die Tagesordnung vor Mitternacht abzuschließen, musste der vergangene Donnerstag juristisch in den Freitag gedehnt werden. Erst in der 43. Stunde des extralangen Tages wurde das sperrige Gesetz verabschiedet. Und die ganze Nacht über brannte im Turmfenster von Big Ben wieder eine Lampe, damit die Königin von den Zinnen ihres Buckingham-Palastes aus sehen konnte, daß die Abgeordneten noch immer tagten. Telefon, Rundfunk und

Fernseher hätten zwar denselben Dienst getan wie der königliche Feldstecher. Doch die Anweisung, die Lampe betreffend, stammt aus einer Zeit lange vor Fernsprech- oder gar Fernsehinstallationen. Und in diesem Land hält man sich sowieso lieber an das Bewährte.

FRANKFURTER ALLGEMEINE 15.3.2005

Der Autor benötigte noch einige Zeilen, bis er dem Leser vermittelte, dass es in Großbritannien um ein Terrorismusgesetz ging. Er stellte seine Leser schon auf eine unnötige Geduldsprobe.

Nicht viel attraktiver sind langweilige Zitate oder sachliche Referate als Einstieg. Ein Satz wie »Das Treffen der Finanzminister und Notenbankpräsidenten aus den sieben führenden Industrienationen hat keine spektakulären Beschlüsse gebracht« verleitet wahrhaft nicht zum Weiterlesen. Noch mühsamer gestaltet sich der Einstieg für den Leser, wenn das Eröffnungszitat auch noch in einer Fremdsprache auftritt. Zum Beispiel als Zitat englischer Pressestimmen wie in der FAZ vom 22. Januar 1996: »»Nazi attack kills 10 in Germany‹ überschrieb der britische Guardian ...« Mit Geradlinigkeit und Pfiffigkeit haben Einstiege dieser Art wenig zu tun.

Es geht auch anders. Selbst ohne besonders ausgefallene Ideen kann ein Einstieg den Leser in Beschlag nehmen, wenn er ihn unmittelbar mit dem Thema vertraut macht und sich spontan als Kommentar zu erkennen gibt. Einstiege dieser Art sind so etwas wie bewährter Standard, wie zum Beispiel die Kommentare des KÖLNER STADT-ANZEIGERS vom 30. Mai 2005 zeigen:

Geradlinige Standardeinstiege

Rot-grünes Erdbeben

Jeder der Koalitionäre fühlt sich vom Partner missverstanden

Es scheint, als sollten die nächsten Wochen innenpolitisch unter dem Motto »Chronik eines angekündigten Todes« stehen. Knapp eine Woche nach der Bekanntmachung, Bundeskanzler Gerhard Schröder und der SPD-Vorsitzende Franz Müntefering strebten Neuwahlen an, desintegriert sich das rot-grüne Bündnis in einer Schnelligkeit, die nur noch »atemberaubend« zu nennen ist.

Schlechte Nachricht für alle Europäer

Deutliches »Nein« der Franzosen

Die Franzosen haben tatsächlich »Nein« gesagt, deutlicher als erwartet. Damit wird die EU-Verfassung bei einem der geistigen Väter der europäischen Einigung vorerst nicht gelten. Das ist eine schlechte Nachricht für alle Europäer.

Wiederkehr der Religion

Wie Weihnachten bei 30 Grad im Schatten – vermutlich trifft diese Charakterisierung der hannoverschen Landesbischöfin Margot Käßmann die Gefühlslage der allermeisten Kirchentagsteilnehmer. Jenseits aller Euphorie der Veranstalter lässt sich das Protestantentreffen, das mit 140.000 Dauerteilnehmern eine ähnlich große Resonanz gefunden hat wie in den 80er Jahren, insofern als Erfolg verbuchen, als es ein schier unerschöpfliches Potenzial an Engagement zutage gefördert hat.

Reform mit Fragezeichen

Menschenrechtsgruppen kritisieren neue türkische Gesetze

Gab es im Osmanischen Reich einen Völkermord an den Armeniern? Wer das bejaht, muss künftig in der Türkei mit drei bis zehn Jahren Haft rechnen. Das sieht eine von insgesamt 39 Strafrechtsänderungen vor, die vom Parlament in Ankara verabschiedet wurden.

Alle Beispiele KÖLNER STADT-ANZEIGER 30.5.2005

Dass sich auch Standardeinstiege dieser Art noch attraktiver gestalten lassen, liegt auf der Hand. Meist haben die besonders gelungenen Einstiege in Kommentare mit Sinnsprüchen, Bauernregeln oder Aphorismen zu tun, die sich gut in einen Zusammenhang mit der Richtung des Kommentars verbinden lassen. »Ablenkung ist die eleganteste Form der Selbstverteidigung – sie kollidiert nicht mit der Wahrheit« macht ebenso neugierig wie »Das Normale – hier ist es politisches Ereignis«. Es ist kein Geheimnis, dass erfolgreiche Kommentatoren ihrem ersten Satz viel Zeit widmen und Anleihen bei Sammelbänden zu geflügelten Worten, Sentenzen oder Aphorismen nicht scheuen. Dabei gilt es in der Journalismusliteratur als ausgemacht, dass zu offensichtliche Anleihen aus der Literatur ebenso aufdringlich und gestelzt wirken wie lateinische Zitate.

Das charmante Spiel mit Worten interessiert den Leser am schnellsten. Es lässt sich zum Beispiel mit dem Verändern abgegriffener Sinnsprüche realisieren, wenn beispielsweise aus »Wer schläft, sündigt nicht« ein »Wer sündigt, schläft nicht« oder ein »Wer nicht sündigt, schläft« wird. Danach kann man dem Leser immer noch sagen, worum es geht. Wichtig ist bei allen spielerischen Veränderungen von Sentenzen allerdings, dass die allgemein bekannte Lebensweisheit zu erkennen bleibt. So erhöht sich die Überraschung: »Wer einmal lügt, dem glaubt man nicht« wäre ein wenig überraschender Einstieg. »Wer immer lügt, dem glaubt man immer« oder »Wer einmal glaubt, der lügt nicht mehr« eröffnen dagegen überraschende Perspektiven.

Der Hauptteil: Der Hauptteil des Kommentars wird in der Literatur gelegentlich als Argumentationsteil bezeichnet. Wie bereits beschrieben, soll er zunächst das Meinungsspektrum zum Thema wiedergeben, ferner die Maßstäbe für die Meinungsbildung aufzeigen und danach die gut argumentierte Meinung des Autoren präsentieren. Für diese Argumentation werden in der Literatur drei unterschiedliche Argumentationsmodelle aufgezeigt, denen unterschiedliche Bezeichnungen von Kommentaren entsprechen. So werden bei einigen Autoren der Argumentationskommentar, der Geradeauskommentar und der Einerseits-andererseits-Kommentar voneinander abgegrenzt, so als ob mit ihnen unterschiedliche Funktionen erfüllt würden, so als ob es in den Redaktionen üblich sei, derlei Unterschiede zu pflegen und einzufordern. Genau das ist nicht der Fall. Im Kommentar wird eine Meinung geäußert und die Vorgehensweise richtet sich dabei eher nach der Länge des Kommentars und dem Thema als nach den Kategorien dieser Lehrbücher. 40 Zeilen, in denen ein Thema beschrieben und anschaulich bewertet werden soll, vertragen kein ausführliches Einerseits-andererseits.

Auch wenn die Argumentation in Kommentaren weniger gezielt den diversen Argumentationsmodellen als den Sachzwängen folgt, ist ein kurzer Blick auf diese Modelle sinnvoll, weil einem von ihnen nach Nowag eine besondere Bedeutung bei der Erfüllung der öffentlichen Aufgabe zukommt. Er unterscheidet für den Aufbau der Kommentare

- das Standpunktmodell, das argumentationstheoretisch dem Modell These – Argument folgt,
- das diskursive Modell, das dem Modell Argument – Schlussfolgerung entspricht, sowie
- das dialektische Modell mit These, Antithese und Synthese.

Wenn es, so Nowag, im dialektisch aufgebauten Kommentar um das redliche Ausleuchten zweier konträrer Positionen gehe und nicht um ein nebulöses Worthülsengefecht, dann sei die übliche Kritik von Journalisten am »Zwar-aber-Kommentar« ungerechtfertigt. Rede und Gegenrede, Argument und Gegenargument seien notwendige Bedingungen für eine korrekte Willens- und Meinungsbildung. Das lege jedenfalls das Bundesverfassungsgericht nahe. So bewertet, sei der dialektisch aufgebaute Kommentar auf jeden Fall im Sinne der öffentlichen Aufgabe der Medien. Daran kann man sich orientieren. Das Pro und Contra auf der Suche nach dem Urteil vermeidet auf jeden Fall das Unterschlagen wichtiger Argumente und erhöht die Glaubwürdigkeit.

Auch im Hauptteil ist es wichtig, den Leser mit interessanten Details oder Aussagen zu überraschen. Das kann mit originellen Fragen oder Ausblicken auf die mögliche Entwicklung gelingen. Auf der Suche nach bereichernden Antworten auf die wichtige Frage »Wie geht es weiter?« hilft es manchmal, gleich gelagerte Fälle der Vergangenheit aufzugreifen, die Rechtswege genauer zu durchleuchten oder – bei kaufmännischen Fragestellungen – den bilanziellen Ausweis unter die Lupe zu nehmen. Dann kann sich zeigen, dass und wo Folgeprobleme auftauchen. Selbst Musterrechnungen sind in Kommentaren nicht untersagt, weil sie die Folgen bestimmter Ereignisse für den Einzelnen anschaulich darstellen.

Die Sprache soll dabei den Weg zum Verständnis ebnen. Damit verbindet sich zwangsläufig ein gewisses Maß an Präzision und Schlichtheit. Lange, verschachtelte Sätze, Fremdwortarien oder Ausführungen in Expertenterminologie stehen diesem notwendigen Verständnis entgegen und verbieten sich damit für Kommentare. Die Realität sieht allerdings oft anders aus. Sie erweckt immer wieder den Eindruck, als ob manche Stücke eher zur intellektuellen Selbstdarstellung des Autors als zur Bereicherung des Lesers geschrieben würden. Zudem zeigt sich häufig, dass besonders wortgewaltige Kommentare in der Gedankenführung eher schlicht sind. Die Sprache sollte beim Kommentar nie in den Vordergrund rücken. Deshalb wird in Lehrbüchern immer wieder auf den Nutzen einer maßvollen Sprache hingewiesen. Florett statt Säbel, Stiche, nicht Hiebe sind die Bilder, die in Redaktionen zur Verdeutlichung geschliffener und präziser Kommentarsprache strapaziert werden.

Ironie, auch das besagt eine der ältesten Redakteursweisheiten, versteht der Leser nicht. Schelmisches Grinsen spiegelt sich zwischen den Zeilen nicht wider. Erfahrungsgemäß ist bei ironischen Anmerkungen Vorsicht geboten. Der Verzicht ist besser: Er vermeidet jede Unklarheit.

Der Ausstieg: Der Ausstieg sollte eine deutliche Aussage als Ergebnis präsentieren. Dieses Ergebnis kann die Leser bereichern, überraschen oder schmerzen, es kann Sachverhalte entlarven oder einfach Freude machen, Hauptsache, es ist klug und nachvollziehbar ermittelt und unmissverständlich, maßvoll und adäquat. Ursache und Wirkung müssen stimmen.

Es ist eben nicht besonders überzeugend, für alles und nichts den Rücktritt eines Politikers zu fordern oder pausenlos nach dem Gesetzgeber zu rufen. Ebenso wenig ist es angebracht, Betroffene nach Art der Boulevardzeitungen zu richten. Der

Kommentar soll zur Meinungsbildung der Leser beitragen. Nicht weniger, aber auch nicht mehr. Deshalb ist der gute Standardausstieg auch nichts anderes als der klar formulierte Schlussstrich unter alle Gedanken. So, wie er im Idealfall inhaltlich nach der Recherche als erster Satz des Kommentars und Ziel der Gedankenführung hingeschrieben worden war.

Geradlinige Standardausstiege

Rot-grünes Erdbeben

Jeder der Koalitionäre fühlt sich vom Partner missverstanden

Das spüren auch die Bürger, die sich nicht mehr die Mühe machen, den Parteienstreit im Detail nachzuhalten. Sie werden ihre Wählergunst auch nicht nach geleisteten Verdiensten verteilen [...] An der Urne wird ein Scheck auf die Zukunft ausgestellt, in der Hoffnung, dass die anstehenden Probleme endlich gelöst werden.

Schlechte Nachricht für alle Europäer

Deutliches »Nein« der Franzosen

Aus dem Referendum sind aber auch für andere Länder Lehren zu ziehen [...] Nur wer den Bürger rechtzeitig einbezieht, kann ihn auch überzeugen. Europa ist zu wichtig, als dass man es allein den Politikern überlassen könnte.

Wiederkehr der Religion

Die »größte christliche Laienbewegung der Welt« reklamiert, in der gesellschaftlichen Debatte wieder stärker wahrgenommen zu werden. Über Eigenheimzulage und Korrekturen an Hartz IV, lautet die Botschaft von Hannover, dürften die Grundfragen nicht aus dem Blick verloren werden. Es wird wohl ein frommer Wunsch bleiben, dass die Parteien dies beherzigen.

Alle Beispiele KÖLNER STADT-ANZEIGER 30.5.2005

Wird für den Einstieg eine Sentenz oder die veränderte Spielart einer Sentenz verwendet, dann lohnt es sich zu testen, ob der Kommentar nicht auch mit Bezug zum ersten Satz beendet werden kann. Der Einstiegssatz ist in der Zwischenzeit erklärt und bewiesen, seine Wiederholung, seine leichte Veränderung oder seine Ergänzung kann den Kommentar abrunden. Wenn zum Beispiel das Bonmot »Ablenkung ist die eleganteste Form der Selbstverteidigung – sie kollidiert nicht mit der Wahrheit« den Einstieg bildete, bildet die erweiterte Wiederholung einen guten Ausstieg: »Ablenkung ist die eleganteste Form der Selbstverteidigung – sie kollidiert nicht mit der Wahrheit. Die Politikberater haben es als Erste bemerkt.«

7.3 Zusammenfassung

Mit der Trennung von Ereignisinformation und Meinung hat sich sowohl für die Ereignisinformationen als auch für die Meinungsartikel eine Reihe von Darstellungsformen herausgebildet. Dabei gibt es in Praxis und Literatur unterschiedliche Bezeichnungen und Kategorien für die Typen von Meinungsartikeln. Funktional können heute Kommentare und Glossen unterschieden werden: Der Kommentar bewertet aktuelle Ereignisse und dient der Meinungsbildung beim Rezipienten.

Kommentare entsprechen dem Bestreben der Zeitungen, sich im Wettbewerb mit den elektronischen Medien durch Analysen und Hintergrundinformationen zu behaupten. Deshalb werden Kommentare verstärkt angeboten, zum Beispiel auch in Regional- und Lokalteilen. Dabei ist der inhaltliche Anspruch hoch, da Kommentare nach Ansicht zahlreicher Autoren unmittelbar mit der öffentlichen Aufgabe der Presse zu tun haben. Der gute Kommentar soll ein Thema in seiner Bedeutung beschreiben, das Meinungsspektrum zum Thema wiedergeben, Maßstäbe für die Meinungsbildung zeigen, argumentierend zur eigenen Meinung gelangen und durchgängig verständlich und fesselnd geschrieben sein. Unverbindlichkeiten oder Polemik erfüllen diesen Anspruch nicht.

Überschrift und Einstieg sollen den Leser zügig mit dem Thema vertraut machen. Im Hauptteil des Kommentars erfolgt die Argumentation des Autors. In der Wissenschaft werden dafür mit dem Standpunktmodell, dem diskursiven Modell und dem dialektischen Modell drei Argumentationsmodelle genannt, von denen der dialektische Aufbau mit These, Antithese und Synthese den Anspruch der öffentlichen Aufgabe besonders erfüllt. Der Ausstieg eines Kommentars soll als Ergebnis der Argumentation eine klar erkennbare und adäquate Meinung präsentieren.

	Kommentar
formale Merkmale	
Länge	kurz – mittel
Aufmachung	schlicht
Positionierung	exponiert
Überschriften	Hauptüberschrift, Autorenzeile
Ergänzung	ggf. Foto
strukturelle Merkmale	
Einstieg	knapp, Thema, Sentenz
Ausstieg	Ergebnis, ggf. geschlossen
Portal	–
These/Versprechen	ggf. Einstieg
Zahlen	selten
Zitate	wenig
Szenen	–
Beispiele	selten
Wechsel	–
inhaltliche Merkmale	
aktuelle Informationen	meist
Meinung	typisch
Empfehlung	–
Hintergrundinformation	regelmäßig
Prognose	häufig

Abb. 7: Typische Merkmale des Kommentars

Literatur

Meyer, Werner (Bearb.): Journalismus von heute. Hrsg. von Mercedes Riederer, Loseblatt-
    ausg. Starnberg u. a., Stand Erg.-Lfg. 29, 2002.

Nowag, Werner: Kommentar/Glosse, in: Weischenberg, Siegfried u. a. (Hrsg.): Handbuch
    Journalismus und Medien, Konstanz 2005, S. 148–153.

Nowag, Werner; Edmund Schalkowski: Kommentar und Glosse, Konstanz 1998.

Pürer, Heinz u. a. (Hrsg.): Praktischer Journalismus. Presse, Radio, Fernsehen, Online. 5.,
    völlig neue Auflage, Konstanz 2004.

Schneider, Wolf; Paul-Josef Raue: Das neue Handbuch des Journalismus. 1., vollst. über-
    arb. und erw. Neuausg., Reinbek 2003.

8. Die Glosse

Es mag zunächst dahingestellt sein, ob die Glosse nun, wie manche Autoren meinen, eine spezielle Form des Kommentars ist oder eine eigenständige Form einer Meinungsäußerung. Nahezu unbestritten ist in der Literatur, dass die Glosse zu den schwierigsten Darstellungsformen der Presse zählt, vielleicht sogar die schwierigste ist, gerade weil sie so leichtfüßig und locker daherkommt.

8.1 Die Funktion der Glosse

Die Rede ist von dem spöttischen Zwischenruf, der die Leser manchmal zum Nachdenken anregen, in erster Linie aber klug unterhalten will und für den vieles, was dem Kommentar so heilig erscheint, ein Spaß ist. Wo der Kommentar denkt, assoziiert die Glosse, wo der Kommentar an eine rational funktionierende Welt glaubt, denkt sich die Glosse ihr Chaos, wo der Kommentar argumentiert, rüpelt die Glosse, und da, wo der Kommentar im Dienste des Verständnisses der Ironie aus dem Weg geht, setzt die Glosse mit Genuss auf ironische Spitzen. Die Glosse pendelt je nach Tagesform zwischen Satire und Spaß, in beiden Extremen ist sie ganz anders als der Kommentar. Argumentiert sie dagegen ernsthaft, nähert sie sich also dem Kommentar, funktioniert sie meistens nicht.

Die Glosse soll, so sagt es Nowag, das Chaos und die Unlogik unserer Welt aufdecken. Sie wäre dann so eine Art investigativer Journalismus der besonderen Art. Das ist sie aber nicht. Liest man das Selbstverständnis der besten Glossenschreiber Deutschlands, reicht es ihnen eigentlich, dem Leser ein Lächeln ins Gesicht zu schreiben. Glossen sollen Spaß machen.

Für Spaßgeschichten dieser Art gibt es zahlreiche Bezeichnungen: Satire, Kolumne, Lokalspitze, Zwischenruf, Schlaglicht oder Streiflicht. Sie alle stehen oder standen entweder für die Gattung oder für die Bezeichnung, unter der ein bestimmtes Blatt diesen Artikel auszeichnet. Zum Beispiel *Das Streiflicht*: Seit 1946 gibt es das tägliche Streiflicht in der Süddeutschen Zeitung, immer gut 70 Zeilen, immer auf der Seite eins, immer links oben in der attraktivsten Ecke, fast immer eine journalistische Vorzeigeleistung. Es setzt nach wie vor den Maßstab. Nahezu alle großen Wettbewerber der Süddeutschen Zeitung haben die Herausforderungen eines täglichen Streiflichts angenommen, auch Wochen- und Sonntagszeitungen präsentieren ihren Lesern auf der Seite eins regelmäßig eine unterhaltsame Meinungsäußerung, eine Glosse.

8.2 Aufbau und Sprache der Glosse

Die Glosse beschäftigt sich mit den Belanglosigkeiten und dem Täglichen. Sie will überhaupt nicht zum öffentlichen Überdenken anregen. Dennoch oder gerade deshalb ist sie schwer zu schreiben. Die funkelnde Idee zur brillanten Pointe stellt sich nicht zwangläufig ein. Rezepte nach Art des Aufbaus der Dreisatzmeldung gibt es für das Glossenschreiben nicht. Allerdings hat Hermann Unterstöger, einer der Autoren des Streiflichts, in der Jubiläumsbeilage zum 50. Geburtstag der SÜDDEUTSCHEN ZEITUNG geschrieben, wie ein Streiflicht entsteht. Seine tröstliche Botschaft für alle, die sich an eine Glosse wagen: Streiflichter werden in einem sehr handgreiflichen, ja handwerklichen Sinne gemacht. Es gibt eine Chance.

Die Schwierigkeit beginnt mit dem Thema. Bei der Glosse geht es weniger darum, dass das Thema wichtig oder von persönlichem Belang ist. Auch das Neue oder Aktuelle steht nicht im Vordergrund. Es geht um den Weg zum Lächeln des Lesers. Meist startet die Glosse mit einer Agenturmeldung aus der Abteilung Buntes. Die Meldung oder das Ereignis selbst muss dabei nicht komisch sein, im Gegenteil. Ist die Meldung bereits zu komisch, misslingt die Glosse schnell, weil das Thema nicht mehr bis zu einer lustigen Schlusspointe übertrieben werden kann. Auf diese Schlusspointe wird aber beim Glossenschreiben konsequent hin- gearbeitet. Sie ist das Ziel aller Anstrengungen. Dabei ist es eher hinderlich, wenn der Einstieg der Glosse mit der Wiedergabe der Meldung bereits so witzig ist, dass kaum noch Möglichkeiten gegeben sind, die Heiterkeit beim Leser zu steigern.

Die Glosse bringt das Belanglose groß heraus. Hermann Unterstöger beschreibt: »Wahllos greifen wir in die Fülle der Begebenheiten, und es bleibt uns in der Hand eine dpa-Meldung vom 13. Juni dieses Jahres: In Kiel bedrohte ein maskierter Räuber die Verkäuferin einer Bäckerei mit einer Gaspistole; diese jedoch bewarf ihn solange mit Schokoküssen, bis er das Weite suchte.« (Unterstöger 1995, S. J 92) Die Meldung passt: Belangloses mit dem Potenzial zur Pointe.

Wenn der Kölner Kardinal Meisner vor dem Konklave mitteilt, er werde nur denjenigen zum Papst wählen, der ihm versprochen habe, zum Weltjugendtag nach Köln zu kommen, ist das Stoff für eine gute Glosse. Wenn Pamela Anderson zum Opernball nach Wien kommt, kann die Meldung Ausgangspunkt für eine Glosse sein. Dasselbe gilt für die Meldung, nach der in der neuesten Staffel der Sesamstraße das Krümelmonster vorwiegend Obst isst.

Diese Ausgangsmeldung liefert häufig den Einstieg in die Glosse. Denn auch die Glosse folgt dem, wie Unterstöger es nennt, »Schema jener Dreiteiligkeit, die sich auch im Schriftbild widerspiegelt: Einleitung, Hauptteil, Schluß. Das hat sich bewährt, das schafft die Verbindung sowohl zum Schulaufsatz als auch zu den Triptychen alter Meister.« (Unterstöger 1995, S. J 92) Dabei wird die Ausgangsnachricht nicht wortgetreu abgeschrieben, sondern sprachlich elegant repetiert, so wie es der Glossenschreiber im Anlauf auf die Pointe braucht.

Wiedergabe der Ausgangsmeldung

Und was mache ich jetzt?

Stück für Stück wird die Welt nun doch ein bisschen besser. In der Sesamstraße gibt es zum Beispiel seit Jahrzehnten das Krümelmonster, ein blauhaariges Ungetüm mit Kulleraugen, das bei jeder Gelegenheit mit dem Ruf »Keeekse!« hervorstürzt und mit gierigen Pfoten eben Kekse in sich hineinschaufelt. Damit ist Schluss. In der neuesten amerikanischen Staffel der Sendung nimmt das Krümelmonster vorwiegend Obst zu sich und sagt ab und zu: »Einen Keks isst man manchmal.« Ihm zur Seite steht eine sprechende Aubergine als Ernährungsberaterin, die das Krümelmonster den Unterschied zwischen Immer-Speisen und Manchmal-Speisen lehrt.

DER TAGESSPIEGEL 17.4.2005

In der FRANKFURTER ALLGEMEINE SONNTAGSZEITUNG stellt der Autor vor die Wiedergabe der Agenturmeldung einen anderen Sachverhalt:

Geheimwaffe Pamela

Verblixt noch mal, da rennen die doch schon so rum seit Wochen im Irak, lupfen jedes olle Blechrohr, pipettieren den Achselschweiß aus jedem Chemikerhemd, geigerzählen an jedem Leuchtzifferblatt. Und? Nix natürlich – oder lassen Sie ihre Schweizer Kontoauszüge rumliegen, wenn die Steuerfahndung sich angekündigt hat? Also. Aber Pamela Anderson. Kommt demnächst zum Wiener Opernball, pikiert alle, weil sie als Tierschützerin Pelze dort nicht dulden will und auch kein Fleischmahl. Sondern nur Spinatterrinchen mit Brigitte-Bardot-Unbedenklichkeitszertifikat. So ein Ärger.

FRANKFURTER ALLGEMEINE SONNTAGSZEITUNG 2.2.2003

Im Kölner Stadt-Anzeiger wird die Meldung erst kurz vor der Pointe am Ende des Hauptteils wiedergegeben:

Gibt's noch Rettung für Kardinal Meisner?

Und was hat nun Meisner getan? Er hat gesagt: »Ich werde im Konklave nur den wählen, der mir auch sagt: Ich komme nach Köln zum Weltjugendtag.« Wenn das kein klarer Fall ist [...] Obwohl: Meisner, so berichten die Chronisten, habe das Delikt mit »deutlichem Schmunzeln« in der Stimme begangen. Der Kardinal, soll das wohl heißen, habe seinen Satz nicht allzu ernst gemeint. Wobei es schwer fällt, das zu glauben: Der Kölner Erzbischof, Kardinal Joachim Meisner, soll den Weltjugendtag in Köln und den Auftritt des Papstes daselbst nicht ernst genommen haben? Da stürzt eine ganze Welt ein!

Kölner Stadt-Anzeiger 18.4.2005

Nach der Identifikation der Ausgangsmeldung besteht der nächste Schritt beim Glossenschreiben darin, die Nachricht zu überspitzen, ins Lächerliche zu ziehen oder mit absurden Assoziationen und Analogien zu verbinden und ins Groteske zu steigern. Das ist die Suche nach der Pointe, deren Ausgangspunkt Unterstöger für die Meldung über den maskierten Räuber in Kiel anschaulich beschreibt: »Das Behauchen des dpa-Lehms beginnt im Archiv. Der Stoff wird einge-kreist und zwar mit Hilfe der Materialmappen ›Kommunen‹ (Kiel), ›Schleswig-Holstein/Kriminalität‹ (ebenfalls Kiel), ›Bewaffnete Kriminalität‹ (Räuber), ›Dienstleistungsgewerbe‹ (Verkäuferin), ›Handwerk‹ (Bäckerei), ›Handfeuerwaffen‹ (Gaspistole) und ›Lebensmittel/Süßigkeiten‹ sowie ›Erotik allgemein‹ (Schokoküsse). Der Autor nimmt alle Mappen unter den Arm und schlendert damit durch belebtere Flure, was seinen Ruf als besonders gründlicher Rechercheur festigt. Ist er in seinem Zimmer, fällt diese Pose nicht selten in sich zusammen. Die erste Krise ist da [...] Bei diesem Stand der Dinge kommt meistens von irgendwo ein Lichtlein her, in unserem Fall aus dem Wörterbuch. Es erscheint nicht ausgeschlossen, daß sich aus dem Wort ›kielholen‹ ein scherzhafter Funke schlagen läßt – schließlich wollte auch der Räuber seine Beute in ›Kiel holen‹.« (Unterstöger 1995, S. J 92)

Den scherzhaften Funken schlagen, die Pointe zu entdecken, ist wohl der mühsamste Schritt beim Glossenschreiben. Je schräger die Idee ist, mit der man die Ausgangsnachricht verbindet, desto überraschender und damit unterhaltsamer kann die Glosse werden. Bei aller Kreativität, gefunden wird die Pointe oft nur

143

mit System und Fleiß. Dabei kommt es im Kern darauf an, alle Stichworte, die das Thema liefert, auf eine Chance für Pointen hin abzuklopfen. Abklopfen heißt dabei, systematisch eine Reihe von Suchverfahren anzuwenden und es mit Geduld zu ertragen, dass zwangläufig die meisten Versuche in einer Sackgasse enden. Als Suchverfahren dieser Art bieten sich zum Beispiel an:

- das Verästeln des Themas,
- das Spielen mit Wortstämmen,
- die Suche nach Parallelen in Geschichte und Literatur,
- die Übertragung des Ereignisses auf andere Sachverhalte.

Wenn Unterstöger die Materialmappen des Archivs auflistet, beschreibt er den Weg der Verästelung des Themas. Er sucht in Kiel, beim Handwerk, bei Waffen oder bei Schokoküssen nach dem zündenden Funken. Was gibt es sonst in Kiel, wofür ist die Stadt bekannt, was wäre im Sprottenladen passiert? Was sagt die Handwerksordnung, wie schwer sind Schokoküsse oder was steckt in ihnen? Wenn Unterstöger sein Lichtlein im Lexikon mit dem Begriff »kielholen« entdeckt hat, dann hat er wohl mit Wortstämmen gespielt und ist bei Kiel fündig geworden. Das Spiel hätte er natürlich auch mit Handwerk, Bäcker, Schokoküssen oder Gaspistole betreiben können. Das Spüren in Geschichte und Literatur schildert Unterstöger nicht. Es wäre im Fall der Kieler Meldung aber durchaus denkbar gewesen, aus dem Archiv eine Aufstellung besonders dummer Räuber und ihrer Fehler herauszusuchen oder über geraubte Küsse in Literatur und Weltgeschichte und deren schlimme Folgen nachzudenken.

Die Übertragung des Ereignisses auf andere Sachverhalte ist ein bei der Suche nach der Pointe häufig beschrittener Weg. Es kommt auf den Ansatz der Übertragung an: »Einem Räuber werden Waren nachgeworfen« – diese Formulierung bewegt sich vermutlich für eine gelungene Pointe in zu engen Bildern. »Nachfrager werden mit dem Angebot verjagt« eröffnet dagegen mehr Möglichkeiten zu absurden Vorstellungen und komischen Bildern.

Die absurden Assoziationen bilden in der Regel den Hauptteil der Glosse. Die Glosse nimmt Kurs auf die Pointe. Sie startet bei der Meldung und spielt die gefundenen Assoziationen – oft sich steigernd – durch.

Wege zur Pointe

Im Tagesspiegel wird das Ereignis übertragen

Und was mache ich jetzt?

Weitere Reformschritte sind in Vorbereitung: Zum Beispiel lebt in der Sesamstraße auch Oskar in seiner Mülltonne. Oskar liebt Müll […] Was wir brauchen, ist ein Oskar, der die Ordnung liebt. Man könnte sich vorstellen, dass
ihm ein sprechender Aktenordner hilft.

Gleichzeitig wird man sich die »Sendung mit der Maus« vornehmen
müssen, in der ein gewisser Käpt'n Blaubär unserem Nachwuchs Lüge und
Übertreibung vorlebt. Blaubär wird nur noch wahre Geschichten erzählen!
Ja, er wird als »TV-Botschafter der Wahrheit« außerhalb der Maus-Sendung
zum Einsatz kommen und bei »Christiansen« jeden Gast zur Rechenschaft
ziehen, sobald er nicht die Wahrheit sagt. Nebenbei gesagt, wird »Bernd
das Brot«, der im Kinderkanal nicht Optimismus und Lebensfreude verbreitet, sondern Melancholie und Depression predigt, ein anderer werden.
Man erwägt, Bernd durch den einschlägig begabten Guido Westerwelle zu
ersetzen.

Der Tagesspiegel 17.4.2005

In der Frankfurter Allgemeine Sonntagszeitung hat der Autor die
Beziehung zwischen den Experten, die im Irak nach Chemiewaffen suchen,
und Pamela Anderson vielleicht beim Nachdenken über Frau Anderson und
ihren Wandel zur Sexbombe gefunden. Sein Weg sieht nach thematischer
Verästelung aus:

Geheimwaffe Pamela

Aber: Hat irgend jemand die schon mal umgedreht und aufgemacht, die
Anderson, so wie ein Blechrohr im Wüstensand? Wir blixen mal: Silikon, ca.
400 Gramm, verteilt auf zwei flexible (abwurfsichere!) Behälter. Grundstoff
für die Chip-Herstellung. Steuerchip für neue Scud-Rakete »Al-Pam«? Weiß
man's? Dann Collagen. Wurde in die Pamela gespritzt und kommt von
Rindern. Rindern! Verbraucherzentralen warnen: So kommt BSE in die
Frau. Von wegen Pocken. Und dann noch der Faltenstraffer Botox. *Botulinum Toxin*, ein – Nervengift!

Frankfurter Allgemeine Sonntagszeitung 2.2.2003

Im KÖLNER STADT-ANZEIGER steigt der Autor mit der absurden Konsequenz in die Glosse und liefert, wie gesehen, die aktuelle Meldung nach. Auch sein Gedankenweg führte vermutlich über eine Art thematische Verästelung.

Gibt's noch Rettung für Kardinal Meisner?

Mit Kardinal Joachim Meisner geht's bergab. Oder bergauf. Entweder die irdischen Hilfstruppen des Heiligen Geistes wählen ihn nächste Woche zum Papst oder er wird exkommuniziert. Streng genommen – ohne jetzt päpstlicher sein zu wollen als Seine Exzellenz – ist er's ja schon. Denn Meisner hat gegen die Papst-Wahlordnung verstoßen. Von Johannes Paul II. 1996 in ehernen Lettern verfügt, heißt es dort: »Die Kardinäle müssen sich jeder Form von Verhandlungen, Verträgen, Versprechen oder sonstiger Verpflichtungen jeder Art enthalten, die sie binden können, einem oder einigen die Stimme zu geben oder zu verweigern.« Zu Deutsch: Keiner darf einem künftigen Papst zu irgendetwas verpflichten. Und Johannes Paul II. schreibt: »Ich belege die Übertreter dieses Verbotes mit der Exkommunikation latae sententiae« – also mit dem Kirchenausschluss, der beim Verüben des Delikts automatisch erfolgt.

KÖLNER STADT-ANZEIGER 18.4.2005

Den Schluss der meist kurzen Glosse bildet die Pointe. Sie ergibt sich zwangsläufig, nahezu logisch, aus der Ableitung und ist dennoch überraschend. Im Idealfall übertrifft sie an Komik und Originalität das bis dahin Geschriebene. Es geht im Wesentlichen darum, den Leser mit einem Lächeln in den Tag zu schicken.

Pointen

Und was mache ich jetzt?

Darf ich darauf hinweisen, dass Bernd ein Weißbrot zu sein scheint? Es ist unerträglich, aber wahr: Man lässt Tag für Tag ein ungesundes weißes Kastenbrot zu unseren Kindern sprechen! Wo das endet weiß man. Es wird die Frage sein, ob nicht in allen Kindersendungen Renate Künast eine Hauptrolle als Vollkorn-Monster bekommen sollte, dessen Zentralaufgabe die Erziehung des blauhaarigen Müllfressers Joskar mit Hilfe von Ziegenkäse und Dinkelbrühe sein sollte. Sie würde dabei von einem sprechenden Cerruti-Anzug beraten.

Überflüssig zu sagen, dass im »Tatort« nur noch gute Verbrecher gewissen Kommissaren helfen von Fertignahrung und Büchsenbier wegzukommen.

DER TAGESSPIEGEL 17.4.2005

Geheimwaffe Pamela

Botulinum Toxin, ein – Nervengift! Aber was soll's, wenn Pam hochgeht in Wien, trifft's nur das alte Europa.

FRANKFURTER ALLGEMEINE SONNTAGSZEITUNG 2.2.2003

Gibt's noch Rettung für Kardinal Meisner?

Für Meisner gibt's nur noch eine Rettung: Er muss Papst werden. Und dazu muss er sich auch noch selbst wählen. Nur dann, in der weißen Soutane der Unschuld, kann er sich ex-exkommunizieren, unfehlbar für Zeit und Ewigkeit – mit dem berühmten »deutlichen Schmunzeln in der Stimme«.

KÖLNER STADT-ANZEIGER 18.4.2005

Das Schreiben der Glosse ist nach Auffassung Hermann Unterstögers »Handarbeit«: »Vor uns Tastatur und Bildschirm, hinter uns der drohende Redaktionsschluß, links der Rechtschreib-Duden, rechts der Duden der ›sinn- und sachverwandten Wörter und Wendungen‹, über uns eine völlig unkooperative Muse und nach uns die Sintflut.« (Unterstöger 1995, S. J 93) Seine Beschreibung lässt erkennen, dass auch dieser Teil des Glossenschreibens viel mit systematischer Suche und Anleihen in der Literatur zu tun hat. Dabei erlaubt die Glosse auch jederzeit Anleihen bei literarischen Stilmitteln. Diese Stilmittel besorgen dann neben der Gedankenführung zum Absurden einen Teil der Überraschung. Folgende Stilmittel eignen sich besonders, um satirische Elemente in der Glosse zu gestalten:

- Oxymora: das Zusammenfügen von gegensätzlichen Begriffen, wie bitter-süß.
- Wüste Übertreibungen: »pipettieren den Achselschweiß aus jedem Chemikerhemd«.
- Verfremdungen: Die Sprache ist dem Sachverhalt nicht angemessen. Glossen können durchaus auch im verschrobenen Deutsch der Fachlexika oder von Fachleuten wie Verwaltungsjuristen und Medizinern geschrieben werden.

147

- Wortspiele selbst mit Namen, was sich ansonsten im Journalismus verbietet: »Verblixt noch mal«, »Blixen wir mal«, »des blauhaarigen Müllfressers Joskar«.
- Paradoxien und Nonsens: Gegensätzliches oder Unsinniges wird ernsthaft aufgeführt: »Hat jemand die schon mal umgedreht und aufgemacht, die Anderson, so wie ein Blechrohr im Wüstensand?«.
- satirische Reihung: Böse, sich widersprechende Dinge werden aufgelistet. Zum Beispiel: Auf alte Leute wartet viel Arbeit. Sie können ein Buch schreiben – oder sich ein Hemd kaufen.
- Ironie: Darf in der Glosse eingesetzt werden, weil die Gefahr des Missverständnisses gering ist: »Der Kölner Erzbischof, Kardinal Joachim Meisner, soll den Weltjugendtag in Köln und den Auftritt des Papstes daselbst nicht ernst genommen haben? Da stürzt eine ganze Welt ein!«

Spätestens die Stilmittel zeigen das Besondere der Glosse: Sie erlaubt alles das, was dem um Ernsthaftigkeit, Distanz, Emotionslosigkeit, Korrektheit, Fairness und Sachlichkeit bemühten Journalisten immer verwehrt ist und was auch in Kommentaren meist nicht zum guten Ton gehört. Die Glosse ist, wenn sie denn gelingt, ein großes Vergnügen für alle.

8.3 Zusammenfassung

Die Glosse, hier verstanden als spöttische Randbemerkung, die ihre Leser klug unterhalten soll, ist eine eigenständige Form einer Meinungsäußerung. Sie unterscheidet sich thematisch, inhaltlich und stilistisch deutlich vom Kommentar und zählt nach übereinstimmender Auffassung der Literatur zu den schwierigsten Darstellungsformen der Presse.

Ziel der Glosse ist die Unterhaltung der Leser. Mittel zum Ziel ist eine brillante Pointe, auf die die Glosse konsequent hingeschrieben werden sollte. Das Thema der Glosse wird unter dem Aspekt der Entwicklungsfähigkeit zur Pointe ausgesucht. Es ist meist eine relativ belanglose Meldung aus aller Welt. Diese Meldung liefert häufig auch den Einstieg in die Glosse. Im Hauptteil wird diese Nachricht auf dem Weg zur Schlusspointe überspitzt, ins Lächerliche gezogen oder mit absurden Assoziationen und Analogien verbunden und ins Groteske gesteigert. Die Ansatzpunkte dazu ergeben sich beim Einsatz systematischer Suchverfahren, die zum Beispiel mit der Verästelung des Themas, dem Spielen mit Wortstämmen, der Suche nach literarischen oder historischen Parallelen oder der Übertragung des Ereignisses auf andere Zusammenhänge beschrieben werden können. Die Pointe schließt die Glosse ab.

Für das Schreiben von Glossen empfehlen sich Anleihen bei literarischen Stilmitteln, die sich für andere journalistische Darstellungsformen in der Regel verbieten. Dabei handelt es sich beispielsweise um Oxymora, Übertreibungen, Verfremdungen, Wortspiele, Paradoxien, Nonsens, satirische Reihungen oder Ironie.

	Glosse
formale Merkmale	
Länge	kurz
Aufmachung	schlicht
Positionierung	exponiert
Überschriften	(feste) Hauptüberschrift
Ergänzung	ggf. Illustration
strukturelle Merkmale	
Einstieg	Thema
Ausstieg	Pointe
Portal	–
These/Versprechen	–
Zahlen	selten
Zitate	selten
Szenen	–
Beispiele	–
Wechsel	–
inhaltliche Merkmale	
aktuelle Informationen	meist
Meinung	typisch
Empfehlung	–
Hintergrundinformation	–
Prognose	–

Abb. 8: Typische Merkmale der Glosse

149

Literatur

Hoppe, Anja Maria: Glossenschreiben. Ein Handbuch für Journalisten, Wiesbaden 2000.

Meyer, Werner (Bearb.): Journalismus von heute. Hrsg. von Mercedes Riederer, Loseblatt-ausg. Starnberg u. a., Stand Erg.-Lfg. 29, 2002.

Nowag, Werner: Kommentar/Glosse, in: Weischenberg, Siegfried u. a. (Hrsg.): Handbuch Journalismus und Medien, Konstanz 2005, S. 148–53.

Nowag, Werner; Edmund Schalkowski: Kommentar und Glosse, Konstanz 1998.

Pürer, Heinz u.a. (Hrsg.): Praktischer Journalismus. Presse, Radio, Fernsehen, Online. 5., völlig neue Auflage, Konstanz 2004.

Schneider, Wolf; Paul-Josef Raue: Das neue Handbuch des Journalismus. 1., vollst. über-arb. und erw. Neuausg., Reinbek 2003.

Unterstöger, Hermann: Vom Plunder zum Wunder, in: 50 Jahre Süddeutsche Zeitung, Beilage zur Süddeutschen Zeitung Nr. 230 vom 6.10.1995, S. J 92/93.

9. Die Kritik

Die Kulturberichterstattung ist samt ihrer Geschichte bunt, voller Widersprüche und meist ein bisschen anders als die übrigen Felder des Pressejournalismus.

Zunächst hat die Kulturberichterstattung Tradition. Bereits zu Beginn des 19. Jahrhunderts berichtete die deutsche Presse dem französischen Vorbild folgend »Unter dem Strich« und damit sorgfältig von der politischen Berichterstattung getrennt, Neues von Kunst, Literatur, Musik oder Theater. Aus dem Raum für Notizen entwickelten sich die großen Feuilletons, die geistreichen Kulturteile der wichtigen Zeitungen mit literarischer Konversation, gefürchteten Kritiken und weltanschaulichen Richtungskämpfen. Deshalb verbinden sich auch große Namen der Literatur mit der Literatur- und Theaterkritik.

Respekt einflößende Namen sind auch heute noch die eine Seite der Feuilletons. Auf der anderen Seite attestieren die empirischen Untersuchungen aber auch den renommierten Feuilletons geringes Leserinteresse. Das hat nach Ansicht vieler mit dem Dünkel und Imponiergehabe der Autoren zu tun. Peter Glotz und Wolfgang R. Langenbucher formulierten es 1969 höchst anschaulich. Sie wiederholten ihre Kritik 1993: »Eine schmale Schicht privilegierter, trainierter Leser, ein ziemlich abgeschlossener Kreis, ein intellektueller Golf-Club, reicht die Neuigkeiten der Saison mit interesselosem Wohlgefallen von Hand zu Hand: Bewusstseinspielsachen [...] Unsere These lautet: Der literarische Journalismus trägt an diesem Zustand zwar keineswegs die alleinige, aber doch ein gerüttelt Maß an Schuld.« (Glotz/Langenbucher 1993, S. 95)

Kulturjournalisten sehen sich tatsächlich, auch das hat sich empirisch gezeigt, häufiger als andere Journalisten eher in der Rolle von Vermittlern neuer Ideen als in der von Berichterstattern. Sie setzen damit wohl im Ansatz um, was ihnen Brendel und Grobe 1976 keineswegs im Einklang mit dem Bild vom Journalisten als neutralem Beobachter ans Herz gelegt hatten: Dem künstlerischen Schaffen zu Publizität zu verhelfen, neuen künstlerischen Entwicklungen den Weg zu bereiten oder dem Künstler Berater und Förderer zu sein. Die Mehrheit der Autoren journalistischer Handbücher ist sich dagegen einig, dass auch in den Feuilletons zunächst einmal zu informieren ist.

Der Vorwurf vom intellektuellen Golf-Club steht auf der einen Seite. Auf der anderen Seite steht allerdings der empirische Befund, dass Filmkritiken, die ohne jeden Zweifel zum Programm der kritisierten Feuilletons gehören, mehrheitlich von »berufsmäßigen Amateuren« geschrieben werden: Nach einer Studie der Universität Hohenheim arbeiteten Mitte der 90er-Jahre gut 60 Prozent der befragten Filmkritiker frei, die Hälfte davon im Nebenberuf. Und mehr als die Hälfte dieser befragten Freien hatte keine journalistische Ausbildung (Rössler 1997, S. 42).

Damit nicht genug der Widersprüche: Einerseits führen die Kulturseiten vieler Medien in der Aufmerksamkeit der Leser nach wie vor ein Dasein am Rand, auf der anderen Seite schmücken sich Lokal-, Medien- und Programmseiten zunehmend und erfolgreich mit Kritiken und Kulturberichterstattung. Mit der Belebung des Lokalen durch die Zeitungen haben die Redaktionen auch das lokale Kulturgeschehen zur Berichterstattung entdeckt – und mit ihm die Kritik.

Die Kritik selbst gilt einigen Autoren der Journalistik als freie Form. Mit der Folge, dass sie sich außer Stande sehen, Ratschläge für das Erstellen der Kritik zu erteilen. Andere Autoren blenden die Kritik ungeachtet ihrer Tradition und ungeachtet ihrer zunehmenden Ausbreitung einfach aus. Wieder andere geben klar zu erkennen, dass für sie die Kritik irgendwo eine Mischung von Bericht, Kommentar, Interpretation und Reportage ist. Eine funktionale Mischform also, die es, wie bereits beschrieben, mit der gebotenen Trennung von Ereignisinformation und Kommentar nicht so genau nimmt.

9.1 Die Funktion der Kritik

Genau so kann und sollte man die Kritik sehen. Sie ist eine journalistische Darstellungsform, die für die Rezipienten mehrere Aufgaben erfüllt. Mit der Kritik wird berichtet über das, was war. Zum Beispiel über die Aufführung im Theater, über den Auftritt der Girl-Group, über das neue Buch des Poeten oder über den neuen Film des bedeutsamen Filmemachers. In diesem Punkt ist die Kritik Bericht, was für alle realen Aufführungen unmittelbar einschließt, dass auch über die Reaktionen des Publikums berichtet wird: »Die Zuschauerreihen waren deutlich gelichtet, als der Vorhang fiel« ist eine wichtige Information zum Ereignis. In diesen Passagen kann eine Kritik schon mal ein Stück Reportage bergen. Und wie zu jedem guten Bericht gehört zur Kritik auch die Wiedergabe des Inhalts, die Beschreibung der Personen oder die Erläuterung des Hintergrunds.

Die Kritik ist aber auch Kommentar, weil sie das Geschehen bewertet. Sie ordnet ein, sie bemisst, sie vergleicht, sie kritisiert, sie analysiert. Sie urteilt. In diesen Punkten sind die Aussagen der Kritik in vollem Umfang von der Meinungsfreiheit geschützt, was aber nicht mit Narrenfreiheit zu verwechseln ist.

Mit dem Urteil ist die Kritik auch Service. Immerhin soll das Urteil dem Rezipienten vermitteln, ob es sich für ihn lohnt, das Bewertete persönlich in

Augenschein zu nehmen. Zu dieser Servicefunktion der Kritik gehört es heute auch, dass dem Leser eher technische Hinweise an die Hand gegeben werden, wie und wo er das Geschehen selbst erleben kann. Dazu zählen etwa Programmhinweise, Aufführungstermine oder Verlagsangaben. Das Serviceelement ist heute zum Beispiel bei Programmzeitschriften so zentral, dass alle wichtigen Programmpunkte mit Symbolen wie erhobenen Daumen oder Sternen kurzerhand bewertet und damit mehr oder minder zum Ansehen empfohlen werden.

Wiederum empirisch betrachtet zeigt sich dabei, dass die Rezipienten von Kritiken heute weit mehr Informationen als Verdikte erwarten. Sie lassen sich weniger in ihrem eigenen Urteil beeinflussen und nehmen die Kritik als Thematisierung. Dies rechtfertigt, so Reus, »eine deutlich ›journalistischere‹ und weniger kunstrichterliche Ausrichtung der Rezension« (Reus 2005, S. 197).

Die Kritik ist eine journalistische Mischform. Ihre wesentlichen Bestandteile sind der Bericht über das Geschehen einschließlich der Inhaltsangabe und der Reaktion des Publikums sowie eine Bewertung mit entsprechenden Servicehinweisen für die Rezipienten.

9.2   Die Formen der Kritik

Kritiken sind eher Angelegenheit der Zeitungen als der Zeitschriften. Außer in Programm-, Szene- und spezialisierten Kulturzeitschriften finden sich Kritiken selten in Zeitschriften. In den Feuilletons der Zeitungen, in den Lokalteilen und auf den Programmseiten der Zeitungen gehören sie dagegen zum Standardangebot. Umso überraschender ist es zunächst, dass sich Struktur und Sprache der Kritiken auch bei den Zeitungen eher am Erzählstil der Magazine als am Berichtsstil der Zeitungen ausrichten. Die Ursache dürfte dabei aber in den verschiedenen Funktionen der Kritik zu suchen sein, die sich mit dem Aufbau und Sprache des Agentur- oder Zeitungsberichts nicht gut erfüllen lassen.

In den Lehrbüchern werden meist unterschiedliche Formen der Kritik herausgestellt. Dabei wird nach dem Gegenstand der Kritik differenziert. Danach werden abgeleitet und beschrieben:

- die Buchkritik,
- die Theaterkritik,
- die Musikkritik,
- die Kunstkritik,
- die Filmkritik,
- die Hörfunkkritik,
- die Fernsehkritik.

Diese Unterscheidung nach Themen ist für die Beschreibung der Darstellungsform unzweckmäßig, weil Darstellungsformen immer für mehrere Themenfelder gelten. Kommentare werden sinnvollerweise auch nicht nach ihren Gegenständen differenziert, Magazin- und Zeitungsberichte betreffen auch ohne strukturelle Differenzierung so unterschiedliche Themenfelder wie Sport, Politik oder Wirtschaft, Interviews oder Porträts betreffen grundsätzlich die unterschiedlichsten Menschen mit den unterschiedlichsten Themen. Aufbau, Sprache und Inhalt einer Darstellungsform richten sich nach ihrer Funktion. Und die ist bei fast allen Kritiken immer gleich: Es geht um den Bericht zur Sache, einen passenden Kommentar und einen Service für die Leser. Dementsprechend gibt es für alle Kritiken auch nur einen bestimmten Katalog von Empfehlungen und Hinweisen zu Aufbau, Sprache und Inhalte. Funktional unterscheidet sich die Theaterkritik nicht so grundsätzlich von der Buch- oder Filmkritik, dass sie eine eigene Darstellungsform wäre.

Mit einer Ausnahme. Es gibt eine Kategorie von Kritiken, die etwas aus dem für Kritiken üblichen Rahmen fällt: Die kleine Hörfunk- und Fernsehkritik, die am Tag nach der Sendung meist in den Programmteilen der Zeitungen kurz zum Geschehen des Vortags Stellung nimmt. Sie erfüllt im Vergleich zu den übrigen Kritiken eine eingeschränkte Funktion, weil die Sendung vorbei ist. Dementsprechend entfällt die Servicefunktion mit der Empfehlung oder den technischen Hinweisen. Außerdem kann in der kleinen Hörfunk- oder Fernsehkritik davon ausgegangen werden, dass die meisten Leser die Sendung verfolgt haben, dass also die Berichtspflicht nur eingeschränkt besteht. Es ist überflüssig, am Montag in der Kritik der Wetten-dass-Sendung vom Samstag über jeden Gast, jede Wette oder jedes Bonmot des Moderators zu berichten. Die meisten Leser haben die Sendung verfolgt. Sie erwarten eine Bewertung. Und genau die steht im Mittelpunkt der kleinen Hörfunk- und Fernsehkritik. Deshalb ist diese Form der Kritik inhaltlich und strukturell mehr Kommentar als alle anderen Kritiken.

9.3 Aufbau und Sprache der Kritik

Man nehme die sieben W-Fragen und beantworte sie in drei Sätzen – Gebrauchsanleitungen nach Art der Meldungsregeln sind für die Kritik nicht sinnvoll. Die Kritik hat zu wenig mit dem eiligen Nachrichtengeschäft und dem Streit um Sekunden zu tun. Dennoch gibt es Regeln für das Schreiben einer Kritik, und es gibt so etwas wie eine Standardstruktur, die zumindest dafür sorgt, dass keine der Funktionen einer Kritik vergessen wird. An ihr kann man sich orientieren, bevor am Computer ein anderer Aufbau ausprobiert wird.

Wichtig für das Gelingen der Kritik ist eine These zum Ereignis. Sie ist das zugespitzte Ergebnis aller Anstrengungen des Autoren, das Substrat seiner Erkenntnis nach Recherche des Hintergrunds, nach Lesen des Buches, nach Sehen des Films, nach Hören des Konzertes und nach einigem Nachdenken über das Geschehen. Die Parallele zum Magazinbericht (s. S. 84 ff.) ist unübersehbar: Auch in der Kritik steuert die These den Aufbau und die Argumentation des Stücks. Sie gibt dem Artikel die Tendenz, die ja dem Auch-Meinungsartikel Kritik gut zu Gesicht steht. Die These bringt die gesamte Aussage auf den Punkt und wird deshalb auch oft in der Überschrift mitgeteilt. Erst die Unterzeilen erläutern dann, worum es überhaupt geht.

These und Überschrift

Poesie der Nüchternheit

Pianist Alfred Brendel beschloß seinen großen Beethoven-Zyklus in der Kölner Philharmonie

Kölner Stadt-Anzeiger 3.11.1995

Dann schon lieber Mittagessen

Im Leben war Jane Fonda schon so ziemlich alles – im Film ist sie jetzt »Das Schwiegermonster«

Frankfurter Allgemeine Sonntagszeitung 22.5.2005

Anmut und Armut

Die Berliner Galerie Pels-Leusden ehrt Karl Hofer anlässlich seines 50. Todestages

<small>Der Tagesspiegel</small> 16.4.2005

Beide Aspekte, die These und die nicht an der Nachricht orientierte Überschrift, sind typische Stilmittel der Magazine, die nur für wenige andere Darstellungsformen – zum Beispiel das Porträt oder das Feature – bei den Zeitungen verwendet werden. Natürlich gilt für die These der Kritik genau wie für die These des Magazinberichts, dass sie verantwortungsbewusst und sorgfältig abgeleitet werden muss, weil mit jeder Zuspitzung des Rechercheergebnisses die Gefahr der einseitigen Information des Lesers größer wird.

Die Berichtsfunktion der Kritik bringt es mit sich, dass in der Kritik nicht nur das Geschehen, also der Inhalt von Film, Buch oder Theaterstück, wiedergegeben wird, sondern sie darf auch – wie bei jedem guten Bericht – die Vermittlung von Hintergrundwissen umfassen: Wer ist der Autor, der Regisseur, der Sänger oder der Darsteller? Was hat ihn stets umgetrieben? Welches sind seine Erfolge, Misserfolge, Eigenarten oder Vorlieben? Welches ist seine spezielle Handschrift, und wie wurde diese in der Vergangenheit gesehen? Was ist das Besondere an dem Genre oder dem Stück? Warum sollte man das alles wissen?

Hintergrundwissen dieser Art lässt sich schnell und zuverlässig in einschlägigen Handbüchern und dem Internet recherchieren. Diese Recherche macht unabhängig von Klappentexten und anderen Papieren der Verlage, Produzenten oder Verkäufer, die in fast allen Bereichen, besonders aber bei Film und Musik, versuchen, über ihre Öffentlichkeitsarbeit die für sie so wichtigen Kritiken zu beeinflussen. Eigenes Hintergrundwissen hat für den Rezensenten den weiteren Vorteil, eine erste Messlatte für die professionelle Beurteilung zu liefern. Für den Leser der Kritik ist dieser Hintergrund unerlässlich, weil er das Verständnis der These ermöglicht und – später – die Wahrnehmung des Besprochenen erleichtert. Unter dem Strich betrachtet sind die Bedeutung des Hintergrundwissens und der Zusammenhang zwischen Hintergrund und These so ausgeprägt, dass sehr viele Autoren ihre Kritiken mit eben diesem Hintergrund beginnen. Sie rüsten ihre Leser zunächst für das Neue.

Hintergrund als Einstieg

Poesie der Nüchternheit

Pianist Alfred Brendel beschloß seinen großen Beethoven-Zyklus in der Kölner Philharmonie

Die reine Spieldauer der drei letzten Klaviersonaten von Beethoven beläuft sich auf ungefähr siebzig Minuten, aber die geistige Kraft und kompositorische Konzentration dieser testamentarischen Offenbarungen füllt Jahrhunderte. Wer sich in diese Werke verwickeln läßt, ob als Zuhörer oder Interpret, begegnet dem Außerordentlichen auf Schritt und Tritt – und kaum ein Musiker weiß das besser als Alfred Brendel.

Kölner Stadt-Anzeiger 3.11.1995

Dann schon lieber Mittagessen

Im Leben war Jane Fonda schon so ziemlich alles – im Film ist sie jetzt »Das Schwiegermonster«

Es war in letzter Zeit auch einiges über sie zu erfahren, was man nie wissen wollte: Daß sie das Atrium ihres Lofts in Atlanta selber gestaltet hat und daß es eine Gebärmutter darstellen soll; daß sie dreißig Jahre lang an Bulimie litt, und daß ihr dritter Ehemann Ted Turner sich in seiner Mittagspause mit anderen Frauen vergnügte. Sie bedauert auch das Foto, welches sie im Kreise der Vietcong zeigte und das ihr den Namen »Hanoi Jane« einbrachte, nicht aber ihren Protest gegen den Krieg; und sie ist auf ihre alten Tage fromm geworden.

Jane Fonda hat mit 67 Jahren ihre Autobiographie veröffentlicht, sie ist während einer Lesung von einem Vietnam-Veteranen bespuckt worden, und weil Timing im Showgeschäft alles ist, kommt jetzt auch noch ein Film mit ihr ins Kino, ihr erster seit fünfzehn Jahren, seit »Stanley & Iris«, und wenn sie auch immer nur von einer kleinen Rolle spricht, trägt der Film doch diese Rolle im Titel: »Das Schwiegermonster«, was ausnahmsweise einmal nicht der grenzdebile Einfall einer deutschen Marketingabteilung ist, sondern die wortgetreue Übersetzung von »Monster-in-Law«.

Das ist ein weiter Weg von »Barbarella« (1968) und »Klute« (1971), von Aktivismus und Aerobic, zum Schwiegermutterwitz, den man hier jenseits von »Bild« schon seit einigen Jahrzehnten für eine ausgestorbene Art gehalten hat, auch wenn kürzlich die Hollywoodproduktion »Mein Frau, ihre Schwiegereltern und ich« Kassenerfolge feierte.

Frankfurter Allgemeine Sonntagszeitung 22.5.2005

Anmut und Armut

Die Berliner Galerie Pels-Leusden ehrt Karl Hofer anlässlich seines 50. Todestages

Als Verfechter einer gegenständlichen Kunst schaffte Karl Hofer sich in der
Nachkriegszeit Feinde auf allen Seiten. So wenig er sich in der Formalismus-
Debatte mit Oskar Nerlinger für einen sozialistischen Realismus vereinnah-
men ließ, so erbittert verteidigte er sich einige Jahre später gegen das Primat
der Abstraktion. Die Heftigkeit der Wogen, die der in Zeitschriften und
Tagespresse geführte Disput schlug, ist heute kaum mehr vorstellbar. Dieser
öffentliche Streit mit dem Kunstpapst Willi Grohmann muss für Hofer in
seinen letzten Lebensmonaten eine enorme Belastung gewesen sein.
Ob es diese Auseinandersetzung war, in deren Folge Hofer am 3. April 1955
nach seinem dritten Schlaganfall starb, weiß man nicht. Doch scheint ein Teil
davon bis heute nachzuwirken; zumindest hat sich keine Berliner Institution
des großen und streitbaren Einzelgängers anlässlich seines 50. Todestages
angenommen. Dabei hatte der 1878 in Karlsruhe geborene Künstler – nach
mehrjährigen Paris- und Romaufenthalten – seinen Lebensmittelpunkt ab
1913 in Berlin und prägte als Gründungsdirektor der Hochschule der bil-
denden Künste die Kulturpolitik im ersten Nachkriegsjahrzehnt maßgeb-
lich mit.

Der Tagesspiegel 16.4.2005

Bei der Wiedergabe des Hintergrunds trennt sich für die Leser meist die
Spreu vom Weizen. Hier entscheidet sich, ob die Kritik für den intellektuellen
Golf-Club oder für jedermann frei von Voraussetzungen geschrieben wurde. Für
beides gibt es Beispiele genug, die Lehrbücher sind sich allerdings einig, dass das
Verständlichkeitsgebot auch für das Feuilleton und die Kritiken gilt.
Nach einem Einstieg über den Hintergrund folgt in vielen Kritiken die
Beschreibung des Ereignisses. Das Neue wird durchaus im Sinne der W-Fragen ausgebreitet, die Handlung von Buch, Theaterstück, Fernseh- oder Hörspiel und Film
wird erzählt, zum Konzert wird berichtet. Bei Filmen oder Fernsehspielen wird
allerdings ebenso wie bei Büchern auf die Beschreibung der Auflösung verzichtet.
Auch hier gilt das individuelle Schreiben: Sprache und Nachrichtenauswahl sind
längst nicht so definiert wie für den Agentur- oder Zeitungsbericht. Im Gegenteil,
gerade weil in der Kritik die Berichts- und die Kommentaraufgaben vermischt

sind, ist es durchaus üblich und angebracht, die Darstellung mit Wertungen anzureichern und sie damit an der These auszurichten. Der Bericht kann mit Meinung durchsetzt und auch hinsichtlich der Vollständigkeit subjektiv eingefärbt werden. Dementsprechend fallen die Berichtsteile in Kritiken im Umfang sehr unterschiedlich aus. Die Spanne reicht von der kurzen Andeutung zum Beispiel im Filmverriss oder in der Kritik eines Theaterklassikers über die ausgewogene Nacherzählung in der Vorschau auf einen sehenswerten »Tatort« bis hin zur ausführlichen Beschreibung einer Ausstellung.

Inhaltsbeschreibungen

Poesie der Nüchternheit

Pianist Alfred Brendel beschloß seinen großen Beethoven-Zyklus in der Kölner Philharmonie

Alfred Brendel vermittelte die beglückende Erkenntnis, dass es bei diesen Sonaten genügt, den Notentext ohne Zutaten zu referieren – und daß diese Musik immer anders klingt, ist ihr Geheimnis [...] Brendel also spielte Beethoven pur, streng in Form und Ausdruck, exakt in den dynamischen Vorgaben, nachgerade anti-virtuos auf der pianistischen Außenseite. Keine ausladende Dramatik etwa bei der Maestoso-Introduktion von op. 111, keine Glitzergirlanden und Trillerkoketterien in der Ariette ebendort und im Variationssatz von op. 109, dem (er) eine ganz besondere Poesie der Nüchternheit (zu)eignete [...] Der erfreulichen Unterlassungen gäbe es noch viele.

Kölner Stadt-Anzeiger 3.11.1995

Dann schon lieber Mittagessen

Im Leben war Jane Fonda schon so ziemlich alles – im Film ist sie jetzt »Das Schwiegermonster«

Sie ist der Drache, der den Sohn keiner Frau gönnt. Sie ist reich und tückisch, und sie scheut auch vor absurden Kostümierungen nicht zurück. Sie trägt die gusseiserne Frisur der erfolgreichen Fernsehfrau, sie wohnt fürstlich, keift, intrigiert, und doch perlen all die ranzigen Gags, die auf ihre Kosten gehen sollen, einfach an ihr ab. Vielleicht hätte sie J. Lo., die seit Soderberghs »Out of Sight« (1998) jenseits der Klatschspalten keinen erwähnenswerten

Auftritt mehr gehabt hat, beim Mittagessen mal erklären sollen, daß man mit 35 ein bisschen zu alt ist für das ewig gutherzige, unbedarfte Latina-Aschenputtel, das auf den Prinzen wartet, der in diesem Fall ein besonders fader Dreitagebartträger ist und in keiner deutschen Krankenhausserie weiter auffallen würde.

FRANKFURTER ALLGEMEINE SONNTAGSZEITUNG 22.5.2005,

Anmut und Armut

Die Berliner Galerie Pels-Leusden ehrt Karl Hofer anlässlich seines 50. Todestages

Ausstellung und Katalog sollen einen Anschub für das noch unveröffentlichte Werkverzeichnis geben, das bisher am Widerstand des Nachlassverwalters scheiterte. Und die zahlreichen Leihgaben von Sammlern und drei Museen haben die Präsentation zum wahrhaft musealen Kleinod gemacht.

Aus der Nationalgalerie kommt das früheste der rund 30 Gemälde aus vier Dekaden. Der »Stehende Jüngling« von 1907 markiert Hofers in jenen Jahren einsetzende Flächigkeit von Raum und Figur, die Julius Meier-Graefe schon im Entstehungsjahr als gegenstandslos beschrieb, weil sie letztlich rein geistige Fragen tangiert […] Je weiter Hofer seine Reduktion treibt, desto eindringlicher vermittelt er die Tragik des Daseins an sich: wie in der »Wartenden Frau« (360.000 Euro), die zu den neun verkäuflichen Exponaten (ab 50.000 Euro) gehört. Selbst in den hellen Geschöpfen der »Lesenden Frau in Rot« oder dem »Halbakt mit gestreiftem Kopftuch« klingt die dunkle Seite der Existenz an.

DER TAGESSPIEGEL 16.4.2005

Zum Bericht gehört auch der Hinweis oder die Beschreibung der Reaktion des Publikums. Dasselbe gilt für anderes Geschehen rund um das Ereignis, zum Beispiel Tumulte bei Premieren, verschnupfte Sänger bei Aufführungen, Preise und deren Entwicklung bei Gemälden oder miese Rechtschreibung in Büchern. Dabei ist der Ausstieg aus dem Artikel die für die Darstellung der Publikumsreaktion besonders nahe liegende Stelle.

Publikumsreaktion

Poesie der Nüchternheit

Pianist Alfred Brendel beschloß seinen großen Beethoven-Zyklus in der Kölner Philharmonie

Alfred Brendel verließ die Kölner Philharmonie ohne Zugabe. Die musikalische Sache hatte wohl auch keine verlangt und vertragen, wenngleich zur Erklärung der Herkunft des Ganzen das h-Moll Adagio von Mozart durchaus gefrommt hätte. Aber vielleicht war Alfred Brendel auch nicht glücklich darüber, dass ein merklich erkältetes Publikum seine Satzschlüsse applauserpicht nicht ausklingen und ausschwingen ließ. Und nicht jedermanns Sensibilität ist in der Lage, ein Pfeifkonzert als Beifallssturm zu diagnostizieren.

KÖLNER STADT-ANZEIGER 3.11.1995

Anmut und Armut

Die Berliner Galerie Pels-Leusden ehrt Karl Hofer anlässlich seines 50. Todestages

Wirtschaftlicher Erfolg war ihm in den letzten Jahrzehnten vergönnt, doch seit Mitte der Achtzigerjahre haben die Preise noch einmal angezogen. Vor allem Gemälde aus den Zwanzigern und Dreißigern erzielen regelmäßig sechsstellige Summen. Den Rekordpreis setzte Sotheby's in London 1996 mit 665.000 Euro für den 1922 entstandenen »Festlichen Tag«. Im Jahr 2001 rangierten die »Drei Mädchen am Fenster« in der Villa Griesebach mit rund 500.000 Euro auf Platz neun der teuersten Werke des deutschen Auktionsmarktes. Eine späte Variante der »Blumen werfenden Mädchen« erhielt hier im Jahr darauf immerhin einen Netto-Zuschlag von 210.000 Euro. Die ursprüngliche Fassung ist nun in der Ausstellung zu sehen.

DER TAGESSPIEGEL 16.4.2005

Gute Kritik setzt gute Maßstäbe voraus, die aber gerade bei freien Autoren zunächst nicht immer gegeben sind. Beispiel Filmkritik: Nach der bereits erwähnten Studie der Universität Hohenheim (Rössler 1997, S. 43) können nur acht Prozent der Filmjournalisten eigene Erfahrungen aus der Filmbranche in ihre Beiträge einfließen lassen; die überwältigende Mehrheit verfügt dagegen nicht über derartiges Insiderwissen. Diese Situation ist allerdings typisch für den Journalismus:

Nicht alle politischen Korrespondenten sind Politikwissenschaftler, nicht alle Unternehmensredakteure sind Betriebswirte, nicht alle Redakteure von Medizin-Seiten sind Ärzte. Und dennoch arbeiten fast alle professionell, eben weil das Einlesen und Recherchieren genau wie die Erfahrung die Sachkunde ausreichend entstehen lassen. So auch bei den befragten Filmjournalisten: 90 Prozent der Kritiker ziehen zur Vorbereitung das Pressematerial des Verleihs heran, mehr als zwei Drittel nutzen die Filmfachpresse, die einschlägige Literatur oder Lexika. Und 60 Prozent verwenden ihr eigenes Archiv. In diesen Zahlen unterscheiden sich Redakteure nicht von Freien. Und viele, rund die Hälfte der Redakteure sowie ein Drittel der freiberuflichen Kritiker, orientieren sich an anderen Rezensionen. Auch das gilt wohl im gesamten Kulturjournalismus, wobei Reus davon ausgeht, dass es die großen Blätter sind, die die Interpretationsnormen vorgeben (Reus 2005, S. 197).

Leitmedien, Archive, Internet, Lexika und Fachleute – es gibt viele Quellen für gute Maßstäbe einer kritischen Bewertung. Und es gibt meist den Eindruck eines Publikums, möglicherweise sogar in quantifizierter Form mit Zahlen für Auflagen, Umsätze, Besucher oder Reichweiten. Die Frage ist nur, ob die verkaufte Auflage ein geeigneter Maßstab zur Beurteilung eines Buches ist und ob die Quote etwas über die Qualität einer Fernsehsendung aussagt. Kann, um es am Beispiel aufzu-zeigen, ein Musikantenstadl auch eine positive Fernsehkritik ernten? Kann das, was dem Kritiker selbst zutiefst missfällt, überhaupt qualitativ gut sein, und ist es dann auch positiv zu würdigen? Kann gar das Missfallen des Fernsehkritikers ein Indiz dafür sein, dass zum Beispiel Fernsehmacher einiges richtig gemacht haben?

Es kann, sagen die Kritiker, weil es einen Unterschied zwischen Qualität und Niveau gibt, und weil Qualität auf vielen Niveaus zu erreichen oder zu verfehlen ist. Kommerzielles Fernsehen, kommerzielle Musik oder kommerzielle Druckstücke können künstlerisch minderwertig sein, aber den an sie gesetzten Anspruch gut erfüllen. Groschenromane sollen Umsatz machen, Vorabendserien auch. Daran sollte man sie dann auch messen. Detlef Esslinger von der SÜDDEUTSCHEN ZEI-TUNG hat den Umgang mit Qualität und Quote für sein Blatt beschrieben: »Die SZ hat den Weg gewählt, in der Kritik dieser Serien zu erklären, warum sie funktionie-ren und zugleich zu sagen, warum sie qualitativ nicht das Höchste sind – dass die Schauspieler zum Beispiel Sätze sprechen müssen, die das Leben so nicht kennt.« (Esslinger 1995, S. J 45) Daran kann sich jeder Kritiker gut orientieren.

Der Kommentar durchwirkt die Kritik meist von der ersten bis zur letzten Zeile. Die These gibt häufig bereits in der Überschrift die Richtung vor, der Text folgt dann entschlossen. Auch in seinen Berichtsteilen. Und je nach Temperament, Mut und Sachkunde des Autors erdrückt der Kommentar den Bericht oder aber er ergänzt ihn nur mit zaghaften Anmerkungen. Beide Mischungen sind nicht immer angebracht. Zu viel Kommentar entspricht nicht dem empirisch nachgewiesenen

Wunsch der Leser nach viel Information, zu wenig Kommentar nicht dem Wunsch nach Einordnung und Rat.

Zwei der drei Beispiel-Kritiken haben Bericht und Kommentar verwoben. Es gibt bei ihnen keine eigenen Kommentarstrecken. Die dritte, die Filmkritik, deren Berichtsteil bereits außerordentlich pointiert ausfällt, umfasst darüber hinaus einen eigenen ausschließlich kommentierenden Abschnitt. Dieser Kommentar eröffnet nach der Vorstellung von Frau Fonda, also kurz nach der Schilderung des Hintergrunds, die Vorstellung des Films. Mit dem Kommentarteil wird auch die Überschrift verständlich.

Kommentarelemente

Poesie der Nüchternheit

Pianist Alfred Brendel beschloß seinen großen Beethoven-Zyklus in der Kölner Philharmonie

Die Darstellung jener Opera 109, 110 und 111 beschloß nun seinen faszinierenden Zyklus in der Kölner Philharmonie.

Alfred Brendel vermittelte die beglückende Erkenntnis, dass es bei diesen Sonaten genügt, den Notentext ohne Zutaten zu referieren – und daß diese Musik immer anders klingt, ist ihr Geheimnis [...] Der erfreulichen Unterlassungen gäbe es noch viele.

KÖLNER STADT-ANZEIGER 3.11.1995

Dann schon lieber Mittagessen

Im Leben war Jane Fonda schon so ziemlich alles – im Film ist sie jetzt »Das Schwiegermonster«

Dieses »Schwiegermuttermonster« ist einer jener Filme, die man sich eigentlich nur anschaut, weil Jennifer Lopez und eben Jane Fonda mitspielen, und der leider auch den so genannten Gene-Siskel-Test, benannt nach einem verstorbenen amerikanischen Filmkritiker, nicht besteht: »Ist der Film interessanter als eine Dokumentation über das gemeinsame Mittagessen der Schauspieler?«

Man weiß ja nicht, was Robert Luketic, auch Regisseur von »Natürlich blond« (2001), beim Mittagessen alles gesagt hat; man sieht nur, was er nach dem Mittagessen angerichtet hat, und hofft, daß der Speiseplan abwechslungsreicher war als Luketics visuelle Einfälle. Er hat einem allenfalls mittelmäßigen Drehbuch gar nichts hinzugefügt, was bei Komödien spätestens dann klar wird, wenn sich die Nebendarsteller die besten Pointen und die lustigsten Momente schnappen und wenn man schon vergessen hat, wie der männliche Hauptdarsteller aussieht, kaum daß er den Raum verlassen hat.

FRANKFURTER ALLGEMEINE SONNTAGSZEITUNG 22.5.2005

Anmut und Armut

Die Berliner Galerie Pels-Leusden ehrt Karl Hofer anlässlich seines 50. Todestages

Und die zahlreichen Leihgaben von Sammlern und drei Museen haben die Präsentation zum wahrhaft musealen Kleinod gemacht.

DER TAGESSPIEGEL 16.4.2005

Mit der klaren Bewertung ist der wesentliche Aspekt der Servicefunktion erfüllt. Es fehlen allein noch einige technische Hinweise, die den Leser in die Lage versetzen, das Besprochene selbst zu erleben. Im Wesentlichen handelt es sich dabei um Orte und Termine weiterer Aufführungen, exakte Titelangaben sowie Hinweise auf informative Internetadressen.

Informationen dieser Art setzen voraus, dass das Besprochene für die Mehrheit der Leser von Interesse ist. Das gilt in der Regel für alle Veranstaltungen, Filme oder Bücher, die im Feuilleton besprochen werden. Denn grundsätzlich gehören Informationen über Veranstaltungen und ihre geschäftlichen Aspekte, zum Beispiel die Kartenverkaufsstellen, den Vorverkauf oder die Preise, in den Anzeigenteil der Blätter. So sagen es die Richtlinien für redaktionelle Hinweise in Zeitungen und Zeitschriften, die so genannten Verlegerrichtlinien (Anhang, s. S. 352 ff.). Ausnah-men zu dieser Regel setzen eben das Interesse der Mehrheit der Leser voraus.

Diese Servicehinweise werden in der Regel an den Schluss der Kritik gesetzt. So auch in zwei der drei Beispielkritiken. Die dritte Kritik, die Rezension des Brendel-Abschlusskonzertes, enthielt mangels weiterer Konzerte keinen Servicehinweis.

Serviceinformationen

Dann schon lieber Mittagessen

Im Leben war Jane Fonda schon so ziemlich alles – im Film ist sie jetzt »Das Schwiegermonster«

Das »Schwiegermonster« kommt am Donnerstag ins Kino.

Frankfurter Allgemeine Sonntagszeitung 22.5.2005

Anmut und Armut

Die Berliner Galerie Pels-Leusden ehrt Karl Hofer anlässlich seines 50. Todestages

Galerie Pels-Leusden, Fasanenstraße 25, bis 21. Mai; Dienstag bis Freitag 10–18.30 Uhr, Sonnabend 10–18 Uhr.

Der Tagesspiegel 16.4.2005

Die Konzentration auf die Funktionen einer Kritik, das Berichten, das Bewerten und den Service erweist sich für Autoren und Leser gleichermaßen als nützlich: Weniger routinierte Autoren erhalten eine Art Checkliste zur Aufgabenerfüllung und ein Gerüst für den Aufbau der Kritik. Die Leser erhalten die für den Kulturjournalismus angemahnte sachliche Information. Und beide, Leser wie Autoren, werden im Idealfall auch noch vor eitler Gespreiztheit geschützt.

Eine gute Kritik ist wie der erste Vater-Kind-Besuch im Theater. Beide gehen gemeinsam hin und der Vater erläutert den Hintergrund (Bericht). Dann sehen beide die Aufführung und das Kind erfährt den Inhalt (Bericht). Auf dem Heimweg bewertet der Vater für das Kind das Erlebte (Kommentar und Service). Und zu Hause erzählt er dem Rest der Familie, wann die nächste Aufführung stattfindet (Service).

9.4 Die kleine Hörfunk- und Fernsehkritik

Auf einige Besonderheiten der kleinen Hörfunk- oder Fernsehkritik wurde bereits hingewiesen: Sie braucht keinen Service, wenn es keine weitere Sendung der besprochenen Art mehr gibt, was außer bei Serien, Magazinen, Talkrunden oder Nachrichten meistens der Fall ist. Und sie bedarf nur der eingeschränkten Inhaltsangabe, wenn davon auszugehen ist, dass die Mehrheit der Leser eine Sendung gesehen hat, wovon bei Quotenbringern regelmäßig auszugehen ist.

Dennoch ist die kleine Fernsehkritik keine leichte Aufgabe. Eher das Gegenteil ist der Fall, kollidiert doch nach Auffassung professioneller Fernsehkritiker ihr persönlicher Geschmack mehr als gelegentlich mit dem Geschmack des breiten Publikums. Während Theaterkritiker grundsätzlich auch dann ins Theater gingen, wenn sie nicht darüber schreiben müssten, schalteten Fernsehkritiker bestimmte Sendungen nur ein, weil sie es müssten – sagt Detlef Esslinger von der SÜDDEUTSCHEN ZEITUNG. Hinzu kämen noch die bereits beschriebenen Folgen der Kommerzialisierung. Die Vorgehensweise der SÜDDEUTSCHEN ZEITUNG, über die Transparenz der Zusammenhänge zur sachlich differenzierten Bewertung zu gelangen, hilft tatsächlich aus der vermeintlichen Zwickmühle von Qualität und Quote. So kann sich der Schwerpunkt bei der kleinen Hörfunk- und Fernsehkritik im Vergleich zu allen anderen Kritiken hin zur Analyse verschieben. Es sind oft Kommentare, die den Leser an die Hand nehmen und ihn auf Aspekte aufmerksam machen, die ihm weniger vertraut sind, zum Beispiel Produktionsbedingungen oder rechtliche Beschränkungen. Diese Aspekte bereichern dann im Idealfall die Bewertung des Kritikers – und die des Lesers.

Hinzu kommt häufig als weitere Besonderheit die besonders knappe Form dieser Kritiken. Die kleine Hörfunk- und Fernsehkritik ist in der Regel deutlich kürzer als andere Formen der Kritik. Nur selten ist sie länger als 60 Zeilen. Und sie steht meistens in der Nähe des Programmteils, oft außerhalb des Feuilletons. Auch deshalb sollte sie – wie jeder Kommentar – die Meinung der breiten Öffentlichkeit zur Ausgangsposition machen, den Rezipienten also an seinem Radio oder Fernseher abholen. Damit sind die wesentlichen Anforderungen an die kleine Hörfunk- und Fernsehkritik genannt: Sie sollte ein kluger, den Leser bereichernder Kommentar zu einer Sendung sein, die viele Leser gesehen haben. So wird sie denn auch oft geschrieben. Es gelten die Regeln des Kommentars (s. S. 130 ff.).

9.5 Aufbau und Sprache der kleinen Hörfunk- und Fernsehkritik

Wie die Kommentare lebt auch diese kurze Kritik von einer geradlinigen Gedankenführung. Auch hier sollte vor dem Schreiben die klare Bewertung feststehen, auch hier darf der Schlusssatz als erster Satz festgehalten werden, auch hier führt dieses Ergebnis, die These, Aufbau und Abfolge der Gedanken. Als Ausgangspunkt der Bewertung kann dabei durchaus das Niveau und die Leistung herangezogen werden, die die Zuschauer oder Zuhörer realistischerweise von der Sendung hätten erwarten dürfen. Die Kluft von Erwartung und Ergebnis bildet häufig eine gute Basis für eine These. Dabei ist es keineswegs unjournalistisch, für die Bewertung genau die Erwartungen aufzugreifen, die zum Beispiel die Fernsehanstalten mit ihrer Werbung für eine Serie oder Sendung geschürt haben. Und wie häufig bei Kommentaren und Kritiken, kann die Kernaussage auch schon in die Überschriften gepackt werden.

Thesen in Überschriften

TV-KRITIK
Ergreifend
KÖLNER STADT-ANZEIGER, 3.6.2005

Die Politik, eine Telenovela
Eine Fernsehkritik am ZDF-»Kanzleramt« von Joachim Huber
DER TAGESSPIEGEL 15.4.2005

Der Einstieg: Für den Einstieg in die kleine Fernsehkritik gibt es erkennbar eine Art Standardmodell der Kritiker: Man nehme eine für das Urteil wesentliche oder für die These typische Szene der Sendung und führe sie dem Zuschauer noch einmal vor Augen. Dies unterscheidet die kleine Kritik vom guten Kommentar. Es gibt für den Einstieg nicht den attraktiven, überraschenden und passenden Sinnspruch, sondern nur ein Bild eines vergangenen Tages. Ein Bild oder, wenn es sein muss, eine schnelle Abfolge von Bildern als Zusammenfassung. Außerdem gehören in der Regel der kurze Hinweis auf die Sendung und den Sender zum Einstieg. Dieser Hinweis ist so eine Art Quellenangabe des Bildes und schließt den Einstieg ab, wobei in vielen Hörfunk- und Fernsehkritiken Titel, Sender und Zeit unter der Kritik nach Art der Servicehinweise wiederholt werden.

Einstiege

TV-KRITIK

Ergreifend

Ist das Gefühl der Familienzugehörigkeit gleichzusetzen mit Liebe? Christa weiß es nicht. Die 79-Jährige scheut sich, das Verhältnis zu ihren acht Schwestern mit einem so großen Wort zu beschreiben. Denn die Frauen im Alter zwischen 62 und 80 Jahren wissen zwar, was sie aneinander haben, doch einer allgegenwärtigen Rivalität können sie sich nicht entziehen. Sehr einfühlsam haben sich die Autorinnen Ines Jacob und Ulrike Schweizer den Frauen genähert und ein ergreifendes Familienporträt gezeichnet. In »Menschen hautnah« zeigen sie »Neun Schwestern«, die …

KÖLNER STADT-ANZEIGER 3.6.2005

Die Politik, eine Telenovela

Eine Fernsehkritik am ZDF-»Kanzleramt«

Mehr kann in 45 Minuten Fernsehen wirklich nicht passieren: Sex, Verrat, Ohrfeige, Erpressung, Kündigung, Trost, Ehekrise, Schwangerschaft, Verzeihung, Neuanfang auf allen Ebenen. Passiert ist all dies am Mittwochabend nicht in irgendeiner Telenovela, passiert ist das in der Serie »Kanzleramt«, dem fiktionalen Erklärstück des ZDF über Macht und Machthaber in der politischen Mitte Berlins.

DER TAGESSPIEGEL 15.4.2005

Der Hauptteil: Der Hauptteil der kurzen Hörfunk- und Fernsehkritik verdient trotz aller Nähe zum guten Kommentar gar nicht erst die Bezeichnung »Argumentationsteil«. Ein, zwei Argumente belegt mit ein oder zwei Szenen aus der Sendung, für mehr reicht in der Regel nicht der Platz. Und da, wo die öffentliche Aufgabe im Kommentar die dialektische Argumentation und damit das bei meinungsfreudigen Journalisten nicht sehr beliebte Einerseits und Andererseits nahe legt, geht es in der kurzen Kritik meist schnurstracks auf den Schlusssatz zu. Hier entspricht der Aufbau häufig dem von Nowag so genannten diskursiven

Modell, der schnellen Abfolge von Argumentation und Schlussfolgerung. Für die Leser dürfen und sollten aller Platznot zum Trotz die Argumente mit Szenen des Besprochenen veranschaulicht und belegt werden. Die Wiedererkennung beflügelt meist Interesse und Akzeptanz.

Wege zum Schlusssatz

TV-KRITIK
Ergreifend

In »Menschen hautnah« zeigen sie »Neun Schwestern«, die eine gemeinsame Kindheit in Schlesien und eine beschwerliche Flucht ins Sauerland eint, die sich in der katholischen Großfamilie aber jeweils ihre eigenen Nischen suchen mussten und sich dadurch zu grundverschiedenen Frauen entwickelt haben. Der Versuch, konsequent die eigene Rolle durchzuhalten, hindert die Schwestern an einer Annäherung: Die Resolute will keine Schwäche zeigen, die Optimistin verleugnet ihre Depressionen, die Raue ihre Gefühle. Zwischendurch ziehen Bilder von Mädchenfüßen, die eine Treppe hinunterlaufen oder Kinderhänden, die Suppenteller weiterreichen, den Zuschauer mitten hinein in die Geschichte dieser Großfamilie.

KÖLNER STADT-ANZEIGER 3.6.2005

Die Politik, eine Telenovela

Eine Fernsehkritik am ZDF-»Kanzleramt«

Was der Sender und sein für das »Kanzleramt« verantwortlicher Programmdirektor Thomas Bellut akzeptieren müssen: Das Publikum, das große Publikum der Hauptsendezeit, hat sich von der Serie verabschiedet [...] Die Euphorie des ZDF war enorm, der aufgebaute Werbedruck im Programm und anderswo massiv. Geholfen hat es wenig ...

Das Interesse an Politik ist nicht so groß, wie es die politisch Interessierten immer glauben und sich, in Form der Selbstsuggestion und zur Bestätigung eigener Wichtigkeit, glauben machen.

Das Kanzleramt [...] will das politische Feld als Serienstoff urbar machen. Das ist mutig, nur ist das Produkt nicht mutig gearbeitet [...] Dieses »Kanzleramt« spielt im Nirgendwo, die größte Ähnlichkeit mit lebenden Personen hat das Bühnenbild. Alles ist so gewollt harmlos, weil von der Sorge geplagt, es könnte auch nur einer an irgendeiner Stelle den Eindruck gewinnen, beim

»Kanzleramt« handele es sich um das Kanzleramt des Gerhard Schröder. Die Regierungspartei ist ein No-Name, selbst ein afrikanischer Diktator heißt, wie kein afrikanischer Diktator heißt.

DER TAGESSPIEGEL 15.4.2005

Der Ausstieg präsentiert wie beim Kommentar das Ergebnis der Bewertung, das Urteil. Es war in der Überschrift angekündigt, es ist begründet und es ist mit Beispielen verdeutlicht. Nun muss es nur noch passend formuliert werden. Dabei setzen die meisten Autoren hier ihren Schlusspunkt ohne viele Schnörkel und Schleifen. Für Rückgriffe auf die Metapher des Einstiegs oder Wiederholungen des Einstiegs, so wie sie gelegentlich in längeren Kommentaren eingesetzt werden, fehlen meist die Haltepunkte im Einstieg und der Platz. Das alles entbindet den Autoren jedoch nicht, auch in der kleinen Hörfunk- und Fernsehkritik den Ausstieg sorgfältig zu gestalten. Die Aufforderung, sich beim Leser am Ende eines Stückes mit einem eleganten Schluss für die Aufmerksamkeit zu bedanken, gilt auch hier.

Ausstiege

TV-KRITIK

Ergreifend

Das Verdienst der Autorinnen ist, dem Zuschauer einen Blick ins wirkliche Leben ermöglicht zu haben, ohne sich dabei voyeuristischer Mittel bedient zu haben.

KÖLNER STADT-ANZEIGER 3.6.2005

Die Politik, eine Telenovela

Eine Fernsehkritik am ZDF-»Kanzleramt«

Der Sender hat mit »Kanzleramt« Richtiges gewollt, dann eine Menge falsch gemacht, und es würde den falschen Schluss ziehen, wenn der Sender die Verbindung Politik und Unterhaltung aufgeben würde. Das deutsche (Serien-)Fernsehen steht mit dem Format der politischen Unterhaltung am Anfang. Gemacht hat ihn das ZDF, und gerade das ZDF sollte nicht aufgeben. Andernfalls gilt das Wort vom ZDF als »Zentrum der Freude«.

DER TAGESSPIEGEL 15.4.2005

9.6 Zusammenfassung

Die Kritik ist eine journalistische Darstellungsform, die für die Rezipienten mehrere Aufgaben erfüllen soll: Mit ihr wird über Neues und Wichtiges berichtet, mit ihr wird das Neue und Wichtige bewertet, und mit ihr wird dem Leser gegenüber ein Service erbracht. Er erfährt häufig, ob und wie er etwas wahrnehmen soll. Die Kritik ist Bericht, Kommentar und Serviceartikel. Sie unterscheidet sich damit erheblich von den anderen Darstellungsformen des Pressejournalismus. Dabei gelten ihre diversen Funktionen unabhängig vom besprochenen Ereignis oder Gegenstand. Deshalb ist es auch nicht zweckmäßig, die Buch-, Theater-, Musik-, Kunst-, Film-, Hörfunk- oder Fernsehkritik voneinander abzugrenzen. Die Kritik ist wie alle anderen Darstellungsformen nicht auf ein Thema festgelegt. Deshalb gilt für alle Kritiken auch ein bestimmter Katalog von Empfehlungen und Hinweisen zu Aufbau, Sprache und Inhalt.

Allein die kleine Hörfunk- und Fernsehkritik erfüllt für den Leser eine eingeschränkte Funktion. Ihr fehlt die Servicefunktion, außerdem besteht für sie nur eingeschränkte Berichtspflicht, kann doch davon ausgegangen werden, dass viele Leser der Kritik die besprochene Sendung verfolgt haben. Folglich ist die kleine Hörfunk- und Fernsehkritik mehr Kommentar als alle anderen Kritiken.

Die Kritik gilt einigen Autoren der Journalistik als freie Form. Dennoch gibt es Gestaltungsregeln, die auch im Sinne einer Checkliste zu interpretieren sind. Der Einstieg in die Kritik erfolgt häufig über Erläuterungen zum Thema. Faktisch wird hier der Hintergrund vor der Neuigkeit ausgebreitet, weil er dem Leser die Wahrnehmung und das Verständnis des Neuen erleichtert. Die Beschreibung des Ereignisses, zum Beispiel die Handlung von Buch, Theaterstück, Fernsehspiel, Hörspiel oder Film, erfolgt in der Regel im Anschluss an den Hintergrund. Dabei sind die Berichtselemente häufig mit Meinungselementen durchsetzt. Die Mischung ist dabei in zahlreichen Kritiken so intensiv, dass kaum noch von einem Berichts- und einem Kommentarteil gesprochen werden kann. Zur Berichtsfunktion der Kritik gehört eine Information über das Geschehen rund um das Ereignis, zum Beispiel über die Reaktion des Publikums. Der wesentliche Teil der Servicefunktion wird mit der klaren Bewertung erfüllt. Technische Hinweise zu Terminen oder genaue Titelangaben runden den Service ab.

Die kleine Hörfunk- und Fernsehkritik ist in der Regel deutlich kürzer als andere Formen der Kritik. Ihre Funktion ist im Wesentlichen die eines bereichernden Kommentars. Entsprechend geradlinig sollte sie aufgebaut sein, wobei sich in der Praxis ein Einstieg mit einer für die Aussage typischen Szene bewährt hat. Der Weg zur abschließenden Aussage erfolgt meist über wenige mit Bespielen unterlegte Argumente.

	Kritik	kleine Hörfunk- und Fernsehkritik
formale Merkmale		
Länge	alle Längen	kurz
Aufmachung	Standard bis großzügig	schlicht
Positionierung	schlicht bis Aufmachung	schlicht
Überschriften	Hauptüberschrift, Unterzeile	knappe Hauptüberschrift
Ergänzung	Foto, technische Hinweise	–
strukturelle Merkmale		
Einstieg	Hintergrund	Szene
Ausstieg	Meinung	Meinung
Portal	–	–
These/Versprechen	Überschrift	Überschrift
Zahlen	selten	selten
Zitate	regelmäßig	eher selten
Szenen	selten	regelmäßig
Beispiele	–	–
Wechsel	–	–
inhaltliche Merkmale		
Aktuelle Informationen	regelmäßig	regelmäßig
Meinung	hoher Anteil	hoher Anteil
Empfehlung	regelmäßig	–
Hintergrund-information	ausführlich	wenig
Prognose	selten	–

Abb. 9: Typische Merkmale der Kritik

Literatur

Esslinger, Detlef: Im Irrgarten zwischen Qualität und Quote, in: 50 Jahre Süddeutsche Zeitung, Beilage der Süddeutschen Zeitung Nr. 230 vom 6.10.1995, S. J 45.

Gerhardt, Rudolf: Lesebuch für Schreiber. Vom journalistischen Umgang mit der Sprache. Ein Ratgeber in Beispielen. 6. überarb. und erw. Auflage, Frankfurt 2001.

Glotz, Peter; Wolfgang R. Langenbucher: Der missachtete Leser. Zur Kritik der deutschen Presse, München 1993.

Pürer, Heinz u. a. (Hrsg.): Praktischer Journalismus. Presse, Radio, Fernsehen, Online. 5., völlig neue Auflage, Konstanz 2004.

Reus, Gunter: Kulturjournalismus, in: Weischenberg, Siegfried u. a. (Hrsg.): Handbuch Journalismus und Medien, Konstanz 2005, S. 194–198.

Reus, Gunter: Kunst-Gewerbe. Der Wandel des Feuilletons, in: Journalist 8/1998, S. 12–17.

Reus, Gunter: Ressort: Feuilleton. Kulturjournalismus für Massenmedien. 2. Aufl., Konstanz 1999.

Rössler, Patrick: Kino im Kopf, in: Journalist 7/1997, S. 42–44.

10. Die Reportage

Es ist nahezu wohltuend festzustellen, dass es in der sonst so diskussionsfreudigen Literatur zu den journalistischen Darstellungsformen wenigstens zu Inhalt und Funktion der Reportage nur geringen Dissens gibt. Irgendwo sind sich die meisten Autoren einig, dass Reportagen authentisch und lebendig sein sollen, dass sie den Leser etwas miterleben lassen sollen und dass sie Nachrichten zwar nicht ersetzen, wohl aber begleiten können. Dass es dennoch bei den diversen Definitionsversuchen der Reportage zu gewissen Unterschieden kommt, überrascht wenig, sollte aber Journalisten nicht bedrücken: Auf die Funktion und den Inhalt kommt es an.

Auch die Redaktionen, in diesem Fall unabhängig davon, ob sie Zeitungen oder Zeitschriften erstellen, können sich in der Regel sehr schnell darüber verständigen, was eine Reportage ist und wozu sie dient. Reportagen waren und sind ihre Glanzstücke. Sie schmücken die so genannten Lesestrecken, die den Leser weniger mit harten Fakten als mit überraschenden und schönen Inhalten überzeugen sollen. Und da es in fast allen Presseredaktionen in Abgrenzung zu den schnellen Medien Rundfunk und Internet einen Trend zu exklusiven und schön geschriebenen Hintergrundinformationen gibt, gibt es auch quer durch die Zeitungs- und Zeitschriftenlandschaft einen Trend zu Reportagen. Dazu passt, dass in Deutschland mit SPIEGEL-REPORTER und NATIONAL GEOGRAPHIC in den vergangenen Jahren Reportagemagazine erschienen sind, von denen der SPIEGEL-Ableger allerdings nach kurzer Zeit eingestellt wurde.

10.1 Die Funktion der Reportage

Redaktionen wollen mit Reportagen Leser an ihr Blatt binden. Für die Leser selbst erfüllt die Reportage eine andere Aufgabe. Hier führen die Namenswurzeln zum Programm: Der Begriff lässt sich auf das lateinische *reportare* zurückführen, das mit »zurücktragen, zurückbringen, heimbringen, berichten« übersetzt wird. Mit der Reportage wird berichtet. Dabei ist der Name dieser Darstellungsform weitaus jünger als ihre Ursprünge. Diese reichen bis weit in die Antike zurück. Als erste Reportagen werden häufig literarische Reiseberichte aufgeführt, zum Beispiel die des Herodot, des ältesten griechischen Geschichtsschreibers (um 490 bis 425 – 420 v. Chr.). Nicht alle Historiker halten aber Herodots farbenreiche Beschreibungen von Ländern und Völkern für authentisch.

Zu den Reiseberichten kommen die literarischen Augenzeugenberichte, von denen in der Literatur zur Reportage immer wieder ein Brief Plinius des Jüngeren (61/62 – 113 n. Chr.) mit der Schilderung des Ausbruchs des Vesuv im Jahre 79 als »journalistische Glanzleistung« des Altertums aufgeführt wird. Diese Bewertung scheint allerdings verfehlt: Für Historiker ist es eine ausgemachte Sache, dass der Brief an Tacitus mit der gerühmten Beschreibung frühestens 25 Jahre nach dem Ereignis geschrieben wurde und dass er vornehmlich mit Blick auf die Öffentlichkeit und den Ruf des älteren Plinius, der bei dem beschriebenem Vesuvausbruch ums Leben kam, als literarisches Stück verfasst wurde. Mit einer zeitnahen journalistischen Beschreibung einer Katastrophe hat dieser Brief wohl nichts zu tun. Nicht ausgeschlossen ist zudem, dass sich für Plinius den Jüngeren beim Schreiben eigene Anschauung und andere Quellen vermengt haben. Möglicherweise handelt es sich also bei dieser oft zitierten Wurzel der Reportage weniger um eine journalistische Glanzleistung als um eine frühe Variante des Borderline-Journalismus.

Dennoch ist es statthaft, aus diesen beiden literarischen Wurzeln, der Reiseberichterstattung und dem Augenzeugenbericht, heute die Aufgabe der journalistischen Reportage abzuleiten. Die Reisereportage überwindet für den Leser die räumliche Distanz und bringt ihm Fernes nahe, der Augenzeugenbericht überwindet für den Leser eine Barriere und macht ihm Unzugängliches zugänglich. In beiden Fällen überbrückt die Reportage für den Leser eine sperrende Distanz und lässt ihn an einem Geschehen teilhaben. Das gilt heute auch im übertragenen Sinn sozialer Distanzen und institutioneller Barrieren.

Einfacher formuliert lässt die Reportage den Leser an etwas teilnehmen. Das Etwas ist eine Art Ausflug in eine für ihn verschlossene, fremde Welt oder ein wichtiges Geschehen. Der Leser erlebt mit und erhält durch das Erleben einen neuen Blick für die Zusammenhänge. Durch die Reportage blickt der Leser auch einmal hinter die Kulissen, lernt fremde Länder oder seltene Tiere kennen oder erfährt Näheres über den Alltag wichtiger Menschen. Die Reportage erweitert seinen Horizont.

Dabei ist der Reporter nach Ansicht vieler Autoren in der Literatur zur Reportage nicht nur auf die Rolle des distanzierten Beobachters, die klassische Rolle des Journalisten, beschränkt. Auch Selbsterfahrungsberichte (»24 Stunden im Überlebenscamp«), in denen der Reporter agiert, gehören zu den Aufgabenfeldern journalistischer Reportagen. Hinter jedem Agieren muss aber immer die Absicht des Aufdeckens und Öffentlichmachens von berichtenswerten Zuständen oder Ereignissen stehen, um das Mitmachen mit den Aufgaben des Journalisten in Einklang zu bringen.

> Die Reportage hat die Aufgabe, dem Leser das Gefühl zu vermitteln, dabei gewesen zu sein.

Mit dieser Aufgabenumschreibung ist unmittelbar eine Reihe von Eigenschaften der Reportage festgelegt.

- Die Reportage hat einen Anspruch auf Wahrheit und Authentizität zu erfüllen. Egal, was in manchen privaten Fernsehsendern unter der Bezeichnung Reportage heute an Fiktion gesendet wird, egal, was in manchen Zeitschriften an Mischung von Dichtung und Wahrheit verkauft wird, journalistische Reportagen müssen wahr sein. Die Scharen erfundener Taxifahrer, Barkeeper oder Putzfrauen in vielen eilig hingeschriebenen Reportagen sind unzulässige Täuschungen der Leser. Journalismus darf aus Prinzip nichts mit erfundenen Personen, Situationen oder Zitaten zu tun haben. Die Versuchung zur Fälschung ist bei der Reportage allerdings besonders groß, weil sie oft aus einzigartigen Situationen heraus entsteht, die sich der Nachprüfbarkeit entziehen. Carmen Butta hat in GEO INTERN (11/97) diese Versuchung beschrieben: »Schreibtischarbeit ist Schälarbeit: Um das Unkonventionelle, das Überraschende zu finden, muß ich eine Situation wieder und wieder im Geiste durchspielen. Und immer lockt dabei die Versuchung, dieses mühselige Entkernen abzubrechen und ein wenig zu tünchen. Wie oft hat der Hirte oder die Polizistin gerade nicht das gesagt, was eigentlich zum Charakter und zur Geschichte so wunderbar gepasst hätte. Doch lasse ich mich auf diese Einengung nicht ein, auf diese große Unfreiheit der Reportage, halte ich mich penibel an das Erlebte, ohne der Versuchung zu verfallen, auch nur ein Detail (Handbewegung, Füllwort oder Gesichtsausdruck) zu inszenieren (sprich: zu fälschen), dann verblüfft es mich jedes Mal am Ende, im sinnlichen Moment des Feilens, wie die getreu wiedergegebene Situation spannender, stimmiger und dramatischer ist als jede manipulierte Sequenz.«
- Um den Leser am Geschehen teilnehmen zu lassen, muss der Reporter für ihn wahrnehmen. Am besten mit allen fünf Sinnen. Er muss ihn im Idealfall so mitnehmen ins Geschehen, dass der Leser mit ihm hört, sieht, fühlt, riecht und schmeckt. Das ist zunächst eine Herausforderung und Arbeitsanleitung für das Erstellen einer Reportage. Es ist aber auch der klare Hinweis, dass die Reportage eine sehr subjektive Darstellungsform ist. Sie ist keine Meldung und kein Bericht, in denen nach einem festen Schema Fakten wiedergegeben werden, sondern sie ist die authentische Beschreibung von Erlebtem. Deshalb kann eine Reportage einen Bericht in der Regel auch nur ergänzen und nicht ersetzen.

Beispiel Parteitag: Die ideale Darstellungsform, um die Information über einen Parteitag zu vermitteln, ist der Bericht. Soll jedoch hinter die Kulissen geleuchtet werden, soll etwa gezeigt werden, wie die Parteispitze vor und nach den Sitzungen ihre Strippen zieht, dann ermöglicht die Reportage das Miterleben.

• Diese Aufgabe, den Leser miterleben zu lassen, führt dazu, dass Reportagen ganz im Gegensatz zu allen anderen journalistischen Darstellungsformen vornehmlich im Präsenz, der Gegenwartsform, geschrieben werden.

10.2 Die Themenfelder für Reportagen

Es gibt kaum Themenfelder, die sich nicht für Reportagen eignen. Klassiker ist aber immer noch, vielleicht sogar mehr denn je, die Reisereportage. Da Urlaubsfragen zu den die Leser besonders interessierenden Themenfeldern zählen und da mit den Reisen der Verbraucher erhebliche Umsätze und ein dementsprechend großer Anzeigenmarkt verbunden sind, sind die Reisethemen heute Gegenstand regelmäßiger Redaktionsseiten der Zeitungen und großen Publikumszeitschriften. Hinzu kommt eine unübersehbare Zahl von Spezialzeitschriften für Urlaubs- und Freizeitformen aller Art, die ihren Lesern regelmäßig Reisereportagen anbieten. Die Themen haben dabei eine erhebliche Bandbreite, zumal sich Reisethemen zunehmend auch mit Fitness- und Freizeitthemen verbinden. Der Leser kann sich am Kiosk mit Reportagen zu jedem Ereignis oder jeder Aktivität überallhin mitnehmen lassen: Auf die Expedition zu den Eingeborenen der vergessenen Pazifikinsel, zur Motorradtour durch Anatolien, zur Kanureise auf die Kanäle Burgunds, zum Wochenendausflug nach Prag, zur Wandertour durch die Eifel oder das Münsterland, zum Nachmittag am Baggersee vor der Stadt.

Individuelle Augenzeugenberichte von Ereignissen sind ebenfalls Standardthemen für die Reportagen in Zeitungen und Zeitschriften. Sie begleiten dann häufig einen Bericht zum Ereignis, zum Beispiel bei Großereignissen aus Sport, Wirtschaft oder Politik. Hinzu kommt die Gerichtsreportage.

Eine neue, modernere Form wird in der Literatur als Personen-Reportage bezeichnet. Diese Reportagen erfüllen viel von der Funktion eines Porträts, wenn es im Wesentlichen um die Person, zum Beispiel einen bedeutenden Politiker, geht. Diese Artikel sind dann auch als Porträts mit den Darstellungsmitteln der Reportage anzusehen. Dabei liegt die Gefahr journalistischen Versagens nahe: Aus der Beobachtung weniger von den PR-Abteilungen gewährter meist offizieller Stunden lässt sich wenig Substanzielles über einen Menschen erkunden. Zehn Stunden Mitfliegen und fünf Fabrikbesuche in Delegationsstärke bringen keine neuen Einsichten. Das Szenische füllt dann den Raum, der in guten Porträts durch recherchierte typische Begebenheiten beansprucht wird. Diese Porträts im Reportagestil werden schnell so, wie sie sich die Öffentlichkeitsarbeiter gewünscht haben – ein Opfer der Inszenierung.

Geht es in diesen sehr an einer Person orientierten Reportagen dagegen auch um ein Ereignis, ist der Reportage-Charakter klarer. Der Leser nimmt dann am Ereignis teil. Dass sich im Ereignis viel vom Charakter der handelnden Person zeigt, steht außer Frage. Ihre Charakterisierung steht jedoch nicht im Vordergrund. Beispiel Sterbehilfe: Oliver Link hat im STERN (12/2005) sehr eindrucksvoll die letzten zwei Lebenswochen einer Frau geschildert. Vorspann und Überschrift machen allein durch die Anonymisierung deutlich, dass es hier zunächst darum geht, die Leser an einem Geschehen teilnehmen zu lassen:

Oliver Link: Abschied – Frau K. geht sterben
Eine Frau ist nach einem Unfall vom Hals abwärts gelähmt. Sie erträgt es nicht und sieht als einzigen Ausweg die Sterbehilfe in der Schweiz. Der Stern begleitete Frau K. in den letzten zwei Wochen ihres Lebens. Ihre Botschaft: »Sagt allen, dass ich aufrecht gegangen bin.«

STERN 12/2005

In der Literatur zu Reportagen werden weitere Typen von Reportagen genannt: die Milieu-Reportage, die die Lebensumstände von Menschen in fremden Umständen schildert, die Selbsterfahrungsreportage, in der sich ein Reporter selbst der fremden Situation aussetzt, oder die aufdeckende Reportage, mit der Missstände beschrieben werden.

Die Tatsache, dass sich diese Reportage-Typen keineswegs klar voneinander abgrenzen lassen und dass es durchaus vorstellbar ist, sie mit den Reise- oder Ereignisreportagen ebenso zu verbinden wie mit den so genannten Personen-Reportagen, weist auf das fast alle Reportagen Kennzeichnende: Reportagen haben viel mit Menschen aller Art zu tun haben, die so bemerkenswert sind oder leben, dass die Leser das miterleben sollen. So gesehen ist das Themenfeld für Reportagen faktisch unbegrenzt.

10.3 Szenen und These der Reportage

Die Aufgabe der Reportage ist eine veritable Herausforderung. Sie soll den Leser ein Geschehen authentisch erleben lassen. Das eigene Erleben soll für Dritte erlebbar werden. Das kann nicht leicht sein. Vor allem ist es dafür nicht mit einer Hand voll der Regeln getan, die zum Beispiel der Meldung oder dem Bericht zu Struktur und Substanz verhelfen. Deshalb gibt es auch keine Standardstruktur und Musterlösungen für gute Reportagen.

Es gibt sehr viele Reportagen, die deshalb gut sind, weil sie ihre Aufgabe anschaulich erfüllen. Davon kann jeder Schreiber profitieren. Viele erfahrene Reporter haben über ihre Arbeit geschrieben. Auch dies ist hilfreich. Aber es gibt auch die Einsicht, dass sich zwei gute Reportagen selten ähneln, selbst dann, wenn sie von ein und demselben Autoren geschrieben wurden. Reportagen sind eben höchst subjektive Artikel, für die es keine Schnittmuster geben kann. Es sollte sie vielleicht auch nicht geben, denn es hat sich herausgestellt, dass mit dem Kopieren des Schreibstils großer Reporter auch kein Erfolgserlebnis verbunden ist. Im Gegenteil: Kopierer machen sich meist lächerlich, weil der Unterschied von Original und Fälschung in der Regel sehr deutlich ausfällt.

Für das Erstellen von Reportagen kann man allerdings eine Reihe von Hinweisen zusammentragen, deren Befolgung zusammen mit viel Fleiß und Sorgfalt dazu beitragen kann, eine Reportage zu schreiben. Alle diese Hinweise sind aber kein Muss, keine Conditio sine qua non, sondern nichts als zusammengetragene Erfahrungen.

So hat es sich zunächst für Reportagen als sinnvoll erwiesen, sich mit dem Zusammenspiel von Szenen und der These auseinander zu setzen. Dass eine Reportage von vielen Szenen lebt, liegt auf der Hand, wenn der Leser das Geschehen miterleben soll. Erst mit einer Szene betritt er den Raum, in dem der Reporter war – und befindet sich in einer Situation, die er wie der Reporter empfinden soll. Erst mit einer Szene erlebt er das Geschehen mit all den Details, wie sie der Reporter wahrgenommen hat. Erst mit einer Szene sieht er auch die kleinen Vorgänge am Rande, das Tuscheln der anderen Zuschauer, die weggeworfene Bananenschale, das schnell Hingekritzelte, die manchem Geschehen die eigene Note geben. Reportagen bestehen fast nur aus Szenen, also einzelnen Anblicken und Vorgängen, die am Ende das Miterleben ermöglicht haben. Die Szenen sind zentral, vorausgesetzt natürlich, sie sind vom Reporter gut beobachtet, richtig festgehalten und passend ausgewählt.

Gut beobachten. Irgendwann hört es jeder Journalist, irgendwann erfahren es viele persönlich: Wer nichts weiß, sieht nichts. Diese leicht eingängige Regel fordert vom Journalisten nichts anderes als sorgfältige Vorbereitung. Wer weiß, wie

Ingenieure heute Flugzeuge planen und bauen und wie neue Flugzeuge getestet werden, nimmt einen Jungfernflug völlig anders wahr als ein ahnungsloser Spaziergänger. Wer die Historie der Rheinverschmutzung einschließlich des Gehens und Kommens seiner Fischbestände studiert hat, nimmt einen Angler am Rheinufer anders wahr als der Loreley-Tourist aus dem fernen Japan. Cordt Schnibben hat nach eigenem Bekunden für seine Reportage über das Massaker von My Lai im Vietnam-Krieg der 60er- und 70er-Jahre 3.000 Seiten Vernehmungsprotokolle gelesen und für eine Reportage über die Haifischjagd vor England sechs Bücher über den Hai. Seine beiden Reportagen liegen zwar rund zwei Jahrzehnte zurück und stammen damit noch aus einer Redaktionswelt ohne Controller und Stellenpläne, sie zeigen aber, was gründliche Vorbereitung sein kann, wenn Zeit und Geld vorhanden sind. Und wohin sie führt: Für seine My Lai-Reportage erhielt Schnibben 1986 den Egon-Erwin-Kisch-Preis.

Das gute Beobachten ist dabei häufig nicht nur eine Frage des Archivs und des Lesens, sondern auch der exakten Planung. Wer seine Reportage über das Osterfestival in Salzburg und dessen Charakter als geschäftliches Ereignis für die Vorstandsmitglieder der großen deutschen Aktiengesellschaften schreibt, muss vorher wissen, wann er wo steht, um die richtigen Herren beim Geschäftsessen, ihre Damen beim Shopping und alle zusammen beim Diner zu erleben. Wer die Hintergründe eines Parteitages ausleuchten will, muss seine Verabredungen mit den Strippenziehern vorher getroffen haben, will er nicht wehrloses Opfer sich langweilender Wichtigtuer werden.

Zur guten Planung gehört auch das Studium des Umfelds. 24 Stunden an der Autobahnraststätte dauern länger als 24 Stunden, weil vorher von der Autobahnmeisterei über den ADAC, die Betreibergesellschaft, die Mineralölindustrie, die einschlägigen Berufsorganisationen und die Autobahnpolizei natürlich auch viele LKW- und PKW-Fahrer befragt werden müssen.

Gut beobachten heißt nicht nur, zur richtigen Zeit am richtigen Ort zu sein, sondern auch, dort in alle Ecken zu leuchten, den Standort oder Blickwinkel zu wechseln und ständig die Sinne aktiviert zu haben. Der Einsatz aller Sinne sichert für das Schreiben auch die so dringend gebrauchten präzisen Verben. Jede Reportage lebt von den Sinneseindrücken und wird langweilig, wenn die detaillierte Wahrnehmung fehlt. Kein Zweifel: Das aufmerksame Wahrnehmen ist einer der wichtigsten Schritte der Reportage. Es artet für die gute Reportage in Arbeit aus.

Richtig festhalten. Es ist kein Zufall, dass routinierte Reporter immer wieder davon berichten, welche Details sie sich reflexartig aufschreiben. Kleidung, Frisur, Schmuck, Gesten, Zahnlücken, Augenfarbe, Worthülsen, alles wird festgehalten, was das Gegenüber betrifft. Das gilt auch für sein Umfeld, zum Beispiel den Raum, die Fenster, den Boden, die Möbel, die Beleuchtung, den Wandschmuck, den

Schreibtisch, die Akten, die Fotos. Es sind auch diese Details, die einer Reportage zur Authentizität verhelfen. Ausschuss ist dabei unvermeidlich. Aber das geht Fotografen mit ihren Bildern auch so.

Passend auswählen. Mit der Auswahl kommt die These ins Spiel. Sie ist das Ergebnis der Recherche und des Erlebens, der harte Kern aller Eindrücke, die, wie Haller sie nennt, Quintessenz. **Die These sortiert die Szenen.** Ausgewählt werden von den vielen erfassten Szenen für die Reportage nur diejenigen, die die These oder ihre einzelnen Aspekte gut verdeutlichen. Die gelungene Reportage ist eine Art Mosaik: Jede Szene ist ein sorgfältig ausgesuchtes und platziertes Steinchen. Alle zusammen formen das gewünschte Bild. Viele Teilchen bleiben unbenutzt, sie hätten den gewünschten Gesamteindruck gefährdet.

Die These steuert die Auswahl der Szenen, deshalb muss sie sorgfältig erarbeitet sein. Sie darf erst am Ende des zu beschreibenden Geschehens gebildet werden, dann aber durchaus nach Art des Küchenzurufs, der sich überall im Journalismus bewährt, wo es darum geht, Sachverhalte auf den Punkt zu bringen. Die Vorstellung, das Wichtigste im Vorbeigehen durch die offene Tür zu rufen, klärt sehr schnell, worauf es wirklich ankommt. Üblicherweise ist dann die Formulierung auch kurz und verständlich.

Nur alle fünf Sinne führen zum Neuen, Authentischen oder Typischen und damit zur These. Nur wenn alle fünf Sinne eingesetzt werden, kann der Leser miterleben.

Ohne These, ohne die klare Botschaft an die Leser, misslingt die Auswahl der Szenen meist gründlich. Die entsprechenden Artikel zelebrieren oft willkürlich wirkende Details und erscheinen dann beliebig. Nicht minder untauglich endet in der Regel der Versuch, mit mehreren Thesen in einer Reportage mehr als eine Botschaft zu vermitteln. Die einzelnen Szenen passen dann nicht zusammen und der Artikel hat keinen roten Faden.

Ist das Erlebte aber in sich widersprüchlich, wäre eine eindeutige Botschaft nicht richtig, dann muss die These eben diese Widersprüche ausdrücken. Die Szenen zeigen diese Widersprüche in Bildern. Sie verdeutlichen ihre einzelnen Aspekte, zeigen die Menschen, die sich in diesen Widersprüchen verheddern, oder illustrieren die insgesamt verfahrene Situation.

Keine Szene ohne Bezug zur These.

Drei Szenen aus drei völlig unterschiedlichen Reportagen bekannter Autoren zeigen den Zusammenhang von These und Szene. Die Thesen stecken jeweils in den Vorspannen der Reportagen, alle Szenen stammen aus dem Lauftext:

Sibylle Berg: Das Land der frohen Mörder

(Vorspann) Zwei Jahrzehnte lang regierte in Kambodscha der Terror. Der Bürgerkrieg ist vorbei, aber der Schrecken ist noch lebendig: Die Roten Khmer haben Millionen von Minen verscharrt, im Dschungel warten die ehemaligen Machthaber auf eine neue Chance. Trotzdem kommen Touristen nach Phnom Penh, weil die Stadt der Greuel mit Sex und Abenteuer lockt. Und die Killer von gestern laufen frei herum.

(Lauftext) Ein Strandrestaurant. Das Meer. Sieht ungefährlich aus. Könnte ein hübscher Platz für Touristen sein. Am Nebentisch ein kleiner Mann mit einer goldbehangenen jungen Frau. Der Mann sieht aus wie der *(ehemalige Kommandant der Roten Khmer)* Chhouk Rin auf den Zeitungsfotos. Weil er Chhouk Rin ist. Er freut sich. Über seine Bekanntheit. Das ist ein bißchen, wie Himmler im »Hofbräuhaus« treffen. Morgen kommt eine Regierungsdelegation in sein Dorf, das Dorf, in dem seine Dschungelkämpfer wohnen. Alles gute Männer jetzt. Die in die Zukunft sehen. Wir sehen uns morgen.

Zeit Magazin 4.4.1997

Carmen Butta: Barock bis in die Seele

(Vorspann) Es wird Hochzeit gefeiert in der Stadt Sciacca im Süden Siziliens. Die Familie zelebriert das Ereignis mit üppiger Grandezza: So wie es immer war. So wie es sich noch heute gehört. Sizilianer sind Traditionalisten. Die Zukunft kommt schwer voran in einer Gesellschaft, deren Lebenstakt der Dichter Giuseppe Tomasi Fürst von Lampedusa vor 50 Jahren beschrieb: »Alles muß sich ändern, damit alles so bleibt, wie es ist.«

(Lauftext) Seit 40 Jahren streift der Alte hier Tag für Tag umher, tastet mit seinen knotigen Fingern über die Scherben, sammelt Salbei, Thymian,

Wildfenchel und Kapern. Dann setzt er sich neben den Opferaltar der Demeter, ißt Brot mit Käse und blickt bis zur Dunkelheit über das Meer. »Ich habe keine Leidenschaft für neue Gesichter«, sagt Calogero. Für ihn ist dieser Ort so rein und schön, dass alles andere nur eine verwirrende Nachahmung sein kann. Für ihn hat Sizilien schon alles gesehen.

Geo 4/1996

Alexander Osang: Flutkatastrophe – Ein Bier auf das Paradies

(Vorspann) Ein paar deutsche Aussteiger gehören zu den Überlebenden auf Kho Phi Phi. Sie waren auf der Trauminsel, weil sie der kalten, engen Welt ihrer Heimat entkommen wollten. Jetzt suchen sie in den Trümmern ihrer Häuser nach den letzten Spuren ihres Traums.

(Lauftext) Sie trinken das gefundene Bier aus, später auch noch eine Flasche Whisky. Zwischendurch kocht Blue auf einem Gaskocher immer wieder Tütennudelsuppe, die er mit Thunfisch aus den Dosen verfeinert, die er heute Nachmittag in einem zerstörten Lebensmittelladen gefunden hat. Die Katastrophe verschwindet immer mehr in ihren lustigen Erinnerungen von der Insel, thailändische Frauen geistern durch die Geschichten, aber auch Männer aus Stendal und Stade, deutsche Reisende, von denen sie nur die Vornamen kennen oder die Spitznamen. Matten, Derek, Oli, Lars und Schuppe. Es sind die Geschichten eines endlosen Männerurlaubs.

Der Spiegel 4/2005

10.4 Das Schreiben der Szenen

Drei Szenen, drei völlig unterschiedliche Stile. Vermutlich ist aber allen drei Autoren gemeinsam, dass sie stundenlang an ihren Texten gearbeitet haben. Denn das Schreiben der Szenen ist kaum etwas anderes als disziplinierte Arbeit. Für diesen Prozess lassen sich aber in der Literatur eine Reihe von Ratschlägen finden, die nach Ansicht der meisten Ratgeber jeder Szene zu Authentizität und damit jedem Leser zum Miterleben verhelfen können.

- Das Unkonventionelle und das überraschende Detail finden. Carmen Butta hat es als Ziel angegeben, auch andere haben es zu Papier gebracht: Im Unterschied zu vielen anderen journalistischen Darstellungsformen lebt die Reportage von der Fülle überraschender Details. Der Reporter muss sie suchen und finden, was

183

ohne den intensiven Einsatz seiner fünf Sinne kaum gelingen kann. Er muss Menschen oder Räume riechen, leises Vibrieren fühlen, muss hören, wie der Knopf zu Boden fällt oder den Schatten hinter dem Gegenüber sehen. Cordt Schnibben hat mit einigen Beispielen gut illustriert, wie aussagekräftig überraschende Details sein können: Nicht dass ein Bauer alt sei, zähle, sondern dass er schwerhörig sei und unbedingt in der ersten Reihe sitzen wolle. Nicht dass Phnom Penh eine dreckige Stadt sei, wolle der Leser wissen, sondern wie viele Ratten jeder Einwohner im Schlafzimmer habe. Nicht dass die Vietcong in Tunnel lebten, sei wichtig, sondern dass sie das Rasierwasser der GIs benutzten, damit die Spürhunde der GIs sie für Amerikaner hielten. Schnibben hatte erkennbar im Tunnel geschnuppert.

Carmen Butta hat in der Gruft eines sizilianischen Kapuzinerklosters genau hingesehen:

Carmen Butta: Barock bis in die Seele

Der Atem des Padres rasselt. Aus kurzsichtigen Augen starrt er eine unterirdische Galerie entlang. Sie ist von Neonlicht beschienen. Wie in eingefrorener Bewegung stehen Kinder, Frauen, Männer vor der gekalkten Mauer und starren uns an. Manche erstaunt, fragend, verwirrt: manche empört oder flehend. Sie tragen Jacken aus Velours, Taftblusen und Kleider aus Seide oder luftigem Organza mit Spitzenkragen und Schleifen. Sie haben die Köpfe vertraulich einander zugeneigt und die Arme verrenkt, den Mund wie im Schrei aufgerissen oder die Zähne zum Grinsen entblößt.

GEO 4/1996

Jacken aus Velours, Taftblusen und Kleider aus luftigem Organza mit Spitzkragen und Schleifen – die Szene illustriert eine weitere Regel für den Umgang mit Details beim Schreiben guter Reportagen.

- **Das Besondere ersetzt das Allgemeine.** Gattungsbezeichnungen erschweren es dem Leser, sich in eine Szene hineinzuleben. Er sieht auf der Straße ja auch keine Autos, sondern einen hellblauen Heckflossen-Daimler mit Rostflecken am rechten Kotflügel, einen tropfenden tiefgrünen Kieslaster und einen schwarzen Porsche Carrera mit einem Grauhaarigen am Steuer. So sollte er auch die Szene in der Reportage erleben. Deshalb sollte es, sofern genau beobachtet wird, an den entscheidenden Stellen der Szenen keine Bäume geben, sondern zartgrüne Birken, turmhohe Buchen, knorrigen Eichen oder finstere Fichten. Entsprechendes gilt besonders für die Beschreibung von Menschen.

- **Treffende Verben finden.** Erlebbar wird die Reportage erst, wenn die präzise Beobachtung mit den passenden Verben wiedergegeben wird. Verben sind die Farbenträger des Satzes, sie trennen die gute von der flachen Reportage. Je treffender ein Verb ist, desto klarer wird der Satz. Deshalb ist es beim Schreiben eben nicht damit getan, mithilfe von Wörterbüchern mit Synonymen möglichst ausgefallene Verben in die Texte einzuschleusen. Es geht um das treffende Verb. Dabei ist es durchaus üblich, auch die Dinge selbst agieren zu lassen: Die Mauer duckt sich, der Karren rostet vor sich hin, das Türschild klebt am Ziegel, Windräder strecken sich in den Abendwind.

Carmen Butta: Barock bis in die Seele

1986 drohten die Wände einzustürzen. Lo Spasimo wurde zur Mülldeponie, bis im April 1995 Strafgefangene 5.000 Kubikmeter Unrat herauskarrten, Blumenbeete anlegten und Stühle aufstellten. In drei Monaten. Seitdem schweben an Sommerabenden Klavierkadenzen und Violinarabesken aus dem offenen Kirchenschiff über das Viertel.

Geo 4/1996

- **Eindrücke werden vermittelt und nicht benannt.** Mitgenommen in die fremde Welt, soll der Leser etwas erleben. Er soll sich seine eigene Meinung bilden, soll sein Gegenüber selbst bewerten. Die Szenen verdeutlichen die Intention des Textes. Zum Beispiel wird der Reporter in der guten Reportage selten schreiben, dass die leere Wohnung verlassen wirke. Er wird vielmehr dem Leser schildern, wie die Schritte hallen, die Wollmäuse über den Boden huschen und dass helle Flecken an den Wänden verraten, wo früher Möbel standen oder Bilder hingen. Sibylle Berg hätte sagen können, dass die alte Schule das Grauen verbreitet. Sie lässt es den Leser erfahren:

Sibylle Berg: Das Land der frohen Mörder

Die Schule. Mitten in der Stadt. Eines von hundert Vernichtungslagern. Von außen nicht schlimm. Ein paar hässliche Sechzigerjahrehäuser, Bäume und Blumen. Klassenzimmer. Von außen nichts dabei. Nur nicht reinge-hen. Kommt keiner raus, wie er reinging. Den Ekel wirst du nicht mehr los. Tagelang, wochenlang. In jedem Raum ein Bettgestell, Metallfesseln, alte Blutlachen und Schreie von den Wänden, Schmerz und etwas, das grö-ßer ist, als es der Magen verträgt. Neben dem Bett immer nur ein Photo. Als die Vietnamesen kamen, haben sie den Raum so vorgefunden, wie er jetzt aussieht, nur lagen auf den Bettgestellen Körper. Verkrümmt, mit herausgequollenen Augen, aufgerissenen Bäuchen, Haut, geplatzter Haut, Innereien. Zu Tode gefoltert. Nicht schnell. Nur ein Raum, mit einem Bettgestell und dem Bild einer Leiche an der Wand. Und es ist, als wäre der Körper noch warm, läge noch vor dir. Tausende waren hier. Alle wurden photographiert. Vorher. Nachher. Wegen der Ordnung. Kinder. Frauen. Männer. Furcht bis zum Wahnsinn im Blick, und nicht mehr hoffen kön-nen. Von Tausenden kamen zwölf lebend raus.

ZEIT MAGAZIN, 4.4.1997

Die Schulszene nimmt den Leser mit. Sie bestätigt auch eine andere Erfahrung: Je dramatischer oder grauenhafter ein Detail oder eine Szene ist, desto nüch-terner soll die Sprache werden. Denn Sprache, die dem Leser die Emotion auf-zwinge, so die Einsicht der Reporter, stumpfe ab. Und über noch eines sind sich die meisten Autoren einig: Ihre ersten Formulierungen seien oft abgedroschen und leblos. Sie seien häufig nur dazu da, später gestrichen zu werden.

Eine andere Frage ist dagegen traditionell umstritten: Tritt der Autor in der Reportage auf und ist damit das »ich« zulässig? Nichts da, sagen viele erfah-rene Redakteure, der Koch bleibt in der Küche, und redigieren grundsätzlich aus allen Stücken jedes »ich« und »wir«. Es sei denn, der Selbsterfahrungstrip ist anders nicht darstellbar, weil sich die merkwürdigsten Dinge eben nur im Kopf des Autoren abspielten. Reportagen sind subjektiv, sagen andere, und platzieren sich großzügig in den Zeilen. Wieder andere setzen sich behutsam und vorsichtig in die Szene, zum Beispiel Sibylle Berg in der Reportage über Kambodscha.

Der Autor entscheidet, es ist seine Reportage. Aus der Funktion der Reportage ergeben sich allerdings deutliche Hinweise für den Verzicht auf das »ich«. Der Leser soll selbst erleben. Er soll seine eigenen Schlüsse ziehen, soll als schrecklich empfinden, was er sieht, ohne dass der Autor ihm jeweils vorsagt, was er zu urtei-len oder zu empfinden hat. Der Reporter leiht ihm seine fünf Sinne und verab-schiedet sich. Dann kann er auch nicht auftreten. Das spricht für den Verzicht auf das »ich« und »wir«. Es fügt sich passend, dass es im Journalismus grundsätzlich sinnvoll ist, sich selbst in die Beobachterrolle zurückzunehmen.

10.5 Der Aufbau der Reportage

Für die Reportage gibt es keinen Standardaufbau wie für den Bericht. Bei ihr bestimmt die These den Aufbau. Sie zieht sich wie ein roter Faden durch den Artikel. Die vielen Szenen sollen diese These verdeutlichen. Deshalb dürfen sie – chronologische Notwendigkeit einmal ausgeschlossen – so lange hin- und hergeschoben werden, bis die These besonders plastisch geworden ist. Daneben gibt es natürlich auch für die Reportage hinter einem Vorspann die unvermeidlichen Elemente jedes Textes, den Einstieg, einen Hauptteil und den Ausstieg.

Wie bereits gesehen, präsentieren die Überschrift und der Vorspann die These. Sie stellt ein Versprechen an den Leser dar, das der Artikel einlösen muss. Meist ist der Vorspann kurz, zwei knappe Sätze informieren über das Thema und konkretisieren die These, die oft schon in der Überschrift angesprochen ist. Die Funktion des Vorspanns ist klar: Er soll den Leser für die Reportage interessieren, nachdem ihn Fotos, Aufmachung und Überschrift zum Lesen des Vorspanns angeregt haben.

Über den Einstieg in Reportagen, die Kunst des ersten Satzes hinter dem Vorspann, lassen sich in der Literatur einige Autoren besonders ausführlich aus. Das ist nachvollziehbar, kommt doch dem ersten Satz – allerdings hinter Überschrift und Vorspann – recht viel Bedeutung zu. Ist er verschachtelt, will er nicht enden, ist er, zum Beispiel mit einem langweiligen Zitat, gar ermüdend, besteht die Gefahr, dass der Leser sofort seine Anstrengungen einstellt und weiterblättert. Andererseits ist es immer nur ein erster Satz, einer von vielen eben. Deshalb wirkt es auch etwas übertrieben, diesem einen Satz in der Theorie ganze Gedankentürme zu errichten. Eine Regel reicht fast immer: Da die Reportage aus Szenen besteht, spricht sehr viel dafür, dass der Einstieg szenisch erfolgt. So handhaben es denn auch die meisten Autoren.

> **Sibylle Berg: Das Land der frohen Mörder**
>
> *Die Stadt.* Ist das kaputte Herz in einem verwesten Leib. Erzähl mir was von Kambodscha. Was soll ich dir erzählen. Kambodscha gibt es nicht. Der Krieg hat es zerfetzt, nur noch Splitter da, die tun, als seien sie ein Land, und sind

nur Dreck. Kambodscha, der zweitgefährlichste Ort der Welt, den gefähr-
lichsten kennt keiner genau. Wohl alle tot, die da waren. Die Stadt ist wie
ein Ameisenhaufen. Jemand hat einen Stock reingesteckt, und nun laufen sie,
ganz schnell, und warum, ist nicht klar. Nichts Schönes da zum Hinlaufen.
Breite staubige Straßen. Halbeingestürzte Kolonialhäuser, verschimmelter
Beton. Da will man nur schnell durch. Irgendwohin, und überall muss es
besser sein. Die können, fahren Moped. Dem Rest fehlt dazu ein Arm oder
ein Bein. Und jeder zweite trägt eine Uniform. Von welcher Armee ist egal.
Waffen, wohin man sieht. Armut und Müll und Gestank und Waffen. Das
einzige, was viele haben, ist eine chinesische Maschinenpistole. Daran halten sie sich fest, die Männer von Phnom Penh.

Zeit Magazin 4.4.1997

Carmen Butta: Barock bis in die Seele

Es ist Mittag. Stunde des »Annacamento«, der Bewegung als Trugbild: sich
wiegen, schaukeln; schreiten, ohne vorwärts zu kommen. Träge schlendern
drei Männer auf der Piazza dei Cappucccini von Palermo in kleinen Kreisen
vor dem Blumenkiosk, rauchen, lassen manchmal ein Wort fallen. Eine
Frau hinter der Scheibe einer Telefonzelle bewegt nicht die Lippen, starrt
nur nach draußen. Spieluhrhaft monoton schwenkt ihre Hand einen weißen Fächer. Geruchsfahnen von Müll und gerösteten Mandeln kriechen
über den Asphalt. Das Falsett eines fliegenden Händlers schraubt sich in
den Himmel.

Geo 4/1996

Alexander Osang: Flutkatastrophe – Ein Bier auf das Paradies

Die heiße Luft schmeckt nach Staub und Verwesung, aber JP redet von
Naturdärmen, Schinken und Kasseler, als laufe er durch eine virtuelle heile
Welt. Er sucht seinen Räucherofen. Er war schwer wie eine Lokomotive,
sagt JP. 400 Kilogramm mindestens, in nullachter Stahl gewandet, so was
verschwindet doch nicht einfach. JP folgt den Trümmern seines Restaurants
die kleine verwüstete Geschäftsstraße hinunter, wobei er kurz in den Laden
seines Nachbarn Heinz-Oswald schaut, den sie sieben Tage nach der Flut
unter einem Geröllhaufen fanden, so zerschunden, dass man nicht mal
mehr die Tätowierungen erkennen konnte. Und der Heinz hatte große
Tätowierungen, sagt JP. Am Ende der Straße, 200 Meter von seiner Kneipe
entfernt, findet er in der Ruine eines Reisebüros ein farbiges Betonstück aus
seiner Bar.

Der Spiegel 4/2005

Die alles überragende Empfehlung für diese erste Szene gibt es nicht. Es kann sie auch nicht geben. Da diese erste Szene die Leser in das Geschehen einführt, ist es durchaus sinnvoll, wie in allen drei Beispielen mit dieser Szene Ort und Zeit oder, sofern vorhanden, die handelnden Personen einzuführen.

> Gelegentlich ist es sinnvoll, eine schöne längere Szene in zwei Abschnitte zu zerlegen und dann für Einstieg und Ausstieg zu verwenden. So wird die Reportage am Ende für den Leser rund.

Auch für den Hauptteil gibt es kein Standardschema. Manchmal setzen die Autoren an den Anfang eine Szene, die als Bild die Botschaft besonders deutlich zeichnet. Die These, die ja bereits im Vorspann formuliert wird, sollte dann aber auf keinen Fall mehr nach Art des Magazinberichts ausformuliert werden. Es spricht nur noch die Szene.

Spätestens dann aber folgen die Elemente, die die Reportage ausmachen: Es beginnt eine Art Bilderroman mit einem Wechselspiel der Szenen. Auf diese Wechsel wird in der Literatur zur Reportage sehr häufig hingewiesen, ohne dass aber in diesem Umfang von den Autoren guter Reportagen davon Gebrauch gemacht wird. Es sind also – wie immer bei den Empfehlungen für das Schreiben von Reportagen – Anregungen zum Ausprobieren, die da weitergegeben werden:

- Mit den Szenen den Standort zu wechseln, vor und hinter die Kulissen zu schauen, den Leser außen wie innen teilnehmen zu lassen, das Land und die Gegend mit ihm in den Szenen zu bereisen.
- Mit den Szenen die Perspektive zu wechseln, aus der Nahsicht in die Fernsicht zu schalten und umgekehrt, Einzelschicksale und Gruppenschicksale zu sehen, das Detail ebenso wie das große Ganze.
- Mit den Szenen das Tempo zu wechseln, also ruhige Szene und schnellere Szenen zu mischen.
- Mit den Szenen auch die Inhalte zu variieren, erklärende Szenen durch beschreibenden abzulösen, Porträthaftes durch Ereignishaftes.

Tatsächlich lassen sich in der Reportage Abschnitte erklärender Art nicht vermeiden. An irgendeiner Stelle müssen dem Leser die wichtigen Zahlen zu Land und Leuten, zu Geschichte oder Problemen vermittelt werden. An einer Stelle im Artikel muss dieser so genannte Volkshochschulteil (VHS-Teil) stehen. Ungeschicktes Einfügen von Sachinformationen in den Lauftext der Reportage birgt dabei die Gefahr, die Erzählung und den Lesefluss zu stören. Es gibt elegantere Möglichkeiten, wichtige Daten dem Leser aufzubereiten.

Die einfachste und meist beste Möglichkeit bietet ein Kasten. Alle wesentlichen Daten werden dem Leser komplett im Kasten angeboten. Ein solcher Infokasten kann zum Beispiel die Spielregeln im Fußball erklären, die Rechtsgrundlage der Sterbehilfe in der Schweiz oder die aktuellen Geschäftszahlen der Bundesagentur für Arbeit. Die Sachtexte in den Kästen lassen sich dabei leicht mit Fotos, Grafiken oder Karten verbinden. Der Rhythmus der Reportage wird nicht gestört, manchmal wird das Layout durch den Kasten und die Illustration sogar aufgelockert.

Unter bestimmten Umständen, zum Beispiel bei vielen Zahlen oder der Notwendigkeit, längere Passagen aus Texten zitieren zu müssen, empfiehlt es sich gelegentlich, diese Zahlen oder Texte in Elemente von wenigen Zeilen zu zerlegen und als selbstständige Zitate, so genannte Quotes, typografisch abgesetzt zwischen einige Absätze des Lauftextes zu stellen. Die Abfolge der Szenen wird dann wie von Zwischenüberschriften unterbrochen, wobei diese Quotes in der Regel kursiv gesetzt werden. Was vielleicht zunächst kompliziert klingt, erweist sich als einfach und durchaus geeignet, die Spannung in einer Reportage zu erhöhen. Beispiel Einzelhandel: Die Reportage über die Arbeit einer Verkäuferin im Discountmarkt schildert in einzelnen Szenen anschaulich das Hin und Her zwischen Kasse und Regalen, Lager und Laden oder Kunden und Chef. Einzelne treffende Passagen aus den jeweiligen Vorschriften der Berufsgenossenschaft oder der Tarifverträge bilden, zwischen diese Szenen gestellt, einen inhaltlichen, sprachlichen und formalen Kontrast und klären gleichzeitig über die Rechtslage auf. Anspruch und Wirklichkeit werden deutlicher.

Außerdem ist es immer möglich, die Sachinformationen behutsam in den Szenen unterzubringen. Mit Zitaten, mit Beschreibungen oder mit Rückblenden, wie es Alexander Osang macht, oder, wie bei Sybille Berg und Carmen Butta, als eigene Szene.

Alexander Osang: Flutkatastrophe – Ein Bier auf das Paradies

Es könnte sein, dass der Massentourismus auf Ko Phi Phi an dem Tag begann, an dem Jens Peter Marsch [*seinen Fuß*] auf die Trauminsel in der Andamanensee setzt. Eine kleine Insel mit zwei grünen Felsen, die durch einen schmalen, mit hohen Palmen bestandenen Streifen weißen Sandes verbunden sind. Etwa 200 Leute lebten damals auf Phi Phi. Das ist etwa 15 Jahre her. Marsch war knapp 30, ein Koch aus Darmstadt [...] Sie legen alles auf einen Haufen, dann ziehen die drei Männer über ihre Insel, hier und da finden sie ein Bier, wischen den Staub vom Hals und trinken es schnell. Das Reisebüro, in dem man Mister Blues Gamefishing-Touren buchen konnte, ist vom Erdboden verschwunden. Sein Boot »Electric Blue« lag glücklicherweise im Hafen von Phuket zum Tanken, es ist nur leicht beschädigt worden. Die Straßen, die das Touristendorf teilten, gibt es nicht mehr, nur noch die Schneisen, die die Planierraupen und Bagger auf der Suche nach Toten gezogen haben. 800 Menschen sind auf Phi Phi gestorben, heißt es, mehr als 1.900 werden vermisst. Allein in JPs Erdgeschoss lagen zwölf Leichen, sagt er. Er hat dort kurz nach der Welle fotografiert und die Fotos auf eine CD gebrannt, die er »Tsunami Fatty's 2004« nannte. 6.000 Menschen bevölkerten in der Hochsaison die kleine Insel, heute treffen Floh, Blue und JP vielleicht 50.

DER SPIEGEL 4/2005

Sibylle Berg: Das Land der frohen Mörder

Die Vergangenheit. Ist nicht da. Nirgends in der Stadt ein Mahnmal. Nix zum Blumen hinlegen. Vor 22 Jahren begann Pol Pot, Phnom Penh von der dekadenten Stadtbevölkerung zu säubern. Intellektuelle, Künstler, Gläubige, Brillenträger, Analphabeten und, aus Sorge um die Blutrache, auch deren Frauen und Kinder – alle mussten sterben, die Pol Pots Wahnvorstellung von einem genügsamen Agrarstaat hätten im Wege stehen können. Und sind jetzt weg. Da gibt es keinen mehr, der Bücher oder Theaterstücke über die Vergangenheit schreibt, Bilder malt, und die, die es noch gibt, die überlebt haben, wollen nur vergessen. Frag einen auf der Straße, er wird lächeln und dir antworten: Pol Pot ist Vergangenheit. Er hat meine Mutter getötet, meinen Vater, meine Familie. Ja, wir wurden aufs Land vertrieben, wir wurden geschlagen, gefoltert, viele sind verhungert. Aber es ist Vergangenheit. Jetzt haben wir Frieden. Sagen sie, als wollten sie es beschwören. Der einzige Platz in Phnom Penh, der zeigt, dass der Terror keine Erfindung ausländischer Medien ist, heißt Tuol Sleng.

ZEIT MAGAZIN 4.4.1997

Carmen Butta: Barock bis in die Seele

Mit dem Wasser wurde auf Sizilien immer Politik gemacht. Durch Vergabe von Brunnenrechten und Privatverkauf des kostbaren Nasses hatte die alte »Mafia der Felder« Bauern und Gutsherren erpresst. Heute, seit den sechziger Jahren, läßt die Wassernot Ströme von öffentlichen Geldern aus Rom in die Taschen von Cosa Nostra, Politikern und Beamten fließen. Auch deshalb funktionieren nur 45 der 530 Entsalzungsanlagen und werden Staudämme dort gebaut, wo es nichts zu stauen gibt. So wurden die Bauern zu Wasserdieben gemacht: Eine Pipeline, die an der Südküste der Insel von Gela nach Agrigent führt, wird jetzt von Soldaten bewacht, weil sie an vielen Stellen angebohrt worden ist.

GEO 4/1996

Zur übrigen Struktur des Hauptteils findet sich in Lehrbüchern häufig der Hinweis, einen chronologischen Aufbau zu vermeiden, weil er langweilig wirke. Das mag sein, wenn den Szenen nicht viel Substanz innewohnt. Grundsätzlich aber hat das Miterleben des Lesers auch sehr viel mit dem Ablauf der Dinge zu tun, sofern es sich um ein zusammenhängendes Geschehen, ein Ereignis, handelt. Und da die Reportage auch viel mit Augenzeugenberichten zu tun hat, ist der chronologische Aufbau so unpassend und ungewöhnlich nicht. Er ist schlicht und sachlich oft richtig. Er muss ja nicht so aussehen wie in der Kindererzählung, in der pausenlos ein »Und dann« den nächsten Absatz einleitet.

Zudem lässt sich der chronologische Aufbau individuell gestalten, etwa wenn das Geschehen um ein einschneidendes Ereignis herum, eine Schiffskatastrophe, einen Terroranschlag oder einen Kurssturz geschildert wird. Dann kann sogar die Uhrzeit die Szenen einleiten, dann kann auch rückwärts gezählt werden oder es kann eine Stunde null definiert werden, in der alles beginnt. Chronologie muss nicht langweilig enden.

Die Mittel, auch mit dem Aufbau etwas Spannung in die Reportage zu legen, beschränken sich dabei nicht nur auf einen Count-down. Zum Beispiel kann mit zwei Erzählsträngen gearbeitet werden, wenn es gilt, Unterschiede herauszuarbeiten, etwa zwischen gestern und heute, zwischen Anspruch und Wirklichkeit oder zwischen Tätern und Opfern. Nicht unähnlich den Quotes mit den Sachinformationen, ergänzt nun eine Reihe von Szenen mit der völlig anderen Perspektive die Kette der Szenen des ersten Erzählstrangs. Der Reisebericht nach Tansania wird ergänzt durch die Tagebuchaufzeichnung des längst verblichenen Afrikaforschers, die Hauptversammlung der Großbank wird sowohl aus der Sicht des Kleinaktionärs als auch aus der Sicht des Leiters des Rechnungswesens verfolgt, die Realität des Lebens im Seniorenheim dem Besuch in der Hauptverwaltung der Betreibergesellschaft gegenübergestellt.

Für den Ausstieg empfehlen Autoren und Lehrbücher oft die Orientierung am Einstieg. Tatsächlich schließt sich für den Leser der Kreis, wenn die handelnde

Person aus dem Einstieg auch am Ende der Reportage etwas erledigt oder sagt oder wenn ein Bild vom Einstieg, etwa das eines träge dahingleitenden Flusses, am Schluss wieder aufgenommen wird. Wichtig ist es allerdings bei Personenidentität in Ein- und Ausstieg, diese Personen auch im Hauptteil der Reportage mehrfach auftreten zu lassen. Sonst geht, wie in Redaktionen gelegentlich formuliert wird, der Mann mit der Mütze verloren. Sonst weiß der Leser nicht mehr, um wen es da ging und was an dieser Figur so bedeutsam war.

Diese Orientierung am Einstieg ist aber keineswegs zwingend. Chronologisch aufgebaute Reportagen werden am Ende des Geschehens orientiert, andere Reportagen enden häufig noch einmal mit einem Bild für die Botschaft, einem besonders einprägsamen Schlussbild. Manchmal bildet auch eine gute Metapher für die Botschaft den Schlussstein im Mosaik der Szenen.

Alexander Osang: Flutkatastrophe – Ein Bier auf das Paradies

Der Puffwächter schließt das Eisengitter vorm Eingang. Es ist nachts um halb zwei, auf dem Markt von Phuket Town, wo die Einheimischen einkaufen, beginnen die Händler ihre Stände aufzubauen. Kleinlaster mit Obstkisten fahren vor, Eissäcke werden ausgeladen, es riecht nach Fisch und Brot, das Leben beginnt.

Der Spiegel 4/2005

Sibylle Berg: Das Land der frohen Mörder

Die Nacht. Kommt schnell. Die Nacht ist gefährlich. Weg aus dem Lager der guten Menschen. In ein Hotel. Der junge kambodschanische Journalist, der uns begleitet, fängt an zu reden. Bisher hat er immer nur gelächelt und uns erzählt, dass er sich über den Frieden freue. Und nun redet er. Von Kollegen, die wegen kritischer Berichte getötet wurden. Von der Wut des Volkes auf die korrupte Regierung. Auf die Spendengelder in Millionenhöhe, die irgendwo versickerten. Über sein Land. Das kein gutes Land sei. Für niemanden. Über die Angst, die nicht benennbar ist. Immer da. Schaut er sich suchend um, in der Nacht, und sagt, dass er nicht sagen könne, was das für eine Angst sei, wovor – wo doch keiner noch etwas zu verlieren habe. Die Vergangenheit ist da, und kann man nicht tun, als gäb's die nicht? Zerreißt die Seele eines Landes, der Menschen. Die Vergangenheit mit einem dünnen Tuch drüber, darauf kann nur ein Haufen Trümmer stehen. Nichts Festes. Ein Haufen Dreck. Sagt der junge Journalist. Das ist Kambodscha.

Zeit Magazin 4.4.1997

Carmen Butta: Barock bis in die Seele

Salvatore beginnt leise zu summen – eine getragene, arabische Melodie, fast eine Klage, die mit nasaler, verzerrter Stimme gegen das Tuckern des Motors anschwillt.

Es ist das Lied von den Piraten, das Lied von den Fremden, die über das Meer kamen und auf der Insel landeten: »[...] Sie kamen mit den Wintergesichtern, um uns die Sonne zu stehlen, und wir blieben im Dunkel. Weine Sizilien ... Unseren Frauen raubten sie die Augen, all das Gold, die Orangen und die Spiegel [...] und die Fische wurden verrückt und begannen zu klagen ... Uns allen raubten sie Feuer und Licht. Weine Sizilien! Sicilia chiangi ...«

GEO 4/1996

10.6 Zusammenfassung

Gelungene Reportagen sind die Glanzstücke im Angebot von Zeitungen und Zeitschriften, weil sie informativ, fesselnd und exklusiv sind. Sie nehmen ihren Leser mit auf eine Reise. Genau darin besteht ihre Funktion: Für den Leser eine Distanz zu überbrücken und ihn ein Geschehen selbst erleben zu lassen. Die Reportage sollte dabei alle Ansprüche erfüllen, die an eine Nachricht zu stellen sind, sie sollte also aktuell und interessant sein. Dennoch kann eine Reportage in der Regel keinen Bericht ersetzen, weil sie stark auf das authentische Wiedergeben der Situation und weniger auf das journalistische Weitergeben von Fakten ausgerichtet ist. Das Themenspektrum für Reportagen ist praktisch unbegrenzt. Zu den Klassikern der Reisereportage und der Reportage von Ereignissen sind in den vergangenen Jahren zunehmend so genannte Personen-Reportagen getreten, die allerdings dann die Funktion eines Porträts erfüllen, wenn die Charakterisierung einer meist prominenten Person im Vordergrund steht. Außerdem werden als Reportagetypen in der Literatur die Milieu-Reportage, die Selbsterfahrungsreportage oder die aufdeckende Reportage genannt.

Reportagen sind höchst individuelle Artikel, für die es keine Standardstruktur gibt. Auch fehlt es an Patentrezepten für das sichere Gelingen. Da Reportagen das Miterleben ermöglichen sollen, ist die authentische Wiedergabe der einzelnen Anblicke und Vorgänge, der Szenen, entscheidend. Diese Szenen, ihre Erfassung, ihre Auswahl und ihre Wiedergabe sind zentral für die Reportage. Die gute Wahrnehmung des relevanten Geschehens erfordert dabei nach einhelliger

	Reportage
formale Merkmale	
Länge	umfangreich
Aufmachung	Foto bis opulent
Positionierung	exponiert
Überschriften	Hauptüberschrift, Zwischenüberschriften, Quotes
Ergänzung	Kasten, Grafik, Foto
strukturelle Merkmale	
Einstieg	Szene
Ausstieg	Szene
Portal	selten
These/Versprechen	Vorspann
Zahlen	wenige
Zitate	zahlreich
Szenen	typisch
Beispiele	selten
Wechsel	alle Formen
inhaltliche Merkmale	
aktuelle Informationen	meist
Meinung	These
Empfehlung	–
Hintergrundinformation	sparsam
Prognose	–

Abb. 10: Typische Merkmale der Reportage

Auffassung der Literatur eine gründliche Planung und Vorbereitung sowie den bewussten Einsatz aller fünf Sinne. Renommierte Reporter gehen davon aus, dass es um die Wahrnehmung besonders überraschender Details gehen sollte, wenn die Reportage gelingen soll. Die Auswahl der Szenen wird von der These, der Zusammenfassung aller Eindrücke, gesteuert. Ausgewählt werden von den vielen festgehaltenen Szenen nur diejenigen, die die These oder ihre einzelnen Aspekte gut verdeutlichen.

Für das Schreiben der Szenen gibt es in der Literatur eine Reihe von Empfehlungen. Danach gilt es, möglichst viele überraschende Details herauszustellen und allgemeine Bezeichnungen durch präzise Beschreibungen zu ersetzen, also Gattungsbegriffe zu vermeiden. Ferner sei besondere Sorgfalt auf die Auswahl treffender Verben zu verwenden. Außerdem sei darauf zu achten, Eindrücke zu vermitteln und nicht zu benennen, weil der Leser selbst empfinden und urteilen soll.

Die These bestimmt auch den Aufbau der Reportage. Sie wird meistens in Überschrift und Vorspann vorgestellt und häufig in einer frühen Szene plastisch vorgeführt. Mit der Einstiegsszene werden nach dem Vorspann in der Regel Ort und Zeit oder, sofern vorhanden, die handelnden Personen vorgestellt. Der Hauptteil der Reportage ist eine Art Bilderroman, dessen einzelne Bilder, die einzelnen Szenen, die These der Reportage beweisen. In der Literatur wird empfohlen, mit den Szenen die Standorte, die Perspektiven, das Tempo und die Inhalte zu variieren. Sachliche Informationen werden von den meisten Autoren behutsam mit Zitaten, Beschreibungen oder Rückblenden in einzelne Szenen eingeflochten. Für die Wiedergabe umfangreicherer Informationen empfehlen sich dagegen Kästen, da sie den Rhythmus der Reportage nicht stören. Für den Ausstieg wird oft auf die sinnvolle Verbindung zum Einstieg hingewiesen. Viele gute Reportagen enden aber mit einem Abschlussbild für die These.

Literatur

Gerhardt, Rudolf: Lesebuch für Schreiber. Vom journalistischen Umgang mit der Sprache. Ein Ratgeber in Beispielen. 6. überarb. und erw. Auflage, Frankfurt 2001.

Haller, Michael: Die Reportage. Ein Handbuch für Journalisten. 4. Auflage, Konstanz 1997.

Haller, Michael: Reportage/Feature, in: Weischenberg, Siegfried u. a. (Hrsg.): Handbuch Journalismus und Medien, Konstanz 2005, S. 405–411.

Kisch, Egon Erwin: Marktplatz der Sensationen, Berlin 1962.

Kleinsteuber, Hans J.: Reisejournalismus, in: Weischenberg, Siegfried u. a. (Hrsg.): Handbuch Journalismus und Medien, Konstanz 2005, S. 403–405.

Mast, Claudia (Hrsg.): ABC des Journalismus. Ein Handbuch. 10., vollst. neue Auflage, Konstanz 2004.

Pürer, Heinz u. a. (Hrsg.): Praktischer Journalismus. Presse, Radio, Fernsehen, Online. 5., völlig neue Auflage, Konstanz 2004.

Schneider, Wolf; Paul-Josef Raue: Das neue Handbuch des Journalismus. 1., vollst. überarb. und erw. Neuausg., Reinbek 2003.

11. Das Feature

Mit kaum einem Begriff des Pressejournalismus geht es so kunterbunt durcheinander wie mit dem des Features. Dabei wird jede Art Verwirrung sogar noch gesteigert, wenn die abgeleiteten Mischwörter »anfeaturen« und »verfeaturen« in die Diskussion eingeführt werden. Es ist nur mäßig übertrieben, davon auszugehen, dass es nicht zwei Redaktionen gibt, in denen zu allen drei Begriffen deckungsgleiche Vorstellungen existieren. Dennoch gibt es in Zeitungen und Zeitschriften viele Artikel, die sehr genau Funktion und Struktur eines Features erfüllen: Oft sind die Seite-3-Geschichten der Tageszeitungen, die Lesestücke nach Art der SÜDDEUTSCHEN ZEITUNG, Features im besten Sinne der Theorie. Fast alle Trend-Geschichten der Magazine sind Features, gute Nutzwertgeschichten haben häufig eine klare Feature-Struktur und viele der szenisch geschriebenen Erklärstücke sind Features. Dennoch existiert die Sprachverwirrung.

Am schnellsten lässt sich auch das Feature über seine Funktion erfassen: Das Feature stellt abstrakte Sachverhalte oder Sachthemen mithilfe typischer Situationen dar. Mit anderen Worten: Das Feature ist die Sachgeschichte für den lesefreudigen Erwachsenen. Es erklärt anschaulich komplizierte Entwicklungen oder Zusammenhänge an treffenden Beispielen. Jeder Familienmensch kennt aus dem Fernsehen das Feature für Kinder: »Dies ist der Hans. Der Hans putzt sich jeden Morgen die Zähne. Und jeden Morgen fragt der Hans sich, wie es geht, dass seine Zahncreme so schöne Streifen hat« – die Maus erklärt Kindern die Welt in anschaulichen Bildern. Das Feature im Print hat viel von einer gedruckten Sendung mit der Maus – Buchstaben statt Bilder, gedruckt und nicht gesendet, geeignet für alle Altersklassen.

Michael Haller und Heinz Pürer haben Ende der 80er- und Anfang der 90er-Jahre des vergangenen Jahrhunderts die charakteristischen Merkmale des Features in der Presse herausgearbeitet, ohne dass andere weniger präzise Vorstellungen zum Begriff damit aus der Welt geräumt wurden. Immer wieder geistert noch die Vorstellung vom leichten Lesestoff jenseits der Aktualität, der mit lockerer Feder geschrieben wird, durch die Hand- und Lehrbücher, was mit dem Sprachgebrauch im Agenturjournalismus erklärt werden kann. Immer wieder ist auch die Rede vom Feature als dem bunten Bruder der Reportage, so als ob die Reportage des farblichen Auffrischens bedürfe. Dabei hatten Haller und Pürer mit der dem Feature zugeordneten Funktion schnell jede Unklarheit ausgeräumt: » […] mit Hilfe weni-

ger sinnlich dargestellter Situationen einige charakteristische Züge hervorheben.«
(Haller 1987, S. 76) »Ein Transportunternehmen für Sachstoffe. Diese sollen in
Bilder und Handlungen aufgelöst werden [...]« (Pürer 1991, S. 171)

Die Missverständnisse zum Feature entstehen vermutlich über die Themen
und die schöne, oft sehr detaillierte Sprache. Es sind häufig Sachthemen, die aus
einer bestimmten Aktualität heraus erklärt werden sollen. Da fehlt es manchmal
an der harten Neuigkeit, der Nachricht. Dabei ist es immer wieder angezeigt und
damit aktuell, dem Leser mitzuteilen, »Wie ein Staatsunternehmen an die Börse
gebracht wird« oder »Wie Universitäten mit spin-offs ihren Absolventen zu Jobs
verhelfen«, um nur zwei denkbare Sachthemen zu nennen, die dem Leser mit der
Darstellungsform des Features vermittelt werden können. Werden diese Themen
nun aufgelöst in typische Situationen und werden diese Situationen einfühlsam
und anschaulich beschrieben, dann haben eilige Leser schnell Schwierigkeiten,
einen Unterschied zur Reportage zu entdecken. Es ist die Funktion.

11.1 Die Funktion des Features

Ein gutes Feature soll die Sinne des Lesers reizen. Es soll aufklären und anregend erzählen. Das heißt, es muss gut geschrieben sein. Durchaus mit dem,
was man gemeinhin als lockere Feder bezeichnet, von der aber alle, die jemals
Stunden nach einem Einstieg gesucht haben, genau wissen, dass es sie nicht gibt.
Komplexe Sachverhalte, wie Streitfälle im Scheidungs- oder Erbrecht, an plasti-
schen Beispielen so zu verdeutlichen, dass jeder Leser fasziniert durch den Text
geht: Das ist die Aufgabe des Features.

Es gibt zwei typische Themenfelder, die mit der Darstellungsform des Features
erschlossen werden: Das sind die Wie-Themen und die Trend-Themen. Die
Beispiele sollten den Blick dafür schärfen, welche Themen mit Features bewältigt
werden können.

Wie-Themen: WIE ... Daimler einen Kleinwagen baut, ... die deutsche Sprache
verkommt, ... es in Zukunft um die Bauern bestellt ist, ... Forscher sich selbstständig machen, ... Universitätsinstitute heute über die Runden kommen, ... Minister
ihr Image steuern, ... Männer Frauenmode machen, ... Dopingfahnder Sündern
auf die Spur kommen, ... sich im Sexzentrum der Welt das HI-Virus ausbreitete,
... Anwälte ihre Klienten über den Tisch ziehen, ... Ärzte ihre Fehler vertuschen,
... Reiseveranstalter für Mängel haften, ... Versicherer Betrüger entlarven.

Es gibt kaum Grenzen für aktuelle Geschichten, in denen komplexe Entwicklungen und Zusammenhänge mit treffenden Beispielen anschaulich beschrieben
und erklärt werden.

Trend-Themen: IMMER MEHR … Jugendliche beklauen ihre Eltern, … Männer werden in höherem Alter noch Väter, … Deutsche wandern aus, … Arbeitnehmer surfen während der Arbeitszeit im Internet, … Bäume fallen dem Borkenkäfer zum Opfer, … Rentner geben ihre Führerscheine ab, … Polizisten wechseln zu privaten Wachdiensten, … Politiker erleiden einen Hörsturz, … Studenten müssen jobben, … Kommunen kämpfen gegen marode Kanalsysteme, … Bibliotheken werden dicht gemacht, … Kleinkinder haben Haltungsschäden, … katholische Pfarrgemeinden warten auf einen Seelsorger. Auch hier sind die Themen erkennbar unbegrenzt. Natürlich sind auch andere Entwicklungen typische Feature-Themen: IMMER WENIGER …

Das Feature macht spröde Themen anschaulich. Es bewältigt Themen, die in anderer Form kaum mit Freude zu lesen wären. Deshalb ist das Feature eine Darstellungsform, die der Presse-Journalist beherrschen sollte. Deshalb ist es aber auch eine der besonders anspruchsvollen Darstellungsformen.

11.2 Die Unterschiede zu anderen Darstellungsformen

Alle Darstellungsformen haben ihre Vor- und Nachteile, alle funktionieren bei bestimmten Aufgaben gut und versagen bei anderen. Eine schnelle Information über den Bildschirm verfehlt mit einem wundervollen szenisch geschriebenen Einstieg ihren Zweck. Der Börsenhändler handelt zu spät – und verliert möglicherweise Geld. Eine Reportage, angefangen und durchgehalten im Stil einer trockenen Bildschirmmeldung, verschreckt jeden Interessenten. Die Botschaft verfehlt die Leser, der Journalist sein Arbeitsziel. Die Beispiele klingen überzogen, es geht auch subtiler:

Verhüllungskünstler und ihr Abrißwerk

Wenn ein Hochhaus wieder aus dem Stadtbild verschwinden soll, ist dies eine große planerische, technische und logistische Herausforderung für alle Beteiligten. Doch meistens bleibt das, was sich hinter den Bauzäunen und eingerüsteten Fassaden abspielt – bis auf Lärm und Staub –, im verborgenen. Das gilt vor allem für den geordneten Abriß, bei dem, anders als bei publikumswirksamen Sprengungen, das Gebäude Stockwerk für Stockwerk wieder »abgetragen« wird. Auch auf einer der größten Baustellen in der Frankfurter Innenstadt ist dies im Augenblick zu beobachten. Hier weicht in der Bockenheimer Landstraße ein Hochhaus des bekannten Architekten Egon Eiermann nach jahrelangen kontroversen Diskussionen um seinen Erhalt zwei modernen Gebäuden …

FRANKFURTER ALLGEMEINE SONNTAGSZEITUNG 30.5.2003

Hier wird ein schönes Thema verschenkt. Der trockene Berichtsstil, der Verzicht auf eine schöne Szene voll Staub und Lärm als Einstieg, der Verzicht auf ein schickes Zitat machen es schwer, sich begeistert der Lektüre weiterer Zeilen zu widmen. Das Thema ist ein klassisches Feature-Thema: Wie in Frankfurt ein Hochhaus abgerissen wird. Gewählt wird die Darstellungsform Bericht – und schon wird die Kommunikation zwischen Autor und Leser mühsam.

Die Wahl der richtigen Darstellungsform ist ein entscheidender Schritt auf den Leser zu. Und da das Feature in Redaktionsgebrauch und Literatur häufig etwas unklar beschrieben wird, kann die Abgrenzung vielleicht helfen, die journalistische Botschaft besser an die Leser zu bringen.

Das Missliche in der Unterscheidung der journalistischen Darstellungsformen ist zunächst, dass journalistische Texte nicht immer präzise den Vorschlägen der Lehrbücher entsprechen und dennoch funktional sehr gut sein können. Wie gestanzt sind in der Regel nur Agenturmeldungen, und das ist auch gut so. Denn folgten zum Beispiel alle Reportagen oder Kommentare dieser Welt nach Art der Agenturmeldungen streng einer starren Struktur, wäre das Lesen von Zeitungen anstrengender.

Außerdem gibt es bestimmte Darstellungsmittel wie Szenen, Zitate oder Wechsel, die in mehreren Darstellungsformen eingesetzt werden. Das führt dann zwangsläufig dazu, dass die jeweiligen Darstellungsformen schnell verwechselt werden. Beispiel Feature und Magazinbericht: Strukturell sind beide Darstellungsformen ähnlich aufgebaut, denn es gilt, die Inhalte möglichst verständlich und anschaulich zu präsentieren. Beide Formen greifen auf das Strukturelement des Portals zurück, das aus Szenen und einer Art Zusammenfassung, der Geschichte in der Nussschale, besteht. Beide Darstellungsformen verwenden Szenen, um die Aussage anschaulich zu verdeutlichen. Beide Darstellungsformen setzen, so es denn inhaltlich angezeigt ist, reichlich auf Zahlen und Zitate. Und dennoch gibt es einen klaren Unterschied: die Funktion. Der Magazinbericht gibt einen Überblick über ein aktuelles Geschehen, seine Hintergründe und seine Folgen. Das Feature dagegen erklärt einen komplexen Sachverhalt an treffenden Einzelbeispielen.

Ähnlich sind die Unterschiede zwischen Feature und Reportage. Beide Darstellungsformen arbeiten intensiv mit Szenen, für beide Darstellungsformen sucht der

Autor Authentisches und die Nähe zum Geschehen, in beiden Darstellungsformen wird die Handschrift individuell. Und wieder ist es die Funktion, die beide Darstellungsformen am klarsten trennt: Die Reportage soll den Leser an einem Ereignis teilhaben lassen. Sie muss ihn mitnehmen, auch im übertragenen Sinn. Der Leser darf ergriffen sein. Das Feature soll dem Leser nur etwas verständlich erklären. Deshalb lebt es von Beispielen. Die Reportage lässt den Leser etwas Einzigartiges konkret miterleben: das Geschehen an einem bestimmten Ort zu einer einen bestimmten Zeit. Nur das soll sie. Ein Anspruch auf Allgemeingültigkeit besteht nicht. Genau diesen Anspruch aber erhebt das Feature. Mit ihm geht es um das Allgemeingültige, das durch einzelne Beispiele anschaulich beschrieben werden soll.

Aus den unterschiedlichen Funktionen ergeben sich die oft großen Unterschiede im Auftritt: Aufbau und Struktur der Reportage sind weitgehend individuell, für das Feature gibt es für den Weg zur Aufgabenerfüllung feste Empfehlungen. Reportagen gehen mit harten Informationen wie Zahlen, Funktionen oder Paragrafen sehr diskret um, manche Features ächzen dagegen unter ihrer Datenlast.

Weitaus näher in ihrer Aufgabe stehen sich die Berichtsformen und das Feature. Beide sollen den Hintergrund eines Sachverhaltes oder einer Entwicklung beschreiben, so weit der gemeinsame Kern ihrer Aufgabe. Für das Feature wird dann aber noch etwas zum Wie der Aufgabenerfüllung gesagt: in Beispielen, Bildern und Handlungen. Davon ist beim Zeitungsbericht nicht die Rede. Hält sich der Autor an die typische Struktur des Zeitungsberichts, fehlen meist die Beispiele und die virtuosen Wechsel zwischen den Beispielen und dem jeweils zu Erklärenden. Und es fehlt die magazingemäße Sprache, mit der Folge, dass eben wenig Szenen, Bilder oder Zitate den Text auflockern. Das Beispiel vom Abriss des Frankfurter Hochhauses demonstriert den Unterschied. Der Magazinbericht unterscheidet sich vom Feature weniger deutlich. Ihm fehlen meist die typischen Wechsel zwischen den Beispielen und dem zu Erklärenden.

Am Beispiel des Themas »Immer mehr Deutsche wandern aus« lassen sich die unterschiedlichen Ansätze der Darstellungsformen verdeutlichen:

- Der Zeitungsbericht berichtet nach Art der Agenturen die neuesten Zahlen der Statistik und bringt dazu ein paar Stimmen von Amtsleitern zum Anstieg der Auswanderungen.
- Der Magazinbericht präsentiert darüber hinaus den einen oder anderen Betroffenen und ein paar Stimmen zu Ursachen und Folgen.
- Im Feature werden an verschiedenen typischen Beispielen die Ursachen für den Exodus aufgezeigt. Experten erklären dann die Hintergründe.
- In der Reportage zum selben Thema begleitet der Autor eine Familie dabei, wie sie in Deutschland ihre Zelte abbricht.

11.3 Die Recherche des Features

Das Feature soll abstrakte Sachverhalte mithilfe typischer Situationen anschaulich darstellen.

Mit der Umschreibung ist die besondere Knochenarbeit bei der Recherche für Features ziemlich genau festgelegt: Es geht um oft spröde Themen, die sich mehr als häufig der spontanen und umfassenden Erkenntnis widersetzen, und es geht um exakt passende Beispiele für bestimmte Aspekte dieser Themen. Theoretisch muss die Geschichte zweimal recherchiert werden: Zunächst als sachlicher Zusammenhang mit allen Details, Ursachen, Wirkungen, Größenordnungen oder Folgen, danach als Sammlung von Beispielen, die für diese Ursachen, Wirkungen, Größenordnungen oder Folgen stehen und die jeweilige Aussage anschaulich verdeutlichen.

Am Anfang der Recherche steht naturgemäß das Allgemeine, die so genannte Sachebene, im Vordergrund. Wer nicht weiß, was Hybrid-Antriebe sind, kann auch keine Bilder zum Geschehen suchen, weiß also nicht, wo er typische Szenen findet. Wer keine Zahlenreihe hat, kann keinen Trend erkennen. Und wer nicht mit Experten über die Hintergründe, Ursachen oder Folgen einer Entwicklung gesprochen hat, wird Schwierigkeiten haben, die Menschen mit den typischen Schicksalen aufzuspüren. Dieser Schritt entspricht der üblichen Recherche komplexer Themen, zum Beispiel für Erklärkästen oder Magazinberichte.

Erst im zweiten Rechercheschritt geht es um die passenden Beispiele. Die bereits recherchierten Fakten zeigen, wie das Thema angelegt ist und wo die Probleme liegen. Durch die Sachrecherche weiß der Autor zum Beispiel, wie typische Betroffene aussehen. Die muss er jetzt finden. Meist trifft er schon bei der Sachrecherche auf diese Menschen. Viele Verbände, die zu Entwicklungen befragt werden, kennen Einzelschicksale und argumentieren mit ihnen. Dasselbe gilt für Vereine, Gewerkschaften oder Bürgerbewegungen. Von Chats im Internet ganz zu schweigen. Fast alle Experten, egal ob Anwälte, Wirtschaftsprüfer, Hochschullehrer oder Politiker, können komplexe Sachverhalte in Beispielen erklären. Man muss sie nur auffordern – und recherchiert die Sachebene und die Beispielebene in einem Arbeitsgang. Ansonsten gelten die bewährten Quellen von Journalisten auf der Suche nach Menschen: das Archiv, die Leserbriefe, die Straße oder das Umfeld.

Ist die Musterperson gefunden, muss sie erlebt werden. Man muss sie aufsuchen, denn nur aus der Anschauung entsteht das Anschauliche des Features.

Oft liefern die Experten die besten Beispiele. Man muss sie nur immer wieder auffordern, den Zusammenhang an einem Beispiel zu erklären.

Es gibt Lehrbücher, in denen dazu aufgefordert wird, im Feature fiktive Szenen und Szenarien zu verwenden. Und es gibt Redaktionen, die sich an solche Empfehlungen halten und ihre Artikel mit Standardformeln wie »Wilhelm K. hat ein Problem: ...« verunstalten. Alle begründen ihre Vorgehensweise mit dem Hinweis, dass es ja nur darum gehe, mit den Beispielen und Szenen etwas Sachliches anschaulich zu machen. Dabei übersehen sie, dass sich Journalismus und Fiktion ausnahmslos ausschließen. Außerdem entsteht Anschaulichkeit erst durch das konkrete Erleben. Kein Journalist kommt also darum herum, sich seine Beispiele und Szenen für den Trend oder den Sachzusammenhang zu suchen.

Für die »Wie-Themen« reicht häufig sogar ein einziges typisches Beispiel, etwa der Vorzeigeforscher, der mustergültig Nachwuchs betreut und in die Selbstständigkeit entlässt, oder der besonders medienerprobte Minister, der sein Image nach allen Regeln der Kunst poliert. Dieser real existierende Vorzeigemensch durchläuft dann anschaulich die verschiedenen Stufen des Prozesses, den es zu beschreiben gilt. Beispiel Politiker: Der Leser sieht den ehrgeizigen Aufsteiger auf der Suche nach dem sportlichen Image im Arbeitsgespräch mit seinem Medienberater, beim öffentlichen Klettern im Berg, beim öffentlichen Holzhacken im heimischen Garten, beim nicht öffentlichen Hintergrundgespräch mit Journalisten, am Steuer seines dynamischen Dienstwagens, sportlich fit im Reichstag mehrere Stufen nehmend oder nicht öffentlich beim Frisör und Herrenausstatter. Das sind die Beispiele, mit denen einem Leser gut erklärt werden kann, woraus ein Image besteht, wie wichtig Bilder im Fernsehen sind, wer das Image gestaltet und wie Bilder und Botschaften in der Öffentlichkeit platziert werden. Das Wie-Thema kann auf der Beispielebene oft an einem Fall abgearbeitet werden.

Für die Trend-Themen reicht ein Betroffener nur sehr selten aus. Hier werden für alle wichtigen Facetten, Ursachen oder Folgen des Trends einzelne Beispiele benötigt. Da ist mit Konstruiertem oder Erfundenem das Scheitern programmiert. Denn ein »Immer mehr« zieht seine Glaubwürdigkeit gerade aus der Vielzahl der im Artikel auftretenden Menschen – immer mehr eben. Beispiel Auswanderer: Wenn die Sachrecherche ergibt, dass es heute ein Bündel von Motiven dafür gibt, seine Zelte in Deutschland abzubrechen und im Ausland weiterzuleben, dann müssen betroffene Menschen die wichtigsten dieser Motive auch erläutern. Einer beschreibt seinen Kummer mit dem Klima, ein anderer die verzweifelte Suche nach einem Job, ein Dritter rechnet vor, dass er mit seiner deutschen Rente woanders viel komfortabler leben kann, der nächste artikuliert seine Angst vor Rechtsradikalen, wieder einer seinen Wunsch nach dem Ausstieg aus der Leistungsgesellschaft. Je authentischer die Beispiele ausfallen, desto besser.

11.4 Der Aufbau des Features

Das Feature ist zunächst und in erster Linie eine Sachgeschichte. Deshalb kommt der Sachebene eine besondere Bedeutung zu. Die Sache bestimmt im Hauptteil des Features den Aufbau. Wenn das Wie-Thema einen bestimmten Ablauf erfordert (»Wie ein Hochhaus abgerissen wird«), ist die Struktur des Hauptteils programmiert. Dasselbe gilt für die Trend-Themen, da zunächst der Trend dargestellt und danach mit Ursachen und Wirkungen beschrieben werden muss. Die Beispiele und Szenen haben hierbei die Aufgabe, den Blick des Lesers auf das Wesentliche zu lenken. Die Sachaussage muss illustriert werden. Nur die Details, die die Sachaussage gut illustrieren, werden eingebaut. Andere Beispiele werden nicht verwendet.

Um diesen Hauptteil herum wird vorzugsweise ein recht starres Gerüst von Elementen gestellt, die dem Leser den Zugang zum Text erleichtern. Dieses Gerüst entspricht dem des Magazinberichts. Im Einzelnen handelt es sich dabei um den Vorspann, um das Portal mit Einstieg, Geschichte in der Nussschale und Volkshochschulteil, den Hauptteil und um den Ausstieg am Ende des Features.

Der Vorspann: Im Vorspann erfährt der Leser eine konkrete These. Sie hat wenig vom Lead der Zeitungsberichte, weil der Vorspann die Geschichte nicht erzählen, sondern nur gut an den Leser bringen soll. Knapp nach bewährter Art der Magazinjournalisten formuliert, stellt der Vorspann eine Art Versprechen dar: Du, lieber Leser, erfährst jetzt alles Wichtige zu diesem neuen Trend oder dieser komplizierten Entwicklung.

Trend-Thema: Das Glück der späten Väter

Immer häufiger entschließen sich Männer in höherem Alter zur Vaterschaft – »Erst jetzt bin ich reif genug für ein Kind« – Die Motive sind vielfältig, sei es Selbstbestätigung oder Altersangst

KÖLNER STADT-ANZEIGER 16./17.5.1996

> **Wie-Thema: Kabelsalat**
>
> Flimmern und Rauschen bei »ish«: Kabelpolitik ist fürwahr schwere und komplizierte Politik.
>
> KÖLNER STADT-ANZEIGER 25.4.2002

Das Portal: Das Portal besteht wie im Magazinbericht aus mehreren Teilen. Zunächst enthält es mindestens eine typische Szene für das Wie oder für den Trend. Diese Szene soll den Leser interessieren und in die Geschichte ziehen. Sie ist der Einstieg.

> **Trend-Thema: Das Glück der späten Väter**
>
> »Mach die Augen auf, Mäxchen. Dein Opa will dich sehen«, sagte die Hebamme zu dem Mann mit dem weißen Haarschopf, als sie ihm das Baby in den Arm legte. Er hat einen Augenblick gezuckt, geschluckt und sich dann doch ein Lächeln abgerungen: »Das ist doch mein Sohn!«
>
> Das war vor 18 Monaten. Der Bonner Rechtsanwalt Dieter S. hat sich inzwischen daran gewöhnt, für den Großvater des kleinen Max gehalten zu werden. Und manchmal, wenn er sich müde und alt fühlt, widerspricht er nicht. Auch dann nicht, wenn seine 30 Jahre jüngere Frau als seine Tochter angesprochen wird.
>
> KÖLNER STADT-ANZEIGER 16./17.5.1996

> **Wie-Thema: Kabelsalat**
>
> Selbstversuch, Teil eins. Servicenummern, möchte man meinen, sollten halten, was sie versprechen, nämlich Service. Willens, uns an das Kabel anschließen zu lassen, haben wir bereits vor Wochen, ach was, vor Monaten einen Antrag bei jener Firma gestellt, die damals »Kabel NRW« hieß und sich nun »ish« nennt. Beunruhigt angesichts der langen Zeit ohne Nachrichten seitens dieses Unternehmens, wählten wir also eine mit der Ziffer 0180 beginnende Nummer, unter der man keinesfalls Telefonsex erwarten sollte: Warm und weich war sie dennoch, die weibliche Servicestimme am anderen Ende der Leitung, die durch und durch Tröstliches flötete. Bald werde ein Techniker kommen. Gaaanz bald. Er kam nicht.
>
> KÖLNER STADT-ANZEIGER 25.4.2002

Teil II des Portals ist die Geschichte in der Nussschale. Hier wird, eher sachlich formuliert, das Thema vorgestellt und mit den für das Ergebnis wesentlichen Stichworten erläutert. Der Leser erhält einen Überblick über das Thema, seine wichtigsten Aspekte und erfährt damit bereits etwas mehr zu der im Vorspann angelegten These. Manchmal muss dem Leser zunächst regelrecht erklärt werden, worum es geht. Das geschieht zweckmäßiger Weise vorne im Artikel. Die Nussschale bietet sich dafür an. Manche Redaktionen benutzen für dieses erklärende Element den Begriff des Volkshochschul- oder VHS-Teils.

Im Überblick über die wichtigsten Aspekte des Themas empfiehlt es sich, die Schlüsselbegriffe des Themas zu verwenden. Diese Begriffe werden im Hauptteil Stück für Stück abgearbeitet. Sie markieren im Portal den Weg zum Ergebnis. Der Vorteil für den Leser: Er kann im Text die jeweiligen Erklärungen leichter einordnen, weil er den Überblick bereits im Portal erhalten hat. Inhaltlich handelt es sich aber nur um die wichtigsten Aspekte des Themas, so wie sie in jede gute Hinführung gehören. Genau das nämlich ist das Portal: eine geschickte Hinführung.

Trend-Thema: Das Glück der späten Väter

Überall in den Industrienationen der westlichen Welt werden immer mehr Männer zu späten Vätern. Die Zahlen aus Großbritannien, wo der Anteil von Vätern über 40 bei der Geburt eines Kindes von 5,4 Prozent im Jahre 1980 auf fast zehn Prozent 1995 gestiegen ist, dürften in etwa auch dem deutschen Trend entsprechen. Hierzulande schlüsseln die Statistischen Jahrbücher von Bund und Ländern immer noch die »Geborenen nach dem Alter der Mutter« auf [...] Über Frauen, die spät Kinder kriegen, gibt es zahllose Bücher, Ratgeber und Erfahrungsberichte. Veröffentlichungen über späte Vaterschaften hingegen sind eine Rarität; ein einziger Report »Väter über vierzig« ist vor wenigen Monaten in England erschienen. Der Autor, Jeremy Hamand, 60 Jahre alt und begeisterter Vater von drei Söhnen im Alter zwischen sechs und elf Jahren, analysiert recht nüchtern das Los alter Väter, wenn sie nicht kerngesund und wohlhabend sind. »Ich weiß nicht, ob dich Kinder länger jung bleiben lassen«, schreibt der Pädagoge, »aber ich weiß, dass sie dich zum Arbeiten zwingen, wenn du ihre Zukunft sichern willst. Denn wenn sie studieren, lebst du vielleicht nicht mehr.«

Kölner Stadt-Anzeiger 16./17.5.1996

Wie-Thema: Kabelsalat

Die Geschichte des Kabels beginnt Mitte der 70er Jahres des vergangenen Jahrhunderts. Damals war das Fernsehen eine diffizile Angelegenheit. Das Bild wackelte häufig, auch rieselten nicht selten weiße flackernde Pünktchen über die Mattscheibe, oder die Übertragung fiel komplett aus, meist an der spannendsten Stelle von Hans Joachim Kulenkampffs »Einer wird gewinnen« oder kurz bevor Erik Ode als »Der Kommissar« den Täter stellte. Dann hatte der Wind einen Sendemast umgeworfen, falls der Blitz nicht eingeschlagen war. Oder beides. Die Geschichte des Kabels endet vorläufig mit »ish«. Hinter diesem Namen, der rein gar nichts bedeutet, der dem Rheinländer aber eine Menge Anlass zu humorigen Sprachspielereien bietet, verbirgt sich die US-amerikanische Kabelgesellschaft Callahan, für die Blitz und Donner, Wind und Regen überhaupt kein Problem darstellen, denn ihre Kabel verlaufen unterirdisch. Trotzdem hat es »ish« geschafft, dass in Köln und anderswo das Bild wackelt, weiße Pünktchen über die Mattscheibe rieseln und manchmal auch gar nichts zu sehen und zu hören ist. Die Geschichte des Kabels, könnte man daraus schließen, ist nicht sehr günstig verlaufen.

KÖLNER STADT-ANZEIGER 25.4.2002

Manchmal fällt das richtige Zusammenspiel zwischen Vorspann, Portal und der Geschichte in der Nussschale schwer. Was gehört wohin? Wo wird dem Leser welcher Scheck ausgestellt? Oft bewährt hat sich folgende Vorgehensweise:

So entstehen Portal und Vorspann

- Das Thema des Features wird in zwei bis vier Sätzen beschrieben: Zahlen verdeutlichen dabei den Trend, ein Experte erklärt, worum es beim Wie geht. Das ist der VHS-Teil.
- Das Rechercheergebnis wird in höchstens fünf Sätzen zusammengefasst. Die wichtigsten Einzelheiten werden mit ihren Stichworten aufgeführt. Das sind die Wegmarkierungen. VHS-Teil und Rechercheergebnis bilden die Geschichte in der Nussschale.
- Vor diese Nussschale werden ein oder zwei typische Szenen mit der wichtigsten handelnden Person gesetzt. Fünf Sätze sind dabei ein guter Richtwert je Szene. Damit steht das Portal im Rohbau. Der Rest ist Redigieren.

> • Nach Art des Küchenzurufs, das heißt anschaulich auf den Punkt ge-bracht, wird die Geschichte in der Nussschale auf fünf Zeilen verdichtet. Die Zeilen werden so redigiert, dass der Leser neugierig wird. Sie bilden den Vorspann.

Der Hauptteil: Dem Portal folgt der Hauptteil, in dem nun ausführlich die ganze Geschichte erzählt wird. Das Besondere beim Feature: Der Hauptteil besteht aus zwei Erzählsträngen. Der eine Erzählstrang bildet die Sachebene, der andere die Beispielebene. Auf der Sachebene werden eher ruhig und sachlich das Wie oder der Trend erklärt und mit Hintergrund und Folgen beschrieben. Auf der Beispielebene erfährt der Leser das dazu Passende szenisch oder personalisiert, auf jeden Fall anschaulich. Beide Erzählstränge wechseln sich ab. Dieser Wechsel von Sach- und Beispielebene ist typisch für das Feature. So erfüllt die Darstellungsform ihre Funktion: Abstrakte Sachverhalte oder Sachthemen mithilfe typischer Situationen anschaulich darzustellen.

In der Literatur zum Feature wird gelegentlich darauf hingewiesen, dass Features vom Wechsel der Perspektiven, der Zeitebenen, des Tempos oder dem Hin und Her zwischen Naheinstellung und Überblick lebten. Das kann im Einzelfall stimmen, ist aber eher typisch für die Reportage. Beim Feature dominieren die Wechsel zwischen Sachaussagen und den dazu gehörenden Beispielen, also die Wechsel zwischen der Sach- und der Beispielebene. Wenn abstrakte Sachverhalte oder Sachthemen mithilfe typischer Situationen dargestellt werden sollen, sind die Wechsel zwischen Beispielen und Sachaussagen programmiert. Wie viele Beispiele und Wechsel benötigt werden, hängt vom Thema ab. Für eine Trendgeschichte mit all ihren Facetten sind es oft viele. Sie erhöhen die Authentizität. Fünf oder sechs Beispiele lassen dabei die Zahl der notwendigen Wechsel zweistellig werden.

Trend-Thema: Das Glück der späten Väter

Die Erzählungen alter Väter über das Glück, das sie mit ihren Kindern emp-finden, ähneln sich auf frappierende Weise: über das Lächeln, das sie verzau-bert, die Freude über jeden Fortschritt, den Spaß über die ersten Gehversuche und Sprechübungen.

»Ich sehe die Welt ganz anders, seit ich sie aus der Perspektive meiner klei-nen Tochter sehe«, sagt David S., ein Kölner Journalist. Mit 57 hält er sich für einen einfühlsamen Vater, der er mit 31 nicht war, als in erster Ehe sein Sohn geboren wurde, aber er noch aus war auf die wilden Seiten des Lebens. Er sagt: »Erst jetzt bin ich reif für ein Kind.«

KÖLNER STADT-ANZEIGER 16./17.5.1996

Wie-Thema: Kabelsalat

Ich will jetzt wissen, ob irgendetwas mit meinem Kabelanschluss nicht stimmt. Moment, singsangt die Stimme, »ich checke das rasch auf meinem Computer«. Und während sie noch tippt, vernehme ich erneut die frohe Botschaft: »Nein, da ist alles in Ordnung, nächste Woche kommt unser Techniker, dann können sie sofort unsere Dienste in Anspruch nehmen.« Glücklich vereinbare ich einen Termin.

»Sechzig Prozent der deutschen Haushalte beziehen Rundfunk und Fernsehen über das Kabel«, sagt Hans Hege im Gespräch mit dem »Kölner Stadt-Anzeiger«. Hege ist Direktor der Landesmedienanstalt Berlin-Brandenburg, die federführend ist im Bereich Digitalfernsehen. Im Bereich der elektronischen Medien sind damit »Kabelplätze wirtschaftlich die wertvollste Ressource«, so der Direktor. Mit anderen Worten: Nur wer über einen Platz im Kabel verfügt, hat die Chance, die Mehrheit der Zuschauer zu erreichen.

KÖLNER STADT-ANZEIGER 25.4.2002

Der Ausstieg: Der Ausstieg ist relativ einfach. Meist beendet ein gutes Beispiel, ein griffiges Zitat oder eine aussagekräftige Szene den Artikel. Manchmal erlaubt der Ausstieg dem Leser noch einen Blick auf die weiteren Entwicklungsmöglichkeiten. Sowohl bei Wie- als auch bei Trend-Themen kann zum Beispiel ein Experte andeuten, was sich als nächstes Problem abzeichnet. Als gelungen kann ein Ausstieg besonders dann bezeichnet werden, wenn er Elemente des Einstiegs aufnimmt und fortschreibt: dieselbe Szene, dieselbe Person, dasselbe Bild.

Trend-Thema: Das Glück der späten Väter

Und dann hörte David S., wie seine kleine Anna triumphierte: »Mein Papa ist aber schon 57!« Der Journalist erzählt, daß ihm in diesem Moment zum ersten Mal sein Alter so richtig bewusst geworden ist. »Mir wurde klar, dass ein paar Jahre später Anna mich jünger lügen wird, um mir nicht weh zu tun.«

KÖLNER STADT-ANZEIGER 16./17.5.1996

Wie-Thema: Kabelsalat

Ich legte auf und blickte in den Himmel, dorthin wo Fernsehsatelliten herumschwirren. Unterdessen häufen sich die Meldungen über Rauschen und Flimmern in nordrhein-westfälischen Kabelnetzen. Ish bin nicht allein.

KÖLNER STADT-ANZEIGER 25.4.2002

Es versteht sich, dass auch für das Feature viele Wege nach Rom führen, dass es mehrere Möglichkeiten gibt, dem Leser komplexe Sachverhalte anschaulich zu erklären. Der vorgeschlagene Aufbau sorgt aber für eine gewisse Sicherheit, dass der Dialog zwischen Autor und Leser klappt: Das mit der These ausgesprochene Versprechen im Vorspann bindet den Autor und weckt die Neugier der Leser. Die Szene im Einstieg vertieft die Neugier. In der Nussschale werden das Problem erläutert und der Weg zu Lösung abgesteckt. Auch das verpflichtet den Autor. Die Leser werden damit gut auf den Hauptteil vorbereitet. So eingestimmt, werden sie einen klaren Hauptteil mit vielen schönen Beispielen gut verstehen und gerne lesen. Szenen und Zitate im Ausstieg mit Bezug zum Einstieg schließen zum Vergnügen der Leser den Kreis. Die Arbeit hat sich gelohnt. So gesehen, ist der beschriebene Weg auch eine Checkliste für ein Feature. Deshalb noch einmal der Überblick (Abb. 11, S. 212).

11.5 Die Sprache des Features

Wie jede journalistische Darstellungsform verlangt das Feature eine sorgfältige Schreibe. Die Sprache soll hier allerdings besonders anschaulich sein, da das Erklären eines manchmal schwierigen Sachverhalts die zentrale Aufgabe des Features ist. Deshalb kommt es gerade hier auf kurze und klare Sätze an. Wenn der

211

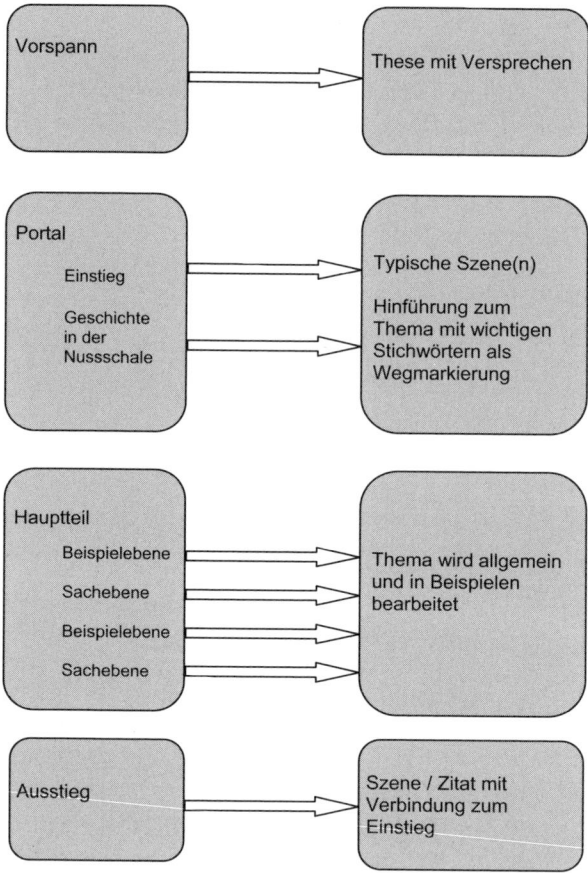

Abb. 11: Aufbau und Inhalt eines Features

Inhalt schon anspruchsvoll ist, darf die Sprache den Leser nicht ins Stolpern, sprich Zurücklesen, bringen. Lebendigkeit zählt, Zitate sind wichtig, sie sollten nicht nur auf Einstieg, Ausstieg und Beispielebene beschränkt bleiben.

Außerdem stellt im Feature jeder Wechsel dem Autor mit dem Übergang eine kleine Hürde. Über diese Hürde stolpert, wer mit Floskeln wie »übrigens« oder »apropos« den Weg aus der Beispielebene in die Sachebene oder umgekehrt sucht. Eleganter, aber reichlich strapaziert und damit wenig originell, sind die Klassiker der Trend-Features »Kein Einzelfall«, »In der Tat: Immer mehr …« oder »Wohl kaum: Immer mehr …«. Es gibt aber auch andere Möglichkeiten, Übergänge lesbar zu gestalten:

- Stichworte nutzen: Am Ende des Beispiels fällt ein Stichwort, das im nächsten Absatz zunächst definiert wird. Damit wird automatisch die Allgemeingültigkeit hergestellt: …»Ich hasse Hartz IV.« – Mit Hartz IV wird das Bündel von Gesetzen bezeichnet, das am 1. Januar 2005 zur Neuordnung der Arbeitslosenversorgung führte …
- Sachverständige berufen: Ein Experte ordnet nach einer beispielhaften Szene das Geschehen im nächsten Absatz richtig ein: Professor Wilhelm Brause, Soziologe der Universität …, erklärt die Entwicklung:
- Ein Beispiel verstärken: Es muss nicht immer der Hinweis sein, dass es sich nicht um einen Einzelfall handelt, sondern oft reicht es, nach einem Beispiel schlicht mit der Statistik einzusetzen und über die Zahlen dem Gelesenen Gewicht zu verleihen: 17 Prozent der deutschen Haushalte quälen sich mit dem Problem der …
- Gegenposition aufbauen: So wie Beispiele mit Zahlen und Zitaten verstärkt werden können, lassen sie sich auch als Ausnahme zur Regel kennzeichnen, ohne dass der Übergang konstruiert wirkt: Die Beamten der Autobahnpolizei machen täglich ganz andere Erfahrungen. Immer wieder …

Meist ist der schlichte Wechsel der beste: Die Szene endet und im neuen Absatz setzt die Erläuterung des Allgemeinen ein und umgekehrt. Und oft ist der Übergang sogar ganz einfach. Dann nämlich, wenn Experten ihre Aussagen selbst mit Beispielen erläutern und die Ebene im Zitat des Experten wechselt. Wirksam und unauffällig.

11.6 Zusammenfassung

Mit der Darstellungsform des Features werden in Zeitungen und Zeitschriften abstrakte Sachverhalte oder Sachthemen vorgestellt und erklärt. Dabei gibt es mit den Wie-Themen und den Trend-Themen zwei Themenfelder, die besonders häufig mit Features erschlossen werden. Typisch für Features sind Szenen und Beispiele, mit denen die Sachaussagen anschaulich gemacht werden. Häufig entsteht im Hauptteil der Features ein Wechselspiel zwischen allgemeinen Sachaussagen und anschaulichen Einzelfällen.

Features werden in der Literatur häufig in enge Verbindungen zu Reportagen gebracht. Tatsächlich leben beide Darstellungsformen von szenischen Elementen und der exakten Wiedergabe von Situationen. Ihre Aufgaben sind aber völlig

Feature

	Feature
formale Merkmale	
Länge	ausführlich
Aufmachung	Foto bis opulent
Positionierung	exponiert
Überschriften	Hauptüberschrift, Unterzeile
Ergänzung	Kasten, Grafik, Foto
strukturelle Merkmale	
Einstieg	Szene
Ausstieg	Szene/Zitat
Portal	Szene, Geschichte in der Nussschale, VHS-Teil, Wegmarkierungen
These/Versprechen	Vorspann
Zahlen	bei Trend-Themen zahlreich
Zitate	zahlreich
Szenen	Einstieg, Ausstieg, Beispielebene
Beispiele	typisch
Wechsel	zwischen Sach- und Beispielebene
inhaltliche Merkmale	
aktuelle Informationen	meist
Meinung	–
Empfehlung	nur bei Service-Themen
Hintergrundinformation	in der Regel ausführlich
Prognose	häufig

Abb. 12: Typische Merkmale des Features

214

unterschiedlich: Die Reportage soll den Leser zum Geschehen mitnehmen, sie will ihn den Einzelfall erleben lassen. Mit dem Feature soll dagegen ein komplexer Zusammenhang erklärt werden. Szenen sind hier ein didaktisch geeignetes Mittel zum Zweck. Es sind Beispiele für das Allgemeine.

Der Aufbau des Features folgt der Aufgabe des anschaulichen Vermittelns: Der Vorspann ist kurz, das Thema wird mit einer These angerissen. Sie wirkt wie ein Versprechen an den Leser, im Folgenden Näheres zu erfahren. Eine typische Szene führt den Leser im Einstieg an die Erläuterung des Themas und den kurzen Überblick zu den Einzelheiten. Dieser Abschnitt wird als Portal bezeichnet. Im Hauptteil wird das Thema mit allen Einzelheiten dargestellt, wobei die Beispiele immer wieder diese Einzelheiten verdeutlichen. Das Feature wird mit einer Szene oder einem Zitat abgeschlossen, das in einem direkten Zusammenhang mit dem Einstieg steht.

Literatur

Haller, Michael: Die Reportage. Ein Handbuch für Journalisten. 4. Auflage, Konstanz 1997.

Haller, Michael: Reportage/Feature, in: Weischenberg, Siegfried u. a. (Hrsg.): Handbuch Journalismus und Medien, Konstanz 2005, S. 405–411.

Mast, Claudia (Hrsg.): ABC des Journalismus. Ein Handbuch. 10., vollst. neue Auflage, Konstanz 2004.

Pürer, Heinz u. a. (Hrsg.): Praktischer Journalismus. Presse, Radio, Fernsehen, Online. 5., völlig neue Auflage, Konstanz 2004.

Schneider, Wolf; Paul-Josef Raue: Das neue Handbuch des Journalismus. 1., vollst. überarb. und erw. Neuausg., Reinbek 2003.

12. Das Porträt

Das Porträt ist eine der Darstellungsformen, an denen sich der Unterschied zwischen Theorie und Praxis, zwischen Zeitungen und Zeitschriften einerseits und den Lehr- und Handbüchern andererseits, besonders schnell illustrieren lässt: Zeitungen und Zeitschriften sind voller Porträts und in der deutschen Literatur lässt sich nur relativ wenig zu dieser Darstellungsform finden. Vielleicht, weil alles so einfach scheint. Jedermann weiß, dass ein Porträt mit der Abbildung von Menschen zu tun hat. Diese Aufgabe entstammt dem Porträtbegriff der künstlerischen Darstellung in Plastik und Malerei, wobei sich mit der Übertragung der Aufgabe auf das Medium Presse die Vorstellung von künstlerisch natürlich ändert. In der Presse geht es um eine journalistische Annäherung an den zu Porträtierenden. Das heißt, es geht um eine möglichst sorgfältige, wahrheitsgemäße und distanzierte Darstellung, in der – wenn nötig – auch Missstände aufgedeckt werden und Kritik geübt wird.

12.1 Die Funktion des Porträts

Die Leser sollen sich ihre Meinung über den Porträtierten bilden. Es ist nahe liegend, dass zu diesem Zweck die Charakteristika der Person lebhaft und plastisch dargestellt werden. Diese Funktion des Porträts ist eindeutig. Sie grenzt diese Darstellungsform gegenüber anderen ab, ganz unabhängig davon, dass im Porträt Darstellungsmittel und Strukturelemente eingesetzt werden, die auch in anderen Darstellungsformen verwendet werden. Ob zum Beispiel aus dem Rechercheauftrag »24 Stunden mit dem Bundespräsidenten« eine Reportage oder ein Porträt wird, entscheiden nicht die eingesetzten Darstellungsmittel, sondern das, was der Autor darstellen soll: den Bundespräsidenten als Person oder den Arbeitstag des Bundespräsidenten. Viele markante journalistische Darstellungsmittel wären in diesem Fall sogar dieselben: eine klare These als Ausgangspunkt, die Szenen, die Zitate, eine beispielhafte Szene als Einstieg, ein dazu passender szenischer Ausstieg und die möglichst brillante Schreibe. Im Porträt wird aber kein Leser zum Erleben mitgenommen wie mit der Reportage. Hier wird auch kein komplexer Sachverhalt an Beispielen erklärt wie mit dem Feature. Es geht um die lebhafte Darstellung einer Person.

Gute Porträts entsprechen dem Trend des Pressejournalismus, den Lesern Geschichten über und mit Menschen anzubieten. Sie sind unterhaltsam und bieten hervorragenden Lesestoff. Deshalb bieten manche Redaktionen auch mit jeder Ausgabe ihren Lesern Porträts an. Das allerdings ist mühsamer, als es die Häufigkeit der Porträts vermuten lässt.

Zunächst ist mit der Aufgabenbeschreibung des Porträts die Anforderung an die Journalisten sehr hoch: Lebhaft, plastisch, charakteristisch, sorgfältig, distanziert, kritisch – all diese Kriterien sind für ein journalistisches Porträt zu erfüllen, theoretisch jedenfalls. Praktisch gelingt das eben nicht immer und überall. Die Fünf-Minuten-Personenbeschreibungen der Klatschpresse und anderer, der Qualität weniger nahe stehender Medien zeugen vom Verbreitungsgrad schlechter journalistischer Arbeit. Wenn sich ein Popsternchen eine halbe Stunde zu vorher festgelegten Fragen von zehn ausgesuchten Journalisten Stichworte reichen lässt, dann kommt bei dieser Art Recherche in der Regel alles andere als ein Porträt für die Leser heraus. Genau so entstehen aber heute viele vermeintliche Porträts vermeintlich Prominenter, wenn deren Öffentlichkeitsarbeiter Regie führen. Das erste aktuelle Problem bei Porträts hängt mit dem Einfluss der Öffentlichkeitsarbeiter zusammen, die natürlich keine kritisch distanzierten und tiefgründigen Darstellungen ihrer Schutzbefohlenen lesen wollen.

Problem Nummer zwei ist anders gelagert. Es gibt heute viele wichtige Persönlichkeiten, die die Öffentlichkeit grundsätzlich meiden, weil sie etwa Angst vor Entführungen, Missgunst oder Bettelbriefen haben oder weil Ihnen Journalisten aus welchen Gründen auch immer suspekt sind. Diese Persönlichkeiten verschließen sich jeder journalistischen Annäherung. Das ist zu respektieren. Damit wird aber der Kreis der zu Porträtierenden kleiner, was nicht zum Trend im Journalismus passt, Menschen ins Blatt zu heben.

Beide Hürden auf dem Weg zu guten Porträts interessanter und wichtiger Menschen, der Einfluss der PR und die Schweigsamkeit, lassen sich in der Regel journalistisch bewältigen – mit Recherche. Es gibt hervorragende Porträts von Unternehmern, die nie mit Journalisten reden, und es gibt zupackend treffende Porträts von Prominenten, die ihr Image von PR-Beratern frisieren lassen. In all diesen Fällen haben Journalisten gründlich recherchiert. Weil der Betroffene nicht richtig redete, haben sie sein Umfeld gefragt, seine Freunde, seine Feinde, seine Opfer oder seine Günstlinge. Vorher haben sie Archive auf den Kopf gestellt und Akten oder Bücher auf Zitate abgeklopft. Jeder, der in der Öffentlichkeit steht, hinterlässt Spuren seines Wirkens. Diese Spuren haben die Journalisten gesucht und gefunden.

Tatsächlich werden Porträts heute häufiger, um es im Redaktionsjargon zu sagen, »kalt« geschrieben. Immer öfter, aber nicht immer. Denn es gibt immer genug andere interessante Menschen, hinter denen keine PR-Experten Regie führen oder die keine Angst vor der Öffentlichkeit haben und deren Arbeit die Öffentlichkeit interessiert, weil sie wichtige Aufgaben übernehmen, Großes geleistet haben oder aus bedeutenden Funktionen absteigen.

Die Arbeit des Porträtierens hat sich in den vergangenen Jahren verändert. Renommierte Porträtschreiber machen heute keinen Hehl daraus, dass sie für Porträts mehr recherchieren müssen. Und sie verschweigen nicht, dass mit diesem Mehr an Recherche auch ein Mehr an Aufwand verbunden ist und dass damit gute Porträts zunehmend eine Sache der Redaktionen werden, die sich intensive Recherche noch leisten dürfen. So gesehen ist das Porträt zum Merkmal für Qualitätsjournalismus geworden.

Problem Nummer drei wird in der Literatur selten erwähnt, stellt sich beispielsweise aber mit jedem Nachruf, der ja auch ein Porträt ist: Wie tief schürfend darf das Darstellen einer Person sein? Wie viel darf vom Innersten nach außen gekehrt werden, wenn denn kritisch und distanziert beschrieben werden soll? Was ist mit Beziehungen, Vorlieben, Neigungen und persönlichen Eigenarten? Was ist mit Krankheiten? Wie wird mit der Todesursache im Nachruf umgegangen? Anders gefragt: Kann ein Mensch ohne den Blick in seine Privat- oder Intimsphäre überhaupt richtig dargestellt werden, kann also ein Porträt überhaupt gelingen, ohne dass die Privat- oder die Intimsphäre berührt werden?

Es kann, wie gute Porträts es immer wieder aufs Neue beweisen. Ein Unternehmer, dessen Methoden hemdsärmlig bis umstritten sind, kann mit diesen Seiten seines Lebens zutreffend geschildert werden, ohne dass gegen seinen Willen ausgeleuchtet wird, was sich innerhalb seiner privaten vier Wände abspielt. Ein Politiker kann zutreffend beschrieben werden, ohne dass die Öffentlichkeit erfährt, mit wem er außerehelich das Schlafzimmer teilt. Ein Verstorbener kann im Nachruf gut und treffend dargestellt werden, ohne dass der Leser erfährt, woran er gestorben ist. Eine Enthüllung der Todesursache sagt in der Regel nichts über das Wirken dieses Menschen in der Öffentlichkeit. Und nur darauf kommt es im Porträt an, auf den öffentlichen Teil des Lebens dieses Menschen, sein Wirken in der Gesellschaft.

Keine Regel ohne Ausnahme: Berührt das Private das Öffentliche, vermengen sich beispielsweise Sex und Politik oder Krankheit und Unternehmerentscheidungen, dann kann es im Einzelfall sinnvoll und statthaft sein, diese privaten Aspekte in ein Porträt einfließen zu lassen – im Einzelfall und nach genauer Abwägung, wohlgemerkt. Ziffer 8 des Pressekodex ist hier hilfreich (s. S. 337 ff.).

> Das journalistische Porträt soll Menschen lebhaft und plastisch in den für ihr öffentliches Leben charakteristischen Zügen darstellen. Die Privat- und Intimsphäre werden grundsätzlich respektiert.

Porträts zeigen in der Regel Menschen. In der Kunst wie im Journalismus. Mit dieser Darstellungsform lassen sich im Journalismus aber auch Unternehmen, Organisationen oder Tiere dem Leser vorstellen. Von dieser Möglichkeit wird schnell Gebrauch gemacht, wenn zum Beispiel der Vogel des Jahres gekürt wird oder wenn aus gegebenem Anlass eine Behörde wie die Bundesagentur für Arbeit oder das Bundeskartellamt dem Leser näher zu bringen ist.

12.2 Die Formen des Porträts

Der Blick durch Zeitungen und Zeitschriften zeigt schnell, dass es zwei Formen des Porträts gibt: das kleine Standardporträt und das große Porträt. Das Standardporträt hat einen festen Platz in einer Zeitung und Zeitschrift und ist damit in seiner Länge festgelegt. Vom Menschen des Tages sieht der Leser meist nur den Kopf, und er erfährt, was diesen Menschen im Moment so interessant macht, dass er jetzt auf circa 80 Zeilen vorgestellt wird. In der FRANKFURTER ALLGEMEINEN findet sich täglich auf den letzten Seiten des politischen Teils und des Feuilletons sowie im Unternehmensteil unter Namen und Nachrichten je ein kleines Porträt. Oft, wenn auch nicht täglich, gibt es ein viertes im Sportteil oder ein weiteres im Finanzteil, wenn es um die Köpfe hinter den Kursen geht.

Das große Porträt tritt in der Regel opulenter auf. Sowohl in Zeitungen als auch in Zeitschriften wird es großzügig aufgemacht. Der Umfang ist dabei oft beachtlich. Einige hundert Zeilen kommen schnell zusammen, wenn die Magazine, die renommierten Wochen- oder Sonntagszeitungen oder die überregionalen Abonnementzeitungen ihren Lesern einen Menschen ausführlich vorstellen. Sie alle haben regelmäßig große Porträts, manchmal sogar an einer festen Stelle. Die FRANKFURTER ALLGEMEINE SONNTAGSZEITUNG schließt zum Beispiel Sonntag für Sonntag ihren Wirtschaftsteil mit einem großen Porträt ab.

12.3 Recherche, Aufbau und Sprache des Porträts

Egal ob groß oder klein – in der Literatur wird überwiegend davon ausgegangen, dass das Porträt im Prinzip eine freie Form ist. Standardstrukturen, so wie sie für die Meldung von Agenturen verlangt werden, gibt es für das Porträt nicht. Und noch eines gilt als gemeinsame Erkenntnis aller Lehr- und Handbücher: Das Abschreiben eines Lebenslaufs ergibt kein Porträt. Tatsächlich wirkt wenig so ermüdend auf den Leser wie das tumbe Abschreiben eines zur Eigenwerbung konzipierten Curriculum Vitae. Abschreckende Beispiele dafür gibt es:

Abgeschriebener Lebenslauf: Partner von Unternehmern

[…] Seine Kindheit verbrachte er im Rheinland. Diese Region und ihre Menschen haben ihn geprägt. Seine ersten Erfahrungen in den Bereichen Fusionsberatung und Beteiligungen sammelte er in Düsseldorf. Dort wurde ihm Anfang der siebziger Jahre die Leitung des Mergers & Acquisitions-Geschäfts der Westdeutschen Landesbank übertragen. Von 1983 bis 1988 entwickelte er das Corporate-Finance-Geschäft für das Frankfurter Bankhaus Metzler. Seine Erfahrungen im Beteiligungsgeschäft aus dieser Zeit beziehen sich auf Unternehmen wie etwa Schuh-Union, Apetito K. Düsterberg AG, van Laack, Mauser-Werke und Heidemann-Werke. International tätig war von Meibom unter anderem im Aufsichtsrat von Cord Capital, einer amerikanischen Venture-Capital-Gesellschaft der Investmentbank Dillon Reed in New York. Heute konzentriert er sich auf die Beratung von Beteiligungsgesellschaften. So wurden für die international investierende Pallas Invest S.A. Luxemburg, Unternehmen erworben. Zum Portfolio von Pallas in Deutschland gehören die VCH Verlagsgesellschaft mbH und die Industriemontagen Merseburg sowie eine Beteiligung an der Computer-Handelskette ComTech.

Frankfurter Allgemeine 12.3.1996

Eine weitere Möglichkeit, den Leser zu langweilen, besteht darin, ihm eine Allerweltsgeschichte mit Allerweltsfragen und Allerweltsantworten anzubieten. Diese Porträts, die mit der Charakterisierung von Menschen in der Öffentlichkeit wenig zu tun haben, bereichern ihre Leser mit Ausführungen wie »seine Hobbys sind Skilaufen und Wandern«. Erkenntnisse dieser Art sind platt und allenfalls Signale dafür, die Recherche fortzusetzen.

Mangelnde Recherche führt nämlich auf direktem Wege zum größten denkbaren Fehler beim Porträt, dem Irrtum. Der Schaden ist groß, wenn das Porträt dem Porträtierten nicht gerecht wird, er ist total, wenn es den Menschen mit Unrecht beschädigt. So etwas passiert Anfängern als Missgeschick, wenn sie Aussagen ungeprüft übernehmen, und so etwas wird von verantwortungslosen Medienmenschen sogar in Kauf genommen. »Man kann alles hinschreiben, man muss nicht alles drucken«, diese Erfahrung des renommierten SPIEGEL-Autoren Jürgen Leinemann darf durchaus als professionelle Warnung verstanden werden.

Für den Aufbau des Porträts werden in der Literatur keine allgemein verbindlichen Empfehlungen gegeben. Tatsächlich ist es aber hilfreich, sich an Aufbau und Machart des Features zu orientieren, wenn das große Porträt spannend und erkenntnisreich werden soll. Die Verwandtschaft ist erkennbar: Das Feature erklärt komplexe Sachverhalte anschaulich mithilfe von Beispielen, im Porträt werden möglichst anschaulich Menschen oder Institutionen dargestellt. Da sind Beispiele ebenso aufschlussreich wie eine klare These, ein gutes Portal und ein gelungener Ausstieg, den journalistischen Anlass in beiden Fällen vorausgesetzt.

Der journalistische Anlass für ein Porträt ist aber nicht der Verkauf einer neuen Schallplatte oder der Start eines Kinofilms, mit dem PR-Agenten so gerne ihre Einladungen zum Kurzplausch in der Hotelecke verbinden. Auch wenn derlei Anlässe immer wieder und immer häufiger in Porträts erkennbar werden, gelten auch für das Porträt alle die Anforderungen, die auch für eine Meldung zu erfüllen sind: Die Information muss neu, aktuell und von Belang für die Leser sein. Selbst runde Geburtstage erfüllen diese Anforderungen, wenn, wie im Frühjahr 2003 geschehen, der Haribo-Patriarch Hans Riegel sein 80. Lebensjahr vollendet und gleichzeitig in der Forbes-Liste der Reichsten dieser Welt auftaucht. Dann ist es richtig, den Lesern diesen rheinischen Unternehmer vorzustellen.

Typischer für den Auslöser journalistischer Porträts sind neue Berufsstationen, große Erfolge oder Misserfolge, kurzfristige Herausforderungen oder veritable Krisen von Personen, auf die sich viele Augenpaare richten, also bei Persönlichkeiten von öffentlichem Interesse. Wenn sich ein Unternehmenslenker an Fusionsplänen berauscht, kann er ebenso porträtiert werden wie nach ihrem Scheitern. Auch Politikern miss- oder gelingen Vorhaben, sie siegen oder scheitern in Wahlen oder den politischen Intrigenspielen, sie steigen auf oder verschwinden in der Versenkung. Und immer wieder liefern sie dann einen Anlass für ein Porträt. Auch der Tod gebietet häufig journalistisch ein Porträt. Porträts dieser Art werden Nachruf genannt.

> Der Anlass für ein Porträt muss nicht unbedingt im Einstieg genannt werden. Er kann auch einen guten Ausstieg bilden. Die gilt besonders für Standardporträts und Nachrufe.

Soll, wie allseits empfohlen oder gefordert, ein Porträt den Menschen darstellen und nicht seinen Lebenslauf, dann erweist es sich als unbedingt erforderlich, auf der Basis einer umfassenden Recherche eine klare These zu diesem Menschen zu entwickeln. Sie hilft, den Eindruck, den ein Mensch hinterlässt, zu fassen und in eine stringente Geschichte zu packen. Die These mit all ihren Schattierungen bildet den roten Faden. Sie trennt die belanglosen Anekdoten von typischen Verhaltensweisen und fügt alle Informationen zu einem runden und gehaltvollen Artikel zusammen.

Vorausgesetzt, die Recherche im Umfeld des Betroffenen, bei Freunden, Feinden, Mitstreitern oder Gegnern war gründlich und die Auswertung von Datenbanken und Archiv sorgfältig, ist es leicht, Charakteristisches zum öffentlichen Verhalten herauszuarbeiten und in einer klaren These zu verdichten. Ziele, Verhaltensweisen, Eigenschaften oder Präferenzen liefern meist die entscheidenden Hinweise auf dieses zentrale Charakteristikum:

- Was wollte dieser Mensch erreichen? Wollte er der Mächtigste sein, der Beliebteste oder der Reichste? Oder wollte er immer nur ungestört leben?
- Welches sind seine hervorstechendsten Eigenschaften? Ist er besonders stur, listig oder geradlinig? Gehört er in die Kategorie von mehr Schein als Sein? Ist er ausgeglichen oder hyperaktiv?
- Hat er stets klare Präferenzen für etwas gezeigt? Hat er sich in entscheidenden Situationen stets auf seine Aufgaben konzentriert oder auf die Familie? Oder war ihm der Schützenverein die zentrale Herzensangelegenheit?
- Sind seine Erfolge auf ein bestimmtes Konzept zurückzuführen? Ist er der harte Sanierer, der intrigante Strippenzieher, der große Kommunikator, der charismatische Visionär? Oder ist er der geborene Verlierer?

Auch Unternehmensporträts werden erst mit einer klaren These richtig gut. Dasselbe gilt für die Charakterisierung von Organisationen und Behörden. Nun ist es unzweckmäßig, auf der Suche nach der These bei Unternehmen, Behörden oder Verbänden nach Herzensangelegenheiten oder Persönlichkeitsmerkmalen zu suchen. Besser ist es, hier nach Entscheidungsstrukturen, Leitbildern, Erfolgsmodellen oder Abläufen zu spüren. Auf Anspruch und Wirklichkeit kommt es an: Was gilt vom sorgfältig gepflegten Leitbild wirklich, was steckt hinter Image und Werbung, wie solide sind die Bilanzen, wie wahrheitsgemäß die Aussagen in Sonntagsreden und Pressemitteilungen, was ist typisch in der Verwaltung, wo sind die Flaschenhälse, wie fallen Entscheidungen, wer fällt sie und wie werden sie durchgesetzt? Für Unternehmensporträts geht es auf dem Weg zur richtigen These häufig darum, die wichtigsten Prozesse zu erkennen, zu beobachten und zu bewerten.

Im Standardporträt wie im großen Porträt sollte die These bereits am Anfang des Artikels erkennbar sein. Sie macht neugierig und erschließt dem Leser den Artikel schneller. Meist verdeutlichen im großen Porträt Überschrift und Vorspann die These, im Standardporträt sind es oft Überschrift und Einstieg.

Dr. Jekyll und Mr. Hyde

Die einen finden Werner Seiferts Ecken und Kanten Klasse, den anderen missfällt seine bisweilen schroffe Art. Eines aber sagen ihm fast alle nach: Was Intelligenz und Kompetenz angeht, kommen nur wenige an den Chef der Deutschen Börse heran.

Financial Times Deutschland 22.1.2004

Tote Katze

Mit Bauernschläue und harter Hand hat sich der Molkereimeister Theo Müller aus dem bayerischen Aretsried ein Milchimperium aufgebaut.

Wirtschaftswoche 3.8.1995

Die Stellvertreterin

Die DGB-Vizechefin ist die Lieblingsfeindin der Nation. Seit Jahren nervt sie im Namen der kleinen Leute. Gefragt wurden die nie.

Frankfurter Allgemeine Sonntagszeitung 1.2.2004

Der große Bluff

L'Oréal ist der größte Kosmetikkonzern der Welt, der profitabelste – und auch der verschwiegenste. Die Geheimniskrämerei hat einen guten Grund: Die triste Realität der Pariser Chemieküche würde die Traumwelt der milliardenteuren Produktinszenierungen nur stören.

Der Spiegel 10/2005

Geschmeidig geworden

Persönlicher Ehrgeiz soll nicht ungeschminkt auftreten. Es wäre deshalb ein Wunder, wenn Lamberto Dini […], schon immer ein hochintelligenter, finanzpolitisch kundiger Mann, jetzt irgend etwas von eigenen Ambitionen wissen wollte.

FRANKFURTER ALLGEMEINE 12.3.1996

Triumphator

Wolfgang Tiefensee hat die Gabe, unkonkret zu bleiben und zugleich das Gefühl zu vermitteln, er kenne einen Weg in die Zukunft.

FRANKFURTER ALLGEMEINE 12.4.2005

Bei Anlass und These gibt es keine nennenswerten Unterschiede zwischen dem Standardporträt und dem großen Porträt. Ganz anderes gilt für den Aufbau. Allein die Länge des Artikels erfordert eine unterschiedliche Vorgehensweise.

Der Einstieg ins Standardporträt: Hier ist Eile geboten, im Standardporträt ist der Platz knapp. Hier darf der Autor durchaus mit der Tür ins Haus fallen. Genau das tut er, wenn er mit der These einsteigt. Eleganter ist es allerdings, zum Beispiel statt der These vom Ehrgeizling mit einer Begebenheit oder Szene einzusteigen, die diese These verdeutlicht. Oder es gelingt, die These in eine Sentenz, einen Sinnspruch, umzusetzen: »Persönlicher Ehrgeiz soll nicht ungeschminkt daherkommen.«

Gelegentlich beginnen Autoren die Porträts mit einem Zitat über den Betroffenen. Das wirkt jedoch meist plump. Außerdem können diese Zitate in Konkurrenz zur These treten. Dann wird der Leser eher verwirrt als geführt.

Nach der These muss die Überleitung zur porträtierten Person folgen. Bis zu dieser Stelle kann man Spannung herstellen, indem man den Namen verschweigt. Spätestens aber nach vier oder fünf Zeilen muss der Name fallen. Sonst tappt der Leser zu lang im Dunkeln.

Der Hauptteil des Standardporträts: Im Hauptteil des Standardporträts sollte die These anhand einzelner Ereignisse oder Stationen im Leben belegt werden. Sie stehen auch für Teile des Lebenslaufs und seine Schattierungen. Dabei gilt es durchaus, szenische Details einzubauen, da jede richtig gewählte Szene die These ansprechend verdeutlicht und das Porträt belebt. Außerdem werden im Hauptteil Zitate eingesetzt. Der Porträtierte kann mit eigenen Zitaten und seinen Reaktionen auf seine Aussprüche von einst zitiert werden, er kann zur These Stellung nehmen oder zu den angesprochenen Lebensstationen. Und es können Dritte über ihn reden. So entsteht sein Bild.

Triumphator

Leipzig hat trotz aller Ansiedlungserfolge noch immer keine selbsttragende Wirtschaft, die Arbeitslosenquote ist mit mehr als 20 Prozent sehr viel höher als in den anderen beiden sächsischen Großstädten Dresden und Chemnitz. Aber der 50 Jahre alte SPD-Politiker setzte dem ein optimistisches Bekenntnis zu seiner Stadt entgegen: »Ich glaube an diese Stadt, ich glaube an diese Menschen.« In den Ohren der meisten Leipziger klingt dies auch 15 Jahre nach der Wende nicht pathetisch [...] So lässt sich auch erklären, warum das Chaos um die Olympiabewerbung und Tiefensees Rolle dabei für die Leipziger bei der Oberbürgermeisterwahl nun offenbar nicht ins Gewicht fielen. Dabei waren in den turbulenten Monate der Jahre 2003 und 2004 erhebliche Defizite Tiefensees deutlich geworden – etwa daß er Dezernenten nicht ausreichend im Griff hatte.

FRANKFURTER ALLGEMEINE 12.4.2005

Der Ausstieg aus dem Standardporträt: Beim Standardporträt bietet es sich an, den Ausstieg mit dem Anlass zu verbinden. Der Platz reicht in der Regel nicht für großflächige Schlussgemälde.

Triumphator

Die nun am Sonntag erreichten 67,1 Prozent sind ein persönlicher Triumph für Tiefensee. Ein wenig ist das Ergebnis aber auch Balsam für seine Partei, die in ihrer einstigen Hochburg Sachsen bei der Landtagswahl im September vergangenen Jahres auf das historische Tief von nur noch 9,8 Prozent gefallen war.

FRANKFURTER ALLGEMEINE 12.4.2005

Der Einstieg ins große Porträt: Eile ist im großen Porträt fehl am Platz. Hier muss der Leser mit der These und der Aufmachung zum Lesen ermuntert und in der Geschichte bis zum Ende geführt werden. Wie beim Feature (s. S. 205 ff.) erweist sich dabei auch beim großen Porträt eine bestimmte Struktur als sinnvoll: Nach einem Vorspann, in dem der Leser eine klare These zum Menschen erfährt, führt zunächst häufig ein Portal mit Szene und Nussschale in die Beweisführung der These. Teil I des Portals ist dann der szenische Einstieg. Dabei ist es keineswegs zwingend, dass die Szene schon die These umsetzt. Es gibt auch andere Varianten, zum Beispiel die Szenen aus der Annäherung an den zu Porträtierenden oder aus der Aktualität. Drei Porträts, drei Einstiegsszenen, eine typisch, eine sich annähernd und eine aktuell:

Dr. Jekyll und Mr. Hyde

Gerade hat die ältere Dame ein leidenschaftliches Plädoyer gegen das eingelegt, was Börsen und den globalisierten Kapitalismus generell an- und umtreibt. Wohin der Drang des Wachstums die Deutsche Börse denn noch führen solle, will sie von Werner Seifert wissen. Irgendwo gebe es ja schließlich Grenzen. Und was macht der Chef, der bisweilen gereizt auf Kritik reagiert? Er nimmt sich minutenlang Zeit, plaudert auf dem Podium mit seiner Anteilseignerin, um ihre Bedenken zu zerstreuen, das Ersparte sei womöglich riskant investiert. Den Journalisten, denen Seifert ungern und höchst selten auch nur eine Minute seiner Zeit opfert, knallen die Kinnladen auf den Tisch.

FINANCIAL TIMES DEUTSCHLAND 22.1.2004

Tote Katze

Gleich hinter Augsburg, wo der Wald anfängt und die Lohnkosten sinken, beginnt Müllers Land; das Reich des Unternehmers, der aus Milch ein synthetisches Produkt und aus einem Allerweltsnamen eine erfolgreiche Marke machte. Die Kirchturmspitze sieht man noch, Bauern ernten Heu und fahren Mist aus. Vor dem ländlichen Hintergrund aber entstand, mit stählernen Tanks und Stickstoffanlagen, ein milchindustrieller Komplex, der weniger an eine Molkerei erinnert als an das Archipel des Dr. No im Spektakel mit James Bond. Hinter Sicherheitszäunen werkeln Arbeiter in weißen Häubchen und Gummistiefeln. Chemiker hantieren mit Säureregulatoren oder jagen Joghurt durch den Hochdruck-Flüssigkeitschromatographen.

WIRTSCHAFTSWOCHE 3.8.1995

Die Stellvertreterin

Wieder einmal hat sie eine Woche der geballten Unverschämtheiten hinter sich: bürokratisch, verbissen, gekettet an das gewerkschaftliche Dogma. Das sind noch die freundlicheren Beschreibungen, die Ursula Engelen-Kefer nach dem Gerster-Rausschmiß am vergangenen Wochenende zu hören bekam. Vielen gilt sie, die ewige Nervensäge, als oberste Schurkin in einer Haupt- und Staatsintrige, welche monatelang gegen den Bundesarbeitsagenturchef gespielt wurde. Erst, so geht die Schurken-Story, habe sie dafür gesorgt, daß Gerster in die Schlagzeilen komme, um danach listig seinen Sturz zu betreiben mit dem Vorwurf, daß er aus genau diesen Schlagzeilen nicht mehr herauskomme.

FRANKFURTER ALLGEMEINE SONNTAGSZEITUNG 1.2.2004

Hinter dem szenischen Einstieg wird mit der Geschichte in der Nussschale dem Leser ergänzend zur These des Vorspanns noch einmal gesagt, um wen es geht und was er inhaltlich von der Lektüre des Artikels erwarten kann. Die Übergänge können fließend sein, wie das Beispiel des L'Oréal-Porträts zeigt. Der szenischen Annäherung folgt eine knappe Nussschale, in der die These von Geheimniskrämerei, trister Realität, Chemieküche und Produktinszenierungen etwas präzisiert wird:

Der große Bluff

Im Nordwesten von Paris liegt der Vorort Clichy. Es ist die Gegend, die von den Stadtplänen der französischen Hauptstadt nur noch am Rande erfasst wird. Postkarten von Clichy gibt es nicht: Sozialwohnungen, Lagerhallen und achtspurige Autobahnen sind, so scheint es, keinem Touristen zuzumuten.

Mitten in Clichy liegt die Zentrale von L'Oréal, dem größten Kosmetikkonzern der Welt. Der Bau wird »Fabrik der Schönheit« genannt, wenngleich die braun verglaste Fensterfront der sonstigen Hässlichkeit in nichts nachsteht.

Stellenweise wirkt das Gebäude wie ein Hochsicherheitstrakt: Sieben Kameras sind allein vor der Garageneinfahrt montiert. Drinnen passen Sicherheitsleute darauf auf, dass nicht fotografiert wird. Unretuschierte Realität scheint bei L'Oréal allergische Reaktionen auszulösen.

DER SPIEGEL 10/2005

Die Nussschale kann aber bereits ausführlicher erläutern, was mit der These gemeint ist. Dabei können sogar schon Zitate Dritter zum Einsatz kommen, wie es im Porträt des Börsenchefs Dr. Werner G. Seifert unmittelbar nach der Einstiegsszene, der mit den Kinnladen der Journalisten, der Fall ist.

Dr. Jekyll und Mr. Hyde

Die Szene ist für den Vorstandschef der Deutschen Börse nicht so untypisch, wie es auf den ersten Blick schien. Der als schwierig geltende Seifert »kann auch wirklich liebenswürdig sein«, meint ein ehemaliger Kollege. »Aber am nächsten Tag kann es schnell ins Gegenteil umschlagen.« So kommt es schon mal vor, dass der Börsenchef einen Vorstandskollegen auf einer Veranstaltung öffentlich anraunzt, weil dieser ein wenig zu spät aus der Schweiz zurückgekehrt ist. Der 54-Jährige sei so ein bisschen wie »Dr. Jekyll und Mr. Hyde« meint der Ex-Kollege.

Gespräche über den Charakter Werner Seiferts können daher problemlos Abende füllen, nehmen aber unterschiedliche Verläufe. Während beispielsweise Münchens Börsenchefin Christine Bortenländer vom Frankfurter Kollegen »nur Gutes« erzählen kann, von »interessanten Ecken und Kanten« schwärmt und davon, dass die Zeit mit ihm »wie im Flug« vergehe, klagt ein anderer Manager darüber, dass die soziale Intelligenz beim als überaus scharfsinnig geltenden Seifert »nicht so weit entwickelt ist wie seine Auffassungsgabe«.

Financial Times Deutschland 22.1.2004

Im Hauptteil muss die These anhand der einzelnen Szenen oder Lebensstationen bewiesen werden. Die Beweisführung erfolgt Stück für Stück. Und jeder Abschnitt ergänzt das versprochene Gesamtbild. Dieses Bild lebt von sorgfältig ausgesuchten Szenen und von Zitaten, die vom Porträtierten selbst oder von Dritten stammen. Hinzu kommt die Einordnung durch die Autoren. Sie entspricht der Tendenz des Artikels, weist den Weg zur These und ist durchaus mit den Elementen einer Meinung durchsetzt, die sich am Ende der Recherche gebildet hat. Beispiel Molkereimeister Theo Müller: Im Vorspann ist von Bauernschläue und harter Hand die Rede. Diese These wird Stück für Stück eingelöst:

Tote Katze

Müller ist kein Patriarch, der den Leuten auf die Schulter klopft. Eher packt er sie von hinten am Kragen, wenn er hört, dass sich jemand in seinem Betrieb etwa bei der Gewerkschaft engagieren will. Müller schaffe Abhängigkeit, heißt es, keine Loyalität, er denke in Kategorien wie Obrigkeit und Untertan und dulde keine Kritik an sich.

Seine Stärke sei, sagt der frühere Müller-Manager Günter Meyer, »dass er hart sei gegen sich selbst und gegen andere«. »Gegen ihn«, so drückt es die Nachbarin Wally Ringler aus, »ist kein Kraut gewachsen.« [...] In Aretsried hält man dem Theo doch irgendwie zugute, dass man wohl kein Unternehmen aus dem Boden stampfen könne, ohne nicht auch kräftig hinzulangen: Ein »harter Knochen« sei er halt, heißt es. Als die Finanzbeamten des Bischofs ablehnten, mit Müller über die Höhe der Kirchensteuer zu verhandeln, trat der getaufte Katholik kurzerhand aus der Glaubensgemeinschaft aus. Für das Geld, höhnte er, könne er sich ja einen eigenen Pfarrer leisten.

Tricky Müller war immer ein Stück gewiefter, hemmungsloser als die anderen. Als die Verpackungsordnung erlassen wurde, um dem Müll der Plastikbecher Herr zu werden, mixte Müller seinen Drinks zehn Prozent Molke bei. Der Inhalt der Becher galt nun nicht mehr als Erfrischungsgetränk, sondern als Lebensmittel, Müller war fein raus.

WIRTSCHAFTSWOCHE 3.8.1995

Wie jeder längere Artikel braucht auch das große Porträt Abwechslung. Genug Gelegenheit gibt es immer: Einzelne Absätze zeichnen den Menschen, andere liefern die Zahlenberge, wieder andere erklären Zusammenhänge oder erzählen Anekdoten. Die Orte der Handlung wechseln, ebenso die betroffenen oder beobachtenden Personen und ihre Sichtweisen. Außerdem müssen im Hauptteil behutsam die wesentlichen biografischen Daten eingebaut werden. Besser ist es allerdings, das große Porträt so frei wie möglich von den Daten des Lebenslaufs zu halten und diese in einem Kasten zum Artikel zu stellen. Peinliche Übergänge bleiben dem Leser dann ebenso erspart wie biografische Umleitungen in einer ansonsten geradlinigen Geschichte.

Biografische Informationen werden am besten in einem Kasten zum Porträt gestellt. Aufgemacht mit einem Foto aus vergangener Zeit sind sie dann sogar noch attraktiv.

Den biografischen Informationen entsprechen im Unternehmens- und Organisationsporträt die Geschäftszahlen und ihre Entwicklung. Die Zahlen, die für die These wichtig sind, sind aus dem Hauptteil kaum wegzudenken. Andere Zahlen sind aber besser in Kästen, Tabellen oder – meist eleganter – Grafiken aufgehoben. Auch die Geschichte des Unternehmens oder der Organisation muss den Lauftext nicht belasten. Sie kann gut in einem Kasten stehen. Konzern- oder Verwaltungsstrukturen werden am besten mit Diagrammen den Lesern verdeutlicht.

Beim großen Porträt ist mit dem Anlass als Ausstieg kein Staat zu machen. Etwas pfiffiger darf das Porträt schon enden. Patentrezepte für den gekonnten Ausstieg gibt es nicht. Oft wirkt eine lange Geschichte rund, wenn die Einstiegsszene und der Ausstieg in einer direkten Verbindung stehen, wenn zumindest die handelnde Person identisch ist. Auch Zitate beenden Porträts häufig. Diese Zitate müssen dann aber besonders zupackend sein, wenn der Leser für das Durchhalten belohnt werden soll.

Tote Katze

Müller mag ein Käser sein, vom Typus her erinnert er aber an jene Art von Großbauern, wie sie der Heimatdichter Ludwig Thoma oder Ludwig Anzengruber beschrieben hat: dickschädelig und unbarmherzig. »Wenn du die Schläge, die du austeilst, wieder zurückkriegst«, so bekam es Theo Müller einmal von seiner eigenen Frau, die inzwischen aus dem gemeinsamen Heim ausgezogen ist und sich scheiden lassen will, zu hören, »dann Gnade dir Gott«.

WIRTSCHAFTSWOCHE 3.8.1995

Hier stützt ein besonders gutes Zitat die These. Tatsächlich halten sich die meisten Autoren auch im Ausstieg an ihre These und machen zum Schluss, wie es im Journalistendeutsch so schön heißt, den Sack zu. Beispiel Engelen-Kefer, bei dem auch der Bezug zum Einstieg, der Aktualität, gefunden wurde:

Die Stellvertreterin

Nur wenn – wie in den Debatten der vergangenen Woche – die Legitimation ihrer Arbeit grundsätzlich in Frage gestellt wird, dann reagiert sie gereizt. »Wir sind die Repräsentanten der Beitragszahler«, sagt sie trotzig. Aber wer hat sie zur Repräsentation ermächtigt? Die Interessenanmaßung darf sie nicht sehen. Woher bloß nehmen die Gewerkschaften, denen immer weniger Arbeitnehmer angehören, das Recht, für alle Beitragszahler zu sprechen? Solche Fragen versteht Engelen-Kefer nicht. Oder sie will sie nicht verstehen. Denn gäbe sie sich die Antwort, wäre dies das Ende ihrer Macht.

FRANKFURTER ALLGEMEINE SONNTAGSZEITUNG 1.2.2004

12.4 Der Nachruf

Der Tod ist einer der besonders häufigen Anlässe für ein Porträt. Der oft strapazierte Spruch »de mortuis nihil nisi bene« weist, obwohl häufig missverstanden, den Weg. Er bedeutet nämlich nicht, über Tote nur Gutes zu schreiben (bonum), sondern in guter Weise (bene). Gut nach allen Regeln der journalistischen Kunst, also besonders professionell. Das ist alles.

Nachrufe müssen keine besondere Herzlichkeit oder Wärme verbreiten, weil Distanz zur Profession gehört. Sie dürfen nicht schön färben, weil auch das ernsthafte Bemühen um Wahrheit zur Profession gehört. Sie müssen wie alle Porträts unbedingt dem Menschen gerecht werden. Nachrufe sollen fair sein und müssen deshalb besonders sorgfältig auf Fairness geprüft werden, weil sich der Betroffene nicht mehr wehren kann. Zu dieser Fairness gehört es, die Ansichten und Argumente des Verstorbenen nicht zu unterschlagen. Sie gehören in jede Bewertung. Nahezu bösartig gegenüber Hinterbliebenen und unfair gegenüber dem Verstorbenen ist es, Nachrufe zu politisch motivierten Abrechnungen zu nutzen:

Unfairness im Nachruf

Gestorben Edmund Gruber
Es gibt viele im öffentlich-rechtlichen Rundfunk, diesem Reich der Zuträger und schalen Helden, die ihren Posten Parteien verdanken. Doch kaum ein

231

> Lebenslauf zeichnet die Politbüroisierung des staatsfernen Rundfunks nach wie der seine: Edmund Gruber galt schon als Chef der Tagesschau und Tagesthemen (1981–1988) als Vollstrecker des CSU-Willens und Beherrscher der Senderintrige. Den Intendantenposten beim Deutschlandfunk verdankte Gruber direkter Einflussnahme […]
>
> Die Tageszeitung 13.11.1996

Journalisten sind in Nachrufen der Wahrheit verpflichtet. Die umstrittenen Seiten des Gestorbenen sind ebenso sachlich und distanziert zu beleuchten wie die allseits geschätzten. Franz Josef Strauß war politisch sehr umstritten. Aber er war bedeutend. Deshalb wurde er in zahlreichen Nachrufen gewürdigt. Die großen Blätter, national wie international, verschwiegen ihren Leser nichts. Sein Dauerkontrahent, der Spiegel-Gründer Rudolf Augstein, den der Verteidigungsminister Franz Josef Strauß über Wochen hatte in Untersuchungshaft sitzen lassen, differenzierte sorgfältig. Fast alle schrieben den Nachruf höchst professionell. Eben bene.

Auch ein Nachruf braucht eine klare These, wenn Charakteristisches dargestellt werden soll. Dafür bietet es sich an, zusätzlich zu den bereits beschriebenen Merkmalen die öffentlich bekundeten Ziele des Verstorbenen besonders zu beachten: Was hat der Verstorbene Zeit seines Lebens gewollt? Wie hat er versucht, seine Ziele zu erreichen? Und was ist unter dem Strich dabei herausgekommen?

Der Ausstieg erfolgt im Nachruf am besten über den Anlass. Es ist nicht fair, den Ausstieg über besonders zupackende Zitate oder drastische Bilder für die These zu suchen. Der distanzierte Hinweis auf den Tod reicht. Dabei gehört die Todesursache nicht veröffentlicht, weil Krankheiten auch über den Tod hinaus zur besonders geschützten Intimsphäre gehören. Und die geht die Öffentlichkeit nichts an.

12.5 Zusammenfassung

Die Aufgabe des Porträts ist es, die typischen Charakterzüge eines Menschen, eines Unternehmens oder einer Organisation lebhaft und plastisch darzustellen. Mit dieser Funktion grenzen sich die beiden Erscheinungsformen des Porträts, das Standardporträt und das große Porträt, gegenüber anderen Darstellungsformen ab. Diese Funktion wird in der Regel nur erfüllt, wenn dem Porträt eine eindeutige These zugrunde liegt. Diese These kann zum Beispiel aus Zielen, Eigenschaf-

	Standardporträt	großes Porträt
formale Merkmale		
Länge	bis 100 Zeilen	weit über 100 Zeilen
Aufmachung	kleines Porträtfoto	mehrspaltiges Foto
Positionierung	Standard	Aufmacher
Überschriften	1 Hauptüberschrift	1 Hauptüberschrift, Unterzeile,
Ergänzung	–	Kästen, Grafiken, weitere Fotos
strukturelle Merkmale		
Einstieg	These, Sentenz	Szene
Ausstieg	Anlass	Szene, Zitat
Portal	–	Einstieg, Übersicht
These	im Einstieg	im Vorspann
Zahlen	selten	nach Bedarf, Kasten
Zitate	sinnvoll	zahlreich
Szenen	wenige	zahlreich
Beispiele	wenige	zahlreich
Wechsel	–	zahlreich
inhaltliche Merkmale		
aktuelle Informationen	Anlass	Anlass
Meinung	These	These
Empfehlung	–	–
Hintergrundinformation	Funktion	Funktion
Prognose	–	–

Abb. 13: Unterschiede der Porträtformen

ten, Präferenzen oder Erfolgen des Porträtierten gebildet werden. In Unternehmensporträts führen häufig typische Abläufe, Leitbilder, Erfolgsmodelle oder Entscheidungsprozesse zur These. In allen Fällen steuert eine klare These Aufbau und Inhalt und vermeidet langweilige Wiedergaben von Lebensläufen.

Es empfiehlt sich, in großen Porträts mit den Strukturen des Features zu arbeiten. Dann weist das Porträt einen kurzen Vorspann mit einer viel versprechenden These auf. Dem Vorspann folgt ein Portal mit szenischem Einstieg und einer kurzen Darstellung der Ergebnisse. Im Hauptteil wird die These anhand von Lebensstationen, Ereignissen und Szenen verdeutlicht. Der Ausstieg erfolgt im großen Porträt vorzugsweise über eine besonders klare Illustration der These. Im Standardporträt und im Nachruf reicht der Anlass als guter Abschluss des Porträts.

Voraussetzung für das Gelingen aller Porträts sind ein von den Einflüsterungen der Öffentlichkeitsarbeiter unabhängiger journalistischer Anlass und eine sorgfältige und umfassende Recherche auch im Umfeld des Betroffenen. Nur die Recherche vermeidet Fehleinschätzungen und die ungerechtfertigte Beschädigung des Porträtierten.

Literatur

Egli von Matt, Sylvia; Hans-Peter von Peschke, Paul Riniker: Das Porträt, Konstanz 2003.

Gerhardt, Rudolf: Lesebuch für Schreiber. Vom journalistischen Umgang mit der Sprache. Ein Ratgeber in Beispielen. 6. überarb. und erw. Auflage, Frankfurt 2001.

Mast, Claudia (Hrsg.): ABC des Journalismus. Ein Handbuch. 10., vollst. neue Auflage, Konstanz 2004.

Schneider, Wolf; Paul-Josef Raue: Das neue Handbuch des Journalismus. 1., vollst. überarb. und erw. Neuausg., Reinbek 2003.

13. Kästen, Grafiken und Tabellen

Ein kurzer Blick in die Abonnementzeitungen des Berliner Marktes, die BERLINER MORGENPOST, die BERLINER ZEITUNG und den TAGESSPIEGEL, oder in Magazine wie FOCUS, STERN und CAPITAL reicht, um zu erkennen, dass Kästen, Grafiken und Tabellen heute zum Standard gut gemachter Presseseiten gehören. Ihr Auftritt auf diesen Seiten ist keine Verbeugung von Layoutern vor neuen Regeln der Gestaltung, sondern er entspricht der Suche nach der richtigen Präsentation von Informationen. Mit anderen Worten: Einzelne Informationen werden heute zielgerichtet und wohl überlegt auf den Lauftext, einen Kasten, eine Tabelle oder eine Grafik verteilt. Genau dann übernehmen die Kästen, die Tabellen und die Grafiken die Aufgaben einer Darstellungsform. Und da die Entscheidung über die Verteilung der Informationen in der Regel vom Redakteur gefällt wird, sind diese Darstellungsformen ein Thema für Redakteure.

Beispiel Umsatzentwicklung: Es gibt diverse Möglichkeiten, einem Leser mitzuteilen, dass bei einem Unternehmen der Umsatz der vergangenen fünf Jahre eine merkwürdige Entwicklung genommen hat. Die Zahlen können in mehrere Sätze verpackt werden, wobei es dann der Kunst des Schreibers überlassen ist, aus dem Gewirr von Jahreszahlen und Umsätzen ein verständliches Ganzes zu formen. Der Leser muss aber selbst im günstigsten Fall fesselnder Schreibe konzentriert lesen. Dieselben Zahlen können aber auch mit einem Säulendiagramm wiedergegeben werden. Dann reicht meist ein kurzer Blick auf die Grafik, um die Merkwürdigkeit der Entwicklung festzustellen.

Beispiel Sehrinde: Man kann dem Leser höchst unterschiedlich mitteilen, wo im Gehirn des Menschen gespeicherte Bilder aktiviert werden. Die Lage kann mit Hinweisen auf den unteren Hinterkopf irgendwie umschrieben werden. Diese Beschreibung wird vermutlich an Exaktheit zu wünschen übrig lassen. Die Lage kann aber auf einer schematischen Darstellung des Gehirns genau gezeigt werden. Wieder reicht ein Blick und der Leser weiß mehr, als ihm viele Worte sagen.

Damit nicht genug: Kästen, Tabellen und Grafiken entlasten lange Lauftexte, fassen gekonnt zusammen, lockern die Seiten optisch auf, ergänzen Textaussagen, und sie erklären einzelne Zusammenhänge. Dies können sie oft besser als ein langer Textblock. Die Aufmerksamkeit der Leser ist bei aufgelockerten Seiten größer, ihr Zugang zu komplexen Informationen oft leichter. Da der Leser die für ihn wichtigen Informationen besser herauslesen kann, weiß er häufig schneller als auf Seiten mit langen Fließtexten, was neu und wichtig ist. Lehr- und Handbücher kommen nicht mehr darum herum: Kästen, Tabellen und Grafiken sind weder eine Modeerscheinung noch eine Angelegenheit nur für Grafiker, sondern wichtige Darstellungsformen, von denen jede einzelne ihre Eigenarten, Vor- und Nachteile hat.

13.1 Der Einsatz von Kästen

Kästen sind nach dem Sprachgebrauch der Redaktionen eingerahmte kürzere Texte. Diese Umschreibung ist durchaus ergänzenswert, erfüllen doch heute auch Farben denselben Zweck der optischen Trennung vom Umfeld. Kästen brauchen also nicht immer einen Rahmen. Selbstverständlich lassen sich Farben und Rahmen kombinieren. Kästen, egal ob eingerahmt oder farblich unterlegt, sind so etwas wie journalistische Mehrzweckgeräte, lassen sich doch mit ihnen bequem verschiedene Aufgaben erledigen. Sehr häufig übernehmen sie eine Erklär- oder Ergänzungsfunktion.

Wenn sich bestimmte Begriffe für einen Artikel als zentral erweisen und angenommen werden muss, dass sie dem Leser eben nicht geläufig sind, dann hilft ein Kasten. Wie funktioniert das Bankgeheimnis in der Schweiz? Was ist der EuGH? Wie wird ein Papst gewählt? Fragen dieser Art lassen sich in Kästen leicht beantworten. Ein Stichwort, eine kurze Recherche, einige präzise formulierte Zeilen, fertig ist der Erklärkasten.

> Freie Journalisten können ihre oft kargen Honorare schnell aufbessern, wenn sie mit dem Text auch einen Erklärkasten liefern.

Kästen erfüllen oft aber auch eine Ergänzungsfunktion. Wenn der Arbeitsrechtler in einem Kurzinterview etwas zu einer aktuellen Gesetzesänderung sagt, die in einem Bericht beschrieben wird, ist allen gedient: Der Leser erhält eine kompetente Kommentierung im Originalton, der Redakteur eine aufgelockerte Seite und der Autor ein zweites Stück. Die Möglichkeiten, aktuelle Berichte mit Kurzinterviews in Kästen zu ergänzen, sind schier unbegrenzt. So lassen sich Servicehinweise, Gegenpositionen oder zusätzliche Erläuterungen exponiert unterbringen: Ein Verbraucherschützer kann eine Erklärung der Bundesregierung kommentieren und umgekehrt, die öffentlichen Verkehrsbetriebe können Hilfreiches zu einem Vorbericht auf ein Fußball-Länderspiel anmerken, ein Versicherer etwas Sinnvolles zur Reportage über einen Hagelsturm. Das Vorgehen ist immer gleich: Ein kompetenter Mensch leuchtet mit vier oder fünf Antworten auf einige präzise Fragen einen wichtigen Nebenaspekt eines Themas aus.

Es müssen aber nicht immer Kurzinterviews sein, mit denen Kästen ihre Lauftexte sekundieren. Beim Magazininterview oder Porträt können biografische Daten im Kasten zusammengefasst werden, bei Serviceartikeln sind es technische Hinweise wie Musterbriefe, Erläuterungen der Vergleichsmethode, Adressen oder Literaturangaben. Außerdem werden für Serviceartikel in den Kästen oft die Zielgruppen herausgestellt, die im Lauftext zu kurz gekommen sind. Wenn es um Autofinanzierung geht und der Lauftext auf die Verhältnisse des angestellten Familienvaters zugeschnitten ist, dann ist es richtig, die oft sehr unterschiedliche Lösung für Selbstständige in einem Kasten herauszuarbeiten. Der Vorteil liegt auf der Hand: Jeder Leser erkennt sofort, welches Element die für ihn wichtigen Informationen enthält.

Magazine, die sich den Service auf die Fahne geschrieben haben, nutzen Kästen außerdem gerne, um dem Leser zusammenfassend noch einmal das Wichtigste vom Wichtigen mitzuteilen: »Zehn goldene Regeln für die Herbstdiät«, »Worauf es beim Computerkauf ankommt«, »So checken Sie die Reparaturrechnung« – Kästen wie diese werden selten überlesen. Sie verfehlen ihre Wirkung so gut wie nie.

Wie unterschiedlich und wie intensiv heute Kästen eingesetzt werden, lässt sich am Beispiel einer Ausgabe des BERLINER TAGESSPIEGELS illustrieren. Die Ausgabe vom 15. April 2005 hatte auf 32 Seiten elf Kästen, wobei die farblich unterlegten Inhaltsangaben oder Übersichten zu Themenseiten ebenso wenig als Kästen gezählt wurden wie die Glosse auf Seite 1 oder ein 60-Zeilen-Stück zur Entdeckung von Denkmälern bei den Tagestipps auf Seite 29, die beide in einen Rahmen gestellt wurden, ohne die Ergänzungs- oder Erklärungsfunktion von Kästen zu übernehmen. Die meisten Kästen des Tagesspiegels erfüllen eine Ergänzungsfunktion:

Kästen: DER TAGESSPIEGEL vom 15.4.2005

Seite 2: 33 Zeilen biographische Daten als Ergänzung zu einem Geburtstagsbrief des Bundeskanzlers Gerhard Schröder an Richard von Weizsäcker – Politikteil.

Seite 4: 17 Zeilen Zusammenfassung einer Grundsatzrede des SPD-Parteivorsitzenden Franz Müntefering zu einem Bericht über die Reaktionen auf diese Rede – Politikteil.

Seite 9: 45 Zeilen plus Foto mit Hinweisen auf Pannen beim Flughafen-
neubau in München zu einem Bericht über einen Baustopp für
den Ausbau des Flughafens Schönefeld – Lokalteil.

Seite 12: 60 Zeilen Auszüge aus Tagebüchern zu einem Bericht über die
letzten Schlachten um Berlin am 15. April 1945 – Regionalteil.

Seite 15: 70 Zeilen mit wichtigen Telefonnummern von Notfallhilfen als
selbstständiger Standardservice – Regionalteil.

Seite 17: 30 Zeilen Erklärung des Begriffs Ombudsrat zum Aufmacher
über neue Freibeträge zum Zuverdienst von Langzeitarbeitslosen
– Wirtschaftsteil.

Seite 20: 18 Zeilen Recherchetipps für das Internet zu einem Bericht über
Betrügereien mit Insolvenzen – Wirtschaftsteil.

Seite 25: 32 Zeilen Literaturhinweise auf Neuerscheinungen von und zu
Jean-Paul Sartre zu einem Bericht zum 25. Todestag des Philosophen
– Kulturteil.

Seite 29: 17 Zeilen Veranstaltungstipps Schubert Messe, 17 Zeilen Ver-
anstaltungstipp Märcheninszenierung – Tagestipps.

Seite 30: 70 Zeilen Nutzung von Computer-Updates für mehrere Computer zu einem Aufmacher über Updates von Microsoft – Com-
puterseite.

13.2 Der Einsatz von Grafiken

Grafiken, oft auch als Infografiken bezeichnet, liegen im Trend. Dabei ist die
Idee nicht so neu wie gelegentlich angenommen wird. Die erste Infografik einer
Zeitung erschien am 7.4.1806 in der Londoner TIMES mit der Zeichnung eines
Gebäudekomplexes, der Schauplatz eines Mordes war. Den Durchbruch der
Grafiken brachten tatsächlich aber erst die Computer und die Umstellung der
Zeitungen auf den Vierfarbdruck. Trendsetter war seit September 1982 die über-
regionale Kaufzeitung USA TODAY, die in Abgrenzung zu den anderen Zeitungen
mit knappen Texten und starker Visualisierung von Informationen erschien. So
präsentiert das Blatt seit seiner Gründung täglich auf der Titelseite die USA-
TODAY-Snapshots, eine farbige Infografik zu einem aktuellen Thema. Im deutschen
Sprachraum bildeten die VORARLBERGER NACHRICHTEN 1989 den Vorreiter für
Infografiken. In Deutschland war es 1993 die Zeitschrift FOCUS. Hier bestimmten
erkennbar die neuen technischen Möglichkeiten ein redaktionelles Konzept: Fotos

und Grafiken wurden zu wesentlichen Bestandteilen des Informationsangebotes. Seitdem wurden für Grafiken zahlreiche Einsatzfelder erschlossen:

- Grafiken illustrieren komplexe Abläufe, zum Beispiel das Kriegsgeschehen in den beiden Irakkriegen;
- Grafiken illustrieren statistische Daten, zum Beispiel die Entwicklung der Arbeitslosigkeit in einer bestimmten Region;
- Grafiken geben geografische Informationen wie Ländergrenzen wieder;
- Grafiken präsentieren Informationen aus Technik, Wissenschaft und Architektur, zum Beispiel die Funktionsweise eines Wankelmotors oder den Querschnitt durch ein neues Hochhaus.

Diese Einsatzmöglichkeiten von Grafiken werden allerdings unterschiedlich häufig genutzt. Großflächige Erklärgrafiken zum Ablauf von Unglücken lassen sich eben nicht schnell und kostengünstig erstellen. Sie sind Spezialistensache. Auf sie muss aber zurückgegriffen werden, wenn keine Fotos von den Ereignissen vorliegen. In der Literatur werden in diesem Zusammenhang immer die Reaktorkatastrophe in Tschernobyl, die Explosion der Raumfähre Challenger oder der Golfkrieg von 1991 genannt.

Ganz anders ist inzwischen die Verbreitung von Grafiken mit statistischen Daten. Hier erlaubt die Technik die schnelle und preiswerte Produktion schlichter Schaubilder. Deshalb liefern Agenturen und Pressestellen täglich in erheblichem Umfang neue Übersichten. Die Folge sind regelmäßig Grafiken zu immer mehr Themen. Dabei sind die Grafiken nach Ansicht der Fachleute aussagekräftiger geworden. Die oft naiv wirkenden Bildchen, mit denen Diagramme in den ersten Jahren der Visualisierung gestaltet wurden, sind aus dem Angebot bestimmter Agenturen verschwunden. Aber auch das virtuose Spiel mit den technischen Möglichkeiten der Rechner, zum Beispiel der Versuch dreidimensionaler Darstellungen, hat ein Ende genommen – sehr zum Nutzen der Klarheit. Inzwischen zählen Schnörkellosigkeit, Schlichtheit und das schnelle Verständnis. Grafiken mit statistischen Daten sind vorrangig Informationsträger und nicht Dekoration.

Für die Umsetzung statistischer Daten in Diagramme gibt es einige klare Regeln

- Je weniger Kennziffern, desto besser: Der Leser muss das Dargestellte schnell erfassen und verstehen können. Eine Größe, zum Beispiel die verbreitete Auflage einer Zeitschrift im Zeitablauf, ist sehr schnell zu erfassen. Mehrere Größen im Zeitablaufen, zum Beispiel die verbreitete Auflage in ihrer Zusammensetzung mit Einzelverkäufen, Abonnements, Freistücken und sonstigen Verkäufen im Zeitablauf, werden unübersichtlich. Der Redakteur muss sich entscheiden, wo er den Schwerpunkt setzt oder mehrere Grafiken verwenden.

- Torten-Diagramme eignen sich dazu, darzustellen, wie sich ein Ganzes zusammensetzt. Beispiel Auflage: Wie viel Prozent einer verbreiteten Auflage sind Freistücke, wie viel Prozent entfallen auf Einzelverkäufe, wie viel auf Abonnements und wie viel auf den Rest? Wie setzt sich ein Parlament zusammen, wie der Aktionärskreis eines Unternehmens? Fragen dieser Art werden mit Torten-Diagrammen beantwortet. Es empfiehlt sich, dem Leser höchstens acht Segmente in einer Torte zuzumuten. Mehr Tortenstücke gelten als unübersichtlich. Die Sortierung erfolgt zweckmäßigerweise im Uhrzeigersinn, beginnend bei 12 Uhr.
- Balken- oder Säulen-Diagramme ermöglichen den direkten Vergleich von statistischen Größen. Beliebtheitswerte von Politikern, Steuersätze in der EU, Gewinne von Unternehmen – vieles lässt sich mit Balken oder Säulen anschaulich darstellen. Balken haben den Vorteil, dass die Zahlen oder Bezeichnungen in die Balken hineingeschrieben werden können.
- Kurven-Diagramme zeigen Verläufe von Kennziffern, zum Beispiel von Aktienkursen oder Parteiwerten bei der Sonntagsfrage. Wichtig ist die Vollständigkeit der Zeitreihe. Nur dann drückt die Kurve auch die tatsächliche Entwicklung aus, sinnvolle Maßstäbe einmal vorausgesetzt.

Ein Blick in die Ausgabe 4/2005 des SPIEGELS vom 24. Januar 2005 zeigt, dass Balken- und Säulendiagramme im SPIEGEL besonders intensiv eingesetzt werden. Sie sind typisch für Informationen.

Balken- und Säulendiagramme: DER SPIEGEL vom 24.1.2005

Seite 30/31: Säulen, Umfrage zur Beliebtheit von Politikern.
Seite 30:   Balken, Umfrage zu Reform-Hoffnungen der Bevölkerung.
Seite 31:   Balken, Umfrage zu persönlichen Erwartungen der Bevölkerung.
Seite 31:   Balken, Umfrage zum Bush-Besuch in Deutschland.

Seite 31:   Balken, Umfrage zur Beurteilung der Bundesregierung.
Seite 50:   Säulen, Illustration genetischer Fingerabdrücke.
Seite 66:   Balken, Jüdische Bevölkerung und von den Nazis ermordete Juden in Europa.
Seite 76:   Säulen, Sonntagsfrage zur Landtagswahl in Schleswig-Holstein.
Seite 83:   Säulen, Entwicklung von Windkraftanlagen.
Seite 84:   Säulen, Vergütung für eingespeiste Windenergie.
Seite 84:   Säulen, Mehrbelastung der Haushalte durch eingespeiste Alternativenergie.
Seite 85:   Balken, Bauleistungen der Baukonzerne.
Seite 92:   Säulen, Wachstum in Deutschland und in der EU.
Seite 92:   Säulen, Staatsdefizite in Deutschland und der EU.
Seite 94:   Säulen, Anteile der Diesel PKW an den Neuzulassungen.
Seite 152:   Balken, Umfrage zu Studiengebühren.
Seite 158:   3 Balken, Umfrage zu Freilandeiern.

DER SPIEGEL, 4/2005, 196 Seiten

Der Trend zur schnell verständlichen und deshalb schlichten Darstellung gilt auch für die Darstellung von Karten. Da es häufig nur darum geht, Ländergrenzen oder Regionen zu verdeutlichen, werden andere geografische Angaben, zum Beispiel Städte, Flüsse oder Regionen, häufig weggelassen, wenn sie nicht unmittelbar zur Aussage gehören. Der Umgang mit Farben ist zurückhaltend.

Erklärgrafiken aus Technik, Wissenschaft oder Architektur sind naturgemäß weniger schlicht. Wenn komplizierte Verfahren oder Bauweisen erklärt werden müssen, ist mit der Beschränkung von Farben oder Kennziffern nichts gewonnen. Deshalb sind Grafiken dieser Art nie Standard. Sie werden meist von Spezialisten erstellt und sind damit entsprechend aufwändig. Es hat viel mit Qualität zu tun, wenn eine Redaktion ihren Lesern pro Ausgabe gleich mehrere Erklärgrafiken anbietet.

Der bei Karten und Diagrammen zurückhaltende Umgang mit Farben hängt aber auch mit der Handschrift der Redaktionen zusammen. Zeitungen und Zeitschriften achten darauf, dass ihre Grafiken leicht wieder zu erkennen sind. Dafür sorgen zum Beispiel bestimmte Hausfarben, die Schrift oder Platzierung der Überschrift oder immer gleiche farbige Balken über der Grafik. Auch für Grafiken gibt es eine Art Corporate Design.

13.3 Der Einsatz von Tabellen

Mit Tabellen lässt sich eine größere Menge an relevanten Informationen in sehr kompakter Form darstellen. Tabellen verschaffen den Lesern eine – wenn es sein muss vollständige – Übersicht. Deshalb sind Tabellen auch ein zentrales Element im Service. Das gilt sowohl für den Standardservice als auch für die Servicemeldung und die langen Servicefeatures (s. S. 251 ff.).

Klassiker des Standardservice der Zeitungen und einiger Zeitschriften sind die Finanztabellen mit den Daten für Aktien, Indizes, Anleihen, Währungen und Fonds. Die meisten Kurstabellen sind allerdings in ihrer Aufmachung sowohl hinsichtlich der Auswahl der Daten als auch hinsichtlich Gliederung, Leseführung und Schrift eine Zumutung. Die Standardtabellen der Zeitungen liefern in der Regel nur Kurse vom Vortag und dem Tag davor und lassen jede weitere Information vermissen. Ihre eher armselige Aufmachung kann allenfalls damit begründet werden, dass die Leser nur kurz in die Kurstabellen schauen, um wenige Daten zu Wertpapieren ihres Interesses zu erfahren. Beide Lieblosigkeiten, die Inhaltslosigkeit und die schlechte Aufmachung, müssen nicht sein, wie die einschlägigen Finanzmagazine immer wieder zeigen. Ein paar zusätzliche Informationen je Wertpapier erhöhen den Wert jeder Tabelle, auch wenn dann bei begrenztem Platz Hinweise auf andere Wertpapiere geopfert werden müssen. Farbe und Linien verbessern auf jeden Fall die Lesbarkeit. So viel gute Zeitungen in den vergangenen Jahren von den Magazinen gelernt haben, im Bereich der Finanztabellen blieb der Vorsprung der Zeitschriften unangetastet. Hier haben die Wirtschaftsteile der Zeitungen zum Teil erheblichen Nachholbedarf.

Serviceartikel mit entsprechenden Vergleichstabellen sind ohnehin Sache der Magazine. Die Tabellen sind hier gelegentlich so wichtig, dass sie sogar für eine doppelseitige Aufmachung herhalten. Solche Doppelseiten finden sich beispielsweise bei großen Tests von Haushaltsgeräten wie Waschmaschinen oder beim Vergleich von Finanzdienstleistungen der Banken, Bausparkassen oder Versicherer.

Diese vergleichenden Tabellen müssen auf Vollständigkeit ausgelegt werden, auch wenn es die Layouter der Zeitschriften zur Verzweiflung bringt. Verglichen werden nach Möglichkeit alle relevanten Angebote am Markt, aufgezeigt werden alle wichtigen Leistungsmerkmale und Preise sowie das Vergleichsergebnis, die alles zusammenfassende Note oder Kennziffer. Vollständigkeit und Fehlerfreiheit sind die zentralen Anforderungen an Servicetabellen. Fehlt ein wichtiger Anbieter, ist die Glaubwürdigkeit des Vergleichs gefährdet.

Für die richtige Lesesteuerung auch bei großen Tabellen sorgt in der Regel die Farbe. Wird die zentrale Ergebnisspalte mit einer Farbe auffällig herausgehoben, wandert der Blick der Leser unmittelbar auf dieses zentrale Merkmal. Den Rest besorgt das Sortieren: Gelesen wird von oben nach unten, also stehen die Besten oben richtig.

Außerhalb des Service werden Tabellen sinnvoll eingesetzt, wenn bestimmte Kennziffern wiedergeben werden sollen, ohne den Lauftext eines Artikels zu sehr mit Zahlen zu befrachten. Beispiel Unternehmensergebnisse: Eine Standardtabelle mit den zehn wichtigsten Kennziffern des Geschäftsjahres und des Vorjahres ermöglicht dem kundigen Leser schnell die Übersicht und schafft im Lauftext Raum für Erläuterungen des Geschehens, Hintergründe, Aussichten und Zitate der Handelnden. Ähnliches gilt in der Auslandsberichterstattung für Länderdaten oder in der politischen Berichterstattung für Etatfragen aller Art. Diese Tabellen fallen oft klein aus. Mit einem Logo oder einer Vignette versehen, können sie sogar optische Qualität entwickeln und jeden größeren Text auflockern.

13.4 Zusammenfassung

Kästen, Grafiken und Tabellen sind als eigene Darstellungsformen heute aus dem Pressejournalismus nicht mehr wegzudenken. Sie erhöhen das Informationsangebot, erleichtern den Zugang zu den Informationen und verbessern nicht selten den optischen Auftritt. Kästen haben dabei häufig eine Erklärungs- und Ergänzungsfunktion. Ihr Einsatzgebiet ist breit: Es reicht von Glossaren über biografische Daten und Expertenstellungnahmen bis hin zu Einzeldarstellungen für bestimmte Zielgruppen oder Methodenhinweisen und anderen eher technischen Informationen in Serviceartikeln. Grafiken werden hauptsächlich zur Darstellung statistischer Daten eingesetzt. Dabei hat sich in der recht kurzen Geschichte des systematischen Einsatzes von Grafiken in Zeitungen ein Trend zum schlichten Auftritt herausgebildet. Das gilt auch für viele geografischen Darstellungen. Für die übrigen Einsatzfelder von Grafiken, die Erklärung von Technik, Wissenschaft und Architektur oder die schematische Beschreibung von Ereignissen, gelten andere Anforderungen. Hier steht das präzise optische Beschreiben im Vordergrund. Tabellen werden vornehmlich in Berichten und Serviceartikeln eingesetzt. Entscheidend ist bei größeren Datenmengen die Blickführung durch Farbe und Linien.

	Kästen	Grafiken	Tabellen
formale Merkmale			
Länge	Texte bis 90 Zeilen	einspaltig bis mehrspaltig	bis zur Doppelseite
Aufmachung	schlicht	schlicht bis opulent	schlicht
Positionierung	Standard	zentral bis Aufmachung	einfach bis Aufmachung
Überschriften	Sachhinweis	Sachhinweis	Sachhinweis
Ergänzung	–	–	–
strukturelle Merkmale			
Einstieg	stumpf	–	–
Ausstieg	stumpf	–	–
Portal	–	–	–
These/Versprechen	möglich	möglich	in der Überschrift
Zahlen	wenig	häufig	typisch
Zitate	–	–	–
Szenen	–	–	–
Beispiele	möglich	–	–
inhaltliche Merkmale			
aktuelle Informationen	häufig	häufig	möglich
Meinung	–	–	gelegentlich Bewertung
Empfehlung	–	–	häufig
Hintergrundinformation	Funktion	Funktion	Funktion
Prognose	–	–	–

Abb. 14: Unterschiede von Kästen, Grafiken und Tabellen

Literatur

Brielmaier, Peter; Eberhard Wolf: Zeitungs- und Zeitschriftenlayout. 2. Aufl., Konstanz 2000.

Ruß-Mohl, Stephan: Journalismus. Das Hand- und Lehrbuch: Frankfurt 2003.

Sage & Schreibe Werkstatt. Infografik (Teil 1). Wie man Nachrichten veranschaulicht. Beilage Journalist 5/1999.

Sage & Schreibe Werkstatt. Infografik (Teil 2). Der Stoff, aus dem die Schaubilder sind. Beilage Journalist 6/1999.

Sage & Schreibe Werkstatt. Infografik (Teil 3). Text, Bild und Grafik im Zusammenspiel. Beilage Journalist 7/1999.

Schneider, Wolf; Paul-Josef Raue: Das neue Handbuch des Journalismus. 1., vollst. überarb. und erw. Neuausg., Reinbek 2003.

14. Service

In vielen Zeitschriftenredaktionen wird von Nutzwert gesprochen, wenn es um Lebenshilfe für die Leser geht. Dieser Begriff ist vielen Zeitungsredakteuren fremd, die reden eher von Service. Daneben tauchen immer wieder Begriffe wie Ratgeberjournalismus oder Verbraucherjournalismus auf. Dabei geht es immer um konkrete und nützliche Informationen für bestimmte Lebenslagen der Leser.

Die Themen dieser Lebenshilfe sind schier unendlich. Sie reichen von der schönsten Sommerfrisur, der besten Schnelldiät über die billigste Reiseversicherung, die robustesten Stauden und die schnellsten Laptops bis hin zu kniffeligen Fragen wie dem richtigen Testament oder der besten Altersversorgung. Heute gibt es ganze Zeitschriftengattungen, die sich mit großem Erfolg auf Themen dieser Art spezialisiert haben. Fast alle Regionalzeitungen bearbeiten sie auf regelmäßigen Themenseiten und manche Regionalzeitungen richten ihre Wirtschaftsteile entschlossen auf Verbraucherfragen aus. Viele Chefredaktionen setzen im Kampf gegen Auflagen- und Reichweitenverluste auf Service. Nach einer Untersuchung der Universität Hohenheim wollten im Jahre 2003 80 Prozent der befragten Chefredakteure ihre Blätter stärker als Ratgeber für alle Lebensfragen profilieren und die Redaktionen auf Servicethemen ausrichten.

Die Betonung der Servicethemen als Hoffnungsträger für den Pressejournalismus mag ältere Redakteure von Agenturen und überregionalen Zeitungen oder Publizistikwissenschaftler zunächst verwirren, wird doch deren Bild der Pressethemen meist von der Politik bestimmt. Service oder Nutzwert tauchen in der seit Jahrzehnten betriebenen Forschung zur Auswahl von Nachrichten und den Faktoren des Nachrichtenflusses nicht auf. Dem entspricht, dass innerhalb der großen deutschen Zeitungs- und Zeitschriftenredaktion die mit Servicethemen befassten Redakteure lange eher als Erbsenzähler denn als Journalisten angesehen wurden.

Diese Schwierigkeit in der Zuordnung der Servicethemen zum relevanten Journalismus steht in gewissem Gegensatz zu dem bereits verwendeten Nachrichtenbegriff der BBC. Nur zur Erinnerung: Nachrichten sind neue sowie wahrheitsgemäß und sorgfältig wiedergegebene Informationen, die aktuelle Ereignisse aus der ganzen Welt zum Gegenstand haben ... und die in eine Nachrichtensendung aufgenommen werden, weil sie interessant oder in den Augen der erwähnten Journalisten für die Zuhörer von persönlichem Belang sind.

In dieser Verkürzung wird schnell deutlich, dass Serviceinformationen sogar zu den Nachrichten zählen, wenn sie neu sind, mit aktuellen Ereignissen zu tun haben und für den Leser von persönlichem Belang sind. Und das ist häufig der Fall, wenn die Information mit neuen Produkten oder Preisen zu tun hat oder wenn aktuelle Urteile oder neue Gesetze bei den Rezipienten Informationsbedarf auslösen. Auch wenn sich manche Journalisten und Wissenschaftler mit der Einsicht schwer tun: Serviceinformationen, die sich um ein aktuelles Ereignis ranken, gehören zu den Nachrichten. Es sind Informationen, nach denen man sich richten kann.

Sie gehören zweckmäßigerweise auch deshalb dazu, weil es zwischen Informationen über Ereignisse und dem Service für den Rezipienten keine klare Trennungslinie gibt. Viele Informationen über aktuelle Ereignisse enthalten einen unmittelbaren Nutzen für den Leser: Der Schlusskurs einer Aktie im Kursteil der Zeitung ist eine Information über ein Ereignis des Vortages und zugleich eine Hilfestellung bei der Disposition des Aktiendepots. Der Bericht über ein Urteil des Bundessozialgerichts ist eine Information über ein wichtiges Ereignis und zugleich ein Hinweis auf eine Veränderung im gesetzlichen Versicherungsschutz, auf die der Leser sich gegebenenfalls einzustellen hat.

Die Serviceinformationen können Nachrichten sein, müssen es aber nicht, wie mit dem Hinweis auf Themen »So bekommen Sie Ihren Chef in Griff« oder »Schlank in zehn Tagen« leicht zu verdeutlichen ist.

Es wird erkennbar, dass Service eine bestimmte Art von Information und keine eigene Darstellungsform ist. Im Gegenteil: Viele Darstellungsformen können den Service transportieren. So wie es für Nachrichten mit der Zeitungsmeldung, der Magazinmeldung, dem Zeitungsbericht, dem Magazinbericht, dem Interview oder dem Feature viele geeignete Darstellungsformen gibt, gibt es sie auch für die Serviceinformationen. Dabei eignen sich nicht alle Darstellungsformen des Nachrichtengeschäftes in gleicher Weise für Service.

Wie nun diese Artikel mit Lebenshilfe genannt werden, ist weniger wichtig. Der Begriff Ratgeberartikel oder Ratgeberjournalismus ist in den Redaktionen weniger eingeführt als Service oder Nutzwert und er impliziert, dass jede Ausrichtung auf den persönlichen Belang unmittelbar zu einem konkreten Ratschlag führen müsse, was sicher nicht der Fall sein kann. Der ebenfalls verwendete Begriff Verbraucherjournalismus etabliert sich inzwischen zwar in diversen Journalistenpreisen, er kann aber leicht zu einer Beschränkung des Themenfeldes führen. Wetterinformationen oder die Bewertung von Aktien werden selten mit dem Begriff Verbraucherjournalismus in Verbindung gebracht, gehören aber zum Themenfeld. Bleiben die Begriffe Service und Nutzwert, die oft synonym verwendet werden. Da streng genommen jeder Artikel dem Leser einen Nutzen bringen sollte, mit dem Begriff Nutzwert also wenig Spezielles gesagt wird, anderseits der

Begriff Service durchaus die Ausrichtung auf den persönlichen Belang des Lesers signalisiert, empfiehlt sich die Verwendung des Begriffs Service.

14.1 Die Bedeutung von Servicethemen

Die konkrete Hilfestellung für Leser ist im Journalismus keineswegs neu. DIE GARTENLAUBE, eine Familienzeitschrift aus dem Jahre 1853, widmete sich häufig den Fragen der gesunden Lebensführung, einem Thema also, das heute immer mehr Themenseiten von Regionalzeitungen und Titelgeschichten von Magazinen füllt. Seit April 1966 gibt es TEST, CAPITAL ist sogar etwas älter. Davor gab es einmal die Zeitschrift für das Leben zu zweit, ein Aufklärungsmagazin. Frauenzeitschriften sind schon viel länger mit guten Ratschlägen für Mode, Aussehen, Kochen, Haushalt und Lebenskrisen am Markt. Auch die Tageszeitungen pflegen seit Jahrzehnten die Lebenshilfe, auch wenn sie es vielleicht lange nicht so gesehen haben: Veranstaltungshinweise zählen ebenso zum Service wie die Wetteraussichten oder die aktuellen Kurse von Sorten am Bankschalter.

Jetzt soll der Service intensiviert werden. Wann immer die Meinungs-forscher die Bürger zu ihren Interessengebieten fragen, kommt heraus, dass sich die Bevölkerung oder – mit meist noch höheren Werten – die Zeitungsleser in erster Linie für Themen wie gesunde Ernährung und Lebensweise, Urlaub und Reise, Wohnen und Einrichten, Haut- und Körperpflege oder Gastlichkeit und Bewirtung interessieren. Seit Jahren zeigen regelmäßig mehr als 80 Prozent der Befragten Interesse an Informationen und Ratschlägen zu diesen Themenfeldern. Bei den Zeitungslesern werden sogar Werte von bis zu 90 Prozent erreicht. Im Vergleich dazu interessieren sich aber nur gut 70 Prozent der Bevölkerung und knapp 80 Prozent der Zeitungsleser für Politik. Noch viel geringer ausgeprägt ist das Interesse der Zeitungsleser an Wissenschaft, Wirtschaft oder Kultur. Allein lokale Ereignisse interessieren mehr als Haus und Hof oder Urlaub und Gesundheit.

Deshalb erscheinen in den Tageszeitungen immer mehr Serviceseiten, etwa zu den Themen Geld, Garten, Familie, Gesundheit oder Computer. Zugleich wird oft auch in die klassischen Ressortstrecken konkrete Lebenshilfe einge-baut. Insbesondere im Wirtschafts- und im Lokalteil werden traditionelle Berichts-themen durch Serviceelemente ersetzt: Statt der Bilanz des Maschinenbauers werden im Wirtschaftsteil Telefontarife, Ratschläge für die Steuererklärung, Miet- oder Versicherungsfragen oder Anlageempfehlungen zum Thema. Selbst das HANDELSBLATT und die FRANKFURTER ALLGEMEINE, die sich ja die Wirtschaftsinformation für die berufliche Nutzung auf die Fahne geschrieben haben, sehen ihre Leser heute auch als Privatanleger und bieten entsprechende

Serviceartikel. Der Weg ist nach Ansicht ihrer Chefredakteure vorgezeichnet: Die Zeitungen werden ihre Angebote an Service ausbauen.

Trotzdem sind diese Themen immer noch in erster Linie Sache der Zeitschriften. Dabei folgen die Magazine den Nöten der Menschen: Wo früher Zeitschriften zum Thema Stricken und Schneidern die Regale füllten, stehen heute PC- oder Internet-Magazine. Und je komplexer die Umwelt wird, desto größer wird die Zahl der Blätter mit guten Ratschlägen. Heute gibt es zum Beispiel Rat gebende Wirtschaftsmagazine, Computer- und Internetblätter, Frauen- und Heimwerkerzeitschriften, Garten- und Gesundheitszeitschriften, Eltern- und Familienblätter, Zeitschriften für Auto- und Motorradfahrer, Reisezeitschriften, Wohn- und Bauzeitschriften oder auch Koch- und Backzeitschriften. Wenn der Informationsbedarf groß genug ist, erreichen selbst Serviceblätter ein Massenpublikum. Das beweisen COMPUTER-BILD oder AUTO-BILD. Der Service der Magazine orientiert sich am Alltag der Leser.

Für die Zeitungen und Zeitschriften entfaltet der Service im Wettbewerb mit den elektronischen Medien einen zusätzlichen Charme: Ratschläge können in gedruckter Form viel konkreter werden als im Funk. Und sie lassen sich leicht archivieren. Zudem kann der Leser sich den Text so oft durchlesen, bis er wirklich alles verstanden hat. Hörfunk oder Fernsehen sind dagegen flüchtige Medien. Um Gesendetes für sich zu retten, muss der Zuhörer oder Zuschauer mitschreiben, gedruckte Informationen im Internet suchen oder sie beim Sender anfordern. Die Presse, die im Wettbewerb gegen die schnellen elektronischen Medien so abgeschlagen scheint, kann mit den Serviceaspekten auf aktuelle Entwicklungen oft sogar schneller reagieren als das Fernsehen, das sich erst um die Visualisierung der Ratschläge bemühen muss. So gesehen spricht auch die Wettbewerbssituation der Presse eindeutig für mehr Servicethemen.

Damit nicht genug: Mit Service können die Regional- und Lokalzeitungen ihre Kernkompetenz, das Wissen um die Ereignisse vor Ort, noch besser ausspielen. Denn nur Medien mit lokaler Kompetenz schaffen es, Ratschläge auf die lokale Ebene herunterzubrechen. Vom Ermitteln der billigsten Tankstellen in der Region über günstige Krankenkassen vor Ort bis hin zu einem Test lokaler Dienstleister – alle Vergleiche von Preisen und Dienstleistungen können die Basis guter Serviceartikel bilden.

Es gilt mehr denn je die Erfahrung, die der KÖLNER STADT-ANZEIGER im Sommer 1967 machte. Am 22. Juni berichtete das Blatt von den Tricks sparsamer Hausfrauen, die es auf einer Veranstaltung der Stadtsparkasse erfahren hatte. Am 23. Juni teilte die Redaktion ihren Lesern mit, dass eine Welle von Anrufen der Leser eingegangen sei und dass sie die Angaben der Hausfrauen durch Miterleben prüfen werde. Eine Redakteurin hospitierte bei der sparsamsten aller Hausfrauen und schrieb darüber. Der Rest wurde zum bundesweiten Medienereignis: Als plötzlich besonders günstige Preise für Brötchen, Eier und Butter bekannt wurden, reagierten Verbraucher und Händler. Der lokale Lebensmittelmarkt geriet mächtig in Bewegung, nur weil eine Zeitung lokale Preise transparent gemacht hatte. Genau das lässt auch in Zeiten besonderer Sparsamkeit der Verbraucher hohe Resonanz erwarten. Kein Wunder, dass im Hörfunk von RBB RUNDFUNK BERLIN-BRANDENBURG jeden Morgen in der populären Sendung »88acht Guten Morgen Berlin« um 8 Uhr 45 für Verbraucher Einkaufspreise verglichen werden.

Service wird im Zusammenspiel von Zeitung und Internet besonders nützlich. Gerade mit Servicethemen lässt sich gut demonstrieren, wie Zeitungen und Zeitschriften mithilfe des Internets ihren Platz in der Medienlandschaft verteidigen können. Es geht um die Interaktion von Leser und Redaktion, das elektronische Frage-, Antwort- und Beratungsspiel. Dieser elektronische Dialog auf dem Weg zu einer richtigen Empfehlung für Verbraucher, zum Beispiel zu einem Versicherungstarif, ist heute meist unumgänglich, da sich viele Vergleiche nicht mehr auf Papier gestalten lassen. Die Angebote sind zu differenziert geworden. Magazine wie TEST oder FOCUS machen es vor: FOCUS erweiterte beispielsweise einen Artikel aus Heft 2/2004 zum Thema Scheidung im Internet um einen individualisierten Scheidungsrechner. Dieser war gebührenpflichtig. Auch die STIFTUNG WARENTEST verkauft ihre Tests erfolgreich im Netz und ermöglicht es den Verbrauchern, alle Testkriterien individuell zu gewichten und so den persönlichen Testsieger zu ermitteln.

Die Zeitungen können hier mit Lokalinformationen nachziehen. Faktisch lässt sich aus jedem zwangsläufig allgemein gehaltenen Serviceartikel der Zeitung ein individueller Rat für den Leser machen: Natürlich kann in jedem Lokal- oder Wirtschaftsteil am Beispiel von Herrn oder Frau Mustermann vorgerechnet werden, dass sich der Wechsel der Krankenkasse zum Beispiel von der ortsüblichen AOK zu einer Betriebskrankenkasse lohnt. Im Internet kann der Leser dazu leicht selbst recherchieren, wie viel er bei einem Wechsel sparen wird, welche Leistungsunterschiede zwischen den Kassen für ihn relevant sind und kann dann sogar mit einem Klick zum neuen Anbieter den Wechsel einleiten. Vorausgesetzt, die Zeitung erhält keine Provisionen und bleibt der unabhängige Berater. Das Ganze lässt sich gerade in Regionalzeitungen mit Dutzenden von Lokalausgaben und entsprechend vielen Orts- und Betriebskrankenkassen sinnvoll organisieren. Jeder Leser der großen Regionalzeitung, auch der, der 150 Kilometer vom Sitz der Mantelredaktion in einer ländlichen Region lebt, kann im Netz seine Krankenversicherung besser gestalten. Der Vorteil für die Redaktionen liegt auf der Hand: Der gut geschriebene Serviceartikel kann in allen Lokalausgaben der großen Regionalzeitung laufen, wenn denn die Zahlen des Artikels – jetzt von den Lokalredaktionen aus dem Netz genommen – kurz an die jeweilige Ausgabe angepasst werden.

Mit dem Zusammenspiel von Presse und Internet gewinnen die oft komplexen und arbeitsintensiven Servicethemen für Zeitungen deutlich an Machbarkeit und Charme. Sie verbinden sich mit den von den Lesern begehrten Lokalinformationen. Die Folge ist eine erhebliche Aufwertung der Lokalteile. Nur Regional- und Lokalzeitungen haben eine ernsthafte Chance, die Heizölpreise oder Tankstellenangebote der Region zeitnah und konkret auf Händlerebene zu vergleichen. Nur sie können die Preise der Waren und Dienstleistungen aller Art für größere Regionen so schnell vergleichen, dass rechtzeitige Reaktionen der Leser möglich sind. Zudem lassen sich bei bestimmten Themen auch mit kleinen Suchprogrammen sinnvolle Brücken zum Kleinanzeigenangebot im Internet schlagen. Beispiel regionaler Mietspiegel: Die Redaktion zeigt im Blatt die Gesamtentwicklung und gibt einen Überblick über die Rechtslage. Im Internet ergänzt sie den Bericht um lokale Informationen aus Stadtteilen, Vororten und Umgebung und präzisiert die Rechtstipps mit Fällen aus der Rechtsprechung. Eine Suchmaschine schlägt dann bei Bedarf des Lesers die Brücke zum Anzeigenangebot im Internet und den nach Straßen und Vierteln geordneten Wohnungsangeboten.

Der Vollständigkeit wegen sei darauf hingewiesen, dass sich im Internet natürlich auch die Zeitung von gestern mit ihren Servicebeiträgen als Fundgrube nützlichen Wissens für Abonnenten konservieren lässt. Alle Tabellen, alle Erläuterungen, alle Hinweise auf Adressen oder Kontakte oder alle erläuternden Grafiken gelten meist über den Tag hinaus und sollten deshalb auch über den Tag hinaus verfügbar sein. Sie können mit jedem weiteren Artikel zum Thema fortgeschrieben und ergänzt werden.

14.2 Die Darstellungsformen für Servicethemen

Die Tageszeitungen greifen für ihren täglichen Standardservice wie Programminformationen, Wetterprognosen, Kurse und Zinsen, Veranstaltungshinweise oder Heizölpreise auf Kästen, Tabellen und Grafiken zurück. Die auf Servicethemen spezialisierten Magazine setzen darüber hinaus für ihre Artikel häufig Meldungen und besonders aufbereitete Features ein. Mit diesen Darstellungsformen sind bereits die für Service besonders geeigneten Darstellungsformen genannt. Die Betonung liegt auf der besonderen Eignung. Auch ein Bericht oder ein Interview kann im Einzelfall guter Service sein, das Feature aber ist mit seinem Wechselspiel zwischen Beispielen und allgemeinen Aspekten auf das Erklären und Verdeutlichen angelegt. Und genau darum geht es meistens im Service.

Anders als bei Tabellen, Kästen, Grafiken oder Meldungen ist es bei den großen Serviceartikeln der Magazine mit der Standardstruktur einer Darstellungsform

nicht mehr ganz getan. Service ist häufig ein Gesamtkunstwerk, bei dem zunächst
kniffelige Probleme von Lesern identifiziert und gelöst werden und bei dem dann
nach Möglichkeit für jede der vielen Zielgruppen einer Zeitung oder Zeitschrift die
richtige Lösung verständlich präsentiert wird. Das führt nicht nur in Einzelfällen
zu einem großen Ganzen aus Lauftext, Tabellen, Kästen und Illustrationen. Die
Titelgeschichten der einschlägigen Magazine zeigen oft eindrucksvoll, mit wie vielen Elementen ein Servicethema bearbeitet werden kann. Die Vorstellung, hier mit
etwas Recherche und viel virtuoser Schreibe ein journalistisches Glanzstück ablie-
fern zu können, geht völlig an den Anforderungen vorbei: **Für den Service muss
der Journalist sein Thema auf eine besonders umfassende Art und Weise recherchieren und aufbereiten.** Das eigentliche Schreiben des Artikels fügt in das präzise
konstruierte Gesamtkunstwerk nur noch den Schlussstein.

14.3 Das Finden der Servicethemen

Ein Thema zu finden und gründlich zu recherchieren ist journalistische Routine.
Sie ist bei den Zeitschriften anstrengender als bei den Zeitungen, die für die über-
wiegende Mehrheit ihrer Artikel dem Gang der Dinge und dem Nachrichtenstrom
der Agenturen folgen. Die Servicethemen haben zwar auch oft mit diesem Gang
der Dinge zu tun, sie schwimmen aber nicht im Strom der Agenturmeldungen
und -berichte. Da wird in der Regel nicht danach gefragt, was das Ereignis nun für
bestimmte Lesergruppen bedeutet und was für diese Leser nun zu tun oder lassen
wäre. Bei den Agenturen steht das Ereignis im Vordergrund, weniger der persönliche Belang einzelner Leser.

Genau um den aber geht es im Idealfall für die Serviceartikel. Jeder Leser hat
Fragen zu seiner Lebenslage, auf die er gerne fundierte Antworten bekäme. Und
für diese Antworten ist er auch bereit, eine Zeitschrift oder Zeitung zu kaufen. Es
ist deshalb zunächst einmal kein schlechter Ausgangspunkt für ein Servicefeature,
wenn sich der Autor vornimmt, für den Leser den Kauf der Zeitung oder Zeitschrift
zu einer guten Investition zu machen. Dem Leser regelrecht etwas zu schulden,
mobilisiert Kräfte bei der Suche nach Lösungen.

Um den Lesern aber mit relevanten Lösungen für ihre tatsächlich existierenden
Fragen zu dienen, ist es wichtig, so viel wie möglich über sie zu wissen. Wer sind sie,
wo wohnen sie, wie alt sind sie, wie leben sie, was besitzen sie, was tun sie und was
interessiert sie? Mit den schön gefärbten Broschüren der Anzeigenabteilungen des
Verlages ist dabei selten einem Redakteur gedient. Nur zu oft entpuppen sich die
entscheidungsstarken Dynamiker mit dem hohen Einkommen aus den Broschüren
im realen Kontakt mit den Lesern als freundliche Beamte des mittleren Dienstes,

denen man spontan ganz andere finanzielle Sorgen und Möglichkeiten zuordnen darf als den beschriebenen Dynamikern. Auch sind die Durchschnittswerte der Anzeigenverkäufer bei der Suche nach den Problemen der Leser wenig hilfreich. Es kommt auf die einzelnen Lesergruppen an: die Studierenden oder die Familien mit Kleinkindern, die Rentner-Ehepaare oder die Singles. Sie alle zählen irgendwo zu den Lesern, die einen als Kernzielgruppe, die anderen als Nebengruppen, wobei im Idealfall alle aus einer Titelgeschichte einen Nutzen ziehen sollen. Da ist mit Durchschnittsratschlägen wenig zu machen. Wohl aber mit der Vorstellung von einzelnen Lesergruppen, die mithilfe von Daten aus der Leserforschung, dem Urmaterial der Prospekte, präzisiert werden können.

Dieses Bild der einzelnen Lesergruppen lässt sich auch mithilfe von Leserbriefen und erfahrenen Redakteuren weiter konkretisieren. Jeder Redakteur, der einmal mit einer Servicegeschichte den Nerv der Leser getroffen hat, gewinnt allein aus den Anrufen, die seinem Artikel folgten, ein immer klareres Bild vom typischen Leser und seinen Fragen: Es sind die Fragen seiner Nachbarn. Deshalb ist es auf der Suche nach relevanten Themen für Serviceartikel keineswegs unzweckmäßig, das Gespräch mit den Mitgliedern der Zielgruppe zu suchen. Einige der Vorreiter unter den Servicejournalisten lebten hervorragend von den Themen, die sie beim Metzger, auf dem Tennisplatz oder in der eigenen Familie einsammelten.

Die Suche nach den Problemen der Zielgruppe schließt die Beobachtung aktueller Entwicklungen ein. Neue Gesetze lösen Fragen und Aktionen aus, Produkte und Preise verändern sich, neue Märkte entstehen, etablierte verschwinden, Mode heißt sogar nichts anderes als ständige Veränderung. Und fast immer kann der Leser reagieren. Er muss aber wissen warum und wie.

Und dann gibt es für alle Servicejournalisten als ständige Fundgrube und Versuchung zur Routine noch den Kalender jährlich wiederkehrender Themen: Im Frühjahr ist die Frühjahrsdiät fällig – und die Steuererklärung. Im Sommer geht es um die Sommerfrisur und die Ferienwohnung. Im November stehen das Adventsgebäck, die Winterreifen und ein Bausparvertrag an. Nichts spricht dagegen, diese Klassiker der Saisonthemen im Auge zu behalten, vorausgesetzt, die Themen werden wirklich neu angepackt und zu aktuellen Lösungen gebracht. Die alljährliche Präsentation immer gleicher Kästen und Tabellen zu immer gleichen Themen führt schnell zum Verlust der Relevanz.

Grundsätzlich aber gilt für den Servicejournalismus das, was sich beim Blick über das Themenangebot am Zeitschriftenkiosk, bei der Lektüre erfolgreicher Verbraucherseiten der Zeitungen oder bei der Analyse ausgezeichneter Ratgebersendungen des Rundfunks aufdrängt: Fast alles geht, die Themen liegen auf der Straße.

Welche Themen eine engagierte Redaktion dabei anpacken kann, soll am Themenkomplex »Bauen & Wohnen«, einem der die Leser besonders interessierenden Bereiche, für eine Regionalzeitung skizziert werden:

Traditionell zeichnen die lokalen Makler ihre Immobilienmärkte gerne schön. Ihre Aussagen zum Marktgeschehen und zur Preisentwicklung verdienen es deshalb, am realen Geschehen gemessen zu werden. Das aber findet bei den Lesern statt. Was hindert eine Redaktion daran, in gewissen Abständen einen lokalen Mietspiegel und eine Übersicht zu den regionalen Immobilienpreisen zu erstellen? Die Bedeutung von Wohnlagen wird so im doppelten Sinne plastisch: Preiswertere Lagen sind auch eine Chance, aus der gemieteten Wohnung in ein Eigenheim zu kommen. Diese Wohnlagen kann man beschreiben, Versteigerungskalender finden sich bei Gericht, aber auch im Internet. Eine Übersicht anstehender Termine eröffnet manchem Leser eine Chance, vorausgesetzt, er weiß, wie ersteigert wird, wie er sich zum Objekt informieren kann und was mit Gläubigern bereits im Vorfeld der Versteigerung vereinbart werden kann.

Das sind mögliche Themen zur Ergänzung eines regelmäßigen Versteigerungskalenders. Alle fußen auf lokaler Basis. Der redaktionellen Fantasie sind dabei keine Grenzen gesetzt: Jeder Vergleich der Werttaxen mit tatsächlichen Preisen schafft Transparenz, jede Reportage über die Erfahrungen und Belastungen derer, die ihr Haus ersteigert haben, bringt auf angenehm lesbare Art persönlichen Nutzen. Berichte über das Schicksal verramschter prominenter Objekte sind für Leser ebenso anregend wie kritische Berichte darüber, welche Banken bei Versteigerungen immer wieder auftauchen.

In Zeiten weich werdender Mieten sorgt Markttransparenz für Bewegung, wenn Altmieter mehr zahlen als Neumieter. Viele Leser wissen davon, jede Redaktion kann hier Fälle sammeln und durch Ratschläge zum Verhandeln ergänzen. Weitere Ergänzungsmöglichkeiten eines regelmäßig veröffentlichten Mietspiegels sind Berichte über Leerstände in Wohnanlagen oder auf dem gewerblichen Immobilienmarkt, Reportagen über Mietverhandlungen und die Unterschiede zwischen geforderten und gezahlten Mieten. Nicht minder spannend ist für die Leser die so genannte »zweite Miete«. Auch hier können die Leser in die Berichterstattung eingebunden werden: Was kommt als Nebenkosten bei den Lesern zusammen, wie rechnen die großen lokalen Vermieter ab oder wie werden Abrechnungen überprüft? Berichte können auch hier gut um Kästen oder Interviews zur Rechtslage und zu den Möglichkeiten der Mieter und Vermieter ergänzt werden.

Zwar ist der Kauf oder Bau von Wohneigentum im Leben des durchschnittlichen Lesers in der Regel ein einmaliges Ereignis, dennoch ist es sinnvoll, Tabellen zu Grundstückspreisen oder Kreditkonditionen mit Hintergrundwissen zum Kaufen und Bauen zu ergänzen. Preisübersichten lokaler Handwerker helfen nicht nur

Bau-, sondern auch allen Hausherren. Was hindert einen Journalisten eigentlich daran, in Zeiten explodierender Ölrechnungen die Preise lokaler Anbieter für die Erneuerung einer Ölheizungsanlage, also des Kessels und des Brenners, öffentlich zu vergleichen? Die Leser werden es danken, wenn sie gleichzeitig auch noch die Preise von Wartungsverträgen der ortsüblichen Handwerker kennen lernen.

Diese Übersicht ist natürlich nicht vollständig. Allein zum Themenkomplex »Bauen & Wohnen« ergeben sich nicht nur im Einzelfall jede Menge weiterer Themen, wenn zum Beispiel die Fragen von Finanzierung und Mietrecht ins Spiel gebracht werden. Von den anderen Themenfeldern wie Ernährung, Gesundheit oder Karriere, Schönheit, Technik oder Geld, die Versicherungen eingeschlossen, ganz zu schweigen. Die Themenfindung ist für Service eher ein Auswahlproblem. Immer vorausgesetzt, die Zielgruppe ist identifiziert.

14.4 Das Lösen der Servicefragen

Im Servicejournalismus müssen die Journalisten die Rolle des hellwachen, aber passiven Beobachters verlassen. Dies gilt zumindest in der Recherchephase und erweist sich damit als keineswegs untypisch für engagierte Recherchen. Dabei hat die Suche nach Lösungen für die Probleme der Leser oft mit Produkt- und Marktanalyse zu tun oder sie führt über konkrete eigene Erfahrungen. In Ausnahmefällen trägt sie sogar Züge der investigativen Recherche, wenn sich Journalisten beispielsweise über die Methoden von Drückerkolonnen, über die Beratung von Banken oder die Maschen von Autohändlern informieren und sich mangels anderer Quellen selbst in die jeweiligen Situationen begeben.

> Die Lösung für die Leser führt auch über die eigene Erfahrung des Journalisten.

Bei allen Vorteilen eigenen Erkundens, ohne die Hilfe von Experten lässt sich kaum sinnvoller Service erstellen. Dermatologen müssen die Wege aus der Jugendakne weisen, Oecotrophologen die gängigen Frühjahrsdiäten bewerten, Juristen Mietverträge erklären und Finanzmathematiker die Effektivzinsen von Hypothekendarlehen auseinander nehmen. Journalisten tragen auch hier nur zusammen. Sie sammeln gegebenenfalls bei Verbänden, Organisation und Behörden die typischen Problemfälle und ihre Lösungen, oder sie sichern sich bei Wissenschaftlern unabhängige Expertisen. Bei selbstständigen Vergleichen, den Meisterstücken des Servicejournalismus, kommen die Redaktionen überhaupt nicht darum herum, schon in der Planungsphase die Hilfe von Experten in Anspruch zu nehmen. Das empfiehlt sich schon allein mit Blick auf die Rechtslage (s. S. 265 ff.). Die Fachleute werden im Service häufig zu ständigen Begleitern der Redaktion: Sie definieren zum Beispiel die Musterfälle, die typischen Probleme der Kernzielgruppe und die Unterschiede zu Nebengruppen. Und sie finden die diversen Lösungen für die einzelnen Lesergruppen.

Auf die Musterfälle kommt es häufig an. Sie illustrieren das Problem, sie müssen die Situation der einzelnen Lesergruppen treffen und ihre Lösungen müssen die für alle Leser gültigen Alternativen zeigen. Deshalb sind sie meist ein Fall für die Experten. Es ist eben ein Unterschied, ob ein Computer für den spielenden Jugendlichen, den älteren Internetnutzer oder den selbstständigen Grafiker gesucht werden soll. Das Feature zum Computerkauf muss von den typischen Anwendungen in der Leserschaft ausgehen und dafür Musterfälle bereithalten. An ihnen wird – zunächst in der Recherche, später im Artikel – durchexerziert, wie der Leser selbstständig den Weg zur Lösung findet. Die Musterfälle bilden auch die Basis für das Konfektionieren des Artikels, seine Aufmachung und für den Lauftext. Grundsätzlich gilt in dieser Phase der Recherche, dass der Weg zur jeweils richtigen Lösung in allen Schritten mit allen Details wie Alternativen, Restriktionen, Kosten, Anschriften oder Quellen genau dokumentiert wird.

Bahnpreise – Geht's auch billiger?

Test hat im Januar 2005 die Preis- und Reiseberatung der Deutschen Bahn an Schaltern, bei der Telefonauskunft, im Internet und an Automaten getestet. Die Tests waren auf Musterfällen aufgebaut, die erkennbar systematisch das gesamte Tarifsystem der Bahn mit seinen Sparpreisen, den Ländertickets oder der Bahncard abdeckten und gleichzeitig die Auswirkungen der Zugart oder Streckenwahl durchspielten:

Testbeispiel 1: Tagesausflug 2 Erwachsene, 2. Klasse Berlin – Büchen – Berlin.
Preiswerteste Lösung mit zwei Ländertickets für 49 Euro, Gesamtkosten mit ICE/RE 244 Euro.

Testbeispiel 2: 3 Personen Köln – Berlin – Köln mit ICE, 2. Klasse.
Preiswerteste Lösung mit Bahncard 25 und Mitfahrerrabatt 267 Euro, Normalpreis 534 Euro.

Testbeispiel 3: Einzelfahrt Berlin – Bad Pyrmont, 2. Klasse mit Bahncard 25.
Beste Lösung: IC-Preis 37,50 Euro, ICE-Preis 44,25 Euro.
Testbeispiel 4: Einzelfahrt Köln – Kassel, Normalpreis, 2. Klasse.
Mit RE/RB über Gießen 34,50 Euro, mit ICE über Frankfurt/Main 83 Euro.
Testbeispiel 5: Zwei Personen Hamburg – Lindau/Ehingen – Hamburg, 2. Klasse.
Sparpreis 50/Bahncard 25 114,70 Euro, nur mit Bahncard 25 229,50 Euro.

Diese Testbeispiele wurden von geschulten Reiseexperten an 90 DB-Schaltern, 35-mal telefonisch sowie an Automaten und im Internet durchgespielt. Erfasst und bewertet wurden die zunächst angebotenen Lösungen sowie das Ergebnis der Antworten bei Nachfrage nach billigeren Alternativen. TEST protokollierte die Reaktionen der Mitarbeiter der Deutschen Bahn in standardisierten Erhebungsbögen, ließ die Testpersonen für die Telefon- und Schalterberatung Kompetenz, Kundenorientierung, Verständlichkeit, Schnelligkeit und Freundlichkeit und für die Automaten- und Internetberatung die Handhabung von Übersicht bis Seitenführung beurteilen. Ferner wurden bei der Telefonberatung die Wählversuche gezählt.

TEST 4/2005

Das Beispiel zur Beratung der Bahn lässt erkennen, wie detailliert Musterfälle aufgebaut werden müssen und dass es dabei meist ohne die Expertise von Fachleuten nicht geht. Außerdem wird deutlich, wie sorgfältig die Arbeit in der Recherchephase zu protokollieren ist.

Mögliche Einwände, mit der Vorgehensweise einer Stiftung Warentest als Norm für journalistische Arbeit werde ein viel zu hoher Anspruch beschrieben, übersehen, dass Journalisten mit Serviceartikeln tatsächlich gegenüber ihren Lesern eine Gewähr auf sorgfältige Arbeit und möglichst zutreffende Lösungen übernehmen und dass sie auch gegenüber betroffenen Herstellern oder Anbietern für die Korrektheit der Arbeit geradestehen müssen. Das ist nicht nur ein juristisches Problem, sondern auch ein ökonomisches: Ein einziger Fehler bei der Lösung eines Problems, zum Beispiel eine einzige übersehene wichtige Adresse oder ein vergessener Paragraf, löst beim Leser erheblich Enttäuschung aus und erschüttert das Vertrauen in die Qualität der Redaktion. Weitere Käufe werden dann wohl

kaum stattfinden. Dieser hohe Anspruch an die Zuverlässigkeit der journalistischen Arbeit ist eine der Besonderheiten im Servicejournalismus. So gesehen ist
der Anspruch an die Professionalität in der Recherchephase tatsächlich nicht viel
kleiner als der an eine Stiftung Warentest. Außerdem zeigt sich spätestens hier, wie
aufwändig Servicejournalismus in seiner intensiven Ausprägung mit Produkt- und
Preisvergleichen ist.

14.5 Der Aufbau großer Serviceartikel

Größere Serviceartikel stellen Journalisten auch vor ein didaktisches Problem: Sie
müssen die Leser für ein oft recht sprödes Thema interessieren, müssen sie dann
mit einer bisweilen ansehnlichen Zahl von Fakten verständlich vertraut machen,
um sie letztlich dazu zu bewegen, aktiv zu werden. Erschwerend kommt hinzu:
Einerseits sollen im Idealfall alle Leser von einem Artikel profitieren, andererseits
sollen individuelle Probleme behandelt und gelöst werden.

Das alles geht, wenn die in der Recherchephase gewonnenen Informationen in
handliche Einheiten zerlegt werden, wenn sich jede wichtige Zielgruppe schnell
in einer längeren Textstrecke findet und wenn die Leser richtig durch die langen
Strecken geführt werden. Aufbauen eines großen Serviceartikels heißt, die vielen
gewonnenen Informationen richtig auf Lauftext, Kästen, Tabellen und Grafiken
zu verteilen und Orientierungspunkte für die Lesergruppen zu bilden.

Die ideale Aufgabenteilung ist nirgendwo festgeschrieben, aber für lange
Serviceartikel hat sich in der Praxis je nach Thema ein bestimmtes Schema als
zweckmäßig herausgestellt:
- Die Aufmachung und der Vorspann übernehmen die Aufgabe, die Leser für das
  Thema zu interessieren.
- Der Lauftext verdeutlicht das Problem, beschreibt grundsätzliche Alternativen
  und Restriktionen und löst es so für die Kernzielgruppe, dass jeder Leser die
  Lösung nachvollziehen kann.
- Die Kästen widmen sich den Nebenzielgruppen und beschreiben für sie jeweils
  die Besonderheiten bis zur spezifischen Lösung. Außerdem können sie die
  wichtigsten Begriffe erläutern sowie die Regeln zur Problemlösung und die
  Ergebnisse zusammenfassen. Ferner können in Kästen die relevanten Adressen
  vorgestellt, Kurzinterviews mit Experten zu Nebenaspekten präsentiert oder –
  unter Rechtsaspekten wichtig – die Methodenhinweise gegeben werden.
- Die Tabellen sorgen bei großen Datenmengen, wie sie für Produkt- und Dienst-
  leistungsvergleiche zu bewältigen sind, zunächst für die Übersicht. Außerdem

werden sie für Musterrechnungen, kurze Kennziffernvergleiche oder die Wiedergabe technischer Daten eingesetzt.

- Grafiken werden für die Aufmachung, die Beschreibung von Funktionsweisen, für die Illustration statistischer Daten oder die Beschreibung von Regionen verwendet. Vignetten sorgen bei längeren Textstrecken für die Führung der einzelnen Lesergruppen.
- Fotos zeigen soweit möglich das Problem, die Lösungsalternativen, die Anbieter von Waren oder Dienstleistungen, die Experten oder die Betroffenen. Als Symbolfotos für Lesergruppen können sie auch die Leserführung übernehmen.

Bahnpreise – Geht's auch billiger?

Aufmachung: Der fünfseitige Artikel wird mit einem Foto vieler Beine vor einem Schalter symbolisch aufgemacht. Der Vorspann mit dem Versprechen an die Leser steht im Bild.

Lauftext: Der Lauftext ist mit 150 Zeilen für eine fünfseitige Strecke sehr kurz. Er beschreibt einen Fall krasser Fehlberatung, zeigt die grundsätzlichen Probleme des Tarifsystems der Bahn und der Beratung und stellt in diesem Zusammenhang die wesentlichen Testergebnisse, also die zahlreichen typischen Fehler bei der Beratung dar.

Kästen: Die acht Kästen sind die zentralen Elemente der Strecke. Für die fünf Testbeispiele gibt es fünf große Kästen mit jeweils bis zu 50 Zeilen Text, einer Grafik zur gesuchten Route, einem kleinen Foto und einer Zusammenfassung der Ergebnisse. In einem halbseitigen Kasten werden die wichtigsten Ergebnisse der gesamten Untersuchung zusammengefasst: »Tipps: So schlagen Sie teuren Tickets ein Schnippchen.« Dieser Kasten ist mit einem Foto und der Abbildung einer Internetseite illustriert. Ein kleiner Kasten auf der ersten Seite verdichtet das Ergebnis noch einmal auf 16 Zeilen: »Unser Rat«. Im Kasten »ausgewählt => geprüft => bewertet« wird abschließend auf rund 70 Zeilen in kleinerer Schrift die Vorgehensweise erläutert.

Tabellen: Zwei kleinere Tabellen im Gesamtumfang einer Spalte geben TEST-typisch die Urteile und ihr Entstehen wieder. Sie zeigen, wie die einzelnen Bahnhöfe bei der Beratung der Tester abgeschnitten haben und wie diese Ergebnisse im Verhältnis zur Preisberatung am Telefon, im Internet und am Automaten stehen.

Grafiken: Drei der Beispielkästen werden mit Grafiken der gesuchten Route illustriert.

Fotos: Neben der Aufmachung gibt es vornehmlich in den Kästen fünf kleinere Fotos mit Illustrationen der Parameter des Tarifsystems.

Test 4/2005

14.6 Das Schreiben des Servicefeatures

Der Text eines längeren Serviceartikels soll das beschriebene Problem verdeutlichen, grundsätzliche Möglichkeiten zur Lösung präsentieren und dann für die Zielgruppe die Lösung nachvollziehbar beschreiben. Deshalb wird er zweckmäßigerweise an der Struktur des Features (s. S. 205 ff.) ausgerichtet. Das heißt, er erhält nach dem Vorspann ein Portal mit szenischem Einstieg und Geschichte in der Nussschale, einen Hauptteil mit den typischen Wechseln und einen Ausstieg.

Der Vorspann: Der Vorspann übernimmt die Aufgabe, die Leser für das Thema zu interessieren. Er macht das mit einem Versprechen. Das kann der Hinweis auf die tollste Fitnessmethode, die gesündeste Margarine oder die billigste Baufinanzierung sein. Dem Leser wird Attraktives angekündigt:

Bahnpreise – Geht's auch billiger?

Die gute Nachricht zuerst: Günstig Bahnfahren ist möglich. Aber: Die billigsten Tickets verkauft die Bahn oft nur auf Nachfrage – oder gar nicht.

Test 4/2005

Der Einstieg: Der Einstieg erfolgt über eine szenische und personalisierte Darstellung des zu lösenden Problems. Ein typischer Leser, ein Mitglied der Kernzielgruppe, tritt auf und leidet unter dem Problem. Je plastischer die Beschreibung, desto angenehmer ist es für den Leser, den Gang der Dinge zu verfolgen. Genau das ist nicht der Fall, wenn die Redaktion den Standardeinstieg aller Servicegeschichten wählt: »Wilhelm F. hat ein Problem ...« Nur der Vollständigkeit halber sei auch hier klargestellt, dass der Auftritt einer fiktiven Person in einer zudem fiktiven Szene eine Täuschung der Leser ist. Es kann nicht oft genug gesagt werden: Fiktion und Journalismus schließen sich aus.

Bahnpreise – Geht's auch billiger?

Der Berliner Reinhard K. wollte zusammen mit seinem Bruder am übernächsten Tag die kranke Mutter in Büchen besuchen und umweltbewusst per Zug in den 240 Kilometer entfernten Ort reisen. Doch der Anruf bei der Auskunft der Deutschen Bahn (DB) schockierte ihn: »Das kostet 214 Euro«, meinte die Dame und konnte für den Tagesausflug keine anderen Lösungen als Wege mit dem ICE oder IC über Hamburg nennen.

Im normalen Leben hätten Reinhard K. und sein Bruder nach dieser Auskunft wahrscheinlich das Auto gewählt. Entweder das eigene oder einen Mietwagen [...] Doch Reinhard K. war kein normaler Kunde, sondern einer unserer Tester und als solcher erkundigte er sich auch anderswo und machte bessere Erfahrungen. Zum Beispiel fragte ihn am Berliner Bahnhof Zoo eine nette Ticketverkäuferin, ob er preisgünstiger und ohne ICE reisen wolle und präsentierte dann einen um 75 Prozent niedrigeren Preis: rund 50 Euro.

Test 4/2005

Zugegeben, der Einstieg lässt an szenischer Brillanz zu wünschen übrig. Es wird aber schnell klar, dass es bei der Bahn sehr hohe Qualitätsunterschiede bei der Beratung und noch höhere Preisunterschiede gibt. Außerdem wird deutlich, dass sich der Fall wohl auch so ereignet hat.

Hinter dem szenischen Einstieg im zweiten Teil des Portals wird eher sachlich das Thema vorgestellt und mit den für das Ergebnis wesentlichen Stichworten erläutert. Der Leser erhält in der Geschichte in der Nussschale einen Überblick über das Thema und seine wichtigsten Aspekte. Im Beispiel der Bahnpreise verzichtet die Redaktion allerdings auf diesen Überblick. Er hätte wie folgt aussehen können.

Bahnpreise – Geht's auch billiger?

Eine Geschichte in der Nussschale hätte die zentralen Beispiele so einbinden können:

261

Typisch Bahn. Es ist immer noch Glückssache, an den Schaltern oder Automaten eine vernünftige Beratung oder ein preiswertes Ticket zu bekommen. Test hat es probiert: An 90 Schaltern, in 16 Städten, an Automaten und in 35 telefonischen Beratungen. Und immer wieder mit demselben Ergebnis: Die Beratung ist schlecht, weil Automaten wie Berater nur die teuren ICE-Züge im Blick haben. Die erheblichen Sparmöglichkeiten durch gute Regionalverbindungen, Ländertickets oder Bahncards bleiben bei der Beratung viel zu oft außen vor.

Der Hauptteil: Im Beispiel der Bahnpreise setzt die Redaktion unmittelbar nach dem Einstieg mit dem für den Hauptteil von Features typischen Wechselspiel von Beispielen und allgemeinen Sachverhalten ein. Die typischen Beratungsfehler werden am Beispiel und in einer Verallgemeinerung dargestellt. Die Redaktion bleibt erkennbar bei den beiden Erzählsträngen, der Sach- und der Beispielebene, mit denen Features auch im Service ihre Funktion erfüllen: abstrakte Sachverhalte oder Sachthemen mithilfe typischer Situationen darzustellen.

Bahnpreise – Geht's auch billiger?
Die Schlüssel zum billigen Bahnfahren heißen in diesem Fall Brandenburg- und Mecklenburg-Vorpommern-Ticket (gilt auch für die Strecke nach Hamburg, an der Büchen liegt). Die günstigen Ländertickets standen beim ersten unserer fünf Testbeispiele (siehe Kästen) im Mittelpunkt. Ob die Angebote empfohlen werden, prüften wir anhand von 18 Teststrecken mit durchschnittlicher Luftlinienentfernung von 190 Kilometern. Für Reisende des Fernverkehrs (ICE, IC) waren für diese Tagesausflüge im Mittel »Normalpreise« in Höhe von etwa 175 Euro fällig. Die Alternative mit zwei Ländertickets kostete rund 50 Euro – allerdings in Regionalzügen.
TEST 4/2005

Geht es, anders als im Bahnbeispiel, im Serviceartikel um das Suchen nach einer Lösung für ein bestimmtes Problem, verknüpfen sich Sachebene und Beispielebene im typischen Wechsel schrittweise bis zur Lösung. In der Beispielebene sucht, wählt, leidet und entscheidet der typische Leser, in der Sachebene begleiten ihn vor oder nach jedem Schritt Experten mit der Einordnung seines Vorgehens. Die Experten bewerten die diversen Lösungsmöglichkeiten. Gegen Ende des Hauptteils zeichnet sich die beste Lösung ab, die der Musterleser umsetzt. Das Versprechen aus dem Vorspann wird damit erkennbar eingelöst.

Diäten – Das fette Versprechen

Die bösen Dickmacher hat Brunhilde Schaller aus dem Frühstück verbannt, natürlich auch vom Mittagstisch und dem, was früher Abendbrot hieß. Dafür müsste sich die 46-Jährige aus Adelsried bei Augsburg einen neuen Namen überlegen, denn auch der klassische Butter-, Wurst- und Käseträger steht auf dem Index. »120 Gramm Thunfisch gab's zu Mittag«, zählt die diäterprobte Damenschneiderin akribisch, »und abends dünste ich 100 Gramm Hähnchenfleisch mit 200 Gramm Bohnen, dazu 100 Gramm rote Beete.«

Die Fans der Low-Carb-Bewegung krempeln ihren kompletten Speiseplan um. Sie eliminieren die Kohlenhydrate wegen der so genannten glykämischen Last (GL), wie der Ernährungsexperte Nicolai Worm erklärt. »Nahrungsmittel mit hoher glykämischer Last führen zur massiven Ausschüttung von Insulin, und das verwandelt unseren Körper in eine Fett produzierende Maschine«, doziert der Oecotrophologe. Ohne dieses Insulin kann der Körper das Fett in der Nahrung nicht in seinen Depots ablegen. Wer auf das Toastbrot verzichtet, darf zum Frühstück so viel Ham and Eggs futtern bis er satt ist. »Und das, ohne dick zu werden«, predigt Worm.

Focus 25/2004

Der Ausstieg: Der Ausstieg rundet den Artikel meist nur noch unspektakulär ab. Das Problem ist an Einzelbeispielen dargestellt oder gelöst, nun geht es oft nur noch darum, zum Beispiel mit einem bewertenden Zitat, einen Schlussstrich zu ziehen, nach Art des Magazinberichts kurz ein neues Ärgernis anzureißen oder Herrn oder Frau Mustermann sich der Lösung ihres Problems erfreuen zu lassen. Ein szenischer Ausstieg belohnt den Leser für das Durchhalten.

Bahnpreise – Geht's auch billiger?

FAZIT: Unser Test ist zwar nicht repräsentativ, aber er zeigt deutlich: Viel zu oft riskieren die Kunden, dass ihnen die Bahn unnötig teure Tickets verkauft. Ursache ist weniger die Fehlleistung einzelner Verkäufer, sondern deren mangelnde Unterstützung. Ärgerlich, dass es die Computersoftware (auch im Internet) bis heute nicht schafft, billigste Reisevarianten auf Anhieb oder mit einer »Bester-Preis-Funktion« anzuzeigen. Da diese Kritik nicht neu ist, stellt sich die Frage: Nehmen DB-Manager die für Kunden teuren Varianten billigend in Kauf?

Test 4/2005

Diäten – Das fette Versprechen

»Gerade Frauen mit ihrem von Natur aus niedrigen Serotoninspiegel brauchen Kohlenhydrate in ausreichender Menge«, meint Elke Schmidt von Nestlé-Deutschland. Die Sprecherin des Nahrungsmittelmultis befürchtet gar: »Ohne Nudeln, Brot und Kartoffeln würden wir wahrscheinlich depressiv.« Dem pflichtet auch Startenor Luciano Pavarotti bei, der sich wegen seines massiven Übergewichts einer Schlankheitskur auf einer »Fett-Farm« unterzieht. »Eine Diät ohne Pasta«, wundert sich der 69-Jährige, »davon habe ich ja noch nie gehört.«

Focus 25/2004

14.7 Die Rechtslage beim Service

Servicejournalismus tangiert häufig Rechtsfragen, mit denen der Journalist im Nachrichtengeschäft relativ wenig zu tun hat. Eine Restaurantkritik kann die wirtschaftliche Existenz des Restaurantbetreibers gefährden, eine Anlageempfehlung, der ein Leser entschlossen folgt, das Vermögen des Lesers ruinieren, die nett gemeinte Antwort auf eine Leseranfrage auf der Serviceseite der Zeitung mit dem Rechtsberatungsgesetz kollidieren. Servicejournalismus ist also auch hinsichtlich der Rechtslage etwas Besonderes.

Eigentlich müssten die Presse- und Rundfunkredaktionen die meisten Fragen ihrer Leser ignorieren. Werden nämlich Rechtsthemen berührt, was schnell der Fall ist, droht ein Konflikt mit dem Rechtsberatungsgesetz, das den Anwälten seit 1935 ein Beratungsmonopol sichert. Danach ist die Beantwortung jeder Art von rechtlichen Fragen einschließlich des Erstellens von Rentenberechnungen durch Medien nicht zulässig und kann schnell auf Antrag von Anwälten oder Rentenberatern untersagt werden. Das ist der Grundsatz. Mit ihm kollidieren Redaktionen, die die Rechtshilfe für ihre Leser ganz konkret werden lassen.

Dennoch dürfen Redaktionen die Rechtsfragen ihrer Leser aufgreifen. Unter einer Voraussetzung allerdings: Sie handeln die jeweilige Rechtsfrage allgemein ab. Die allgemeine Erörterung rechtlicher Probleme ist nämlich den Medien erlaubt. Die Fragen dürfen allgemein verständlich aufbereitet und abgehandelt werden. Mehr noch: Die Publikumspresse darf nach den Vorstellungen der Gerichte der besseren Verständlichkeit wegen sogar auf tatsächliche Erfahrungen realer Personen zurückgreifen. Die sollten dann aber mit Fantasienamen belegt sein. Das Servicefeature mit den typischen Wechseln von Beispielen und allgemeinen Passagen ist zulässig, vorausgesetzt, es handelt sich um eine allgemeine Erörterung der jeweiligen Rechtsfrage.

14.8 Die Rechtslage bei Waren- oder Restaurant-Tests

Grundsätzlich gelten Urteile über Restaurants oder Produkte als Meinungsäußerung und sind damit von der Meinungsfreiheit gedeckt. Es besteht, so die Rechtsprechung, ein berechtigtes Interesse von (Fach-)Zeitschriften, ihre Leser über die Gegebenheiten auf dem betreffenden Markt aufzuklären. Das gehe in der Regel nicht anders als durch eine Darstellung und Bewertung der Leistungen einzelner Wettbewerber. Es darf also getestet und bewertet werden. Die Ergebnisse der Tests und ihre Begründungen müssen sogar nicht einmal objektiv richtig sein, um jedem Prozess auf Schadenersatz gelassen entgegensehen zu können. Tester dürfen schadlos zu objektiv falschen Bewertungen kommen. Dennoch gibt es bei Tests weder für die Journalisten noch für die Verleger einen Freibrief. Die Verleger müssen immer mit einer Verurteilung auf Unterlassung oder Schadensersatz rechnen, wenn bei der Bewertung von falschen Tatsachen ausgegangen wird. Auf die Ausgangsbasis der Bewertung kommt es an, auf die Erhebung der Tatsachen. Die Gerichte haben die Sorgfaltspflicht der Journalisten für Tests aller Art mit drei Forderungen konkretisiert: Neutralität, Objektivität und Sachkunde.

Dabei werden an diese drei Kriterien hohe Anforderungen gestellt. Verbindungen der Tester zu Produktanbietern schädigen die Neutralität. Tests, die wegen ihrer Kriterien auf bestimmte Gewinner zulaufen, sind nicht objektiv. Vergleiche, die kein Mensch nachvollziehen kann, sind nicht sachkundig. Den Klagen gegen die von Focus 1993 veröffentlichten Serien »Die 500 besten Rechtsanwälte« und »Die 500 besten Ärzte Deutschlands« wurde nach jahrelangem Rechtsstreit 1997 beim

Bundesgerichtshof stattgegeben. Die von Focus für die Bewertung verwendeten Kriterien, zum Beispiel die »Präsenz in Fachkreisen« oder die »Reputation unter Kollegen«, seien objektiv und sachlich nicht nachprüfbar und ließen deshalb nicht die Bewertung mit dem verwendeten Superlativ zu. Beide Ranglisten seien, so die Bundesrichter, eine sittenwidrige Förderung fremden Wettbewerbs. Die Gerichte erwarten zu Recht von Testern und Journalisten ein ernsthaftes Bemühen um Richtigkeit. Ein einmaliger Restaurantbesuch reicht eben nicht für einen Verriss der Kochkunst.

Vor jeder Veröffentlichung eines Produkt- oder Restaurant-Tests checken

- Haben die Tester, die Redaktion oder der Verlag etwas mit einem Anbieter oder seinen Wettbewerbern zu tun?
- Sind alle wichtigen Anbieter vom Vergleich erfasst?
- Wird zumindest ein repräsentativer Querschnitt des Angebots erfasst, und wird die Auswahl begründet?
- War das Vergleichsverfahren geeignet und sachlich gerechtfertigt?
- Wird das Vergleichsverfahren transparent gemacht?
- Waren die Tester sachkundig?

Werden diese Sorgfaltspflichten beachtet und sind die Ausgangstatsachen korrekt, dann gewährt die Presse- und Meinungsfreiheit viel Raum für das Urteil.

14.9 Die Haftung für Ratschläge

Kann ein Anleger sein Börsenmagazin auf Schadenersatz verklagen, wenn er nach einem Tipp seines Magazins an der Börse sein Vermögen verliert? Wer haftet, wenn in einem Rezept eine falsche Mischung angegeben wird und die Leser Bauchschmerzen bekommen?

Bei Ratschlägen und Handlungsanleitungen sehen die Presserechtler außerhalb des Deliktrechts bisher kaum Grundlagen für eine Haftung der Verlage oder ihrer Redaktionen. Sie gehen in Einklang mit der Rechtsprechung des Bundesgerichtshofs davon aus, dass Redaktionen oder Verlage nur dann für ihre Empfehlungen haften, wenn sie in der Werbung oder der Aufmachung des Artikels besonders laut die Richtigkeit der Ergebnisse betonen oder aber wenn sie bei individueller Beratung außerhalb der Publikation in eine besondere vertragliche Haftung hineingeraten. Das aber hat mit Servicejournalismus wenig zu tun. Und an die Empfehlung der Presserechtler, redaktionelle Beiträge zurückhaltend aufzumachen, kann sich jede Redaktion halten.

14.10 Die Gefahren bei Servicethemen

Erfolgreicher Servicejournalismus setzt die völlige Unabhängigkeit der Redaktionen voraus. Konzessionen irgendwelcher Art an wichtige Anzeigenkunden, zum Beispiel gegenüber Handelshäusern oder einer lokalen Sparkasse, gefährden dauerhaft die Glaubwürdigkeit jedes Ratschlags der Redaktion. Warum sollte ein Leser überhaupt noch einem Hinweis der Redaktionen folgen, wenn er davon ausgehen muss, dass der mächtige Anzeigenkunde zumindest die Auswahl der präsentierten Alternativen beeinflusst hat? Vor diesem Hintergrund gefährden alle Kooperationen und Sonderregelungen, die Verleger oder ihre Anzeigenabteilungen in Zeiten schwacher Anzeigenentwicklung mit Anzeigenkunden vereinbaren, den redaktionellen Erfolg. Der von den Chefredakteuren beabsichtigte Ausbau von Servicethemen lässt sich nicht mit Verbeugungen vor Anzeigenkunden vereinbaren.

Servicethemen sind in der Standardvariante schnell und preiswert anzubieten: Es ist weder ein großes Organisations- noch ein Kostenproblem, dem Leser täglich zum Beispiel eine schöne Programmübersicht, eine Wetterkarte, eine Stauprognose, eine Staubprognose oder eine Belastungsprognose für Allergiker anzubieten. Ganz anders allerdings ist die Organisations- und Kostenfrage bei groß angelegten Servicefeatures. Diese Artikel sind in der Regel sehr aufwändig. Sie werden deshalb auch nur von Spezialisten angeboten und müssen in ihrer regionalen Präzisierung von den Redaktionen selbst konzipiert, recherchiert, geschrieben und aufbereitet werden.

Die schlichte Frage, welche Versicherungsgesellschaft die preiswerteste Hausratversicherung anbietet, widersetzt sich jeder schnellen Antwort. Die Versicherer haben unterschiedliche Bedingungen mit manchmal schwer zu vergleichenden Deckungsumfängen, und sie arbeiten mit unterschiedlichen Rabatten für Regionen oder Berufsgruppen. Allein die Entwicklung des Fragebogens für den Vergleich setzt die genaue Kenntnis der einzelnen Tarife und Bedingungen voraus. Es muss nach Rabatten für Beamte gefragt werden, wenn ein wichtiges Unternehmen diese Rabatte anbietet. Gleichzeitig muss aber jeder Fragebogen übersichtlich bleiben, sollen die Versicherer die Fragen auch noch zügig beantworten. Hinzu kommt, dass der Musterhaushalt zum Fragebogen den Lebensumständen der Leser entsprechen muss. Mit dem Fragebogen fangen allerdings die veritablen Probleme erst an: Manche Unternehmen, meist sind es teure mit beachtlichem Marktanteil, weigern sich, redaktionelle Fragebögen zu beantworten, oder aber sie antworten mit günstigen Spezialtarifen, ohne die Voraussetzungen für diese Tarife zu vermerken. Redakteure müssen in beiden Fällen die fehlenden Informationen auf dem Markt recherchieren, wenn das Unternehmen für ihre Leser relevant ist. Das aber kostet Zeit. Erst wenn nach einem Vorlauf von mehreren Wochen die Antworten der wichtigsten Gesellschaft vergleichbar und vollständig vorliegen, kann die Vergleichstabelle aufgebaut werden. Das Schreiben ist in diesem Prozess die geringste Herausforderung.

Guter Service kann nicht in Redaktionen entstehen, die ihrer journalistischen Kapazität beraubt sind. Ein Stellenabbau in Redaktionen oder das Zusammenstreichen von Honoraren freier Mitarbeiter führen zwanglaüfig zu dieser Kapazitätsverengung der Redaktionen und vereiteln den korrekten Ausbau des Serviceteils.

Servicethemen sind traditionell im hohen Maße gefährdet, von den PR-Aktivitäten der Unternehmen beeinflusst zu werden. Damit können erfahrene Journalisten in der Regel gut umgehen. Die Krise der Zeitungen und die Sparaktionen einiger Verlage führen inzwischen aber zu Erscheinungen, die für manche Redakteure kaum noch zu bewältigen sind: Da sie ihren freien Mitarbeitern für die schwierigen Servicethemen keine auskömmlichen Honorare mehr zahlen können, lassen sich manche freie Mitarbeiter auch von Unternehmen finanzieren. Mehr noch: Genau diese Unternehmen regen dann auch die Themen an, liefern Material und helfen beim richtigen Dreh des Servicethemas. Sie steuern über die von ihnen bezahlten Freien das Themenangebot der Medien. Die Folge ist ähnlich wie bei der unsauberen Trennung von Anzeigengeschäft und Redaktion: Der Leser wird in die Irre geführt, die Aussagekraft der redaktionellen Analyse sinkt auf null, die Zeitung oder Zeitschrift verliert ihre Glaubwürdigkeit.

Die Verleger und ihre Redaktionen haben die Wahl: Entweder sie sparen sich in redaktionelle Bedeutungslosigkeit und verlieren weiter Käufer und damit auch Reichweite und Anzeigen, oder aber sie schaffen es mit einem guten und unabhängigen Journalismus, die Nützlichkeit ihrer Blätter zu beweisen. Die Verbindung von lokaler Berichterstattung, Servicethemen und Internet könnte sich dabei für die Regionalzeitungen zum entscheidenden Vorteil im Wettbewerb um die Leser entwickeln.

14.11 Zusammenfassung

Die redaktionelle Lebenshilfe für Leser wird hier als Service bezeichnet. Mit den Begriffen Nutzwert, Verbraucher- oder Ratgeberjournalismus gibt es weitere Bezeichnungen für diese Funktion von Artikeln. Damit wird deutlich, dass Service keine einzelne Darstellungsform ist. Vielmehr können viele Darstellungsformen Serviceinformationen transportieren.

Die Leser wünschen Informationen dieser Art. Seit Jahren zeigen in Umfragen unter Zeitungs- und Zeitschriftenlesern regelmäßig mehr als 80 Prozent der Befragten Interesse an Themenfeldern wie Gesundheit, Ernährung, Reisen oder Wohnen. Deshalb richten sich auch die Zeitungsredaktionen stärker auf Servicethemen aus, ohne dass sie bis jetzt die Bedeutung der Zeitschriften im Servicejournalismus erreichen.

Beide, Zeitungen und Zeitschriften, haben mit Service im Wettbewerb gegen die elektronischen Medien gewisse Vorteile: Ratschläge können in gedruckter Form viel konkreter werden als im Funk. Und sie lassen sich archivieren. So gesehen spricht auch die Wettbewerbssituation der Presse eindeutig für mehr Servicethemen. Regional- und Lokalzeitungen können dabei sogar ihre Kernkompetenz, das Wissen um die Ereignisse vor Ort, einsetzen, da nur Medien mit lokaler Kompetenz Ratschläge auf lokaler Ebene erteilen können.

Erfolgreicher Servicejournalismus setzt allerdings die völlige Unabhängigkeit der Redaktionen voraus. Konzessionen an Anzeigenkunden gefährden dauerhaft die Glaubwürdigkeit jedes Ratschlages der Redaktion. Außerdem sind Serviceartikel aufwändig. Sie setzen entweder eine ausreichende Kapazität der Redaktion oder ausreichende Honorare für freie Mitarbeiter voraus. Werden diese Voraussetzungen nicht erfüllt, besteht die Gefahr, dass Servicethemen von der Öffentlichkeitsarbeit der Unternehmen beeinflusst werden. Die Folge ist ähnlich wie bei der unsauberen Trennung von Anzeigengeschäft und Redaktion: Der Leser wird getäuscht.

So, wie es für Informationen über aktuelle Ereignisse viele Darstellungsformen gibt, gibt es auch für Serviceinformationen eine Reihe von unterschiedlichen Darstellungsformen. Besonders geeignet sind dabei das Feature, die Meldung, Tabellen und Kästen. Die Darstellung von Problemen und ihren Lösungen für unterschiedliche Lesergruppen führt zu einem großen Ganzen aus allen diesen Darstellungsformen.

Bei der Aufbereitung von Servicethemen sind besondere Rechtslagen zu beachten. Zum Beispiel dürfen Redaktionen Rechtsfragen ihrer Leser nur in allgemeiner Darstellung aufgreifen. Eine Einzelfallberatung ist verboten. Die Urteile bei Waren- oder Restauranttests zählen zwar zur Meinungsfreiheit, die Redaktionen oder Tester dürfen dabei aber nicht von falschen Tatsachen ausgehen. Die Gerichte haben dafür die Sorgfaltspflicht der Journalisten für Tests aller Art mit den Begriffen Neutralität, Objektivität und Sachkunde konkretisiert. An die Erfüllung dieser drei Kriterien werden hohe Ansprüche gestellt.

Literatur

Fasel, Christoph: Nutzwertjournalismus, Konstanz 2004.

Glotz, Peter; Wolfgang R. Langenbucher: Der missachtete Leser. Zur Kritik der deutschen Presse, München 1993.

Mast, Claudia: Neue Ziele vereinbaren, in: Journalist 3/2002, S. 31–33.

Mast, Claudia (Hrsg.): ABC des Journalismus. Ein Handbuch. 10., vollst. neue Auflage, Konstanz 2004.

Söhring, Jörg: Presserecht. 3., erw. u. überarb. Aufl., Stuttgart 2000.

15. Die Überschriften

Muss man sich eigentlich zu Überschriften große Gedanken machen? Gibt es da überhaupt etwas falsch zu machen, sind sich doch die meisten Lehrbücher in den griffigsten Regeln einig: Die Überschrift steht über dem Text, sie ist der Kern des Inhalts. Wo also ist das Problem?

Das Problem hat damit zu tun, dass selbst diese so eingängigen Regeln nicht immer und überall gelten, dass es eine für alle Überschriften gültige Faustregel überhaupt nicht geben kann, dass es sich oft mit der Überschrift entscheidet, ob ein Artikel gelesen wird oder nicht, und dass bis zu einem gewissen Grad sogar der Verkauf einer Zeitung oder Zeitschrift von den Überschriften auf der Titelseite abhängt. Das Problem lässt sich in seiner Wirkung schneller umschreiben: Eine schlechte Überschrift lässt die Leser wegschauen und macht damit die Arbeit von Recherche und Schreiben zunichte. Ähnliches gilt für eine liederliche Bildzeile.

Überschriften sind der Kern des Inhalts – sagt die Literatur. Warum sind dann aber die Überschriften zu ein und demselben Thema in einem Zeitungsbericht und in einem Magazinbericht nie gleich? Wie kommt es, dass sie sich inhaltlich oft nicht einmal ähneln? Beispiel Pressefusion: Warum wählte die FRANKFURTER ALLGEMEINE im September 2003 zur aktuellen Gemengelage bei den Pressefusionen die Überschrift »Wirtschaftsminister Clement will Sonderregeln für Pressefusionen«, während der SPIEGEL »Poker um die Meinungsmacht« titelte? Warum stand über einem Kommentar zum selben Thema nur »Holzweg«, was sich mit einer Beschreibung des Inhalts nun überhaupt nicht mehr in Einklang bringen lässt? Die Antwort liegt auf der Hand: Überschriften sind ein spezifischer Teil der Darstellungsform, und sie erfüllen für ihre Darstellungsform eine bestimmte Aufgabe. Diese Aufgabe ist das attraktive Verpacken oder Verkaufen des Artikels, wobei die angestrebte Attraktivität ganz erheblich von der Darstellungsform und ihrer Funktion für die Leser abhängt.

Beispiel Zeitungsbericht: Da es im Zeitungsbericht auf die schnelle und präzise Information des Lesers ankommt, muss die Überschrift schnell und präzise das Wichtigste der Nachricht vermitteln. Sie soll den Leser auf das Neue aufmerksam machen und ihn ermuntern, den Bericht oder wenigstens den Vorspann zu lesen. Anders ist die Situation beim Magazinbericht: Hier werden oft bekannte Sachzusammenhänge unter einem bestimmten Aspekt neu und interessant aufbereitet. Die Überschrift macht dann den Leser nicht auf das Neue, sondern auf den

Bericht selbst aufmerksam. Sie soll nicht informieren, sondern den Bericht originell verkaufen. Und wieder anders ist die Ausgangsposition beim Kommentar, bei dem die Überschrift versucht, auf intelligente Art und Weise die Tendenz der Meinungsäußerung anzugeben. Auf dass der Leser den Kommentar lese. Mal verkauft die Überschrift ihren Artikel sachlich und auskunftsfreudig, mal verkauft sie ihn ironisch und mit Rätseln, mal kommentierend, immer ihrer Darstellungsform entsprechend. Aber nie verkauft sie alle Darstellungsformen gleich.

Mit dem Hinweis auf das Verkaufen wird nachvollziehbar, warum sich alle Redaktionen, die ihr Blatt über den Kiosk absetzen, stets besonders intensiv um die Überschriften der Titelseite kümmern. Aus diesem Grund feilen auch Magazinredaktionen, die mit ihrer Arbeit systematisch zu spät kommen und ihre Artikel deshalb besonders attraktiv machen müssen, sorgfältig an ihren Überschriften. Genauso klar wird aber auch, warum im Nachrichtengeschäft, wo oft das Neue bereits hinreichend Anreiz zum Lesen bietet, die Überschriften meist sachlich, oft eilig und manchmal sogar lieblos ausfallen.

Mit ihrer Eile und der Lustlosigkeit beim Erstellen der Überschriften vergeuden die Redaktionen viel Potenzial. Wer will denn schon die Artikel lesen, wenn ihm die Redaktion Prickelndes wie »Helle und großzügige Räume«, »Arbeiten gehen voran« und »Für Soziales mehr Geld gefordert« ankündigt? Vermutlich nicht alle, die die entsprechende Seite aufgeschlagen haben. Dieses Wegschauen ist empirisch oft untersucht und nachgewiesen. Es wird auch als »Aufmerksamkeitstrichter « bezeichnet: Von 100 Nutzern einer Seite betrachten 90 die Bilder und mit ihnen die Bildzeilen, lesen 40 bis 70 die Überschriften, lesen 20 bis 60 die Vorspanne, beginnen 15 bis 60 mit der Lektüre des Textes und lesen null bis 50 den Text bis zum Ende (Haller 1999, S.10). Dabei erklären sich die diversen Bandbreiten mit den unterschiedlichen Themen, der Platzierung und eben der Formulierung der jeweiligen Elemente. Zweifel sind nicht erlaubt: Leser werden durch Bilder und Überschriften auf Seiten und ihre Artikel aufmerksam. Für sie sind die Bilder, die Bildzeilen und die Überschriften die wichtigsten Einstiegshilfen.

Überschriften treten dabei meist als Gruppe auf, wobei jedes Gruppenmitglied einen bestimmten Teil der Information vermittelt. Nur Meldungen kommen meist mit einem Typ Überschrift aus, der Hauptüberschrift. Alle anderen Darstellungsformen haben bis zu drei verschiedene Typen von Überschriften, von Zwischenzeilen im Text dabei noch abgesehen. Und wie immer im Journalismus gibt es für diese Typen von Überschriften auch keine einheitlichen Bezeichnungen, sondern eine Vielzahl von Namen, die von Redaktion zu Redaktion, von Lehrbuch zu Lehrbuch anders ausfallen. Die Sprachverwirrung lässt sich am Beispiel eines Vierspalters auf der Seite 1 der SÜDDEUTSCHEN ZEITUNG vom 11./12. Juni 2005 verdeutlichen:

Ex-Parteichef kandidiert für Bündnis aus Wahlalternative und PDS

SPD fürchtet Konkurrenz durch Lafontaine

»Das wird eine Herausforderung«/Generalsekretär Benneter
spottet über »Selbstdarsteller«
Von Robert Roßman

Ex-Parteichef kandidiert für Bündnis aus Wahlalternative und PDS

Diese Überschrift wird in vielen Redaktionen als Dachzeile bezeichnet. Sie heißt anderen Ortes aber auch Oberzeile, Spitzmarke, Dachüberschrift, DÜ, DZ, Überzeile oder Vorschlagzeile. Ihre Schrift ist meist deutlich kleiner als die der folgenden Überschrift und sie ist oft weniger fett. Bei Magazinen nennt sie häufig das Thema. Bei Zeitungen wird sie immer weniger verwendet, weil sie schlecht wahrgenommen und selten gelesen wird.

SPD fürchtet Konkurrenz durch Lafontaine

Auch die größte aller Überschriften hat viele Bezeichnungen: Hauptüberschrift, Headline, Titel, Titelzeile, Hauptzeile, HÜ, Schlagzeile, Hauptschlagzeile. Bei Meldungen steht sie allein, bei Kommentaren manchmal auch. Fast immer ist sie fett oder halbfett. Sie trägt die Hauptlast beim Versuch, den eiligen Leser auf das Blatt oder den Artikel aufmerksam zu machen. Empirische Aussagen über die Wirksamkeit von Überschriften erfolgen meist auf der Basis der Hauptüberschriften.

»Das wird eine Herausforderung«/Generalsekretär Benneter
spottet über »Selbstdarsteller«

Über weniger Bezeichnungen als Dach- und Hauptüberschrift verfügt die Zeile unter der Hauptüberschrift: Unterzeile, Untertitel oder UZ. Sie erscheint meist fett und deutlich kleiner in der Schriftart der Hauptüberschrift. Wie im Beispiel enthält sie bei mehrspaltigem Umbruch häufig mehrere Aussagen, die in der Regel durch Schräg- oder Bindestriche voneinander getrennt werden.

Von Robert Roßman

Namens- oder Autorenzeilen sind allein eine Frage des Layouts. Sie befördern keine Information zur Sache und tragen meist eher zur Freude der Autoren als zur Freude der Leser bei. Für sie gilt die Aufgabe, den Artikel zu verkaufen nur in höchst eingeschränktem Umfang. Bei Kommentaren gehören sie zum Standard.

Das Zusammenspiel der Überschriften ist in der Regel sowohl bei Zeitungs- als auch bei Zeitschriftenredaktionen genauestens festgelegt. Die Zahl und die Typen von Überschriften sind dem Redakteur ebenso wie die Schriftgrößen, die Schriftarten und die jeweilige Zeilenzahl meist verbindlich vorgeschrieben. Sie werden von der Darstellungsform, der Funktion des Artikels und dem Seitenlayout bestimmt.

Für die Gestaltung der Inhalte von Überschriften gibt es in der Literatur eine Vielzahl von Empfehlungen, die allesamt ihre praktische Bedeutung besitzen, dem Autoren aber eines nicht ersparen: die intensive Suche nach dem Attraktiven. Sie steht wegen der Verkaufsfunktion der Überschriften bei allen Darstellungsformen an erster Stelle. Tatsächlich erzielen nach Haller Überschriften dann besonders gute Erinnerungs- und Aufmerksamkeitswerte, wenn sie inhaltlich Neues mit vertrauten Begriffen in einer überraschenden syntaktischen Verknüpfung präsentierten (Haller, 1999, S. 11). Haller plädiert damit für das originelle Spiel mit der Sprache, schränkt aber selbst ein, dass derlei Spielereien auf keinen Fall bemüht wirken dürfen. Außerdem lässt er erkennen, dass er verspielte Überschriften für die Darstellungsformen der Magazine eher akzeptiert als für Zeitungsberichte. Es gibt eben keine Universalregel für alle Darstellungsformen. Aber es gibt das Gebot, intensiv nach einer pfiffigen Lösung zu suchen.

15.1 Die Überschriften der Zeitungs- und Agenturberichte und der Meldungen

Fast alle Faustregeln der Handbücher und einschlägigen Aufsätze beziehen sich – ohne dass es von den Autoren so vermerkt wird – auf den Zeitungs- und Agenturbericht sowie auf die Meldungsformen. Sie gelten zum Teil überhaupt nicht für die Darstellungsformen Interview, Kommentar, Porträt, Feature oder Reportage. Da aber Berichte und Meldungen den Großteil aller Zeitungsartikel ausmachen, ist die relativ intensive Auseinandersetzung mit den Überschriften der Zeitungsberichte durchaus sinnvoll. Außerdem geht es im Agentur- und

Zeitungsgeschäft meist eilig zu, sodass eine Liste probater Hausmittel immer nützlich ist.

Im Kern geht es bei den Überschriften von Zeitungsberichten und Meldungen um die Präsentation der Nachricht. Das Ziel ist ein von vielen Autoren frei nach Schopenhauer zitiertes »Monogramm des Inhalts«. Die Überschriften geben zusammen mit dem Lead oder dem ersten Absatz die nahezu vollständige Information über das Wesentliche des Geschehens wieder. Das heißt, in den Überschriften wird knapp gesagt, was geschehen ist. Im Artikel wird dann der Inhalt der Überschriften aufgegriffen und erläutert. Dem Leser sollte schon das, was ihn an den Überschriften interessiert hat, so schnell wie möglich verdeutlicht werden. Allerdings gilt es als wenig elegant, dabei den Text der Überschriften im Lead oder im Vorspann wörtlich zu wiederholen. Die Informationen sollen hier ausführlich und in vollständigen Sätzen präsentiert werden.

Die Funktion der Zeitungsberichte und Meldungen, die Information, prägt auch die Überschrift. Und wenn der Zeitungsbericht und die -meldung nach den Drei- oder Fünf(ab)satz-Regeln aufgebaut sind, dann ist der Anspruch von der nahezu vollständigen Information über das Wesentliche nach der Lektüre von Überschriften und erstem Absatz durchaus zu erfüllen. Raum für besonders originelle Ideen oder spielerische Wortschöpfungen bleibt da nicht. Bei Meldungen und Zeitungsberichten verkaufen die Überschriften ihren Artikel mit Fakten. Sie geben die Nachricht mit einem Blick zu erkennen.

Das allerdings kann nicht ohne erhebliche Abstriche am Inhalt und an der Form gelingen. Für diese systematische Reduktion hat sich in der Literatur das Bild vom gemäßigten Telegrammstil eingebürgert. Danach verzichtet der Redakteur in der Überschrift zunächst einmal darauf, in ganzen Sätzen zu formulieren. Daneben fehlt in der Hauptüberschrift häufig das Verb. Dasselbe gilt für bestimmte und für unbestimmte Artikel sowie für Adjektive. Erst eine Unterzeile sagt genauer, wer was aktiv betreibt. Nach wie vor aus der SÜDDEUTSCHEN ZEITUNG vom 11./12. Juni 2005:

Einigung bei Elite-Unis in Sicht
Bund und Länder verständigen sich auf Spitzenförderung

Die notwendig knappe Formulierung wird auch dadurch erreicht, dass Namen für Regierungen, Staaten, Parteien oder andere Organisationen stehen:

275

Chirac und Schröder gegen Blair

Deutschland und Frankreich fordern
Abstriche beim Briten-Rabatt

Allerdings gilt es als wenig sinnvoll, den Lesern unbekannte Namen oder Abkürzungen anzubieten. Die Namen von Präsidenten entfernter zentral-asiatischer Staaten stehen eben nicht bei jedermann für ihre Länder. Dieselbe Verwirrung stiften wenig verwendete Abkürzungen wie IAEA (Internationale Atomenergiebehörde) oder UMP (Union pour un Mouvement Populaire, französische Partei). Beide Beispiele sind im ersten Buch der hier zitierten SÜDDEUTSCHEN ZEITUNG vertreten und dürften für viele Leser dieser Qualitätszeitung eine überflüssige Herausforderung darstellen.

Wenn Verben eingesetzt werden, stehen sie im Präsens. Auch das verkürzt die Überschrift und zählt zum Telegrammstil: Gegenüber dem Perfekt fehlt dann ebenso wie gegenüber dem Futur das Hilfsverb. Beispiel SÜDDEUTSCHE ZEITUNG vom 11./12. Juni 2005:

Citigroup zahlt für Enron

Bank stimmt Vergleich zu / Zwei Milliarden Dollar Schadenersatz

Das Imperfekt gilt in Literatur wie Redaktionen erst dann als zulässig, wenn ein weit zurückliegendes Ereignis neue Aktualität erhält oder erstmals publik wird, etwa »DDR vertuschte Hinrichtungen«.

Auch wegen der Möglichkeit, die Hilfsverben zu eliminieren, wird für Überschriften der Gebrauch des Aktivs statt des Passivs empfohlen. Tatsächlich lässt sich aber durch den Einsatz des Partizip Perfekt dieselbe Wirkung erzielen: »Scheune brennt nach Blitzschlag ab« und »Scheune nach Blitzschlag abgebrannt« unterscheiden sich nur um einen Anschlag. Der kann allerdings manchmal entscheiden.

Trotz der Vorgabe vom gemäßigten Telegrammstil kommt es immer wieder zu auffallend breiig und weitschweifig formulierten Überschriften. Dabei handelt es sich in der Regel um redaktionelle Unzulänglichkeiten, wenn eine ursprünglich vorgesehene Überschrift zu kurz erscheint und durch das Einfügen meist überflüssiger Elemente auf die notwendige Länge gedehnt werden soll. Da tauchen dann unvermittelt wieder Adjektive, Verben, Artikel oder Zeitangaben auf, die mit dem gemäßigten Telegrammstil der übrigen Überschriften nichts zu tun haben. Genau deshalb fallen diese Überschriften unangenehm auf. Beispiel SÜDDEUTSCHE ZEITUNG vom 11./12. Juni 2005:

Entscheidung über Zukunft der Funkkaserne steht kurz bevor

Stadt kauft jetzt das Domagkgelände

Geplant sind 1.400 Wohnungen und 35.000 Quadratmeter Gewerbefläche
Kaum Platz für die Künstler

Dabei ist es – grafisch bewertet – keineswegs erforderlich, alle Zeilen einer Überschrift bis zum Maximum der Anschläge zu füllen. Im Gegenteil: Es gilt die Regel von der »Stillen Kraft des Weiß«, der Hinweis auf den optischen Nutzen unbedruckter Stellen auf den Seiten. Die Wirkung dieser stillen Kraft und die Freiheit, selbst dreispaltige Überschriften nur karg zu füllen, kann immer wieder auf der Titelseite der FRANKFURTER ALLGEMEINEN in Augenschein genommen werden. Manchmal bleiben links und rechts eine ganze Spalte ohne Hauptüberschrift. Die Unterzeilen laufen dann aber über alle drei Spalten. Beispiel Aufmacher vom 14. Juni 2005:

Die EU uneins über die Erweiterung

»Vollständig verwirklichen« – aber wann und mit wem?
Weiter Streit über den Haushalt

Es gibt unabhängig von den Vorstellungen der einzelnen Redaktionen die nahezu traditionelle Empfehlung der Grafiker, mit den Überschriften nur zwei Drittel des gebotenen Raums zu füllen. Das heißt, sich bei 30 denkbaren Anschlägen an 20 Anschlägen als idealer Länge zu orientieren. Diese Faustregel und die Vorgehensweise renommierter Zeitungsredaktionen sprechen deutlich gegen jeden krampfhaften Versuch, eine relativ kurze Überschrift durch unvermittelte Beigaben auf besondere Länge zu bringen. Meist ist es besser, einen neuen Anlauf zur Überschrift zu nehmen oder der kurzen Überschrift ihren Telegrammstil zu lassen.

Unabhängig von der Vorstellung vom gemäßigten Telegrammstil gibt es eine Reihe weiterer Empfehlungen für die Gestaltung von Überschriften bei Zeitungsberichten und Meldungen. Sie betreffen zum Beispiel den Umgang mit Satzzeichen und Zahlen. Grundsätzlich wird dabei Zurückhaltung empfohlen. Zu viele Ziffern sehen in Hauptüberschriften oft wenig gelungen aus. Deshalb wird in manchen Redaktionen darauf geachtet, nicht mehrere Zahlen in den Überschriften zu verwenden.

Noch seltener sind Satzzeichen. Überschriften haben keine Punkte am Satzende. Das gilt auch dann, wenn die Sätze in der Unterzeile stehen. Fragezeichen sind mit Fragen verbunden und gelten deshalb in den meisten Redaktionen bei Meldungen und Berichten als unzulässig: Nachrichten sind Informationen über Ereignisse und sollen beim Leser keine Fragen aufwerfen. Ähnlich zurückhaltend ist der Umgang mit Ausrufezeichen. Es ist bei sachlicher Information an einen Ausruf gebunden und dürfte damit nur selten bei Berichten eingesetzt werden. Dass Boulevardzeitungen für ihre Titelseiten gerne auf die Wirkung von Ausrufezeichen vertrauen, steht auf einem ganz anderen Blatt. Kommas stehen in Hauptüberschriften nur dann, wenn sie absolut unvermeidlich sind. Das trifft meist nur bei Aufzählungen zu. In Unterzeilen stehen sie auch vor Nebensätzen. In anderen Verwendungen fallen Kommas schon optisch aus dem Rahmen des Gewohnten. Beispiel SÜDDEUTSCHE ZEITUNG vom 11./12. Juni 2005:

Akustik-Spezialisten messen in Allach den Lärm von Autos,
die aus dem Verkehr gezogen wurden
Lauter, als die Polizei erlaubt
Eigentlich sind die Ingenieure auf Abrollgeräusche geeicht:
In München befindet sich das Reifenzentrum des TÜV

Bei Berichten und Meldungen werden Zitate häufig ohne Anführungszeichen aber mit einem Hinweis auf den Zitierten versehen. Dieser Hinweis erfolgt meist mit einem Doppelpunkt. Der wird auch bei Meldungen mit Themenstichworten eingesetzt. Beispiel SÜDDEUTSCHE ZEITUNG vom 11./12. Juni 2005:

Devisen und Rohstoffe:
Euro fällt nach Konjunkturdaten

15.2 Die Überschriften der anderen Darstellungsformen

Zeitungs- und Agenturberichte sowie Meldungen sind die Darstellungsformen, bei denen die Überschriften besonders nachrichtlich ausgerichtet werden. Auch beim Interview steht eine sachliche Aussage im Vordergrund. Gegenüber dem Zeitungsbericht tritt die Aussage jedoch formal und inhaltlich verändert auf. Dem Beispiel der Magazine folgend, sind inzwischen nämlich auch sehr viele Zeitungen dazu übergegangen, jedes Interview schon mit der Form der Überschriften als Interview auszuweisen. Anführungszeichen in der Hauptüberschrift signalisieren dann dem Leser das folgende Interview. Außerdem fehlt in der Hauptüberschrift der Name des Zitierten. Beides unterscheidet die Hauptüberschrift des Interviews von der des Zeitungsberichts. Der Name wird beim Interview je nach Überschriftenvielfalt in der Unterzeile oder in der Dachzeile genannt. Außerdem muss – wiederum entweder in der Unterzeile oder in der Dachzeile – dem Leser noch in den Überschriften mitgeteilt werden, in welcher Funktion der Betreffende redet und worüber. Inhaltlich wird dabei für die Hauptüberschrift ein besonders griffiges Zitat verwendet. Die meisten Redaktionen haben ein festes Schema, nach dem sie den Namen, die Funktion und das Thema auf Dach- und Unterzeile verteilen. In allen Fällen steht aber in der Hauptüberschrift ein zugkräftiges Zitat in Anführungszeichen.

INTERVIEW

»Eine historische Chance«

Ex-SPD-Chef Oskar Lafontaine über die Allianz der SPD-Enttäuschten mit der PDS und Gregor Gysis Spitzenkandidatur bei vorgezogenen Wahlen

Focus 23/2005

279

SZ-Interview mit Hans Eichel

»Der Kapitalismus ist nicht per se sozial«

Der Bundesfinanzminister will trotz der Kritik der SPD-Linken
die Unternehmenssteuern senken – und fordert zugleich
ein Ende der Lohnzurückhaltung

SÜDDEUTSCHE ZEITUNG 11./12.6.2005

Kommentare, Glossen, Kritiken, Features, Porträts, Reportagen oder Magazinberichte entfernen sich mit ihren Überschriften noch weiter von der sachlichen Information bei Zeitungsberichten und Meldungen. Bei ihnen sollen die Überschriften mit überraschenden und attraktiven Formulierungen die Aufmerksamkeit der Leser auf den Artikel lenken. Originalität steht im Vordergrund, informiert wird zunächst wenig: Bei Kommentaren wird die Tendenz des Kommentars angedeutet, bei Magazinberichten die Tendenz des Berichts, bei Porträts, Reportagen oder Features oft die These. Dies alles gilt für die Hauptüberschriften. Mit den Dachzeilen wird häufig nur das Thema angetippt, Unterzeilen treten bei den Magazinen häufig wie knappe Vorspanne auf und beschreiben einem Versprechen gleich die These.

Thesen und Tendenzen geben die Richtung der Hauptüberschriften vor, Sorgfalt und Fantasie müssen dann für das Originelle sorgen. Dabei sind Ironie, Paradoxien, Parodien, Verfremdungen, ja sogar Reimversuche oder Verwirraktionen gestattet. Alle intelligenten Spiele mit Worten, die sich bei nachrichtlicher Überschriftengestaltung verbieten, sind bei diesen Darstellungsformen erlaubt, sofern sie auf seriöse Weise den Leser zum Weiterlesen anhalten. Nur darum geht es. Sehr häufig setzen die Autoren dabei auf das Verfremden bekannter Begriffe und auf Paradoxien. Einige Beispiele aus FOCUS Nr. 23 vom 6. Juni 2005 verdeutlichen Ansatzpunkte für Wortspiele, das Zusammenspiel von Dachüberschrift, Hauptüberschrift und Unterzeilen sowie den Bezug zur These.

HARTZ IV
Lästiger Geldsegen
Behörden zahlen Arbeitslosengeld aus, obwohl manche Empfänger
das gar nicht möchten

MUSIK
Jubeln unter Tränen
Der extreme Drill beim Windsbacher Knabenchor
beschäftigt den Staatsanwalt

FILM
Odyssee im Welttraum
Ironisch schwerelos verfilmt Garth Jennings den Kultklassiker
»Per Anhalter durch die Galaxis«

AUTO
Schneller Bremsen
Porsche mit Allradantrieb galten bisher als behäbig.
Der neue Carrera 4 könnte das ändern

PROZESS
Die Jackson Twelve
Gefängnis oder Paris: Acht Frauen und vier Männer
urteilen über das Schicksal des einstigen »King of Pop«

RÄTSEL
Der Unergründliche
Die Literatur kennt viele begabt Schwindler, das wahre Leben auch.
Spekulationen über Englands mysteriösen Piano Man

Beim spielerischen Texten von Überschriften dieser Darstellungsformen gibt es
für viele Redaktionen eine Ausnahme: Wortspiele mit Namen gelten als unseriös.
Tatsächlich gibt es bessere Ansatzpunkte für intelligente Wortspiele.

Darstellungsform	Aussage der Hauptüberschrift	Aussagen von Dachzeile und Unterzeile
Zeitungsmeldung	sachlich, knapp	– / –
Magazinmeldung	sachlich, knapp	Thema / –
Zeitungsbericht	sachlich, knapp	Thema / Details
Magazinbericht	originell, Tendenz	Thema / ggf. Vorspann
Interview	Zitat	Themen / Name und Funktion des Interviewten
Kommentar	originell, sehr knapp, Tendenz	Thema / Autor
Glosse	originell, sehr knapp	Bezeichnung / –
Kritik	originell, Tendenz	Thema / Ereignis
Feature	originell, These	Thema / ggf. Vorspann
Porträt	originell, These	Name / Autor
Reportage	originell, These	Thema / ggf. Vorspann

Abb. 15: Inhaltliche Merkmale von Überschriften

15.3 Zusammenfassung

Untersuchungen zum Leserverhalten zeigen immer wieder, dass auch Überschriften die Leser auf Seiten und ihre Artikel aufmerksam machen. Sie zählen zu den ersten Texten, die auf einer Seite gelesen werden. Entsprechend sorgfältig und attraktiv sollten sie gestaltet werden.

In der Literatur wird für die Gestaltung von Überschriften eine Vielzahl von Empfehlungen ausgesprochen, ohne dass die Autoren auf die unterschiedlichen Aufgaben der Darstellungsformen und ihrer Überschriften eingehen. Dabei sind Überschriften Teil der Darstellungsform und entsprechend differenziert zu formulieren. Kommt es zum Beispiel im Zeitungsbericht auf die schnelle und präzise Information des Lesers an, wird die Überschrift schnell und präzise das Wichtigste der Nachricht vermitteln. Anders ist die Ausgangsposition beim Kommentar.

Hier versucht die Überschrift, auf intelligente Art und Weise eine Tendenz der Meinungsäußerung anzugeben. In allen Fällen soll die Überschrift zum Lesen des Artikels anreizen, entweder mit dem Kern der Nachricht oder der Andeutung eines Kommentars oder mit einer These zum Geschehen. Diese Aufgaben lassen sich nicht mit undifferenzierten Faustregeln erfüllen.

Zeitungsberichte und Meldungen erhalten als Überschriften die neuen Fakten. Sie geben im Idealfall das Wesentliche der Nachricht wieder. Interviews werden von vielen Redaktionen mit einem zentralen Zitat und Anführungszeichen in der Hauptüberschrift ausgezeichnet. In den Dach- oder Unterzeilen sollten dann der Name des Interviewten, seine Funktion und die Themen des Interviews angekündigt werden. Bei Kommentaren, Glossen, Kritiken, Features, Porträts, Reportagen oder Magazinberichten kommt es in der Hauptüberschrift weniger auf Neuigkeiten als auf Originalität an. Dach- und Unterzeilen präzisieren dann das Thema und präsentieren die These. Bei der Gestaltung der Hauptüberschrift bildet die Tendenz des Artikels häufig den Ausgangspunkt für attraktive Wortspiele.

Literatur

Haller, Michael: Das Unbekannte nahe bringen, in: Sage & Schreibe Werkstatt 9/1999, S. 10–11, Beilage Journalist 9/1999.

Hruska, Verena: Die Zeitungsnachricht: Information hat Vorrang. 3. neubearb. Aufl., Bonn 1999.

Meyer, Werner (Bearb.): Journalismus von heute. Hrsg. von Mercedes Riederer, Loseblattausg. Starnberg u. a., Stand Erg.-Lfg. 29, 2002.

Richter, Peter: Die Überschrift journalistischer Beiträge. Serie: Lehrheft zur journalistischen Methodik. 4., gründl. überarb. und erg. Aufl., Leipzig 1989.

Sage & Schreibe Werkstatt. Bildtexte. Mit Worten Bilder zum Sprechen bringen. Beilage Journalist 11/1999.

Sage & Schreibe Werkstatt. Überschriften. Mit der ersten Zeile Leser fangen. Beilage Journalist 9/1999.

Schmuck, Michael: Der Bildtext, in: Insight 5/2004, S. 28–30.

Schneider, Wolf; Detlef Esslinger: Die Überschrift. Sachzwänge – Fallstricke, Versuchungen – Rezepte. 3. Aufl., München 2002.

Schneider, Wolf; Paul-Josef Raue: Das neue Handbuch des Journalismus. 1., vollst. überarb. und erw. Neuausg., Reinbek 2003.

Strunz, Claus: Spannende Aspekte fürs Bild, in: Sage & Schreibe Werkstatt 11/1999, S. 2–4, Beilage Journalist 11/1999.

16. Das Redigieren

Auch wenn es so gar nicht dem Bild des eiligen Reporters in der Öffentlichkeit entspricht: Die meisten Zeitungs- und Zeitschriftenjournalisten verbringen den Großteil ihrer Arbeitszeit mit dem Bearbeiten der Texte anderer Menschen. Der Tageszeitungsredakteur arbeitet sich vornehmlich durch die Texte der Nachrichtenagenturen und der freien Mitarbeiter. Er gestaltet Seiten und redigiert. Zum Schreiben kommt er weniger. Der Redakteur einer Fachzeitschrift, meist einer von wenigen in seiner Redaktion, plant und gestaltet ganze Hefte und quält sich durch die Werke von Experten. Er redigiert. Wenn er viel Zeit hat, schreibt er ein Stück selbst. Der Magazinjournalist hat manchmal Glück: In einer großen Redaktion bearbeitet er ein Themenfeld – und schreibt vorwiegend selbst. Aber wer ist schon Redakteur in einer großen Magazinredaktion? Außerdem: Schon sein Chef, der Ressortleiter, redigiert fast nur noch – die Stücke seines Ressorts.

Spötter weisen manchmal darauf hin, dass es im Pressejournalismus eigentlich pausenlos bergab gehe: Der Anfänger, der freie Journalist oder Volontär, müsse viel schreiben. Das sei der Gipfel an beruflicher Erfüllung. Werde er Redakteur, müsse er schon andere redigieren. Werde er zum Ressortleiter befördert, sei er froh, wenn er noch Zeit zum Schreiben finde. Darüber beginne die Fron: Textchefs schrieben nur noch andere Texte um, Chefredakteure mit Editorials oder Kommentaren bestenfalls Randnotizen zu ihren Fotos.

Spitze Bemerkungen dieser Art sind falsch und richtig zugleich. In der Tat gewinnen das Planen und Redigieren mit dem Aufstieg in der Redaktionshierarchie an Bedeutung, wird das Schreiben weniger. Aber damit wird die Arbeit nicht schlechter. Im Gegenteil: Die Möglichkeiten, das Blatt zu gestalten, werden größer. Außerdem gibt es sehr wohl hierarchisch herausgehobene Aufgaben, die nahezu ausschließlich mit dem Schreiben verbunden sind: Korrespondenten und Reporter sind selten in das Redigieren eingebunden. Jeder Zeitungs- oder Zeitschriftenjournalist sollte aber wissen, dass er bei überragender Leistung als Schreiber vermutlich befördert wird – um dann weniger zu schreiben und viel mehr zu redigieren.

Dennoch beschäftigen sich nicht alle einschlägigen Lehrbücher des Journalismus ausdrücklich mit dem Redigieren. Das mag damit zu tun haben, dass manche Autoren die Anforderungen an gutes Schreiben mit denen an gutes Redigieren gleichsetzen, was nur bei einer inhaltlich sehr engen Vorstellung vom Redigieren zutrifft. Noch enger ist allein die Vorstellung, die Berufsanfänger zunächst vom

Redigieren haben, wenn sie mit dünnem Bleistift zaghaft Rechtschreibung und Grammatik korrigieren. Ganz ohne Zweifel gehören die Verbesserung der Sprache nach allen Regeln der Kunst sowie die Beseitigung von Rechtschreib- und Grammatikfehlern zum Redigieren. Redigieren ist aber mehr: Das Fertigstellen eines Manuskriptes zum Druck umfasst heute alle Schritte der journalistischen Bearbeitung – von der Recherche über das Schreiben bis zum Einpassen in das Layout und der Bearbeitung von Bildzeilen und Überschrift. Die Recherche heißt beim Redigieren nur Nachrecherche als Teil der Kontrolle, das Schreiben Umschreiben.

Dieses Fertigstellen ist heute in vielen Zeitungsredaktionen Teil eines einzigen Vorgangs. Wo einst zum Beispiel Redakteure, Ressortleiter, Setzer, Layouter, Umbruchredakteure und Korrektoren einen Text bearbeiteten, liest, korrigiert, längt, kürzt oder ergänzt heute ein einziger Redakteur am Bildschirm. Redigieren ist heute die vollständige Bearbeitung von Texten, die zur Veröffentlichung bestimmt sind. Betriebswirtschaftlich gesprochen ist es Produktgestaltung und Qualitätskontrolle in einem Arbeitsgang.

Deshalb muss beim Redigieren nachgeholt werden, was beim Planen, Recherchieren und Schreiben versäumt wurde. Dieses Bearbeiten umfasst alles: das Konzept des Artikels, die gewählte Darstellungsform, den Aufbau, die Aussagen, die Sprache, die Rechtschreibung, die Auszeichnung mit Überschriften oder Zwischenüberschriften sowie das Einpassen in das Layout, also das Längen oder Kürzen. Theoretisch jedenfalls, wenn Zeit und Geld vorhanden sind. Praktisch sieht das im üblichen Zeitungsgeschäft von Meldungen und Berichten anders aus. Keine Tageszeitung könnte erscheinen, würde von den vorhandenen Redakteuren jeder Bericht oder jede Meldung so gründlich durchdacht, geprüft und bearbeitet, wie es ein vollständiges Redigieren erfordert. Dennoch erscheinen die Zeitungen täglich, weil sich ihre Redakteure zu Recht auf die Erfahrung und Professionalität der Schreiber, zum Beispiel der Agenturjournalisten, verlassen. Oder weil sie, dem Zeitdruck oder ihrer Trägheit nachgebend, ihren Lesern Unvollendetes zumuten.

16.1 Die Redigierfragen

Bei lange geplanten Aufmachern, großen Reportagen oder Features, Themenseiten und Wochenendbeilagen ist auch bei Zeitungen genügend Zeit für eine redaktionelle Bearbeitung vorhanden. Dann wird aus dem Checken und Kürzen, den wesentlichen Elementen eiligen Redigierens, das gründliche Bearbeiten. Dasselbe gilt für alle Artikel in den Redaktionen großer Zeitschriften. Hier werden Manuskripte in einem für die Beteiligten oft quälenden Prozess durch viele

Hände gereicht und bearbeitet, bis sie zum Druck freigegeben werden. Dann gilt der ganze Katalog von Fragen, die zum guten Redigieren gehören. Man kann ihn als Checkliste nehmen:

- Nachdenken vor dem Lesen: Was erwartet der Leser jetzt zu diesem Thema? Was weiß er schon? Womit kann die Redaktion ihn überraschen? Worin soll der besondere Wert dieser Geschichte bestehen?
- Prüfen der Grundlagen: Sind alle wesentlichen Fragen beantwortet? Wer? Was? Wie? Wann? Wo? Warum? Quelle? Wie geht es weiter? Wird die Bedeutung für den Leser herausgearbeitet? Was ist überflüssig?
- Prüfen der Aussagen: Ist die Aussage schlüssig und widerspruchsfrei? Sind die Begründungen plausibel? Ist der Zusammenhang verständlich? Sind die handelnden Personen vollzählig erfasst? Sind die wichtigen Zahlen da? Sind Aussagen distanziert genug wiedergegeben? Sind Privat- und Intimsphäre geschützt? Gibt es irgendwo Verdächtigungen? Ist der Pressekodex beachtet?
- Prüfen der Struktur: Ist die vorgegebene Darstellungsform eingehalten? Sind alle ihre Elemente erkennbar? Ist der Aufbau zweckmäßig? Ist der Einstieg szenisch? Ist der Ausstieg gelungen? Enthält jeder Absatz ein Zitat? Ist die wichtigste Person erkennbar? Wird die wichtigste Person zitiert?
- Prüfen der Sprache: Sind die Verben kräftig? Sind die Sätze kurz? Ist die Sprache präzise? Ist die Zeitenfolge korrekt? Sind die Substantive exakt? Werden die Adjektive korrekt verwendet? Ist die Sprache bildhaft? Sind Bürokraten- und Unternehmensdeutsch eliminiert? Sind die Sprachbilder abgegriffen?
- Prüfen der Einzelheiten: Ist die Rechtschreibung korrekt und durchgängig? Stimmen die Namen? Stimmen die Firmen? Stimmen die Zahlen? Sind die Quellen belegt? Sind die Zitate abgestimmt?
- Einpassen in das Layout: Sind die Längen von Vorspann und Gesamtstück präzise? Ist die Zahl der Absätze ausreichend? Passt die Hauptüberschrift zu Darstellungsform und Redaktion? Passt die Hauptüberschrift ins Layout? Passen die Zwischenüberschriften zu den folgenden Absätzen? Doppeln sich Hauptüberschrift, Zwischenüberschriften oder Bildzeilen? Beantwortet die Bildzeile die W-Fragen zum Bild?

Natürlich ist diese Liste nicht vollständig. Zum Redigieren gehört noch vieles andere, was sich im Einzelfall auf dem Weg von einem missglückten Manuskript zum perfekten Artikel als notwendig herausstellt.

Die Liste zeigt schnell, dass sich im Redigieren alle wesentlichen Einzeltätigkeiten von Journalisten wiederfinden können. Genau deshalb bekommen Redakteure mit zunehmender Erfahrung und jeder Beförderung auch mehr Redigierarbeiten auf den Tisch. Redigieren ist zu wichtig, als dass es den unerfahrenen Journalisten überlassen werden könnte. Dass zum guten Redigieren auch immer etwas Selbstüberwindung gehört, versteht sich schnell: Es ist immer mühsam, hinter einem Autor herzutelefonieren, sich einen Originaltext zu suchen und sich einzulesen oder bei einer Pressestelle Zusammenhänge zu erkunden, nur weil man etwas nicht verstanden hat. Ein kleines Häkchen oder die Freigabe per Knopfdruck sind weniger anstrengend. Aber sie sind schlechter Journalismus. Als einfacher Grundsatz gilt: Was nicht verstanden wurde, kann nicht freigegeben werden.

16.2 Die Rechtslage beim Redigieren

Manuskripte sind als Schöpfungen der Autoren natürlich urheberrechtlich geschützt. Also sind die Redaktionen im Prinzip schon an den Wortlaut der vorliegenden Texte gebunden. Irgendwo stößt jede Veränderung oder Kürzung an die Grenzen des Urheberrechts. Dann kann es teuer werden. Vergreife sich also niemand an einem herumliegenden Manuskript, ohne sich der Herkunft des Textes zu versichern. Denn darauf kommt es beim Umfang möglicher Veränderungen zunächst an: Ob der Text von einem freien Autor oder einem Angestellten des Verlags stammt.

Angestellte müssen den Weisungen des Verlags folgen und die Bearbeitung und Umgestaltung ihrer Manuskripte ertragen. So steht es auch in den Tarifverträgen. Dabei haben aber auch angestellte Redakteure Rechte. Zum Beispiel darf kein Artikel in seinen Kernaussagen umgedreht und dann unter dem Namen des Autors veröffentlicht werden. Über die Veröffentlichung entscheidet immer der Chefredakteur, auch über die Tendenz. Der Redakteur kann im Streitfall nur seinen Namen heraushalten.

Komplizierter wird die Rechtslage bei freien Autoren. Zunächst ist alles Vereinbarungssache. Jeder Verlag kann sich mit dem Autoren vorher über das Recht zur Bearbeitung verständigen, dann darf auch gekürzt, ergänzt und umgeschrieben werden. Meistens erfolgt diese Vereinbarung stillschweigend, wenn der Autor zum Beispiel auch aus eigener Erfahrung die Redaktion und ihre Art, Texte zu Bearbeiten kennt. Wenn er dann weiß, dass da gekürzt oder umgeschrieben wird, stimmt er mit der Abgabe des Manuskripts der Kürzung oder dem Umschreiben zu.

Wurde nun aber überhaupt nichts vereinbart, weder ausdrücklich noch stillschweigend, dann darf die Redaktion eigentlich nur noch Rechtschreibung, Zeichensetzung und Satzbau an ihre Gepflogenheiten anpassen. Tageszeitungen und Publikumszeitschriften dürfen bei bestellten Beiträgen auch noch etwas kürzen. Damit wäre aber bereits die Grenze des rechtlich Zulässigen erreicht. Für jede weitere Veränderung brauchen die Redaktionen nun die Zustimmung des

Autors. Ergänzen, Umbauen, Umschreiben – immer muss der Autor zustimmen. Ist er einverstanden, kann der Artikel in der neuen Fassung unter seinem Namen erscheinen. Ist er nicht einverstanden, bieten sich nur noch wenige Auswege aus der Sackgasse an. Der erste Ausweg: Redakteur und Autor einigen sich wenigstens darauf, den Artikel ohne den Namen des Autors zu drucken. Dann haben die Redaktionen ein umfassendes Bearbeitungsrecht. Der zweite Ausweg: Das Stück wird völlig neu geschrieben. Nur die Informationen des ursprünglichen Textes werden verwendet, nicht aber seine Formulierungen. Der neue Artikel kann nun ohne Zustimmung des Verfassers der Vorlage veröffentlicht werden. Die Vorlage, das ursprüngliche Manuskript, muss dennoch bezahlt werden.

Sind beide Auswege zugestellt, weil der Autor seinen Namen gedruckt sehen möchte oder die Zeit für das Neuschreiben fehlt, gibt es nur noch eine Lösung: Das Thema findet nicht statt, es gibt keinen Artikel.

> Manuskripte freier Autoren dürfen ohne Zustimmung der Autoren nicht intensiv bearbeitet werden.

Misslingt die Abstimmung mit freien Autoren, kann die Veröffentlichung des veränderten Manuskripts im Einzelfall für die Redaktion teuer werden: 82 Korrekturen des KÖLNER STADT-ANZEIGERS wurden vom Amtsgericht Köln einmal als Entstellung bewertet. Die beiden Autoren erhielten ein Schmerzensgeld in Höhe von 10.000 DM.

16.3 Zusammenfassung

Redigieren ist mehr als die Überprüfung von Rechtschreibung und Grammatik. Im richtigen Redigieren finden sich von der Planung über die Recherche und das Schreiben bis hin zum Einpassen von Texten in das Layout alle Tätigkeiten der Zeitungs- und Zeitschriftenjournalisten wieder. Deshalb ist das Redigieren meist die Aufgabe erfahrener Redakteure. Im Einzelnen werden beim Redigieren besonders die Vollständigkeit der Aussagen, ihre Plausibilität, ihre Quellen, die Struktur des Artikels, seine Sprache und Rechtschreibung sowie die Länge überprüft und verändert. Unverstandenes sollte niemals freigegeben werden.

Bei der Bearbeitung von Manuskripten freier Autoren sind den Redaktionen durch das Urheberrecht enge Grenzen gesteckt. Alle Veränderungen können aber in Abstimmung mit den Autoren realisiert werden. Gelingt diese Abstimmung nicht, darf das veränderte Manuskript nicht veröffentlicht werden. Angestellte Autoren müssen die Bearbeitung und Umgestaltung ihrer Manuskripte im Rahmen ihrer Vertragspflichten ertragen.

Literatur

Branahl, Udo: Urheberrecht in der Presse, in: Medien-Praxis 11/1998, S. 1–8, Beilage Journalist 11/1998.

Hajnal, Ivo; Franco Item: Schreiben und Redigieren – auf den Punkt gebracht! Das Schreibtraining für Kommunikationsprofis. 2., veränderte Aufl., Frauenfeld 2005.

Häusermann, Jürg: Journalistisches Texten. Sprachliche Grundlagen für professionelles Informieren, Konstanz 2001.

Hruska, Verena: Die Zeitungsnachricht: Information hat Vorrang. 3. neubearb. Aufl., Bonn 1999.

Reifenrath, Roderich: Die Blattmacher. Vom Handwerk des Journalisten, Frankfurt 2003.

Ruß-Mohl, Stephan: Journalismus. Das Hand- und Lehrbuch, Frankfurt 2003.

Schneider, Wolf; Paul-Josef Raue: Das neue Handbuch des Journalismus. 1., vollst. überarb. und erw. Neuausg., Reinbek 2003.

17. Bilder und Bildzeilen

Bis 1990 waren Bilder für Zeitungen zweitrangig: Fotos waren nicht Blickfang, sondern eine Art typografische und inhaltliche Ergänzung. So haben es Redakteure über Jahre gelernt, so machten sie ihre Zeitungen. Und dann fand das Poynter Institute for Media Studies in Florida das Revolutionäre heraus: 85 Prozent der Leser steigen in Zeitungsseiten über das Bild ein. Selbst Aufmacher werden mit Bild besser wahrgenommen als ohne Bild. Dies gilt erst recht für einfache Artikel: Ohne Bild sehen 12 Prozent der Leser hin, mit Bild 42 Prozent. Mit anderen Worten: Bilder machen den Weg zu den Texten frei. Soll eine Seite beachtet werden, braucht sie Bilder.

Es gibt weitere wichtige empirische Erkenntnisse, an denen nicht mehr gezweifelt werden kann. Männer und Frauen haben nicht die gleichen Interessen: Frauen beachten zum Beispiel Fotos stärker als Männer, Frauen bevorzugen Personenfotos, Männer bevorzugen Ereignisfotos. Bei Farbfotos fallen die geschlechtsspezifischen Unterschiede gering aus. Bei den Motiven wirkt die Emotion. Zorn oder Freude lassen Menschen hinschauen. Dasselbe gilt für Katastrophen aller Art. Aber auch die heile Welt ist beliebt – vornehmlich aber bei Frauen.

Auch über das Betrachten von Bildern gibt es Erkenntnisse, die bei der Auswahl von Bildern und der Gestaltung von Seiten zu berücksichtigen sind: Bilder werden vor den Texten betrachtet. Die Bildzeile kann allerdings dem Betrachter helfen, mehr aus dem Bild herauszulesen. Bilder haften auch besser in der Erinnerung als Texte. Und sie sind besser als Texte geeignet, Emotionen zu vermitteln.

Das Lesen des Bildes selbst erfolgt in Sprüngen mit bestimmten Fixationen, an denen dann das Aufnehmen und das Interesse beginnen. Es dauert insgesamt nur sehr wenige Sekunden. Im Gedächtnis bleibt offenbar besser haften, was in der ersten Sekunde zwischen dem ersten und dem vierten Stopp aufgenommen wird, als das, was später ins Gesichtsfeld gerät. In dieser ersten Sekunde steuert das Auge das Wichtigste im Bild an. Sind Menschen auf dem Bild, dann werden zuerst die Gesichter und innerhalb der Gesichter die Augen fixiert. Nach den Augen gelten Hände als der wichtigste Blickfang.

17.1 Bildauswahl und Bildbearbeitung

Empirische Erkenntnisse dieser Art reichen aber bei weitem nicht aus, um ein gutes Bild auszuwählen. Dann gelten andere Faktoren: Im Kern sind Emotionalität und die schnelle Erfassbarkeit die entscheidenden Größen. Gute Fotos zeigen Emotionen. Gefühle wie Wut, Trauer, Freude, Hass, Liebe, Erstaunen aber auch Überraschung sprechen die Leser an. Diese Emotionen können und sollen durch den Anschnitt des Bildes herausgearbeitet werden. Auf das Überraschende kommt es an.

Umgekehrt wird schnell deutlich, welche Fotos weder Emotion noch Überraschung vermitteln: Es sind die Allerweltsfotos, das ewige Händeschütteln bekannter Politiker, das Dauergrinsen der Prominenz, die permanenten Überreicher von Urkunden und Pokalen, die ewigen Gruppenbilder von grauen Männern in Anzügen, die immer gleichen Gesichter mit dem Füllhalter vor der Nase oder dem Telefon am Ohr, aufgereihte Menschen angestrengt in die Kamera schauend, Wissenschaftler, die nicht minder angestrengt in ein Reagenzglas blicken. Alle diese Bilder sind uninspiriert und flach. Sie langweilen die Leser, mit Ausnahme der Abgebildeten vielleicht, die sich freuen, wieder einmal Hände schüttelnd abgebildet zu sein.

Keine Lokalzeitung kommt darum herum, Menschen ins Blatt zu bringen. Und natürlich gehört das Überreichen von Urkunden und Pokalen ebenso wie das Gruppenbild der Schützenbrüder oder Sternsinger zum Pflichtprogramm einer Lokalzeitung. Aber warum muss immer der ernsthafteste aller Momente festgehalten werden, warum tauchen die Hosen auf, wo es doch auf die Gesichter ankommt? Warum ist die Perspektive immer dieselbe? Und warum erscheinen alle Standardfotos auch noch im Standardformat der Postkarte?

Egal ob Lokal- oder überregionale Zeitung, die Praktiker des Layouts suchen und fordern die Überraschung, das Neue, und sei es nur das Neue im Anschnitt. Auch extreme Hoch- und Querformate können – das entsprechende Motiv vorausgesetzt – die gewünschte Überraschung bieten. Theo Waigels Augenbrauen blattbreit waren sicher so eine extreme Aufmachung, aber sie waren überraschend. Einig sind sich die Praktiker auch darin, sich beim Bildschnitt auf das Wesentliche zu konzentrieren. Alles, was nicht dazugehört, wird weggeschnitten. Das lenkt den Blick auf die Emotion oder die Aussage und hat manchmal die Folge, dass ein überraschendes Hoch- oder Querformat übrig bleibt.

Es ist durchaus gestattet, dem Motiv folgend, die Leser mit ungewöhnlichen Bildformaten zu interessieren. Ein Typ Format sollte sich dabei aber auf keinen Fall einstellen: das Quadrat. Quadratische Bilder, möglichst noch in der Mitte der Seite angesiedelt wirken optisch meist verheerend. Für das Format des alltäglichen

Bildes gilt, und daran hat auch alle Technik nichts geändert, die Annäherung an den so genannten Goldenen Schnitt. Er steht von alters her für Harmonie der Proportionen und gilt nicht nur für die Formate von Bildern oder Grafiken, sondern für alle Proportionen im Layout. Es gibt eine unendliche Zahlenfolge, die auf den Mathematiker Leonardo da Pisa, genannt Fibonacci (13. Jahrhundert) zurückgeht, und bei der die nächste Zahl in der Reihe stets die Summe der beiden Vorhergehenden ist: 1 – 1 – 2 – 3 – 5 – 8 – 13 – 21 – 34 – 55 – 89 – 144 – usw.

Das Verhältnis einer Zahl zur nächsten nähert sich dem Wert von 0,618 an. Diese Proportion wird als der Goldene Schnitt bezeichnet. Die Griechen berücksichtigten ihn in ihren Bauwerken, das christliche Kreuz entspricht dieser Proportion und die aktuelle Scheckkarte. Das Verhältnis von 0,618 zu 1 verspricht traditionelle Harmonie. Es hat mit dem Quadrat nicht das Geringste zu tun.

Dass Fotos heute keinerlei Echtheitsgarantie mehr übernehmen können, ist dem aufmerksamen Leser von bunten Illustrierten spätestens seit November 1992 bewusst. Am 6. November 1992 wurde Louis Robert, der Sohn von Prinzessin Stephanie von Monaco, geboren. Rund um diesen Termin, also auch vorher, erschienen allein in der deutschen Presse 12 Zeitschriftentitel mit der Prinzessin und einem Baby. Alle Titelbilder wirkten authentisch – alle waren gefälscht. Jeder Zweifel ist ausgeschlossen: Moderne Bildbearbeitungsprogramme machen heute nahezu jede denkbare Manipulation unauffällig möglich. Die Qualität manipulierter Bilder ist exzellent, auch große doppelseitige Formate sind jederzeit vorzeigbar. Manipulationen bleiben spurlos. Das ist die dunkle Seite der Bildbearbeitung.

Dabei sind grundsätzlich Veränderungen von Bildern nichts als virtuelle Lügen und klare Verstöße gegen das Wahrheitsgebot der Presse. Auch gut gemeinte Veränderungen, zum Beispiel das Zusammenrücken von Personen oder das Entfernen eher peinlicher Flecken auf der Kleidung sind unzulässige Manipulationen. Diese Bilder dürfen ohne den eindeutigen Hinweis auf die Montage nicht veröffentlicht werden. Dieser Hinweis muss beim Bild stehen, damit der Leser sofort erkennt, dass die Abbildung nicht der Wahrheit entspricht. Eine Illustrierte, die diesen Hinweis nicht auf der Titelseite, sondern wie ihren Quellennachweis erst im Inhaltsverzeichnis druckte, wurde gerichtlich zum Abdruck einer Gegendarstellung verurteilt. Der Pressekodex regelt in Richtlinie 2.2 den Umgang mit Symbolfotos und Fotomontagen (s. S. 326 ff.).

Der Bundesverband der Pressebildagenturen und Bildarchive hat bereits vor Jahren für diese Kennzeichnung manipulierter Bilder ein [M] vorgeschlagen. Dieses Symbol wird von einigen Zeitungen verwendet, andere Redaktionen verlassen sich zu Recht nicht auf den Bekanntheitsgrad des Symbols und beschreiben die Montage auch als Fotomontage in der Bildzeile. Die großen Nachrichtenagenturen sind sich hinsichtlich zulässiger Bildbearbeitung einig: Gemacht werden darf nur das, was früher auch im Labor üblich und zulässig war. Das digitale Bild darf auch in Photoshop nur so aufbereitet werden, dass es in Farbe, Helligkeit und Kontrast der wirklichen Aufnahmesituation entspricht. Dazu gehört auch das Entfernen von Flecken, die durch Staubpartikel entstanden sind. Mehr gilt den großen Agenturen nicht als zulässig.

17.2 Selbst fotografieren

Redakteure sollen nicht fotografieren – die bewährte Arbeitsteilung hat ihren Sinn, weil sie auch etwas mit Spezialisierung und Professionalisierung zu tun hat. Im Lokaljournalismus gehört es aber heute zum Alltag, dass Redakteure und freie Autoren von ihren Terminen auch Bilder mitbringen. Ihr Ziel sollte auch dann das emotionale Foto und die Überraschung sein, wenn sie möglichst viele Leser ins Blatt zu bringen haben, was Emotion und Überraschung oft ausschließt. Praktiker empfehlen deshalb, schon vor dem Termin die Umgebung zu überprüfen, wo sie eine originelle Perspektive und ausreichend Licht für die Arbeit ohne Blitz bietet. Und sie raten, gleichzeitig darüber nachzudenken, was man den Menschen in die Hand drücken kann, um die Verlegenheit auf ein Minimum zu reduzieren. Außerdem hat es sich als sinnvoll erwiesen, die Momente kurz vor und nach dem Ereignis, zum Beispiel der Pokalübergabe, festzuhalten, weil dann die Beteiligten lockerer und die Emotionen größer sind. Für Sachmotive gilt bei den Praktikern auf der Suche nach dem anderen Blick im Wesentlichen Nähe: Je näher die Linse an der Szene ist, desto eindringlicher wirkt das Bild.

Grundsätzlich hat der freie Autor als Fotograf das Recht am Bild. Er verkauft dem Verlag nur die Nutzung des Bildes für den vereinbarten Zweck. Das heißt: Der Fotograf behält die Rechte am Bild, der Verlag darf das Foto wohl ins Archiv nehmen, muss bei einer weiteren Veröffentlichung aber den Fotografen nennen und bezahlen. Der Fotograf darf das Foto nach der Veröffentlichung in einer Zeitung anderen Medien zur Veröffentlichung überlassen und auch privat verkaufen.

17.3 Die Bildzeilen

So wahr die Erkenntnis auch ist, dass ein Bild mehr sagt als 1.000 Worte, ganz ohne Erläuterung kommen Bilder nicht aus. Und da die meisten Leser über die Bilder in die Zeitungsseiten einsteigen, zählen die Begleitworte zu den Bildern zusammen mit den Überschriften und Vorspannen zu den wichtigsten Texten auf einer Seite.

Umso unverständlicher ist es, wenn Bildzeilen nichts als Namen präsentieren, wenn sie gar fehlen, wenn sie lieblos hingeschrieben werden und den noch Interessierten mit Fragen allein lassen oder wenn die Texte einfach nicht zum Bild passen. Fehler dieser Art ereignen sich täglich, nur selten erfährt auch der Leser von Qualitätsblättern zu jedem Foto, wer darauf zu sehen ist und wann das Foto bei welcher Gelegenheit entstand. Der Umgang mit Bildzeilen ist bei fast allen Zeitungen und den meisten Zeitschriften eine verpasste Chance. Claus Strunz, Chefredakteur von BILD AM SONNTAG beurteilte 1999 die Situation kompromisslos: »Die Art, wie Texte zu Fotos gemacht werden, beweist täglich einen gravierenden Mangel an handwerklichem Geschick wie fehlender Kreativität und legt allzu oft Zeugnis ab von Ignoranz und Faulheit, kurz: Die meisten Bildunterschriften offenbaren das totale Versagen einer Dienstleistungsbranche.« (Strunz 1999, S. 2)

Große Zeitschriftenredaktionen nutzen dagegen meist die Chancen, die sich mit sorgfältig erarbeiteten Bildzeilen verbinden. Sie legen oft sehr detailliert fest, was wo in einer Bildzeile zu stehen hat und sichern auf diese Art und Weise die Vollständigkeit und – bis zu einem gewissen Grad auch – die Attraktivität ihrer Bildzeilen. So schematisch manche dieser Bildzeilen auch erscheinen mögen, eine feste Struktur sorgt immer für eine bessere Information der Leser als das Chaos mancher Zeitungsredaktionen, in denen erkennbar jeder seine Bildzeilen macht, wie er will, und bei denen die Bildzeilen wie zufällig mit symbolischen Andeutungen, Beschreibungen oder unterhaltsamen Elementen auftreten.

Die Bildzeile, in manchen Redaktionen auch als Bildunterzeile, BU, Bildtext, Legende oder caption bezeichnet, soll das Bild erklären und zum Lesen des Artikels anregen. Erklären heißt dabei nach Ansicht der meisten Autoren, den Lesern die wichtigsten W-Fragen zum Bild vollständig zu beantworten: Wer ist zu sehen, was macht er, wann und wo war das und aus welchem Anlass? Der Anlass mit Angabe der Jahreszahl ist sogar notwendig, wenn zur Illustration aktueller Ereignisse auf Archivfotos zurückgegriffen wird (»Jungsozialist Schröder 1973 beim Rütteln an den Toren des Bonner Kanzleramtes«). Das Beantworten der W-Fragen sollte dabei nicht dazu führen, den Leser nach Art des SPIEGELS mit Sternchen aus der Bildzeile in die Fußnoten zu schicken, nur weil Namenslisten oder Ortsangaben lang sind und das Layout einzeilige Bildzeilen vorschreibt.

Die in den Bildzeilen besprochenen Personen werden meist mit ihren Funktionen aufgeführt. Dabei können sowohl die offizielle Funktion der Person (»Bundesinnenminister«) als auch seine spezielle Rolle im Artikel (»Verhandlungsgegner«, »Gentest-Befürworter«) den Namen ergänzen.

Die Beschreibung erfolgt in kurzen Sätzen und systematisch der Reihe nach. Der Hinweis »v. l. n. r.« erübrigt sich dann. Muss trotzdem erklärt werden, wer wo auf dem Bild zu sehen ist, reichen einfach Hinweise wie »(links)«, »(r.)« oder »(Mitte)«. Als besser gilt es, wenn Attribute der Beschriebenen verwendet (»mit Hut«) oder sogar in Handlungen umgesetzt werden (»seinen Hut ziehend«), Letzteres vorzugsweise aber ohne die geringste Spekulation über die Motive der Aktion. Die Sprache der Bildzeile sollte knapp und präzise sein. Viel Platz gibt es selten. Sie darf aber auch unterhalten oder sogar witzig sein, soll doch die Bildzeile den Leser anregen weiterzulesen.

Die Antwort auf die W-Fragen darf darauf abgestellt werden, den Leser kurz ins Bild zurückschauen zu lassen. Dieser Blickwechsel kann das Interesse am Artikel verstärken. Er gelingt zum Beispiel mit überraschenden Details zum Abgebildeten. Erfahren die Leser statt »Höhenrücken bei Bonn« »Bonner Naherholungsgebiet Siebengebirge mit dem 461 Meter hohen Ölberg und Hollands Lieblingsberg, dem Drachenfels«, blicken sie vermutlich zurück ins Bild, um sich Hollands Lieblingsberg anzuschauen. Das Interesse am Artikel wäre ein Stück gefestigt. Dass derlei Informationen meist zusätzlich recherchiert werden müssen, sollte nicht von der Vermittlung dieser Details abhalten. Auch kurze Hinweise auf Gesten der Handelnden verleiten Leser zum kurzen Blickwechsel.

> Details haben Kraft und Informationswert. Außerdem veranlassen sie den Leser, zurück ins Bild zu schauen und dann den Artikel zu lesen.

Die Konzentration auf Details hilft auch, zwei schnell auftretende Fehler zu vermeiden. Gelungene Formulierungen im Text eines Artikels verleiten gerade bei Magazinartikeln zur Übernahme in die Bildzeile. Dasselbe kann zu einem anderen Zeitpunkt auch bei der Formulierung von Überschriften oder Vorspannen passieren, mit der Folge von Wiederholungen in Überschriften, Bildzeilen, Vorspannen und Text. Die gelten jedoch als den Leser langweilend und deshalb unerwünscht. Mit der Suche nach Detailinformationen zum Bild werden sie vermieden.

Dasselbe gilt für das manchmal unsinnige Auseinanderklaffen von Bildaussage und Text der Bildzeile. Wenn im Wirtschaftsteil einer renommierten überregionalen Zeitung unter dem vierspaltigen Blick in ein leeres Stadion nichts als »Offen für privates Engagement« steht, nur weil das Foto zu einem Bericht über internationale Großinvestitionen steht, dann ist das ärgerlicher Unsinn. Auch er lässt sich mit der gezielten Suche nach Detailinformationen zum Bild ausschließen.

Eine Pflichtangabe zum Bild ist der Quellenhinweis. Der Fotograf, die Agentur oder die sonstigen Quellen des Bildes, zum Beispiel ein Buch, müssen genannt werden. Der Verzicht auf den Quellenhinweis ist eine Verletzung des Urheberrechts. Sie zieht Schadensersatz nach sich. Die entsprechenden Angaben sitzen meist rechts in der letzten Zeile der Bildunterschrift, oder sie werden am Rand des Fotos unter-gebracht. Manche Redaktionen verstecken sie gelegentlich wie Fußnoten.

Das Zusammenspiel von Bild, Bildzeile und Text gelingt nur, wenn die Bildzeile dem Bild auch unmittelbar zugeordnet werden kann. Deshalb steht sie auch am besten unter dem Bild. Muss der Betrachter suchen, ist die Chance auf wachsen-des Interesse verpasst.

Für das anregende Element in den Bildzeilen setzen manche Redaktionen über Details und Sprache bei der Beschreibung des Fotos hinaus zusätzliche Elemente ein. Besonders bekannt und stilbildend sind dabei die so genannten Schmuckzeilen des SPIEGELS. Hinter der eher sachlichen Beschreibung des Bildes, im SPIEGEL-Sprachgebrauch ist das die Definitionszeile, taucht – durch Doppelpunkt oder eine neue Zeile abgesetzt – in veränderter Schrift eine zentrale und spannende Aussage aus dem Text auf. Beispiele von Bildzeilen aus der SPIEGEL-Ausgabe 4 vom 24. Januar 2005 verdeutlichen, wie die Redaktion zusätzlich zur Erklärung des Bildes weitere Textelemente einsetzt:

Bildzeilen mit Sach- und Schmuckzeilen

Staatsminister Vollmer (2001): Kontakte versilbert

Fußball-Liebhaber Schröder: Stollenschuh vor dem Reichstag

Parteifreunde Heilmann, Merkel: Getrübte Freude

Verdächtige Rafei, Motassadeq: »Deutschland verlassen«

Wirtschaftsweiser Bofinger: »Verschuldung ist per se nicht schlecht«

Alle Beispiele DER SPIEGEL 4/2005

Tatsächlich machen die Schmuckzeilen oft neugierig. Sie sind regelrecht Appetithappen für die Leser, weil sie mit Auszügen aus dem Text des Artikels arbeiten. Der Leser bekommt einen Vorgeschmack. Kein Wunder, dass die Kombination von Sach- und Schmuckzeilen zunehmend auch von Zeitungen eingesetzt wird.

Zitate in der Schmuckzeile sind dabei nicht immer unproblematisch. Dies gilt zumindest dann, wenn mehrere Personen abgebildet sind und unklar ist, wem das Zitat zuzuordnen ist. Regelrecht irritierend sind Zitate über die Abgebildeten, weil sie durch den Doppelpunkt zwischen Sach- und Schmuckzeile als Zitat eines der Abgebildeten ausgewiesen werden.

Magazinberichte haben in der Regel viele Ansatzpunkte für unterhaltsame oder spannende Zitate in Schmuckzeilen. Dasselbe gilt für Features, Porträts, Reportagen oder Kritiken. Bei guten Interviews sind auch nach Abzug des Spitzenzitats für die Hauptüberschrift weitere zentrale Aussagen meist schnell gefunden. Schwieriger wird es aber bei besonders sachlichen Zeitungsberichten. Fehlen Zitate des Abgebildeten, fehlen szenische Elemente und fehlen etwas lebendigere Aspekte wie Streit oder Krisen, gibt es kaum Ansatzpunkten für attraktive Schmuckzeilen. Folglich wird auf Zeitungsseiten mit hohem Berichtsanteil, zum Beispiel im Wirtschaftsteil, oft auf Bildzeilen mit Sach- und Schmuckzeilen verzichtet. Wenn gleichzeitig aber im Feuilleton wegen der besseren Möglichkeiten, unterhaltsam zu zitieren, Schmuckzeilen eingesetzt werden, entsteht der die Leser irritierende Eindruck, die entsprechende Zeitungsredaktion wisse nicht, dass man auch Bildzeilen sorgfältig und einheitlich zu gestalten habe.

Dabei gibt es Alternativen zu kompletten Schmuckzeilen. Focus verschafft zum Beispiel den Bildzeilen eine Art kommentierende Schlagzeile. Die Redaktion beginnt die Sachzeile mit ein oder zwei Schlagworten in fetten Großbuchstaben. Statt die Bildzeile mit einer Schmuck- und einer Sachzeile auszustatten, schmückt sie die Sachzeile:

Bildzeilen mit geschmückter Sachzeile

ZERMÜRBT Vizekanzler Joschka Fischer und Parteichef Reinhard Bütikofer gestehen die schwere Niederlage in Nordrhein-Westfalen ein

NIEDERGESCHLAGEN Grünen-Chefin Claudia Roth am Wahlabend

LETZTER VERSUCH Oskar Lafontaine will mit Klaus Ernst von der WASG ein Linksbündnis schmieden

EINIG IM UNKONKRETEN Unions-Fraktionsvize Michael Glos (CSU) und CSU-Parteivize Horst Seehofer wollen die Wähler nicht mit zu radikalen Reformankündigungen verschrecken und erwarten im Wahlprogramm nur »Richtungsabgaben«

UNEINIG IM KONKRETEN Ministerpräsident Roland Koch (CDU) schloss eine Erhöhung der Mehr-wertsteuer auf Grund der desolaten Finanzlage nicht aus. Kollege Peter Müller (CDU) aus dem Saarland setzt vor der Wahl auf soziale Botschaften

Alle Beispiele Focus 23/2005

Bei allen zusammengesetzten Bildzeilen kommt es darauf an, die unterschiedlichen Elemente, zum Beispiel die Sach- und die Schmuckzeile, durchgängig und klar gegeneinander abzugrenzen. Hier kommt der Doppelpunkt ins Spiel. An ihm scheiden sich die Geister. Es gibt Redaktionen, die ihn verbindlich vorschreiben, und es gibt Redaktionen und Lehrbücher, die ihn kategorisch ablehnen. Tatsächlich ist mit Blick auf die Grammatik der Doppelpunkt ohne nachfolgendes Zitat des Abgebildeten meist falsch. Tatsächlich wäre in diesen Fällen ein Gedankenstrich richtig. Dem Duden zufolge bezeichnet der Gedankenstrich den Wechsel des Themas. Genau das findet hier statt: Der Übergang zwischen Sach- und Schmuckzeile. Dabei spielt es natürlich keine Rolle, in welcher Reihenfolge die Zeilen kommen.

Der Doppelpunkt gehört nun aber schon seit 1947 zum SPIEGEL. Seitdem hat er sich in den Bildzeilen der deutschen Presse eingenistet. Er ist zwar nicht mehr originell, aber er trennt. Und dass er dabei die Grammatik ignoriert, sollte nicht zu hoch bewertet werden. In Bildzeilen und Überschriften kommt die Grammatik regelmäßig zu kurz. Bildzeilen enden zum Beispiel fast überall ohne Punkt. Das gilt selbst dann, wenn ihre Sätze vollständig sind.

17.4 Zusammenfassung

Bilder werden vor Texten betrachtet. Sie öffnen den Weg zu Seiten und Artikeln. Und sie sind besser geeignet als Texte, Emotionen zu vermitteln. Darauf sollten Bildauswahl und Bildschnitt abgestellt werden: Zu suchen sind der originelle Blick, die besondere Perspektive oder das überraschende Format. Manipulierte Bilder dürfen ohne den Hinweis auf die Montage nicht veröffentlicht werden.

Bildzeilen sollen dem Interessenten das Bild erklären und ihn zum Lesen des Artikels anregen. Ziel der Bildzeile ist die vollständige, knappe und attraktive Antwort auf die wichtigsten W-Fragen zum Bild: Wer ist zu sehen, was macht er, wann und wo war das und aus welchem Anlass? Der Anlass mit Angabe der Jahreszahl zählt zu den Pflichtangaben einer Bildzeile, wenn auf Archivmaterial zurückgegriffen wird. Grundsätzlich gilt dies auch für die Angabe der Quelle. Wichtig sind Detailangaben zum Bild: Sie lassen den Leser zurückblicken und festigen damit sein Interesse am Artikel.

Immer mehr Redaktionen unterteilen ihre Bildzeilen nach Art des SPIEGELS in eine Sachzeile mit der Beantwortung der W-Fragen zum Bild und eine Schmuckzeile mit einer zentralen Aussage des Textes als anregender Kostprobe. Die Elemente werden dabei durch die Schrift, die Zeilen oder einen Doppelpunkt voneinander getrennt.

Literatur

Knieper, Thomas: Bildjournalismus, in: Weischenberg, Siegfried u. a. (Hrsg.): Handbuch Journalismus und Medien, Konstanz 2005, S. 29 – 31.

Meyer, Werner (Bearb.): Journalismus von heute. Hrsg. von Mercedes Riederer, Loseblattausg. Starnberg u. a., Stand Erg.-Lfg. 29, 2002.

Sage & Schreibe Werkstatt. Bildtexte. Mit Worten Bilder zum Sprechen bringen. Beilage Journalist 11/1999.

Sage & Schreibe Werkstatt. Fotografie (Teil 1). Pressefotos, die aus dem Rahmen fallen. Beilage Journalist 7/2000.

Sage & Schreibe Werkstatt. Fotografie (Teil 2). Mit Bildern blühen Bleiwüsten auf. Beilage Journalist 8/2000.

Schmuck, Michael: Der Bildtext, in: INSIGHT 5/2004, S. 28 – 30.

Strunz, Claus: Spannende Aspekte fürs Bild, in: Sage & Schreibe Werkstatt 11/1999, S. 2 – 4, Beilage Journalist 11/1999.

18. Das Layout

Die EDV und die Sparsamkeit der Verlage machten es möglich: Auch das Layout ist in fast allen Zeitungsredaktionen heute Sache der Redakteure. Der Unterschied zwischen Design und Layout verdeutlicht mit dem Stand der Technik auch die Routine in vielen Zeitungsredaktionen: Unter Design verstehen Wissenschaft und Praxis das »grundsätzliche grafisch-typografische Konzept«. Layout ist dagegen die »tägliche Seitengestaltung« (Heijnk, 2005, S. 200). Beides geht Hand in Hand. Redakteure verteilen heute Texte, Bilder und Grafiken nicht mehr nach eigenem Gutdünken, sondern nur nach klaren Vorgaben auf ihre Seiten. Diese Vorgaben entstammen dem Design. Sie sind in ziemlich umfangreichen Stilbüchern, die in manchen Redaktionen »Bibeln« genannt werden, festgelegt und in den Redaktionssystemen umgesetzt. Das Redaktionssystem lässt dann für bestimmte Seiten zum Beispiel nur bestimmte Schriften, Satzbreiten, Artikelformen, Symbole oder Linien zu. Der Redakteur bewegt sich so beim Layout in festen Grenzen, die einen einheitlichen Auftritt des Blattes auch ohne das Zutun von Grafikern sichern. So wird die immer anspruchsvollere Gestaltung von Zeitungen und Zeitschriften auch durch Redakteure möglich. Die Designer entwickeln bis ins Detail das Aussehen des Blattes, und die Redakteure gestalten mithilfe des Redaktionssystems ihre Seiten dem Design entsprechend – theoretisch jedenfalls.

Praktisch können allerdings auch die umfangreichsten Bibeln und die striktesten Vorgaben der Systeme nicht verhindern, dass Zeitungs- und Zeitschriftenseiten dem Leser durch handwerkliche Fehler die Aufnahme der Texte und Bilder erschweren. Außerdem werden Seiten mit zunehmender Festlegung stereotyp und langweilig. Schlimmer noch: Sie können bei zu exakter Festlegung nicht mehr an die Nachrichtenlage angepasst werden. In allen Fällen hätte das Layout versagt, soll es doch in erster Linie dem Leser die Aufnahme der Texte und Bilder erleichtern. Dieser Anspruch gilt ganz unabhängig von den vielen Unterschieden, die Inhalt und Zielgruppen von Zeitungen und Zeitschriften für das Design ihrer Blätter bedingen.

Tatsächlich sind Design und Layout für Musikmagazine völlig anders als für münsterländische Lokalzeitungen und sehen Boulevardzeitungen anders aus als Literaturmagazine. Bestimmte Regeln des Layouts gelten aber durchgängig. Sie haben mit der Wahrnehmung der Leser, der Wirkung von Farben und Formen oder mit den Schriften zu tun. Deshalb sollten Redakteure sie kennen, wenn sie sich, den Bildschirm vor Augen und das Stilbuch in der Schublade, an das Gestalten von Seiten begeben. Und sie sollten ein paar Begriffe zu den Gestaltungselementen mit ihren Wirkungen kennen, um die Hinweise der Designer auch zu verstehen.

18.1 Wie Leser Seiten sehen

Nach allem, was die Forschung zum Verhalten von Lesern berichtet, beginnt kein Leser mit dem Lesen einer Seite immer an der gleichen Stelle oder beendet es am Ende des letzten Artikels. Im Gegenteil: Die Wahrnehmung von Seiten erfolgt ungemein sprunghaft. Dabei gibt es innerhalb der ersten Sekunde zunächst einen Orientierungskontakt, bei dem der Leser nach den ersten drei bis fünf Fixationen des Auges darüber entscheidet, ob er sich einer Seite widmet oder nicht. Diese erste Begegnung von Leser und Blatt ist besonders für Zeitungen und Zeitschriften, die im Einzelverkauf abgesetzt werden, entscheidend. Deshalb versuchen die Redaktionen dieser Blätter, mit grafischen Tricks die Aufmerksamkeit potenzieller Käufer auf sich zu ziehen. Diese Tricks laufen darauf hinaus, denen zunächst mit viel Farbe und großen Formen einen ersten Haltpunkt für das Auge zu bieten. Dabei gilt die Regel: Farbe vor Form vor Text. Schreiende Farben und große Buchstaben (Formen) sind nicht ohne Absicht das Markenzeichen der Boulevardzeitungen. Sie werden, ebenso wie die wichtigen Titelseiten der Publikumszeitschriften, von Spezialisten gestaltet.

Für die übliche Redakteursarbeit, das Layout in Abonnementszeitungen, sind die redaktionellen Innenseiten und ihre Wahrnehmung viel wichtiger als die Titelseiten. Auf der Doppelseite beginnt offenbar die Orientierung rechts. Das hängt mit dem Umblättern zusammen, bei dem die rechte Seite zuerst sichtbar wird. Dann allerdings wandern die Blicke nach links und bleiben dort, sofern nicht nach erfolglosem Orientierungskontakt unbewusst die Entscheidung getroffen wird, die Seite sofort zu verlassen. Der Blick wandert nun auf der linken Seite von links oben in Schlangenlinien nach rechts unten. Erst danach wird wieder die rechte Seite betrachtet. So gesehen ist die linke Seite die bessere Stelle für die wichtigen Texte.

Auf ihrem Weg über die Seiten werden die Blicke von großen Elementen angezogen. Dabei ist es zunächst gleichgültig, ob es sich bei den großen Elementen um Texte, Fotos, Zeichnungen oder Anzeigen handelt. Nur Infografiken versagen vergleichsweise als Blickfänger. Sie erhöhen allerdings die Verweildauer, wenn sich ein Leser einmal für die Lektüre eines Artikels entschieden hat. Unabhängig davon sind Fotos Eyecatcher. Das gilt auch in Schwarz-Weiß. Erst wenn es auf die Verweildauer des Lesers ankommt, erweist sich das Farbfoto wirksamer als das Schwarz-Weiß-Foto.

Neben der Größe spielen auch die Platzierung und die Struktur von Artikeln eine Rolle bei ihrer Wahrnehmung. Sie werden schneller wahrgenommen, wenn sie in der linken oberen Blatthälfte platziert sind. Der so genannte »Eckenbrüller«, die wichtigste Meldung in der linken oberen Ecke einer Zeitung, trägt der Bedeutung dieses Platzes Rechnung. Zwischenzeilen in Texten lenken zum einen die Aufmerksamkeit auf diese Texte und fördern zum anderen die Verweildauer in den Artikeln. Sie erhöhen die Wahrscheinlichkeit, dass ein Text zu Ende gelesen wird. Man sollte, so sagen es die Verständlichkeitsforscher, einem Text ansehen können, wie er inhaltlich aufgebaut ist. Dem helfen nicht nur Absätze und ihre aussagekräftigen Anfänge, sondern auch und besonders Zwischenzeilen an den richtigen Stellen. Ähnliches gilt für Kästen: Sie lenken die Aufmerksamkeit auf Artikel und erhöhen die Verweildauer.

Zu den wichtigen strukturellen Aspekten zählen auch die Achsen. Offenbar verarbeiten die Augen einen Text gerne entlang einer Achse, wobei es nicht so sehr darauf ankommt, ob diese Achse horizontal oder vertikal verläuft. Das spricht dagegen, Artikel beim Umbruch zu verschachteln.

Die Wahrnehmungspsychologie liefert darüber hinaus weitere wichtige Erkenntnisse zum Lesen: So nehmen Menschen Dinge, die durch Linien geschlossen werden, als zusammengehörig wahr. Das ist eine wichtige Voraussetzung für das Funktionieren des Modularumbruchs, bei dem alle Elemente eines Textes durch die Linien eines Rechtecks zusammengehalten werden. Dabei können auch Weißräume erfolgreich eine Linie bilden. Außerdem bewerten Menschen Ähnliches oder Gleiches als zusammengehörig und Unähnliches oder Ungleiches als nicht zusammengehörig. Darüber hinaus nehmen sie bekannte Formen oder solche mit einem absehbaren, einfachen Verlauf eher auf als unbekannte und komplizierte. Das gilt auch und besonders bei Infografiken.

18.2 Die wichtigsten Gestaltungselemente

Trotz aller Stilbücher und Systemhilfen der Redaktionen erweist es sich für Redakteure als sinnvoll, wenigstens einige Elemente der Gestaltung mit ihren Wirkungen auf Leser zu kennen.

Farben

Nahezu alle Zeitungsverlage können heute bunte Seiten drucken. Nicht weil ihre Redaktionen es so wollen, sondern weil ihre Anzeigenkunden den 4c-Auftritt wünschen. Der Begriff 4c hängt mit den vier Grundfarben des Druckens zusammen, die nahezu alle Farbtöne ergeben können: Drucker reden von [si:] – [em] – [waɪ] – [keɪ] und meinen damit den CMYK-Farbraum. Der besteht aus den Grundfarben Cyan, Magenta, Yellow und Black als vierter Druckfarbe. Bei einer 4c-Seite durchläuft das Papier hintereinander vier Druckwerke, von denen jedes Druckwerk das Papier mit einer Farbe bedruckt. Wenn alles auf tausendstel Millimeter passt, die vier Farben richtig übereinander gedruckt werden, lässt sich für das Auge nahezu jeder Farbton erzeugen.

Einige Farben haben dabei Kraft und drängen sich auf Seiten nach vorne, andere bleiben ruhig im Hintergrund. Rot und Gelb sind die kraftvollen Farben, die schon von weitem auf sich aufmerksam machen. Kein Wunder, dass sie von vielen Magazinen sogar im Logo verwendet werden. Grau und Blau wirken zurückgenommen. Wer bei der Seitengestaltung die Blicke der Leser lenken will, muss diese Wirkung der Farben beachten. Ein gelb unterlegter Kasten wird schon rein optisch hervorgehoben.

Außerdem haben Farben eine atmosphärische, manche sprechen von thermischer, Wirkung. Rot und Gelb wirken aufheizend, unruhig, leidenschaftlich, Grün und Blau dagegen kühl und ruhiger. Blau, so sagt es ein Designer mit Weltruf wie Mario R. Garcia, »besitzt die ungeheure Macht, eine Seite in eine Oase der Ruhe zu verwandeln. Ideal etwa für Reiseseiten.« (Garcia 1996, S. 28)

Über den Sinn des redaktionellen Farbeinsatzes bei Zeitungen streiten die Designer immer wieder. Unstrittig ist aber, dass sich die steuernde Wirkung der Farben bei zu viel Farbeinsatz auf einer Seite aufhebt. Mit zwei, drei dicken farblichen Unterstreichungen von Überschriften und einem oder zwei farbig unterlegten Kästen ist die steuernde Wirkung erschöpft. Auch bei Fotos gilt die Farbe für das Einfangen der Blicke als nachrangig. Das Motiv ist wirksamer.

Unter dem Strich gilt damit für den redaktionellen Einsatz von Farbe durchaus die Empfehlung vom behutsamen Umgang. Das gilt auch für die Seiten, auf denen neben Schwarz nur eine zweite Druckfarbe, die so genannte Schmuckfarbe, zur Verfügung steht. Behutsam eingesetzt, kann diese Hausfarbe allerdings gut eine ordnende Wirkung entfalten.

Die steuernde Wirkung gilt auch für die Orientierung innerhalb einer Zeitung oder Zeitschrift. Besonders für umfangreiche Zeitschriften werden von manchen Redaktionen Farben nach Art eines Verkehrsleitsystems zur Identifikation der Themenfelder verwendet. Dann identifiziert zum Beispiel ein blauer Balken im Kopf jeder Seite das Feuilleton, während ein roter Balken für die Wirtschaftsthemen steht. Diese Farben können gleichzeitig auch auf der Titelseite oder im Inhaltsverzeichnis ihre Themen kennzeichnen.

Schriften

Meissner geht davon aus, dass es ohne fremdländische Schriftzeichen weit über 5.000 Schriften gibt. Ihre Zahl steigt, weil von den Designern immer neue Schriften entwickelt werden. Diese Unermüdlichkeit scheint gerechtfertigt, entscheidet doch zum Beispiel auch die Grundschrift, im Redaktionsjargon der Brotsatz oder die Brotschrift, mit darüber, ob Artikel gut lesbar sind oder ob es anstrengend wird, sie bis zum Ende zu lesen. Schriften sollen lesbar sein, sie sollen aber auch schön sein, zur Zielgruppe passen oder so empfunden werden, wie das Blatt anmuten will. Und sie sollen ökonomisch sein, also mit Farbe und Papier sparsam umgehen.

Für Journalisten ist die Aufteilung der Schriften in Schriften mit Serifen und Schriften ohne Serifen wichtiger als die Einteilung in die Schriftgruppen nach DIN. Serifen sind die kleinen An- und Abstriche an den Buchstaben, die man meist erst dann bemerkt, wenn sie fehlen. Serifenlose Schriften werden als »Groteske« bezeichnet. Beispiele:

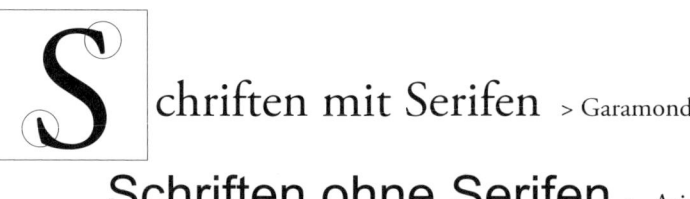

Serifen erhöhen nach empirischen Untersuchungen die Lesbarkeit von Texten. Deshalb verwenden die meisten Zeitungen und Zeitschriften für ihre Grundschrift eine Serifenschrift. Groteske wirken klar und werden von Zeitungen und Zeitschriften häufig für Überschriften eingesetzt.

Jede Schriftart, das sind die einzelnen Schriften mit ihren jeweiligen Namen, wird in verschiedenen Schriftschnitten verwendet. Diese Schriftschnitte zeigen dann das Druckbild und reichen von ultraleicht über mager, leicht, normal, halbfett bis zum extrafett. Außerdem gibt es noch den Schriftschnitt nach dem Buchstabenbild. Er reicht von eng über Standard bis breit und kursiv. Alle Schnitte haben natürlich ihre Wirkung auf die Leser, fett hebt hervor, kursiv trennt. Für alle Abweichungen vom Normalen gilt aber auch bei den Schriftschnitten in der Literatur die Aufforderung zu großer Mäßigung und methodischer Vorgehensweise: Auch Schriftschnitte erfüllen mit ihren Wirkungen auf die Leser eine Funktion, wenn zum Beispiel Vorspanne fett gedruckt werden und dem eiligen Leser damit vermitteln, dass das Wichtigste zum Geschehen diesem Teil zu entnehmen ist. Ähnlich ist beispielsweise die Funktion des Kursiven bei Schmuckzeilen in den Bildunterschriften. Es trennt die Aussage von der Sachzeile zum Bild und kündigt dem Leser an, dass es im Rest der Bildzeile eher augenzwinkernd zugeht.

Bei den Schriftgrößen existiert immer noch der typografische Punkt. Er ist allerdings im Übergang zum metrischen System der Computer etwas kleiner geworden. Früher hatte ein Didot-Punkt 0,376065 Millimeter, inzwischen gelten 0,375 Millimeter. Die Größe der Schrift, der so genannte Schriftgrad, wurde dabei zu Zeiten des Bleisatzes nicht an der Größe des Buchstabens, sondern an der Größe des Kegels gemessen. Der Kegel wiederum ist die Tiefe der Letter, der Druckfigur mit dem spiegelverkehrten Buchstaben zum Drucken auf der Spitze. Die Folge dieser Messung am Kegel: Bei gleicher Schriftgröße können mit unterschiedlichen Schriften unterschiedlich große Schriftbilder entstehen.

Ansonsten wird bei der Schriftgröße mit den Punkten durchgezählt – von 1 bis 12 und dann in immer größeren Schritten bis 84 Punkt. Dass die Drucker für jeden gängigen Schriftgrad auch noch einen Namen haben, muss Journalisten heute, da Manuskripte nicht mehr für den Satz ausgezeichnet werden, nicht weiter interessieren. Einige Namen haben sich aber ins Computerzeitalter gerettet: 8 Punkt ist Petit, 9 Punkt ist Borgis und 12 Punkt ist Cicero. 24 Punkt, eine gängige Größe für Überschriften, werden als Doppelcicero oder 2 Cicero bezeichnet.

Für den Brotsatz von Zeitungen und Zeitschriften gilt die Regel »nie unter 8 Punkt«, weil es sonst um die Lesbarkeit zu schlecht bestellt wäre. Größen zwischen 9 und 10 Punkt wird beste Lesbarkeit zugeordnet, je nach Alter der Zielgruppe. Bei 12 Punkt, einem Cicero, fangen die Überschriften an, wobei diese Größe allenfalls für ganz kurze Meldungen oder Zwischenzeilen taugt. Die so genannten Schaugrößen beginnen mit 14 Punkt.

Artikel

Jede Art von Artikel verfügt auf einer genau definierten Seite einer Zeitung oder Zeitschrift über eine klare und verbindliche Beschreibung aller Schriften, Schriftschnitte und Schriftgrößen sowie der Zahl seiner Überschriften, Spalten und – je nach Bedarf – Zeilen. Diese Festlegungen sind in den Redaktionssystemen erfasst und in den Stilbüchern beschrieben. Abgewichen wird davon nur in Ausnahmefällen. Es bedurfte schon besonderer Ereignisse wie der deutschen Wiedervereinigung, des 11. Septembers 2001 oder des Todes von Johannes Paul II. bis die FRANKFURTER ALLGEMEINE das Aussehen ihrer ersten Seite und damit auch den Kanon der Artikel auf ihrer Seite eins veränderte. So schematisch diese Festlegung aller Artikel auch erscheinen mag, sie ist eine gute Orientierung für die Leser. Das Gesamtbild eines Artikels sagt dann schnell, um welche Darstellungsform es sich bei dem Artikel handelt, und wie es um die Bedeutung der Angelegenheit bestellt ist. Jeder Leser soll sich darauf verlassen können: Die wichtigsten Ereignisse haben die größten Überschriften.

Satz

Selbst Zeilenlängen haben etwas mit der Lesbarkeit von Texten zu tun. Offenbar stellt sich bei zu breiten Zeilen ein Zurückblicken der Lesenden ein. Das gilt als ebenso lästig wie der häufigen Blickwechsel bei zu kurzen Zeilen. Deshalb wird in der Journalismusliteratur vorzugsweise auf eine Zeilenbreite von 39 Anschlägen, ein Optimum des US-Wissenschaftlers Edmund C. Arnold, hingewiesen. Arnolds Vorstellung passt zu den Erfahrungsgrößen der Drucker und ist unabhängig von der Schriftgröße. Dementsprechend variieren die optimalen Spaltenbreiten mit dem Schriftgrad.

So geordnet auch das Lesen mit immer gleichen Satzbreiten einhergeht, etwas Abwechselung auch in den Satzbreiten belebt die Seiten, ohne dass gleich das Ausmaß von Boulevardblättern erreicht werden muss, die es schnell auf ein gutes Dutzend unterschiedlicher Zeilenbreiten je Ausgabe bringen. Die Rede ist eher von breiteren Meldungs- oder Hinweisspalten zum Beispiel auf der Seite eins, von schmaleren Bildzeilen neben Fotos oder von breiteren Kommentarzeilen. Vor zu viel Schmalsatz wird aber von allen Praktikern gewarnt. Drei nicht zu kurze Wörter gelten ihnen als Minimum, manche sprechen auch von 30 Anschlägen.

Hurenkinder und Schusterjungen, einst die Pein jedes Setzers, sind heute Sorgenkinder der Redakteure. Es gilt immer noch als unschön und wenig professionell, wenn eine Spalte mit der ersten Zeile eines Absatzes endet (Schusterjunge) oder wenn eine neue Spalte mit der manchmal sehr kurzen letzten Zeile eines Absatzes (Hurenkind) beginnt. Absätze dieser Art kann man schnell ändern. Mindestens zwei Zeilen sollten schon als Absatzanfang am Ende oder als Absatzende am Kopf einer Spalte stehen.

Umbruch

Vorbei sind die Zeiten, als in Druckhäusern einspaltig Meldung an Meldung gehängt wurde und am Ende einer Spalte der Bleisatz umbrochen wurde und es mit der nächsten Zeile in der nächsten Spalte oben weiterging. Heraus kam das, was die Kleinanzeigen immer noch vorführen, der Spaltenumbruch. Heute ist der so genannte Ganzseitenumbruch Sache der Redakteure. Er erfolgt am Bildschirm und hat mit dem Füllen von Spalten nicht mehr das Geringste zu tun.

Bereits zu Zeiten des Bleisatzes sorgten die Überschriften für das Ende des Spaltenumbruchs in den redaktionellen Teilen der Zeitungen. Es begann das Zeitalter des Schachtel- oder Treppenumbruchs, der sich bei einigen Zeitungen bis in die Gegenwart erhalten hat. Das Prinzip setzt auf die Bedeutung der Überschrift und verlangt, soll es nicht im Chaos enden, ein gerüttelt Maß handwerklicher und redaktioneller Geschicklichkeit.

Wesentlich für den Schachtelumbruch ist die Verschränkung der Artikel: Es gibt keinen Längs- oder Querbruch. Wie man das Blatt auch faltet, man wird immer einen Artikel knicken. Möglich wird die Verschränkung durch die unterschiedlichen Spaltenlängen unter den Überschriften. In der kurzen Spalte steht dann die Überschrift für den nächsten Artikel. Die Überschriften bilden eine Art Treppe durch die Diagonale der Seite (Abb. 16).

Der Schachtelumbruch ist bei den Zeitungen außer Mode geraten, was auch damit zu tun haben kann, dass er für die schnelle Bearbeitung durch Redakteure am Bildschirm zu anspruchsvoll ist. Im Gewirr der Überschriften und Spalten kommt es nämlich sehr schnell vor, dass sich beim Schachtelumbruch das Lesen von Texten zum Suchspiel entwickelt und dass Fotos ihren Artikeln nicht richtig zugeordnet werden. Aber er hat auch seine Vorteile: Die Seiten wirken lebendig, und Überschriften berauben sich nicht gegenseitig ihrer Wirkung, weil sie zu dicht nebeneinander stehen. Deshalb schließen manche Designer seine Renaissance nicht aus.

Heute gilt weit überwiegend das Rechteck als Standardelement des Seitenumbruchs. Im so genannten Blockumbruch werden die Artikel mit gleichen Spaltenlängen unter den Überschriften als schöne Rechtecke systematisch über die Seite verteilt. Dabei kann es horizontale und vertikale Ausrichtungen geben, beide wirken auf die Dauer überaus langweilig. Der Vorteil der Blockbildung: Jeder Text kann einwandfrei seiner Überschrift zugeordnet werden (Abb. 17).

Die Weiterentwicklung des Blockumbruchs wird als Modularumbruch bezeichnet. Hier bilden alle Elemente eines Themas ein Rechteck. Überschriften, Texte, Fotos, Grafiken, Quotes – alles wird in ein einziges Rechteck gepackt. Die einzelnen Module können durch Linien abgegrenzt werden. Der Vorteil des Modularumbruchs: Die Leser erkennen sofort, was zusammengehört. Die zeitgemäße mittlere Informationsebene mit Grafiken, Tabellen und Kästen lässt sich leicht ihren jeweiligen Lauftexten zuordnen. Für die Redaktionen stellt der Modularumbruch keine große Herausforderung dar: Umbruchfehler sind durch die Linien weitgehend ausgeschlossen (Abb. 18).

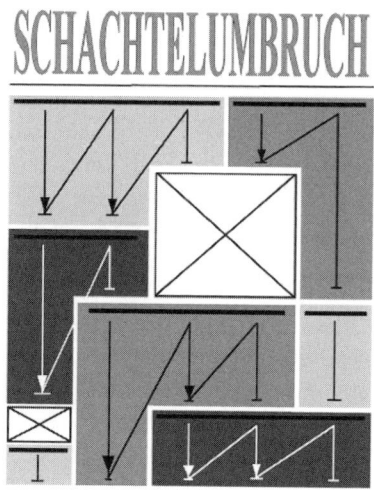

Abb. 16: Schachtelumbruch

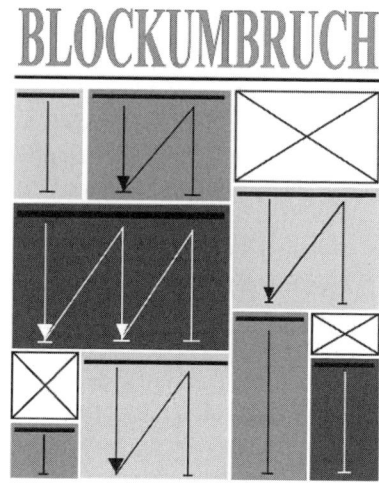

Abb. 17: Blockumbruch

Abb. 18: Modularumbruch

18.3 Der Aufbau von Zeitungsseiten

Die Schwerpunkte von Zeitungsseiten werden heute nach der Überzeugung von Designern und Chefredakteuren mit Bildern gesetzt. Dabei legen die Designer den Redakteuren immer wieder ans Herz, entschlossen und ohne Rücksicht auf entschwindende Textmengen ein wirklich großes Foto einzusetzen. Das gilt auch für Lokalseiten, denen man diese Erkenntnis nicht immer anmerkt. Lokal, regional und überregional gilt, dass jede Seite ein tragendes Bildelement hat, das für die notwendige Aufmerksamkeit der Leser sorgen soll. Es ist beeindruckend, wie weit selbst die im Layout konservative FRANKFURTER ALLGEMEINE mit einem Aufmacherbild geht. Am 22. Juni 2005 machte die Redaktion ihren Sportteil, an diesem Tag ein eigenes Buch, ohne dass sich in der Sportwelt Großes zugetragen hatte, mit einem vierspaltigen Farbfoto des brasilianischen Trainers der japanischen Fußballnationalmannschaft auf. Das Foto war gut, weil voller Emotionen und verfügte über die beeindruckenden Ausmaße von 29,5 Zentimeter Höhe und 24,5 Zentimeter Breite. 40 Prozent der unter dem Seitenkopf zur Verfügung stehenden Fläche des Blattes gingen an dieses eine Foto zu einem Vorausbericht der Vorrundenbegegnung Japan – Brasilien im Confederations-Cups 2005. So etwas meinen Designer, wenn sie Redakteure ermutigen, ihre Seite mit einem großen Foto aufzumachen.

Dieses Aufmacherfoto soll die anderen Fotos klar dominieren. Die Hierarchie der Fotos gilt als hergestellt, wenn das Aufmacherfoto doppelt so groß ist wie das nächstgrößere Bild. Und natürlich wird von den Designern immer wieder empfohlen, bei Zeitungen dieses Foto über dem Bruch, dem Knick in der Mitte der Seite, zu platzieren. Eins passt dann zum anderen: Das größte Foto sollte zum Aufmacher gehören, dem wichtigsten Artikel, der sinnvollerweise über die meisten Spalten läuft und mit den größten Überschriften versehen ist. Fast immer steht er oben auf der Seite, es sei denn, das besonders große Foto schiebt ihn – wie im Fall des FAZ-Vorausberichts – unter den Bruch. Der Aufmacher blieb aber mit seinen vier Spalten und den großen Überschriften eindeutig als wichtigster Artikel der Seite zu erkennen.

Die Bestimmung des Aufmachers und das große Foto stehen am Anfang jeder Seitengestaltung. Danach wird die Seite von oben nach unten aufgebaut. Wichtig für die Platzierung der übrigen Artikel und Fotos sind Abwechslung und ein ordentlicher Abschluss der Seite nach unten, ein aufgeräumter Fuß. Die notwendige Abwechselung bezieht sich auf Bilder wie Artikel und betrifft Formate wie Umfänge: Ist der Aufmacher quer, sollte irgendwo auch ein Hochformat stehen. Ist der Aufmacher hoch, muss – vorzugsweise unten – ein horizontales Gegengewicht geschaffen werden. Abwechslung gilt auch für die Artikelformate und Längen.

Kurz und lang sollen alternieren, es gilt als unschön, zwei gleich lange Artikel mit gleichem Überschriftenaufbau, zum Beispiel zwei Zweispalter, nebeneinander zu setzen. Zwei Einspalter neben einem Zweispalter wirken frischer.

Die Empfehlung, die Formate zu variieren, gilt auch für die Fotos. Ist das Aufmacherfoto ein Hochformat, empfiehlt sich für das zweite Foto ein Querformat. Die Verteilung der Bilder über die Seite folgt dabei dem Versuch, die Waagerechte oder Senkrechte zu umgehen. Es gilt wieder die Vorstellung von der Abwechslung oder Spannung: Steht ein Foto rechts, sollte ein zweites Foto links stehen. Steht eines oben, gehört ein zweites nach unten. Als ideal gilt, wenn die gedankliche Verbindung der beiden Fotomitten diagonal durch die Seite läuft. Auch bei drei Fotos auf der Seite wird versucht, die senkrechte oder waagerechte Anordnung zu vermeiden. Drei Fotos gelten als richtig platziert, wenn die Verbindung ihrer Mittelpunkte ein großes Dreieck ergibt, das keine senkrechte oder waagerechte Seite hat; unterschiedliche Bildformate und eine klare Hierarchie der Bilder immer vorausgesetzt.

So genannte Bildleisten stellen nur scheinbar alle Regeln zur Hierarchie und Verteilung von Fotos auf den Kopf. Hier stehen mehrere gleich große und gleichformatige Bilder auf einer Senkrechten oder Waagerechten. Dennoch schmücken Bildleisten ihre Seiten, weil sie als eine grafische Einheit, als ein großes Hoch- oder Querformat wahrgenommen werden. Bildleisten mit vielen Köpfen befragter Menschen sind heute auch im Lokalen sehr beliebt, weil sie viele Leser mit aktuellen Statements ins Blatt bringen.

Besonders sorgfältiger Bearbeitung bedarf das Ende der Seite, ihr Fuß. Hier soll optisch ein möglichst breiter Abschluss für die Seite gesucht werden. Außerdem soll auch inhaltlich ein Gegengewicht zum Aufmacher am Kopf der Seite geschaffen werden. Der Blick auf die Titelseiten großer Zeitungen zeigt die vielen Möglichkeiten, den Seiten am Fuß Halt zu verleihen. Die meisten Redaktionen planen hier in der Mitte einen eher flachen Mehrspalter, den so genannten Aufsetzer oder Fußkasten, fest ein. Manche bündeln einige etwas längere Meldungen mit Linien oder einem Kasten zu einem breiten Element, manche schaffen dabei mit einem Meinungsbeitrag im Querformat sogar einen besonderen redaktionellen Standard. Und wieder andere sorgen in diesem Standard mit einer veränderten Satzbreite, meist schmaleren Spalten, sogar noch für optische Abwechslung.

Das Bündeln von Meldungen durch Linien oder einen Kasten geht genau wie das Verändern von Satzbreiten auch in der Vertikalen. Besonders für Meldungsspalten, die auch die Funktion eines Inhaltsverzeichnisses übernehmen, zum Beispiel die Meldungsspalten auf Titelseiten, lassen sich mit einem Blick auf gut gestaltete Zeitungen dazu immer wieder neue und attraktive Varianten finden. Damit ist eine der wichtigsten Regeln für die Seitengestaltung beschrieben: Es ist gestattet, sich bei gut gestalteten Blättern Anregungen und Ideen zu holen.

Nur keine Langeweile. Dieser Anspruch gilt für nahezu alle redaktionellen Tätigkeiten, die Auswahl der Themen, die Auswahl der Darstellungsformen, die Längen der Artikel, die Auswahl der Fotos, ihre Formate, ihre Größen oder ihre Platzierung. Er gilt aber unter einem großen Vorbehalt: Alle Variationen erfolgen mit System und funktional. Leserblicke sollen geführt werden, Leser sollen sich gut orientieren, und Leser sollen überrascht werden. Gutes Layout spielt deshalb nie herum. Und es ist einer der hässlichsten Nachweise des Amateurstatus, wenn Redakteure ihrem Leser bei der Gestaltung ihrer Seiten vorführen, dass sie auf ihrem Computer den Befehl für Linien, Schatten, Schmalsatz oder Durchschuss gefunden haben.

18.4 Grundlagen der Gestaltung von Zeitschriften

Für Zeitungsredakteure birgt das Geschehen in Zeitschriftenredaktionen gerne auch Geheimnisvolles. Was um Himmels willen machen Redakteure von Monatszeitschriften am Nachmittag? Sie streiten sich beispielsweise mit Grafikern um die Größe eines Fotos oder um die Höhe einer Tabelle. Und sie gehen aus diesem Streit als zweiter Sieger hervor, um dann ihren Artikel neu aufzubauen. Oder sie grübeln stundenlang über den Zeilen des Titelblatts, bis ihnen der Art Director erklärt, dass eine Banderole keinen Sinn macht und sie ihre Zeilen für die Banderole vergessen können.

Das ist typisch für große Publikumszeitschriften. Sie leben auch und besonders von der Optik. Es ist die inhaltliche wie optische Veredlung bekannter Nachrichten, die besondere Verpackung besonderer Themen für eine besondere Zielgruppe, die die Konsumenten trotz langer Vorlaufzeiten und trotz aller schnelleren anderen Medien zu Käufern werden lässt. Publikumszeitschriften müssen sich von der ersten bis zur letzten Seite als Attraktion anbieten. Deshalb sind Bildauswahl und Gestaltung bei diesen Zeitschriften Profisache, und deshalb reden die Grafiker und der Art Director sogar mit, wenn es um die Längen der Texte, die Höhen von Tabellen oder die Informationen in Grafiken geht. Redakteure müssen sich mit ihren Inhalten und Ideen in die Planung der Gestaltung einbringen. Die Spezialisten suchen dann die Umsetzung in Bildern und Formen. Ansonsten schreiben Redakteure exakt nach Zeilenvorgabe. Denn leichte Veränderungen des Zeilenabstands, die bei einer Zeitung schnell Unter- und Überlängen von Texten korrigieren, sind bei den großen Publikumszeitschriften untersagt.

Neben den großen Publikumszeitschriften mit ihren Art Directoren, Layoutern, Grafikern, Bildreportern, Bildredakteuren und Titelblattredakteuren gibt es aber auch die vielen anderen Zeitschriften, in denen Redakteure im Sinne des Wortes

Farbe bekennen müssen, weil die Redaktionen zu klein sind, um für jede Tätigkeit einen Spezialisten zu beschäftigen. Weil zum Beispiel im Fall kleinerer Fach-, Kunden- oder Mitarbeiterzeitschriften ein freier Grafiker zwar das verbindliche Design des Blattes entwickelt, der Redaktion aber darüber hinaus nur in der Schlussphase der Produktion zur Verfügung steht. Dann müssen den Redakteuren einige Grundlagen der Gestaltung von Zeitschriften vertraut sein.

Themen und Zielgruppe prägen die Gestaltung: Wo eine Regionalzeitung aus dem Emsland immer noch über viele inhaltliche und gestalterische Gemeinsamkeiten mit einem Berliner Boulevardblatt verfügt, gibt es zum Beispiel zwischen einem Magazin für junge Rapper und der Mitarbeiterzeitschrift einer schwäbischen Bausparkasse kaum noch Ähnlichkeiten. Themen, Texte, Bilder, Grafiken, Sprache und Gestaltung haben nichts gemeinsam, von den üblichen Zutaten wie Farbe und Papier einmal abgesehen. Selbst in der Gruppe der Publikumszeitschriften fallen Inhalte und Gestaltung völlig auseinander: Das MANAGERMAGAZIN bedient andere Leser als das GOLDENE BLATT. Und die Redaktion macht dies konsequent mit den Themen, die ihre Leser in ihrem beruflichen Umfeld interessieren und die nichts mit den eher privaten Themen der Leserinnen des GOLDENEN BLATTS zu tun haben. Dazu setzt sie diese Themen mit einer ihren Lesern entsprechenden Gestaltung um.

Außerdem beeinflusst mit den Anzeigenkunden bei den Publikums- und Fachzeitschriften eine weitere wichtige Zielgruppe die Themen und ihre Gestaltung. Zeitschriften werden auch und immer wieder für Anzeigenmärkte entwickelt. Lifestyle-Magazine für die Anbieter hochwertige Konsumgüter, Frauzeitschriften für die Mode- und Kosmetikindustrie, Seniorenzeitschriften für die Hersteller von Treppenliften und Rheuma-Medikamenten oder Reisezeitschriften für Hotelketten, Fluglinien oder Reiseveranstalter. Leser, Themen und Gestaltung müssen dann zu den jeweiligen Anzeigen passen. Kochrezepte sind für die Anzeigen der Händler cooler Base-Caps kein geeignetes Umfeld, wohl aber für die der Hersteller fantastischer Kochfelder.

Immer folgt die Gestaltung den Themen für die beiden Zielgruppen, für die Leser und die Anzeigenkunden. Ein Managermagazin wird beruflich genutzt, lebt von Analysen, Zahlen, Grafiken und Tabellen, zeigt seriösen Entscheidern andere seriöse Entscheider, spielt nicht mit Formen und Sprache, sondern informiert sachlich eine relativ einkommenskräftige Leserschaft. Ein Reisemagazin wird am Feierabend genossen und lebt von wundervollen Bildern und brillant geschriebenen Reportagen. Hier wird jeder größere Artikel individuell gestaltet, von der Überschrift bis zu den Kästen. Meldungsseiten kennen kaum Zahlen und Grafiken, dafür aber Farben und Fotos. Dass Mitarbeitermagazine wieder anders aussehen, versteht sich von selbst: Hier taucht in immer neuen Abfolgen der Vorstandsvorsitzende auf den Fotos auf, hier beschäftigen sich die Themen mit den

Jubilaren oder dem unternehmenseigenen Kindergarten, Strenge oder Fröhlichkeit der Texte und des Layouts entsprechen meist dem Stil des Hauses oder der Region. Nichts ist miteinander vergleichbar, aber eines ist allen Zeitschriften gemeinsam: Sie orientieren sich auch in der Gestaltung konsequent an den Zielgruppen.

Jede Gestaltungsmaßnahme gilt durchgängig für das gesamte Heft: Die Gestaltung von Zeitschriften ist eine ungemein ernste Angelegenheit. Kein Redakteur einer großen Publikumszeitschrift kommt auf die Idee, mit dem Vorspann einer Geschichte einmal eine Zeile mehr in Anspruch zu nehmen oder gar für den Tabellenkopf auf Seite 126 eine neue Farbe auszuprobieren. Gute Zeitschriften suchen ihr unverwechselbares Äußeres, sie wollen und müssen auf jeder Seite identifizierbar sein. Nur so schaffen sie die wichtige Bindung an die Käufer. Deshalb gelten bei ihnen quer durch das Blatt für alle Vorspanne dieselben Längen, gelten einheitliche Höhen für Tabellen, gleichfarbige Köpfe für Tabellen oder Infografiken, stets gleiche Symbole und Farben für das Ende der Artikel oder für die Hinweise auf das Internet. Deshalb sind auch die Bildzeilen nach einem strengen Schema aufgebaut, von dem eben nicht abgewichen wird. Das kreative Durcheinander, das sich Zeitungen für Layout, Vorspanne oder Bildzeilen gönnen, ist für große Zeitschriften unvorstellbar.

Jede Publikumszeitschrift will sich am Kiosk durchsetzen: Publikumszeitschriften legen es darauf an, Menschen für sich zu interessieren und zum Kauf zu veranlassen. Dabei geht das Verkaufen weit über die Titelblattgestaltung hinaus. Im Idealfall soll der potenzielle Käufer durch das Titelblatt für ein Thema interessiert und bei einem kurzen Blick ins Inhaltsverzeichnis schnell dafür erwärmt werden. Im Idealfall soll er dann den Artikel zügig finden und so durchblättern können, dass er neugierig genug ist, um das Heft sofort zu kaufen. Dabei greifen Grafik und Text ineinander: Das wichtigste Stichwort taucht auf dem Titelblatt auf, es findet sich im Inhaltsverzeichnis wieder, der Text des Inhaltsverzeichnisses knüpft an den Vorspann des Artikels an und der Artikel selbst signalisiert mit seiner Struktur, mit Kästen, Zusammenfassungen, Grafiken oder mit den Fotos die Erfüllung der Ankündigung.

Jede Zeitschrift will leicht gelesen und verstanden werden: Je nach Zielgruppe spielt der Service gerade bei der Gestaltung eine erheblich Rolle. Klarheit und Übersichtlichkeit gelten dabei nicht nur für das Inhaltsverzeichnis, sondern an jeder Stelle des Blattes. Das fängt bei den Schriften an und endet mit Symbolen (Piktogramme, Vignetten, Icons) zum Beispiel für Zielgruppen, Lösungen oder Fragen. Farben gliedern und führen, Ressortstrecken werden nach einem festen Schema aufgebaut, Kästen fassen zusammen, Infografiken erklären und Glossare helfen mit der Terminologie nach.

Zeitschriften haben unterschiedliche Typen von Seiten mit individuellen Anforderungen an ihre Gestaltung: Es ist kein Zufall, dass alle Gestaltungsregeln in Zeitschriften so streng festgelegt und verfolgt werden. Nur so schaffen die Redaktionen Ordnung und Erkennbarkeit auch auf den Seiten, die funktional ihr Eigenleben führen. Da, wo redaktionelle Zeitungsseiten im Wesentlichen überall die gleiche Aufgabe erfüllen, gibt es bei den Zeitschriften Seitentypen, die nur das Verkaufen gemeinsam haben. Das Titelblatt verkauft das Heft, das Inhaltsverzeichnis verkauft den Inhalt, die Aufmacherseiten verkaufen den Artikel und die Standardseite löst alle Versprechen ein.

- Titelblätter: Die Titelblätter großer Magazine sind Chefsache. Regelmäßig beugen sich die Chefredakteure, die Art Directoren, die Chefs der Grafik oder die übrigen Ressortleiter über diverse Entwürfe für unterschiedliche Titelthemen oder brüten über der Formulierung ihrer Titelzeilen. Der Aufwand ist erheblich, weil in der Regel die Hoffnung besteht, mit einem gelungenen Titelblatt den Einzelverkauf zu beleben. Tatsächlich fördern bestimmte Motive, bestimmte Themen oder bestimmte Gestaltungsmerkmale den Einzelverkauf, verkaufen sich bei manchen Magazinen Geld- oder Gesundheitsthemen ebenso besser wie blonde Titelheldinnen bei Programmzeitschriften. Sicher ist das aber nicht und quantifizierbar ohnehin nicht. Empirische Untersuchungen zeigen zumindest für große Magazine, dass externe Faktoren wie der Trend, die Saison oder die Zahl der Verkaufstage weitaus einflussreicher für den Absatz sind als formale Gestaltungsmerkmale.

  Titelblätter verkaufen Themen. Dabei muss es nicht ein einziges Thema sein. Kästen und Banderolen bieten ebenso wie der Kopf oder der Fuß des Titelblatts auch dann Raum für einige zusätzliche Themen, wenn das Motiv des Titelthemas nicht zugeschrieben werden soll. Immer geht es um die schnelle Ansprache des potenziellen Käufers: Das Titelfoto braucht den Augenkontakt, die Zeilen müssen direkt und klar formuliert und ihre Schrift schnell zu lesen sein.

- Inhaltsverzeichnisse: Der so genannte Inhalt wird in seiner Gestaltungsbedürftigkeit schnell unterschätzt. Er soll das Heft transparent machen und es den Lesern verkaufen. Transparenz heißt dabei, die Themen anzukündigen, ihre Aussagen anzudeuten, über den Standort im Blatt zu informieren und mit der Zuordnung zu einem Themenkreis erfolgreich auf weitere Themen dieser Art hinzuweisen. Und verkaufen heißt, das Thema mit sorgfältig formulierten Worten und hinreißenden Bildern dem Leser schmackhaft zu machen. Beides zählt: Wort und Bild. Deshalb spricht viel dafür, in Inhaltsverzeichnissen reichlich Platz für Fotos oder andere Illustrationen zu lassen. Wichtig für den eiligen Passanten ist es, im Inhaltsverzeichnis schnell Näheres zu den Titelthemen zu finden, die ihn auf das Heft aufmerksam gemacht haben. Diese Themen sollten also möglichst schnell zu erkennen sein, was gut klappt, wenn Zeilen und Motiv des Titelbildes wieder aufgenommen werden.

- Aufmacherseiten: Bei größeren Zeitschriften gestalten die Ressorts längere Seitenstrecken nach einem bestimmten Schema. Manche Redaktionen beginnen mit Meldungsseiten, andere mit dem größten Beitrag dieses Ressorts. In allen Fällen aber werden diese größten Beiträge, die Aufmacher, den Lesern besonders großzügig präsentiert, manchmal sogar auf einer Doppelseite mit einem großen Foto oder einer großen Illustration. Dabei sollen diese Doppelseiten bereits alle Elemente der folgenden Seiten zeigen. Das gilt inhaltlich mit dem Vorspann und der Überschrift und das gilt formal mit Farben, Schriften oder Symbolen. Einfachere Aufmacherseiten unterscheiden sich bei manchen Zeitschriften nur durch die Größe des Fotos und die Größe und Breite der Überschrift von den Standardseiten.

- Standardseiten: Auch für die konkrete Gestaltung von Standardseiten gibt es keine verbindlichen Empfehlungen. Alles hängt auch hier von Zielgruppe und Themen ab. Dabei prägen gerade die einfachen Seiten für die Standardartikel das Bild der Zeitschrift bei den Lesern. Sie sorgen für das schnelle Wiedererkennen und sind so etwas wie ihre Handschrift. Deshalb sollten sie durchgängig gestaltet werden. Hier verbieten sich bei vielen Redaktionen Experimente aller Art, sind Schriften, Schriftgrade, Spalten- oder Bildbreiten ebenso festgeschrieben wie die Höhe von Grafiken oder der Einsatz von Kästen. Das kann langweilig werden, wenn die Strecken zu lang geraten und die Gestaltung zu routiniert erfolgt. Anders als durch festegezurrte Gestaltungsregeln lässt sich der einheitliche Auftritt aber nicht realisieren.

18.5 Zusammenfassung

Layout ist die konkrete Gestaltung von Zeitungs- und Zeitschriftenseiten. Als Design wird das grafisch-typografische Konzept einer Zeitung oder Zeitschrift verstanden. Bei Publikumszeitschriften sind spezialisierte Grafiker für das Layout verantwortlich, bei den meisten Tageszeitungen nehmen heute Redakteure mithilfe von Stilbüchern und der EDV diese Gestaltungsaufgaben wahr. Die Empfehlungen der Designer für die Gestaltung von Zeitungsseiten laufen dabei auf modularen Umbruch, großzügige Illustration der Seiten, klare Hierarchien bei Fotos und Artikeln sowie eine abwechslungsreiche Platzierung der Artikel und Fotos hinaus. Auch wenn Zeitungsseiten von oben nach unten aufgebaut werden, empfiehlt sich für den Seitenfuß eine besonders sorgfältige Gestaltung mit einem breiten, die Seite tragenden, Element als Abschluss.

Entsprechende Regeln zur Gestaltung von Zeitschriften gibt es nicht, da auch die Form der Zeitschriften von ihrer Funktion, ihren Themen und ihren

Zielgruppen unter Lesern und Anzeigenkunden geprägt ist. Dabei spielt besonders bei Publikumszeitschriften, die im Einzelverkauf vertrieben werden, die Gestaltung eine außerordentlich entscheidende Rolle. Deshalb ist sie auch in allen großen Redaktionen Sache von Spezialisten. Kennzeichnend für Publikumszeitschriften ist dabei, dass durchgängig für ganze Hefte sehr präzise Gestaltungsregeln eingehalten werden und dass die Gestaltung auf die schnelle Führung des Lesers und den Verkauf des Heftes ausgerichtet ist. Dabei erfüllen Titelseiten, die Seiten des Inhaltsverzeichnisses, Aufmacherseiten und Standardseiten unterschiedliche Aufgaben, die bei der Gestaltung berücksichtigt werden.

Literatur

Brielmaier, Peter; Eberhard Wolf: Zeitungs- und Zeitschriftenlayout. 2. aktualisierte Aufl., Konstanz 2000.

Garcia, Mario R.: Was Redakteure über Farben wissen müssen, in: Sage & Schreibe 7/1996, S. 28.

Heijnk, Stefan: Gesetze der Wahrnehmung, in: Sage & Schreibe Spezial 3/1996, S. 46–49.

Heijnk, Stefan: Layout, in: Weischenberg, Siegfried u. a. (Hrsg.): Handbuch Journalismus und Medien, Konstanz 2005, S. 200–202.

Kaltenhäuser, Bettina: Abstimmung am Kiosk. Der Einfluss der Titelseitengestaltung politischer Publikumszeitschriften auf die Einzelverkaufsauflage, Wiesbaden 2005.

Knieper, Thomas: Verkehrtes >S<, in: Sage & Schreibe Werkstatt 8/2000, S. 5, Beilage Journalist 8/2000.

Linke, Dirk: Klassische Moderne, in: Sage & Schreibe Spezial 3/1996, S. 26/27.

Martens, Andrea: Das EKG des Lesens, in: Wirtschaftsjournalist 2/2004, S. 42–44.

Mast, Claudia (Hrsg.): ABC des Journalismus. Ein Handbuch. 10., vollst. neue Auflage, Konstanz 2004.

Meissner, Michael: Zeitungsgestaltung. Typografie, Satz und Druck, Layout und Umbruch. 2., erw. Aufl., München 1995.

Menhard, Edigna; Tilo Treede: Die Zeitschrift. Von der Idee bis zur Vermarktung, Konstanz 2004.

Pürer, Heinz u. a. (Hrsg.): Praktischer Journalismus. Presse, Radio, Fernsehen, Online. 5., völlig neue Auflage, Konstanz 2004.

19. Das Berufsethos der Journalisten

Ethik und Journalismus – diese Diskussion ist in mancher Beziehung verwirrend. Das fängt damit an, dass die Begriffe etwas durcheinander gehen und dass es streitbare Ethik-Schulen gab und gibt. Es setzt sich damit fort, dass über einige Jahre mit den normativen Ansätzen in der deutschen Publizistikwissenschaft die Fragen des richtigen Handelns etwas aus dem Blickfeld gerieten, was auch damit zu tun hat, dass von einem Teil der Wissenschaft kundig belegt wurde, dass einzelne Journalisten ohnehin wenig auszurichten vermögen in dem großen System Journalismus. Prompt wird seitdem beklagt, dass die Journalistenausbildung in Deutschland das Thema ausblende.

Beides, die Klage über einen Mangel an Ausbildung und der Hinweis auf die geringe Bedeutung des Einzelnen im großen System, ist weder ganz richtig noch richtig falsch. Natürlich spielt das Mediensystem und spielen die Unternehmen mit ihren Zwängen eine wichtige Rolle für das Verhalten von Journalisten. Dennoch muss immer er, der Journalist, sich am Ende entscheiden: Nennt er den vollen Namen, oder kürzt er ihn ab? Veröffentlicht er das geschossene Foto, oder lässt er es? Nimmt er die Einladung zur Pressereise an, oder verzichtet er? Macht er im Bericht den freundlichen Bückling vor dem großen Anzeigenkunden, oder bleibt er auf kritischer Distanz? Der täglichen Fragen gibt es weitaus mehr. Und bei jeder dieser Entscheidungen zählen Normen, die den Journalisten vermittelt werden müssen. Diese Normen sollten also Teil der Ausbildung von Journalisten sein. Dabei kann es durchaus vorkommen, dass diesen Fragen des journalistischen Ethos in der deutschen Journalistenausbildung zu wenig Beachtung geschenkt wird.

Im Einzelnen: Es wird viel gesprochen und geschrieben von einer Medienethik. Nimmt man es sprachlich genau, dann ist Ethik die philosophische Wissenschaft vom Sittlichen. Medienethik ist dementsprechend die Wissenschaft vom Sittlichen der Medien. Ethik ist eine Wissenschaft. Der Begriff Ethos dagegen beschreibt ähnlich wie der Begriff Moral die sittliche Gesinnung oder Haltung Einzelner oder einer Gruppe. Wenn es also um das konkrete sittliche Handeln von Journalisten geht oder um die vielen sittlichen Normen für dieses Handeln, müsste eigentlich vom Medienethos oder von der Medienmoral die Rede sein. Und genau um diese Fragen geht es auch: Was haben Journalisten für sittlich einwandfreies Verhalten zu tun und zu lassen? Es geht um ihr Berufsethos. Dass dieses Thema häufig unter dem Begriff Medienethik diskutiert wird, sollte nicht irritieren.

Antworten auf die Fragen nach dem richtigen Verhalten gibt es. Weltweit
haben die Verbände von Verlegern oder Journalisten, haben einzelne Medienhäuser
oder einzelne Medien Grundsatzpapiere mit Normen für gutes journalistisches
Handeln entwickelt. Die ersten dieser so genannten Kodizes wurden zu Beginn
des 20. Jahrhunderts in den USA entwickelt. In der zweiten Hälfte des vergangenen Jahrhunderts folgten die internationalen Papiere: die Berufsgrundsätze der
Internationalen Journalisten-Föderation (1954), das Europäische Communiqué der
journalistischen Berufsgrundsätze (1971) oder die UNESCO-Mediendeklaration
(1978). Ebenfalls in den 70er- und 80er-Jahren entstanden die nationalen Regelwerke im deutschen Sprachraum, die Publizistischen Grundsätze (Pressekodex)
des Deutschen Presserates (1973), die Grundsätze für die Publizistische Arbeit des
Österreichischen Presserates (1983) und die Erklärung der Pflichten und Rechte
der Journalistinnen und Journalisten des Presserates des Schweizer Verbands der
Journalistinnen und Journalisten (1972). Sie wurden seither mehrfach überarbeitet und erweitert.

Alle diese Regelwerke sind recht allgemein gehalten und werden deshalb auch
immer wieder als zu unverbindlich kritisiert. Andere als eher generell formulierte
Aufforderungen können aber derartige Verhaltenskodizes kaum enthalten, sollen sie als Richtschnur für die vielen Fälle täglichen Handelns gelten. Deshalb
kommt diesen Kodizes durchaus eine erhebliche Bedeutung bei der Beschreibung
der moralischen Dimension journalistischen Handelns zu, zumal sich die jeweiligen Kodizes in wichtigen Punkten ähneln. In der Literatur werden als eine
Art gemeinsamer Nenner der einzelnen internationalen Pressekodizes folgende
Standesgrundsätze für Journalisten ausgewiesen:

- das Verantwortungsbewusstsein bei der Erfüllung der öffentlichen Aufgabe,
- die Unabhängigkeit bei der Berichterstattung,
- die Achtung der Wahrheit,
- die korrekte Beschaffung und Wiedergabe von Informationen,
- die Richtigstellung falscher Veröffentlichungen,
- die Wahrung von Vertraulichkeit, Berufsgeheimnis und Zeugnisverweigerungsrecht,
- die Achtung von Privat- und Intimsphäre,
- das Eintreten für Frieden und Menschenrechte,
- die Ablehnung von Gewaltverherrlichung,
- die Ablehnung der Diskriminierung von Nationen, Rassen und Religionen,
- die Zurückhaltung bei der Berichterstattung laufender Ermittlungen und
schwebender Gerichtsverfahren,
- die Ablehnung von Geschenken und Vorteilen.

Diese überall festgehaltenen Normen können als international gültiger Werte-konsens guten journalistischen Handelns verstanden und akzeptiert werden. Die meisten Fälle ethischen Versagens von Journalisten wären vermieden worden, hätten sich die betroffenen Journalisten einfach nur an diese Regeln gehalten.

Alle deutschsprachigen Kodizes stellen ganz besonders auf die Verantwortung der Journalisten gegenüber der Öffentlichkeit ab. Diese Verantwortung hat, so sagt es wenigstens der schweizerische Kodex, Vorrang gegenüber jeder anderen, insbesondere vor der Verantwortlichkeit gegenüber Arbeitgebern und staatlichen Organen. Sie wird im deutschen Rechtssystem mit der Erfüllung einer so genannten öffentlichen Aufgabe der Presse etwas konkretisiert.

Mit dem Begriff der öffentliche Aufgabe verbindet sich folgende Vorstellung: Die Medien ermöglichen in einer Art Informationskreislauf den für die frei-heitliche Demokratie so wichtigen Prozess der freien öffentlichen Meinungs- und Willensbildung. Sie informieren die Bürger über das Geschehen und über andere Meinungen. Sie informieren den Gesetzgeber über die Auffassungen der Bürger. Und sie informieren darüber, wie der Gesetzgeber nun wiederum mit der Auffassung der Bürger umgeht. So gesehen sind Medien tatsächlich der Kitt oder das Scharnier einer Gesellschaft, um nur zwei der Sprachbilder heranzuziehen, die in der Literatur zur Illustration der Funktion freier Medien verwendet werden.

Diese öffentliche Aufgabe ist eine gesellschaftliche Aufgabe im Sinne von Dienst an der Gesellschaft. Sie wird in einigen Landespressegesetzen weiter beschrieben. Zum Beispiel in § 3 des Pressegesetzes für das Land Nordrhein-Westfalen: »Die Presse erfüllt eine öffentliche Aufgabe insbesondere dadurch, dass sie Nachrichten beschafft und verbreitet, Stellung nimmt, Kritik übt und auf andere Weise an der Meinungsbildung mitwirkt«.

Auch wenn Bundeskanzler, Bundestrainer oder Bundesunternehmer es gele-gentlich lautstark und zornig anders sehen, genau das sollen Journalisten auch nach dem mehrfach artikulierten Willen der Verfassungsrichter tun: Sie sollen kritisie-ren. Die Orientierung an dieser öffentlichen Aufgabe ist das, was sich mit der zen-tralen Verantwortung von Journalisten gegenüber der Öffentlichkeit verbindet.

Damit keine Missverständnisse entstehen: Die öffentliche Aufgabe ist kein öffentliches Amt und keine Dienstmütze. Sie ist weder eine Handlungsanweisung an einzelne Journalisten noch eine Legitimation von Journalisten als Vierte Gewalt. Sie ist auch keine Dienstverpflichtung von Journalisten für öffentliche Zwecke. Sie ist eine Beschreibung der Verantwortung von Journalisten in einer freiheitli-chen Gesellschaft.

Berufskodizes wie der deutsche Pressekodex werden in der Literatur mit einer Reihe von Kritikpunkten bedacht, was mitunter dazu führt, dass ihre Relevanz kleingeredet wird. Tatsächlich berührt diese Kritik jedoch kaum den Anspruch der Kodizes als Wertemaßstab. So wird etwa kritisiert, die Kodizes seien absoluten

Werten wie Wahrheit und Objektivität verpflichtet, was nicht hinreichend konkret sei. Dieser Einwand ist – streng genommen – zutreffend. Wahrheit kann sehr subjektiv sein, und Objektivität ist im Journalismus schon allein mit der Tatsache einer Nachrichtenauswahl gefährdet. Dennoch ist es im Sinne der öffentlichen Aufgabe richtig, im Regelwerk die Achtung vor der Wahrheit ebenso festzuschreiben wie die Verpflichtung, Veröffentlichungen von den geschäftlichen oder privaten Interessen Dritter freizuhalten oder die publizistische Aufgabe unbeeinflusst von persönlichen Interessen oder sachfremden Beweggründen wahrzunehmen. Es geht um den Anspruch.

Ähnliches gilt für die immer wieder aufgeführte Kritik, diese Kodizes würden oft nur wiederholen, was ohnehin bereits rechtlich geregelt sei. Auch diese Kritik ist zu einzelnen Ziffern zutreffend, weil sich hier tatsächlich in den Regeln des deutschen Pressekodex Gesetzestexte und Urteile wiederfinden lassen. Das kann aber auch damit zu tun haben, dass sich Gerichte gelegentlich an den Normen des Kodex orientieren. Außerdem gilt diese Kritik nicht für alle Ziffern und Richtlinien des Kodex. Und sie gilt nicht für die vielen Details um den Kodex herum, zum Beispiel die werberechtlichen Regelungen. Zudem ist die Kritik wenig wegweisend, weil es keineswegs störend sein muss, wenn sich Regelwerke einer Berufsgruppe weitgehend mit der Rechtslage decken.

Gerade weil es in vielen Punkten Übereinstimmung von Rechtslage und Pressekodex gibt, ist es auch um die Durchsetzbarkeit vieler Regeln des Pressekodex nicht ganz so schlecht bestellt, wie in der Literatur häufig ausgeführt wird. In der Kritik am deutschen Pressekodex wird nämlich immer wieder darauf hingewiesen, dass er – anders als rechtliche Regelungen – nicht verbindlich sei, dass er eine freiwillige Selbstverpflichtung der Profession sei und dass dem Presserat nur vergleichsweise schwache Instrumente der Sanktion zur Verfügung stehen. Tatsächlich verfügt der Deutsche Presserat kaum über wirkungsvolle Sanktionsmöglichkeiten. Es hieße aber seine Funktion zu überhöhen, würde ihm die Rolle eines zentralen Kontrollorgans zugeordnet. Gemessen am Pressekodex geht nämlich die überragende Zahl aller Fälle journalistischen Fehlverhaltens völlig am Presserat vorbei. Zum einen, weil sie wie jede Art von Bestechung, Rabatt, Gegengeschäft oder Vergünstigung von außen meist nicht zu erkennen sind, zum anderen, weil der Presserat selbst nur auf Beschwerden reagiert und nicht von sich aus tätig wird. Es gibt vermutlich allein täglich mehr als die rund 100 vom Presserat im Jahr festgestellten Verstöße gegen den Kodex.

Der Anspruch des Pressekodex als Standesregel und die Konstruktion des Deutschen Presserates sind zweierlei. Die Leitschnur für einwandfreies journalistisches Handeln hat ihre Bedeutung und Relevanz völlig unabhängig von der in der Tat recht kritikwürdigen Konstruktion des Deutschen Presserates.

19.1 Der Deutsche Presserat

Der Deutsche Presserat wurde 1956 vom Bundesverband Deutscher Zeitungs-
verleger (BDZV) und vom Deutschen Journalisten-Verband (DJV) gegründet.
Indirekte Träger des Presserates sind heute zu gleichen Teilen vier Verleger- und
Journalistenorganisationen: neben den Gründungsmitgliedern auch der Verband
Deutscher Zeitschriftenverleger (VDZ) und die Fachgruppe Journalismus der
Gewerkschaft Ver.di. Jede dieser Organisationen entsendet fünf ehrenamtli-
che Mitglieder in den Deutschen Presserat. Seit 1976 beteiligt sich neben den
Trägerverbänden auch der Bund an der Finanzierung. Der Zuschuss betrug im
Jahr 2005 178.000 Euro.

Die Kernaufgaben des Presserates sind das Eintreten für die Pressefreiheit, das
Aufstellen und Fortschreiben von publizistischen Grundsätzen und das Bearbeiten
von Beschwerden aus der Leserschaft. Im Laufe der Jahre wurden publizistische
Grundsätze entwickelt, die 1973 zum so genannten Pressekodex zusammengefasst
und veröffentlicht wurden. Der Pressekodex enthält alle akzeptierten Regeln der
Fairness und der korrekten Berichterstattung. Er beruht auf den Ergebnissen der
Verhandlungen über Eingaben und Streitfälle. Seit 1990 werden die 16 Grundsätze
durch inzwischen 41 Richtlinien für das publizistische Arbeiten ergänzt und erläutert. Grundsätze und Richtlinien werden permanent überarbeitet und an die sich
wandelnde Realität angepasst. 1994 wurde beispielsweise die Richtlinie 15.1 überarbeitet. In diesem Absatz ist geregelt, wie Journalisten mit Einladungen und
Geschenken umgehen sollen. Im Mai 1996 wurde der Richtlinienkatalog um den
Hinweis ergänzt, dass Journalisten Drogen in ihrer Berichterstattung nicht verharmlosen sollen. Im Jahr 2001 wurden in den Katalog die ersten Ausführungen
aufgenommen, wie sich Journalisten im Bereich von Wertpapiergeschäften korrekt zu verhalten haben. Im Frühjahr 2005 wurde Ziffer 12 des Kodex um einen
Passus gegen die Diskriminierung von Behinderten erweitert.

Der Presserat wird erst tätig, wenn eine Beschwerde eingereicht wird. Die ein-
gegangenen Beschwerden, 2004 waren es 672, werden zunächst als Eingaben behandelt und von der Geschäftsführung des Trägervereins daraufhin überprüft,
ob sie begründet erscheinen. In diesen Fällen wird der betroffenen Redaktion der
Sachverhalt mit der Bitte um Stellungnahme zugeleitet. In diesem Stadium versucht der Verein zu-nächst zwischen der Redaktion und dem Beschwerdeführer
zu vermitteln. Scheitert dieser Versuch, wird der Fall dem Deutschen Presserat zur
Verhandlung vorgelegt. Aus der Eingabe wird damit eine so genannte Beschwerde,
2004 waren es 235. Je nach Verstoß wird die Beschwerde vom Beschwerdeausschuss
oder vom Plenum verhandelt. Schwerwiegende Verstöße oder Fälle von grund-
sätzlicher Bedeutung werden dem Plenum zugewiesen. Die Sitzungen des

Beschwerdeausschusses und des Plenums sind nicht öffentlich. Stellen der Beschwerdeausschuss oder das Plenum einen Verstoß gegen ihre Grundsätze und Richtlinien fest, können sie vier gestufte Maßnahmen ergreifen:

- den Hinweis,
- die Missbilligung,
- die nicht öffentliche Rüge ohne Abdruckpflicht,
- die öffentliche Rüge mit Abdruckpflicht.

2004 wurden bei 215 Entscheidungen in Beschwerdeverfahren 97 Beschwerden als unbegründet eingestuft. In 40 Fällen erteilte der Presserat einen Hinweis, in 37 Fällen sprach er eine Missbilligung aus, in sieben Fällen eine nicht öffentliche Rüge und in 27 Fällen eine öffentliche Rüge.

An dieser Arbeitsweise des Presserates wird unter anderem seit Jahren kritisiert, dass, anders als im Ausland, nur Journalisten und Verleger den Presserat bilden und dass Leser oder unabhängigen Dritte wie Wissenschaftler, Richter oder Politiker an den Entscheidungen nicht beteiligt werden. Ferner wird bemängelt, dass die erste und entscheidende Prüfung der Eingaben sowie die Vermittlungsbemühungen durch die Geschäftsführung des Rates und nicht durch eine unabhängige Instanz, zum Beispiel einen Ombudsmann oder einen unabhängigen Juristen, erfolgen.

Allen mit der Konstruktion und Arbeitsweise verbundenen Problemen des Deutschen Presserats zum Trotz stellt der von ihm entwickelte und regelmäßig fortgeschriebene Pressekodex einschließlich der 41 Richtlinien für die publizistische Arbeit die beste und umfassendste Beschreibung des Berufsethos von Journalisten dar. Er gilt auch für die Verleger und Herausgeber. Deshalb sollten Journalisten die Grundsätze und Richtlinien sowie einige Entscheidungen des Presserates kennen. Genau aus diesem Grunde werden sie, was zunächst überflüssig und langatmig erscheinen mag, hier auch ausführlich dargestellt. Ein Verweis der Grundsätze und der Richtlinien in den Anhang birgt die Gefahr des Überblätterns wichtiger und überaus zeitgemäßer Verhaltensregeln.

19.2 Die Publizistischen Grundsätze

Der Blick auf den Index des Pressekodex in seiner Fassung vom März 2005 verdeutlicht, dass es sich allein bei den 16 Publizistischen Grundsätzen um eine recht umfassende Sammlung von Regeln zu diversen Themenfeldern handelt:

Ziffer 1 – Menschenwürde und Wahrheit
Ziffer 2 – Sorgfalt in der Bearbeitung

Ziffer 3 – Richtigstellung bei Fehlern
Ziffer 4 – Korrekte Recherche
Ziffer 5 – Wahren von Vertraulichkeit
Ziffer 6 – Berufsehre und Berufsgeheimnis
Ziffer 7 – Unabhängigkeit von wirtschaftlichen Einflüssen
Ziffer 8 – Beachtung von Privatleben und Intimsphäre
Ziffer 9 – Verzicht auf unbegründete Behauptungen
Ziffer 10 – Respekt vor sittlichem und religiösem Empfinden
Ziffer 11 – Verzicht auf sensationelle Darstellung
Ziffer 12 – Verzicht auf Diskriminierung von Minderheiten jeder Art
Ziffer 13 –Verzicht auf Präjudizierung
Ziffer 14 – Sorgfalt bei medizinischen Themen
Ziffer 15 – Verzicht auf Geschenke und Vergünstigungen
Ziffer 16 – Veröffentlichung von Rügen

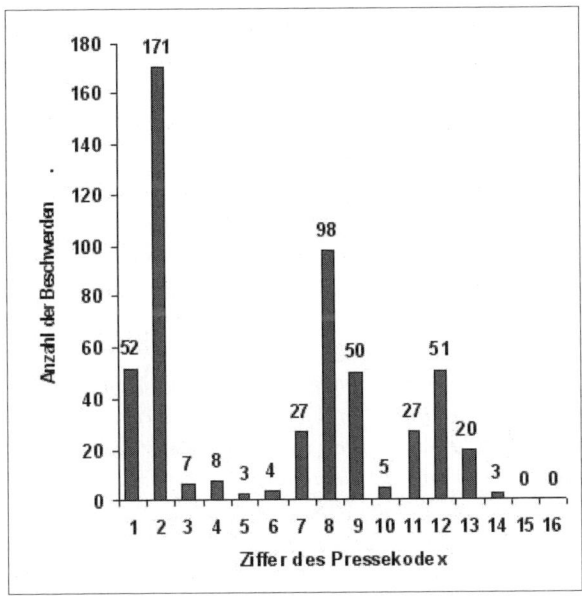

Abb. 19: Inhaltliche Schwerpunkte der Beschwerden
beim Deutschen Presserat 2004

Die Themenfelder der Publizistischen Grundsätze sind nicht gleichgewichtig. Deshalb verwundert es kaum, dass sich die vom Presserat behandelten Beschwerden nicht gleichmäßig auf die 16 Ziffern verteilen, sondern dass es seit Jahren die immer gleichen Schwerpunkte der Beschwerden gibt (Abb. 19).

Die Grafik zur Beschwerdestatistik offenbart zum einen Schwerpunkte der behandelten Beschwerden und zum anderen die Grenzen ihrer eigenen Aussagekraft. Es ist nahezu unvorstellbar, dass diese Statistik ein korrektes oder repräsentatives Bild der Sündenfälle deutscher Pressejournalisten zeichnet: Nur drei verhandelte Beschwerden betrafen 2004 behauptete Verstöße gegen Ziffer 14, die sorgfältige Behandlung und Darstellung medizinischer Themen. Und keine behandelte Beschwerde betraf – wie schon seit Jahren – einen behaupteten Verstoß gegen Ziffer 15, den Verzicht auf Geschenke und Vergünstigungen. So als ob es Erscheinungen wie Presserabatte, Pressereisen oder Weihnachtsgeschenke nicht gäbe. Auf der anderen Seite zeigen sich seit Jahren mit der Ziffer 2, der Verpflichtung zur Sorgfalt, und der Ziffer 8, der Verpflichtung, Privatleben und Intimsphäre zu achten, stets dieselben Schwerpunkte bei den behandelten Beschwerden.

Ziffer 1: Die Achtung vor der Wahrheit, die Wahrung der Menschenwürde und die wahrhaftige Unterrichtung der Öffentlichkeit sind oberste Gebote der Presse.

Richtlinie 1.1 Exklusivverträge: Die Unterrichtung der Öffentlichkeit über Vorgänge oder Ereignisse, die nach Bedeutung, Gewicht und Tragweite für die Meinungs- und Willensbildung wesentlich sind, darf nicht durch Exklusivverträge mit den Informationsträgern oder durch deren Abschirmung eingeschränkt oder verhindert werden. Wer ein Informationsmonopol anstrebt, schließt die übrige Presse von der Beschaffung von Nachrichten dieser Bedeutung aus und behindert damit die Informationsfreiheit.

Richtlinie 1.2 Wahlkampfveranstaltungen: Es entspricht journalistischer Fairness, dient der Informationsfreiheit der Bürger und wahrt die Chancengleichheit der demokratischen Parteien, wenn die Presse in ihrer Berichterstattung über Wahlkampfveranstaltungen auch Auffassungen mitteilt, die sie selbst nicht teilt.

Richtlinie 1.3 Pressemitteilungen: Pressemitteilungen, die von Behörden, Parteien, Verbänden, Vereinen oder anderen Interessenvertretungen herausgegeben werden, müssen als solche gekennzeichnet werden, wenn sie ohne Bearbeitung durch die Redaktion veröffentlicht werden.

Die hehren Ansprüche, die unter Ziffer 1 an die Arbeit eines Journalisten gestellt werden, wirken zunächst trotz der erläuternden Richtlinien eher unpräzise. Dabei verlangt Richtlinie 1.3 überaus konkret, dass Pressemitteilungen gekennzeichnet werden müssen, wenn sie ohne redaktionelle Bearbeitung veröffentlicht werden. Mit anderen Worten: Pressemeldungen müssen bearbeitet werden. Tatsächlich dürfte es wohl nur wenige Richtlinien geben, gegen die im Redaktionsalltag häufiger verstoßen wird als Ziffer 1.3, weil es immer wieder vorkommt, dass Pressemitteilungen unbearbeitet und nicht gekennzeichnet abgedruckt werden. Häufig werden Pressemitteilungen auch nur gekürzt. Damit werden sie zwar bearbeitet, doch bleibt auch ein gekürzter Waschzettel streng genommen ein Verstoß gegen die wahrhaftige Unterrichtung der Öffentlichkeit. Es ist die Übernahme von PR-Informationen in der Originalformulierung und damit eine Täuschung der Öffentlichkeit, die eine journalistisch erstellte und bearbeitete Information erwartet.

Neben den Richtlinien zeigt vor allem die Spruchpraxis des Deutschen Presserates, was es heißt, als Journalist Wahrheit und Menschwürde zu achten. Zum Beispiel bedeutet dies, keine vorgefertigten Interviews zu übernehmen, ohne dies klar und deutlich zu kennzeichnen. In Beilagen und Billigzeitungen werden aber immer wieder Interviews abgedruckt, die von den PR- und Öffentlich keitsarbeitsabteilungen den Redaktionen frei Haus geliefert werden. Diese Praxis wurde vom Presserat gerügt (Aktenzeichen B 48/91). Ebenso wenig ist es mit der Wahrheitspflicht zu vereinbaren, wenn alte Zitate zu aktuellen Problemen oder neuen Themen abgedruckt werden, ohne dass beim Urheber des Zitats noch einmal dessen Zustimmung eingeholt wird (Aktenzeichen B 8/87). Außerdem darf bei Interviews ohne Zustimmung des Interviewten kein Zitat für die Überschrift auf eine Formulierung verkürzt werden, die so nicht gefallen ist (Aktenzeichen B 39/87).

Auch die Unterdrückung von Informationen kann unzulässig sein, wenn es sich etwa um wichtige Relativierungen oder Gegenargumente handelt. Be-kommt ein Artikel durch das Weglassen von Informationen ein falsches Gewicht, so stellt dies einen Verstoß gegen Ziffer 1 dar (Aktenzeichen B 44/87), sagt der Presserat. Daneben hat er auch schon den Verzicht auf eine Quellenangabe als Verstoß gegen den journalistischen Anstand und als nicht wahrhaftige Information der Öffentlichkeit mit einer Missbilligung geahndet (Aktenzeichen B 27/88).

Ziffer 2: Zur Veröffentlichung bestimmter Nachrichten und Informationen in Wort und Bild sind mit der nach den Umständen gebotenen Sorgfalt auf ihren Wahrheitsgehalt zu prüfen. Ihr Sinn darf durch Bearbeitung, Überschrift oder Bildbeschriftung weder entstellt noch verfälscht werden. Dokumente müssen sinngetreu wiedergegeben werden. Unbestätigte Meldungen, Gerüchte und Vermutungen sind als solche erkennbar zu machen. Symbolfotos müssen als solche kenntlich sein oder erkennbar gemacht werden.

Richtlinie 2.1 Umfrageergebnisse: Der Deutsche Presserat empfiehlt der Presse, bei der Veröffentlichung von Umfrageergebnissen von Meinungsbefragungsinstituten die Zahl der Befragten, den Zeitpunkt der Befragung, den Auftraggeber sowie die Fragestellung mitzuteilen. Sofern es keinen Auftraggeber gibt, soll vermerkt werden, dass die Umfragedaten auf die eigene Initiative des Meinungsbefragungsinstituts zurückgehen.

Richtlinie 2.2 Symbolfoto: Kann eine Illustration, insbesondere eine Fotografie, beim flüchtigen Lesen als dokumentarische Abbildung aufgefasst werden, obwohl es sich um ein Symbolfoto handelt, so ist eine entsprechende Klarstellung geboten. So sind
- *Ersatz- oder Behelfsillustrationen (gleiches Motiv bei anderer Gelegenheit, anderes Motiv bei gleicher Gelegenheit etc.),*
- *symbolische Illustrationen (nachgestellte Szene, künstlich visualisierter Vorgang zum Text etc.),*
- *Fotomontagen oder sonstige Veränderungen*

deutlich wahrnehmbar in Bildlegende bzw. Bezugstext als solche erkennbar zu machen.

Richtlinie 2.3 Vorausberichte: Die Presse trägt für von ihr herausgegebene Vorausberichte, die in gedrängter Fassung den Inhalt einer angekündigten Veröffentlichung wiedergeben, die publizistische Verantwortung. Wer Vorausberichte von Presseorganen unter Angabe der Quelle weiter verbreitet, darf sich grundsätzlich auf ihren Wahrheitsgehalt verlassen. Kürzungen oder Zusätze dürfen nicht dazu führen, dass wesentliche Teile der Veröffentlichung eine andere Tendenz erhalten oder unrichtige Rückschlüsse zulassen, durch die berechtigte Interessen Dritter verletzt werden.

Richtlinie 2.4 Interview: Ein Interview ist auf jeden Fall journalistisch korrekt, wenn es vom Interviewten oder dessen Beauftragten autorisiert wurde. Unter besonderem Zeitdruck ist es auch korrekt, Äußerungen in unautorisierter Interviewform zu veröffentlichen, wenn den Gesprächspartnern klar ist, dass die Aussagen zur wörtlichen oder sinngemäßen Publikation gedacht sind. Journalisten sollten sich stets als solche zu erkennen geben. Wird ein Interview ganz oder in wesentlichen Teilen im Wortlaut übernommen, so muss die Quelle angegeben werden. Wird der wesentliche Inhalt der geäußerten Gedanken mit eigenen Worten wiedergegeben, entspricht eine Quellenangabe journalistischem Anstand. Bei Ankündigung eines Interviews in Form einer Kurzfassung ist zu beachten, dass der Interviewte gegen Entstellungen oder Beeinträchtigungen, die seine berechtigten Interessen gefährden, geschützt ist.

Richtlinie 2.5 Sperrfristen: Sperrfristen, bis zu deren Ablauf die Veröffentlichung bestimmter Nachrichten aufgeschoben werden soll, sind nur dann vertretbar, wenn sie einer sachgemäßen und sorgfältigen Berichterstattung dienen. Sie unterliegen grundsätzlich der freien Vereinbarung zwischen Informanten und Medien. Sperrfristen sind nur dann einzuhalten, wenn es dafür einen sachlich gerechtfertigten Grund gibt, wie zum Beispiel beim Text einer noch nicht gehaltenen Rede, beim vorzeitig ausgegebenen Geschäftsbericht einer Firma oder bei Informationen über ein noch nicht eingetretenes Ereignis (Versammlungen, Beschlüsse, Ehrungen u .a.). Werbezwecke sind kein sachlicher Grund für Sperrfristen.

Richtlinie 2.6 Leserbriefe:
(1) Den Lesern sollte durch Abdruck von Leserbriefen, sofern sie nach Form und Inhalt geeignet sind, die Möglichkeit eingeräumt werden, Meinungen zu äußern und damit an der Meinungsbildung teilzunehmen. Es entspricht der journalistischen Sorgfaltspflicht, bei der Veröffentlichung von Leserbriefen die publizistischen Grundsätze zu beachten.
(2) Zuschriften an Verlage oder Redaktionen können als Leserbriefe veröffentlicht werden, wenn aus Form und Inhalt erkennbar auf einen solchen Willen des Einsenders geschlossen werden kann. Eine Einwilligung kann unterstellt werden, wenn sich die Zuschrift zu Veröffentlichungen des Blattes oder zu allgemein interessierenden Themen äußert. Der Verfasser hat keinen Rechtsanspruch auf Abdruck seiner Zuschrift.
(3) Es entspricht einer allgemeinen Übung, dass der Abdruck mit dem Namen des Verfassers erfolgt. Nur in Ausnahmefällen kann auf Wunsch des Verfassers eine andere Zeichnung erfolgen. Die Presse sollte beim Abdruck auf die Veröffentlichung von Adressangaben verzichten. Bestehen Zweifel an der Identität des Absenders, soll auf den Abdruck verzichtet werden. Die Veröffentlichung fingierter Leserbriefe ist mit der Aufgabe der Presse unvereinbar.
(4) Änderungen oder Kürzungen von Zuschriften namentlich bekannter Verfasser ohne deren Einverständnis sind grundsätzlich unzulässig. Kürzungen sind möglich, wenn die Rubrik Leserzuschriften einen ständigen Hinweis enthält, dass sich die Redaktion bei Zuschriften, die für diese Rubrik bestimmt sind, das Recht der sinnwahrenden Kürzung vorbehält. Verbietet der Einsender ausdrücklich Änderungen oder Kürzungen, so hat sich die Redaktion, auch wenn sie sich das Recht der Kürzung vorbehalten hat, daran zu halten oder auf den Abdruck zu verzichten.
(5) Alle einer Redaktion zugehenden Leserbriefe unterliegen dem Redaktionsgeheimnis. Sie dürfen in keinem Fall an Dritte weitergegeben werden.

Es ist kein Zufall, dass die besonders häufig reklamierten Ziffern des Pressekodex auch über die meisten ergänzenden Richtlinien verfügen und dass diese Richtlinien durchaus ins Detail gehen. Dies gilt auch hinsichtlich der Bildbearbeitung und der Symbolfotos, bei denen häufig aus Unkenntnis Fehler entstehen. Dabei muss es sich nicht um so spektakuläre Fälle wie die Fotobearbeitung bei BILD nach der Feuerwerkskatastrophe von Enschede handeln: Die Redaktion hatte der größeren Dramatik wegen auf einem Bild eine Menschengruppe durch eine brennende Häuserzeile ersetzt und es später nicht einmal für nötig befunden, zu ihrem Vorgehen gegenüber dem Presserat Stellung zu nehmen. Der tadelte den Verzicht auf den Montagehinweis als Verstoß gegen die Sorgfaltspflicht mit einer Missbilligung (Aktenzeichen B 87/00).

Auch mit Leserbriefen wird oft aus Unkenntnis falsch umgegangen, wenn sie etwa zum Auffüllen leerer Leserbriefseiten von den Redaktionen kurzerhand selbst verfasst werden oder wenn in ihnen wie in einem Manuskript redigiert wird. Die Richtlinien beschreiben klar das Zulässige, die Spruchpraxis des Presserates geht in dieselbe Richtung: Eine Redaktion, die einen Leserbrief kürzte und in der Wortwahl etwas entschärfte, handelte sich den Vorwurf sinnentstellender Veränderung und einen Hinweis ein (Aktenzeichen B 118/98).

Im Wesentlichen aber geht es in Ziffer 2 um die Sorgfaltspflicht. Und diese hängt, wie die Spruchpraxis des Presserates verdeutlicht, häufig mit der Wahl der Begriffe zusammen. Sachlich festgelegte Begriffe müssen zutreffend richtig und durchgehend verwendet werden. Da zum Beispiel ein Asylbewohner nicht über ein »Nettoeinkommen« verfügt, darf der Begriff auch nicht verwendet werden. Er weckt dann falsche Assoziationen, sagte der Presserat (Aktenzeichen B 17/93). Die peinlich genaue Beachtung festgelegter Begriffe gilt besonders mit Blick auf Justiz und Gerichtsverfahren: Wenn ein Strafverfahren gegen die Zahlung einer bestimmten Summe an eine wohltätige Einrichtung eingestellt wird, so darf kein Journalist von einer »Strafe« und einem »Urteil« reden. Das Verfahren wurde ja eingestellt (Aktenzeichen B 30/98). Auch Fachbegriffe wie Nötigung, juristisch ein Vergehen, oder sexuelle Nötigung, juristisch ein Verbrechen, müssen sorgfältig auseinander gehalten werden (Aktenzeichen B 80/94).

Fachbegriffe werden sorgfältig übernommen und im gesamten Artikel konsequent durchgehalten.

Dass diese Sorgfalt auch für Namen zu gelten hat, ist unmittelbar verständlich, führt aber nicht immer zu unfallfreier Berichterstattung. Wenn eine Boulevardzeitung einen Erpresserbrief der Umweltorganisation »Robin Wood« zuordnet und nicht dem von einer Agentur korrekt gemeldeten Unterzeichner »Robin Food«, nur weil ihre Quelle keinen Anlass gab, den Namen zu überprüfen, dann ist das nach Ansicht des Presserates ein eindeutiger Verstoß gegen die Sorgfaltspflicht (Aktenzeichen B 28/99). Es ist auch nicht mit der gebotenen Sorgfalt zu vereinbaren, wenn Vorwürfe der Redaktion oder Dritter ohne die Stellungnahme des Betroffenen veröffentlicht werden. Betroffene müssen zumindest rechtzeitig Gelegenheit zur Stellungnahme erhalten (Aktenzeichen B 66/87, B 72/87).

Ziffer 3: Veröffentlichte Nachrichten oder Behauptungen, insbesondere personenbezogener Art, die sich nachträglich als falsch erweisen, hat das Publikationsorgan, das sie gebracht hat, unverzüglich von sich aus in angemessener Weise richtig zu stellen.

Richtlinie 3.1 Richtigstellung: Für den Leser muss erkennbar sein, dass die vorangegangene Meldung ganz oder zum Teil unrichtig war. Deshalb nimmt eine Richtigstellung bei der Wiedergabe des korrekten Sachverhalts auf die vorangegangene Falschmeldung Bezug. Der wahre Sachverhalt wird geschildert, auch dann, wenn der Irrtum bereits in anderer Weise in der Öffentlichkeit eingestanden worden ist.

Richtlinie 3.2 Dokumentierung: Führt die journalistisch-redaktionelle Erhebung, Verarbeitung oder Nutzung personenbezogener Daten durch die Presse zur Veröffentlichung von Richtigstellungen, Widerrufen, Gegendarstellungen oder zu Rügen des Deutschen Presserats, so sind diese Veröffentlichungen von dem betreffenden Publikationsorgan zu den gespeicherten Daten zu nehmen und für dieselbe Zeitdauer zu dokumentieren wie die Daten selbst.

Richtlinie 3.3 Auskunft: Wird jemand durch eine Berichterstattung in der Presse in seinem Persönlichkeitsrecht beeinträchtigt, so hat das verantwortliche Publikationsorgan dem Betroffenen auf Antrag Auskunft über die der Berichterstattung zugrunde liegenden, zu seiner Person gespeicherten Daten zu erstatten. Die Auskunft darf verweigert werden, soweit

— aus den Daten auf Personen, die bei der Recherche, Bearbeitung oder Veröffentlichung von Beiträgen berufsmäßig journalistisch mitwirken oder mitgewirkt haben, geschlossen werden kann,

— aus den Daten auf die Person des Einsenders, Gewährsträgers oder Informanten von Beiträgen, Unterlagen und Mitteilungen für den redaktionellen Teil geschlossen werden kann,

— durch die Mitteilung der recherchierten oder sonst erlangten Daten die journalistische Aufgabe des Publikationsorgans durch Ausforschung des Informationsbestandes beeinträchtigt würde oder

— *es sich sonst als notwendig erweist, um das Recht auf Privatsphäre mit den für die Freiheit der Meinungsäußerung geltenden Vorschriften in Einklang zu bringen.*

Mit Korrekturen tun sich manche deutschen Redaktionen erkennbar schwer. Sie spielen auf Zeit, vertrösten die Betroffenen darauf, das Falsche bei nächster Gelegenheit korrigieren zu wollen oder verweisen auf die Möglichkeit eines Leserbriefs. Manchmal reagieren sie überhaupt nicht. All das entspricht nicht dem Sinn und Wortlaut der Ziffer 3 und ihrer Richtlinien: Unverzüglich muss die Redaktion korrigieren, in angemessener Weise, von sich aus und das mit Bezug zur Falschmeldung. Die Spruchpraxis des Presserates kann die Norm auch nicht klarer zum Ausdruck bringen, sie enthüllt nur, wie wenig sich im Einzelfall Redaktionen um diese Verpflichtung kümmern.

Ziffer 4: Bei der Beschaffung von personenbezogenen Daten, Nachrichten, Informationsmaterial und Bildern dürfen keine unlauteren Methoden angewandt werden.

Richtlinie 4.1 Grundsätze der Recherchen: Recherche ist unverzichtbares Instrument journalistischer Sorgfaltspflicht. Journalisten geben sich grundsätzlich zu erkennen. Unwahre Angaben des recherchierenden Journalisten über seine Identität und darüber, welches Organ er vertritt, sind grundsätzlich mit dem Ansehen und der Funktion der Presse nicht vereinbar. Verdeckte Recherche ist im Einzelfall gerechtfertigt, wenn damit Informationen von besonderem öffentlichen Interesse beschafft werden, die auf andere Weise nicht zugänglich sind. Bei Unglücksfällen und Katastrophen beachtet die Presse, dass Rettungsmaßnahmen für Opfer und Gefährdete Vorrang vor dem Informationsanspruch der Öffentlichkeit haben.

Richtlinie 4.2 Recherche bei schutzbedürftigen Personen: Bei der Recherche gegenüber schutzbedürftigen Personen ist besondere Zurückhaltung geboten. Dies betrifft vor allem Menschen, die sich nicht im Vollbesitz ihrer geistigen oder körperlichen Kräfte befinden oder einer seelischen Extremsituation ausgesetzt sind, aber auch Kinder und Jugendliche. Die eingeschränkte Willenskraft oder die besondere Lage solcher Personen darf nicht gezielt zur Informationsbeschaffung ausgenutzt werden.

Richtlinie 4.3 Sperrung oder Löschung personenbezogener Daten: Personenbezogene Daten, die unter Verstoß gegen den Pressekodex erhoben wurden, sind von dem betreffenden Publikationsorgan zu sperren oder zu löschen.

Vor allem Zeitschriften werden vom Presserat immer wieder wegen unzulässig verdeckter Recherchen gerügt. Offenbar wird der Grundsatz, dass verdeckte

Recherchen nicht zulässig sind, manchmal schnell zurückgedrängt und auf die Ausnahmeregelung reflektiert, nach der »im Einzelfall« und »bei besonderem öffentlichen Interesse« die verdeckte Recherche zulässig ist. Dabei gilt dann immer noch die zusätzliche Bedingung, dass die Informationen anders nicht zu erhalten sind. In vielen der vom Presserat kritisierten Fälle haperte es an diesen Voraussetzungen. So fehlt das öffentliche Interesse, wenn aus Beichtstuhl-Gesprächen berichtet wird (Aktenzeichen B 38/86). Es fehlt an der Bedingung, dass die Informationen nicht anders zu beschaffen sind, wenn sich ein Journalist von einer Schauspielerin, die als Ärztin praktiziert, unter falschem Namen untersuchen lässt, um über die Arbeit der Schauspielerin als Ärztin zu berichten (Aktenzeichen B 10/88).

Viele andere Entscheidungen des Presserats betreffen, ähnlich wie im spektakulären Fall des toten Uwe Barschel, unzulässig erlangte Fotos oder das so genannte Witwenschütteln, die zudringliche Überforderung von Angehörigen nach Unglücksfällen etwa mit dem Ziel, Fotos der Opfer zu erhalten. Dass Menschen, die mit dem Tod von Angehörigen konfrontiert sind, schutzwürdig sind und besonders zurückhaltend behandelt werden müssen, versteht sich eigentlich von selbst. Es scheint aber nicht jenen Journalisten bewusst zu sein, die in Ärztekitteln Angehörige ausfragen oder als angebliche Bestatter bei Hinterbliebenen oder als vermeintliche Schulfreunde bei Arbeitskollegen Fotos der Unfallopfer erschleichen. Auch das Eindringen der STERN-Reporter in das Hotelzimmer, in dem sich Uwe Barschel das Leben genommen hatte, war nach Auffassung des Presserates nicht zu rechtfertigen (Aktenzeichen B 60/87).

Ziffer 5: Die vereinbarte Vertraulichkeit ist grundsätzlich zu wahren.

Richtlinie 5.1 Vertraulichkeit: Hat der Informant die Verwertung seiner Mitteilung davon abhängig gemacht, dass er als Quelle unerkennbar oder ungefährdet bleibt, so ist diese Bedingung zu respektieren. Vertraulichkeit kann nur dann nicht bindend sein, wenn die Information ein Verbrechen betrifft und die Pflicht zur Anzeige besteht. Vertraulichkeit muss nicht gewahrt werden, wenn bei sorgfältiger Güter- und Interessenabwägung gewichtige staatspolitische Gründe überwiegen, insbesondere wenn die verfassungsmäßige Ordnung berührt oder gefährdet ist. Über als geheim bezeichnete Vorgänge und Vorhaben darf berichtet werden, wenn nach sorgfältiger Abwägung festgestellt wird, dass das Informationsbedürfnis der Öffentlichkeit höher rangiert als die für die Geheimhaltung angeführten Gründe.

Beschwerden zu vermeintlichen Verstößen gegen Ziffer 5 des Pressekodex kommen im Presserat nicht sehr häufig zur Verhandlung. Ist die Vertraulichkeit eindeutig vereinbart, was nicht immer der Fall ist, spricht der Presserat beim Bruch der Vertraulichkeit in der Regel Rügen aus. Dabei handelt es sich aber häufig im Interesse der Informanten um nichtöffentliche Rügen. Völlig anders fiel aus nachvollziehbaren Gründen die Entscheidung des Presserates im Falle eines Einbrechers aus, der dem Chefredakteur einer Boulevardzeitung brisante Unterlagen aus der Kanzlei des Anwalts von Erich Mielke, dem ehemaligen Stasi-Chef, anbot. Der Journalist ging auf das Angebot nicht ein, der Einbrecher wurde beim Verlassen der Redaktion fotografiert und sein Foto dem Staatsschutz zugeleitet. Später fahndete die Polizei mit dem Foto und dem Namen nach dem Mann. Hier sei, so entschied der Presserat über die Beschwerde des Einbrechers, mit dem Abbruch der Gespräche gerade nicht Vertraulichkeit vereinbart worden.

Ziffer 6: Jede in der Presse tätige Person wahrt das Ansehen und die Glaubwürdigkeit der Medien sowie das Berufsgeheimnis, macht vom Zeugnisverweigerungsrecht Gebrauch und gibt Informanten ohne deren ausdrückliche Zustimmung nicht preis.

Richtlinie 6.1 Trennung von Funktionen: Übt ein Journalist oder Verleger neben seiner publizistischen Tätigkeit eine Funktion, beispielsweise in einer Regierung, einer Behörde oder in einem Wirtschaftsunternehmen aus, müssen alle Beteiligten auf strikte Trennung dieser Funktionen achten. Gleiches gilt im umgekehrten Fall. Widerstreitende Interessen schaden dem Ansehen der Presse.

Richtlinie 6.2 Nachrichtendienstliche Tätigkeiten: Nachrichtendienstliche Tätigkeiten von Journalisten und Verlegern sind mit den Pflichten aus dem Berufsgeheimnis und dem Ansehen der Presse nicht vereinbar.

Über Richtlinie 6.1, die Trennung der Funktionen, darf der Presserat gelegentlich nachdenken. Was ist, wenn der Ortsvorsitzende einer Partei im Lokalblatt regelmäßig über die Lokalpolitik berichtet und dieses Amt des freien Mitarbeiters dabei unerwähnt bleibt? Und was ist, wenn die Chefredakteurin von SHAPE in Artikeln ihres Blattes über Fitnessprogramme berichtet, die sie selbst entwickelt hat und die sie auch mit eigenen Unternehmen vermarktet? Beide Fälle lagen dem Presserat zur Entscheidung vor, in einem Fall gab es eine öffentliche Rüge, im anderen wurde die Beschwerde als unbegründet zurückgewiesen. Der Ortsvorsitzende der Partei, zugleich Leiter des ortsüblichen Forstamtes, aber nicht Mitglied des Gemeinderates, durfte sich weiter in Einklang mit dem Pressekodex fühlen. Ein Parteiamt, so der Presserat, sei keine Regierungsfunktion und Inhaber von Parteiämtern könnte nicht von vornherein von der Berichterstattung für lokale Zeitungen ausgeschlossen werden, weil sonst eine aktuelle und fundierte Berichterstattung über das örtliche Geschehen wesentlich erschwert wäre. Die Redaktion müsse in derlei Fällen aber darauf achten, dass eine unsachliche Einflussnahme auf die Berichterstattung unterbleibe (Aktenzeichen B 53/99).

SHAPE erhielt gleich zwei öffentliche Rügen: die eine für die nach Auffassung des Presserates unzulässige Vermischung der publizistischen Arbeit mit wirtschaftlichen Interessen, die andere wegen eines Verstoßes gegen Richtlinie 7.2, wegen unzulässiger Schleichwerbung.

Ziffer 7: Die Verantwortung der Presse gegenüber der Öffentlichkeit gebietet, dass redaktionelle Veröffentlichungen nicht durch private oder geschäftliche Interessen Dritter oder durch persönliche wirtschaftliche Interessen der Journalistinnen und Journalisten beeinflusst werden. Verleger und Redakteure wehren derartige Versuche ab und achten auf eine klare Trennung zwischen redaktionellem Text und Veröffentlichungen zu werblichen Zwecken.

Richtlinie 7.1 Trennung von redaktionellem Text und Anzeigen: Für bezahlte Veröffentlichungen gelten die werberechtlichen Regelungen. Nach ihnen müssen die Veröffentlichungen so gestaltet sein, dass die Werbung für den Leser als Werbung erkennbar ist.

Richtlinie 7.2 Schleichwerbung: Redaktionelle Veröffentlichungen, die auf Unternehmen, ihre Erzeugnisse, Leistungen oder Veranstaltungen hinweisen, dürfen nicht die Grenze zur Schleichwerbung überschreiten. Eine Überschreitung liegt insbesondere nahe, wenn die Veröffentlichung über ein begründetes öffentliches Interesse oder das Informationsinteresse der Leser hinausgeht. Die Glaubwürdigkeit der Presse als Informationsquelle gebietet besondere Sorgfalt beim Umgang mit PR-Material sowie bei der Abfassung eigener redaktioneller Hinweise durch die Redaktionen. Dies gilt auch für unredigierte Werbetexte, Werbefotos und Werbezeichnungen.

Richtlinie 7.3 Sonderveröffentlichungen: Sonderveröffentlichungen unterliegen der gleichen redaktionellen Verantwortung wie alle redaktionellen Veröffentlichungen.

Ziffer 7 bildet seit Jahren einen Schwerpunkt der Arbeit des Presserates. Im Börsenboom Ende der 90er-Jahre kamen diverse merkwürdige Aktiengeschäfte von Finanzjournalisten ans Licht, die den Presserat im Mai 2000 dazu veranlassten, die Ziffer 7 um den Hinweis auf die »persönlichen Interessen der Journalistinnen und Journalisten«, gemeint sind die Wertpapiere, Geldanlagen oder Finanzgeschäfte, zu erweitern und »Verhaltensgrundsätze des Deutschen Presserats zu Insider- und anderen Informationen mit potentiellen Auswirkungen auf Wertpapierkurse« vorzulegen. Das Papier wiederholt zwar nur die Rechtslage nach dem Wertpapierhandelsgesetz und fasst ein paar relevante Regelungen des

Pressekodex zusammen, es ist aber in seiner Trennung von geschäftlichen und journalistischen Interessen sehr klar und gibt einen guten Überblick über den korrekten Umgang mit Insiderinformationen, Wertpapierempfehlungen und den eigenen Finanzgeschäften: Journalisten dürfen Insiderinformationen veröffentlichen, sie können öffentlich sogar entsprechende Aktienempfehlungen geben, sie müssen nur darauf achten, die Informationen gegebenenfalls als Gerücht zu kennzeichnen. Es ist aber nicht zulässig, die Informationen für eigene Geschäfte zu nutzen. Dies gilt auch für die Tipps an Dritte. Privat ist jedes Weitererzählen tabu. Öffentlich ist alles gestattet. Für bevorstehende Aktientipps einer Redaktion gilt Entsprechendes: Diese Wertpapierempfehlungen dürfen nicht für eigene Zwecke missbraucht oder privat vorab kommuniziert werden.

Mit dem Ende des Börsenbooms wurde es für den Presserat hinsichtlich der Wertpapiergeschäfte von Journalisten ruhiger, gleichzeitig spülte der nach 2000 einsetzende Einbruch der Anzeigen immer merkwürdigere Erscheinungen der Vermischung von Anzeigen und redaktioneller Arbeit ans Tageslicht. Die Schleichwerbung wurde zu einem immer bedeutenderen Thema für den Presserat. Im Herbst 2004 und im Frühjahr 2005 erteilte er gleich neun öffentliche Rügen wegen der Missachtung der gebotenen Trennung von Anzeigen und redaktionellen Beiträgen. Die Rügen betrafen fast das gesamte Spektrum der einschlägigen Maßnahmen und ließen sehr wohl erkennen, dass es auch bekannte Verlage mit der gebotenen Abwehr derartiger Geschäfte nicht sonderlich ernst nahmen:

- Der TAGESSPIEGEL, die Berliner Abonnementzeitung der Holtzbrinck-Gruppe, erhielt gleich zwei Rügen, weil er seinen Lesern redaktionell das Angebot eines Autohauses zu sehr ans Herz legte und weil er auf seiner Seite »Wohnen und Design« in Wort und Bild zu werbend über Bulthaup-Küchen berichtete (Aktenzeichen BK 2 – 126/04, Aktenzeichen BK 2 – 154/04).
- Die ABENDZEITUNG aus München erhielt eine Rüge wegen mehrerer Artikel mit Schleichwerbung – für einen Optiker, für eine Fluglinie oder für die Hersteller von Produkten, die es als Preise bei einem Gewinnspiel eines Münchener Radiosenders zu gewinnen gab (Aktenzeichen BK 2 – 178/04).
- Die BERLINER ZEITUNG, die seinerzeit von Gruner + Jahr für die Holtzbrinck-Gruppe geführt wurde, erhielt eine öffentliche Rüge für den Bericht über das Angebot einer Bäckereikette, mit der sie eine gemeinsame Marketingaktion gestartet hatte (Aktenzeichen BK 2 – 124/04).
- Die NEUE WESTFÄLISCHE, Bielefeld, erhielt eine Rüge, weil sie einen BMW-Pressetext über ein neues Motorrad als redaktionellen Beitrag druckte (Aktenzeichen BK 2 – 78/04).
- Das Hochschulmagazin UNICUM aus Bochum erhielt eine Rüge für einen »ultimativen Geschmackstest« mit Coca-Cola und den zu eindringlichen Rat, Musiktitel von einer bestimmten Website herunterzuladen (BK 1 – 110/04).

- Das Hochschulmagazin AUDIMAX, Nürnberg, wurde wegen Schleichwerbung gerügt – für die Erwähnung eines Medikaments in einem Artikel über Sodbrennen und eines Onlinedienstes, der Handygimmicks anbietet (Aktenzeichen BK 1 – 201/04).
- Die AUGSBURGER NEWS erhielten eine Rüge, weil sie einem Anzeigenkunden anboten, einen redaktionellen Beitrag zu veröffentlichen, wenn er eine Anzeige schaltet (Aktenzeichen BK 1 – 202/04).
- Das E-LEARNING-JOURNAL aus dem Verlag Crossmediatec, Bremerhaven, erhielt eine öffentliche Rüge, weil es potenziellen Anzeigenkunden den Kauf von redaktionellen Beiträgen angeboten hatte (Aktenzeichen BK 1 – 11/05).
- Die Wirtschaftszeitschrift ECONOMY TRIBUNE der IWN-GmbH, Mühlheim an der Ruhr, erhielt eine Rüge für eine Praxis, die der Presserat bereits mehrfach kritisiert hatte. Das Magazin bot Unternehmen kostenlose redaktionelle Beiträge an, wobei die Unternehmen dann für die Bebilderung der Beiträge bezahlen sollten. Für den Presserat stellt diese Praxis eine krasse Verletzung von Ziffer 7 des Pressekodex dar (Aktenzeichen BK1 118/04).

Im Sommer 2005 sah sich der Rat erneut genötigt, an Zeitungen und Zeitschriften zu appellieren, Werbung klar zu kennzeichnen und vom redaktionellen Teil zu trennen, und er erteilte dem Münchener Verlag B. Kämmer, der den redaktionellen Teil seiner Magazine (u. a. FOTO DIGITAL, DIGITAL VIDEO, PC SECURITY) für PR-Geschäfte angeboten hatte, eine öffentliche Rüge (Aktenzeichen BK 1 – 73/05). Zudem gab es eine Missbilligung für eine als »Verlagssonderthema« gekennzeichnete bezahlte Anzeige, die wie eine redaktionelle Seite der betreffenden Tageszeitung gestaltet war – kein seltener Fall von Täuschung.

Die Zahlen und Feststellungen des Presserates illustrieren eine bemerkenswerte Diskrepanz zwischen Anspruch und Wirklichkeit bei der Trennung von Anzeigen und Redaktion. Papiere sind offenbar sehr geduldig, besonders die der Werbewirtschaft und der Verlegerverbände. Die haben nämlich selbst in kaum zu übertreffender Deutlichkeit in den so genannten Verlegerrichtlinien festgehalten, was richtig und was falsch ist:

Richtlinien für redaktionelle Hinweise in Zeitungen und Zeitschriften (Verlegerrichtlinien)

»Verleger und Redakteure (Journalisten) wirken bei der Gestaltung der öffentlichen Meinung mit. Um ihre publizistische Aufgabe erfüllen zu können, brauchen

---

sie das Vertrauen ihrer Leser. Dieses Vertrauen kann insbesondere dann nicht entstehen oder erhalten bleiben, wenn die Leser in den Textteilen der Zeitungen und Zeitschriften redaktionelle Hinweise finden, die, ohne äußerlich als bezahlte Wirtschaftswerbung in Erscheinung zu treten, privatwirtschaftlichen Belangen dienen. Als Teil der Textgestaltung gehören die redaktionellen Hinweise zum Verantwortungsbereich der Schriftleitung. Aufgabe des Redakteurs ist es daher, aus der Berichterstattung über ein Unternehmen und seine Leistung alles auszusondern, was über den Rahmen einer sachlichen Unterrichtung hinausgeht. Zugeständnisse, die in Verbindung mit Anzeigenaufträgen in Form günstiger Beurteilung privatwirtschaftlicher Unternehmen, ihrer Erzeugnisse, Leistungen oder Veranstaltungen im Textteil des Druckwerkes eine zusätzliche Leistung des Verlages darstellen, sind geeignet, die Grundsätze der Sauberkeit in der Werbung, der Unabhängigkeit der Presse und der Freiheit der Meinungsäußerung zu gefährden[,] und sollten deshalb weder von Werbungtreibenden erwartet noch von Verlagen gewährt werden, zumal sie darüber hinaus gegen die Preistreue verstoßen.«

Richtlinien für redaktionelle Hinweise in Zeitungen und Zeitschriften (Verlegerrichtlinien) herausgegeben von der Arbeitsgemeinschaft Zeitschriftenverlage (AGZV) im Börsenverein des Deutschen Buchhandels, dem Bundesverband Deutscher Zeitungsverleger (BDZV), dem Verband Deutscher Zeitschriftenverleger (VDZ) in Zusammenarbeit mit dem Deutschen Journa-listen-Verband (DJV) und dem Zentralverband der deutschen Werbewirtschaft (ZAW).

http://www.interverband.com/u-img/184/Rili_Hinweise.html (10.3.2005)

Diese seitenlange Richtlinie der Verleger regelt bis aufs Komma, wie zum Beispiel mit Waschzetteln der Filmwirtschaft, mit PR-Texten von Kurorten, mit Veranstaltungshinweisen, mit Firmenjubiläen, mit Modeschauen oder Buchbesprechungen, mit Marktberichten oder Autoneuheiten korrekt umzugehen ist. Damit nicht genug: Die im Zentralverband der deutschen Werbewirtschaft organisierten Verbände der Verleger und der Werbungtreibenden haben eigene Richtlinien zu redaktionell gestalteten Anzeigen verfasst, die ebenfalls an Klarheit nichts zu wünschen übrig lassen. Dies gilt auch hinsichtlich der häufig beklagten Kopplung von Anzeigen und redaktionellen Freundlichkeiten:

Verbot von redaktionellen Zugaben

»Redaktionelle Beiträge in Bild und Text außerhalb des Anzeigenteils einer Druckschrift, die

a) als zusätzliche Gegenleistung des Verlegers im Zusammenhang mit der Erteilung eines Anzeigenauftrages angeboten, gefordert oder veröffentlicht werden,

b) dabei in Form günstiger Beurteilung oder mit dem Anschein der Objektivität den Anzeigenauftraggeber, seine Erzeugnisse, Leistungen oder Veranstaltungen erwähnen und

c) hierdurch dem Erwerbsstreben dienen, ohne diese Absicht erkennen zu lassen, sind unlauter. Diese Kopplungsangebote sind daher verboten.«

ZAW-Richtlinien redaktionell gestaltete Anzeigen (Fassung vom Januar 2003)
http://www.interverband.com/u-img/184/Rili_Anzeigen.html (vom 15.7.2005)

Beide Regelwerke sind überaus klar und umfassend. Sie sind über Richtlinie 7.1 mit dem Pressekodex verbunden. Jeder Redakteur kann sich auf diese Richtlinie (s. S. 333 ff.) berufen. Mehr muss dazu nicht beachtet werden.

Ziffer 8: Die Presse achtet das Privatleben und die Intimsphäre des Menschen. Berührt jedoch das private Verhalten öffentliche Interessen, so kann es im Einzelfall in der Presse erörtert werden. Dabei ist zu prüfen, ob durch eine Veröffentlichung Persönlichkeitsrechte Unbeteiligter verletzt werden. Die Presse achtet das Recht auf informationelle Selbstbestimmung und gewährleistet den redaktionellen Datenschutz.

Richtlinie 8.1 Nennung von Namen/Abbildungen:
(1) Die Nennung der Namen und die Abbildung von Opfern und Tätern in der Berichterstattung über Unglücksfälle, Straftaten, Ermittlungs- und Gerichtsverfahren (siehe auch Ziffer 13 des Pressekodex) sind in der Regel nicht gerechtfertigt. Immer ist zwischen dem Informationsinteresse der Öffentlichkeit und dem Persönlichkeitsrecht des Betroffenen abzuwägen. Sensationsbedürfnisse können ein Informationsinteresse der Öffentlichkeit nicht begründen.
(2) Opfer von Unglücksfällen oder von Straftaten haben Anspruch auf besonderen Schutz ihres Namens. Für das Verständnis des Unfallgeschehens bzw. des Tathergangs ist das Wissen um die Identität des Opfers in der Regel unerheblich. Ausnahmen können bei Personen der Zeitgeschichte oder bei besonderen Begleitumständen gerechtfertigt sein.

(3) Bei Familienangehörigen und sonstigen durch die Veröffentlichung mittelbar Be-troffenen, die mit dem Unglücksfall oder der Straftat nichts zu tun haben, sind Namensnennung und Abbildung grundsätzlich unzulässig.

(4) Die Nennung des vollständigen Namens und/oder die Abbildung von Tatverdächtigen, die eines Kapitalverbrechens beschuldigt werden, ist ausnahmsweise dann gerechtfertigt, wenn dies im Interesse der Verbrechensaufklärung liegt und Haftbefehl beantragt ist oder wenn das Verbrechen unter den Augen der Öffentlichkeit begangen wird. Liegen Anhaltspunkte für eine mögliche Schuldunfähigkeit eines Täters oder Tatverdächtigen vor, sollen Namensnennung und Abbildung unterbleiben.

(5) Bei Straftaten Jugendlicher sind mit Rücksicht auf die Zukunft der Jugendlichen möglichst Namensnennung und identifizierende Bildveröffentlichungen zu unterlassen, sofern es sich nicht um schwere Taten handelt.

(6) Bei Amts- und Mandatsträgern können Namensnennung und Abbildung zulässig sein, wenn ein Zusammenhang zwischen Amt und Mandat und einer Straftat gegeben ist. Gleiches trifft auf Personen der Zeitgeschichte zu, wenn die ihnen zur Last gelegte Tat im Widerspruch steht zu dem Bild, das die Öffentlichkeit von ihnen hat.

(7) Namen und Abbild Vermisster dürfen veröffentlicht werden, jedoch nur im Benehmen mit den zuständigen Behörden.

Richtlinie 8.2 Schutz des Aufenthaltsortes: Der private Wohnsitz sowie andere Orte der privaten Niederlassung, wie z. B. Krankenhaus-, Pflege-, Kur-, Haft- oder Rehabilitationsorte, genießen besonderen Schutz.

Richtlinie 8.3 Resozialisierung: Im Interesse der Resozialisierung müssen bei der Berichterstattung im Anschluss an ein Strafverfahren in der Regel Namensnennung und Abbildung unterbleiben.

Richtlinie 8.4 Erkrankungen: Körperliche und psychische Erkrankungen oder Schäden fallen grundsätzlich in die Geheimsphäre des Betroffenen. Mit Rücksicht auf ihn und seine Angehörigen soll die Presse in solchen Fällen auf Namensnennung und Bild verzichten und abwertende Bezeichnungen der Krankheit oder der Krankenanstalt, auch wenn sie im Volksmund anzutreffen sind, vermeiden. Auch Personen der Zeitgeschichte genießen über den Tod hinaus den Schutz vor diskriminierenden Enthüllungen.

Richtlinie 8.5 Selbsttötung: Die Berichterstattung über Selbsttötung gebietet Zurückhaltung. Dies gilt insbesondere für die Nennung von Namen und die Schilderung näherer Begleitumstände. Eine Ausnahme ist beispielsweise dann zu rechtfertigen, wenn es sich um einen Vorfall der Zeitgeschichte von öffentlichem Interesse handelt.

Richtlinie 8.6 Opposition und Fluchtvorgänge: Bei der Berichterstattung über Länder, in denen Opposition gegen die Regierung Gefahren für Leib und Leben bedeuten kann, ist immer zu bedenken: Durch die Nennung von Namen oder die Wiedergabe eines Fotos können Betroffene identifiziert und verfolgt werden. Gleiches gilt für die Berichterstattung über Flüchtlinge. Weiter ist zu bedenken: Die Veröffentlichung von Einzelheiten über Geflüchtete, die Vorbereitung und Darstellung ihrer Flucht sowie ihren Fluchtweg kann dazu führen, dass zurückgebliebene Verwandte und Freunde gefährdet oder noch bestehende Fluchtmöglichkeiten verbaut werden.

Richtlinie 8.7 Jubiläumsdaten: Die Veröffentlichung von Jubiläumsdaten solcher Personen, die sonst nicht im Licht der Öffentlichkeit stehen, bedingt, dass sich die Redaktion vorher vergewissert hat, ob die Betroffenen mit der Veröffentlichung einverstanden sind oder vor öffentlicher Anteilnahme geschützt sein wollen.

Richtlinie 8.8 Datenübermittlung: Alle von Redaktionen zu journalistisch-redaktionellen Zwecken erhobenen, verarbeiteten oder genutzten personenbezogenen Daten unterliegen dem Redaktionsgeheimnis. Die Übermittlung von Daten zu journalistisch-redaktionellen Zwecken zwischen den Redaktionen ist zulässig. Sie soll bis zum Abschluss eines formellen datenschutzrechtlichen Beschwerdeverfahrens unterbleiben. Eine Datenübermittlung ist mit dem Hinweis zu versehen, dass die übermittelten Daten nur zu journalistisch-redaktionellen Zwecken verarbeitet oder genutzt werden dürfen.

Es ereignet sich kaum ein größeres Unglück oder Kapitalverbrechen, ohne dass in der Boulevardpresse – und gelegentlich auch in vermeintlich seriösen Blättern – die Fotos der Opfer, die Fotos der Verdächtigen oder die Fotos verzweifelter Angehöriger zu sehen sind. Und alle sind erkennbar: die Opfer, die vermeintlichen Täter und die Angehörigen. Und häufig stehen auch noch ihre Namen dabei, so als ob es die Schutzregeln von Bildern und Namen nicht gebe. Dabei ist es einfach, den Namen und das Bild zu schützen: Der Nachname wird auf einen Buchstaben, das Initial, gekürzt, der Vorname darf ausgeschrieben werden. Wilhelm B. sagt genug, um Sorgfalt und Information erkennen zu lassen und verbirgt genug, die Rechte der Betroffenen zu wahren. Ähnlich einfach gelingt der Schutz des Bildes: Ein schwarzer Balken vor den Augen oder eine sorgfältige Pixelung, die sich auch bei heftigem Blinzeln nicht in ein erkennbares Bild verwandelt, machen ein Gesicht unkenntlich. Und genau darum geht es beim Schutz von Opfern, Tätern und Angehörigen. Es gibt vielleicht viel Neugier, aber es gibt grundsätzlich kein öffentliches Interesse an ihren Bildern und Namen. Dass in Einzelfällen sehr wohl ein öffentliches Interesse an Namen und Fotos besteht, ist in den Richtlinien berücksichtigt: Verunglückt der weltbekannte Konzernchef, der bedeutende Minister oder der große Fußballer, sind Fotos und Namen zulässig, verunglücken ihre Kinder oder Ehefrauen, geht es nur noch um Privatpersonen, für die es kein öffentliches Interesse gibt.

Nicht viel anders ist die Regelung bei Strafverdächtigen. Der Name und das Foto werden geschützt – vor dem Urteil, weil sie unschuldig sein können, nach dem Urteil, weil sie eine Chance auf Resozialisierung haben müssen. Nur in Ausnahmefällen darf die Öffentlichkeit den vollen Namen lesen und das Bild erkennen. Diese Ausnahmen sind in den Richtlinien erläutert. Sie sind übersichtlich und haben nur mit der Aufklärung von Kapitalverbrechen zu tun, mit der Suche nach Vermissten, mit Amts- und Mandatsträgern oder den Personen der Zeitgeschichte zu tun. Die Regel und die Ausnahmen sind unmissverständlich und es ist nichts alle billige Geschäftemacherei, wenn bisweilen der Eindruck entsteht, dass die Ausnahme die Regel und die Regel die Ausnahme sei.

Auch mit dem in Ziffer 8 beschworenen Schutz der Privat- und Intimsphäre ist es in Teilen der Presse nicht immer sehr weit her. Hier sorgen aber die meist prominenten Personen der Zeitgeschichte schon mithilfe ihrer Anwälte dafür, dass die betreffenden Redaktionen Lehrgeld zahlen. In diesem Fall konkretisieren die Gerichte, was das Persönlichkeitsrecht und der Pressekodex meinen. Dagegen ist nichts einzuwenden. Es geht eben niemanden etwas an, wer mit wem wann und wo die Nacht teilt. Es sei denn, der Staat beginnt zu wanken.

Dass manche Prominente freiwillig Einblick in ihr Privatleben gestatten, ist ihr Recht und hat meist viel mit Öffentlichkeitsarbeit zu tun. Dass dabei Redaktionen immer wieder mitmachen, zeigt nur, dass sie sich gerne instrumentalisieren lassen, was auch kein Zeichen für guten Journalismus ist. Verstoß gegen den Pressekodex oder Instrumentalisierung – so gesehen ist jede Art von Berichterstattung über Privat- oder Intimleben nichts als schlechter Journalismus.

Ziffer 9: Es widerspricht journalistischem Anstand, unbegründete Behauptungen und Beschuldigungen, insbesondere ehrverletzender Natur, zu veröffentlichen.

Fast jede Jahresstatistik des Presserates weist die unbegründeten Behauptungen als eine der besonders häufig monierten Verstoßarten aus. Die Ehre ist erkennbar schneller verletzt, als manche Journalisten glauben. Besondere Richtlinien hat der Presserat allerdings bisher noch nicht verabschiedet, trotz der vielen Fälle, die hierzu schon verhandelt wurden. Die Spruchpraxis lässt aber eine klare Linie des Presserates erkennen. Sie gilt auch bei Kommentaren:

- Ein Kolumnist, der in einem Kommentar Postbeamte als uniformierte Monster, geistig unterbelichtete Schmarotzer und Drückeberger bezeichnet hatte, erhielt eine öffentliche Rüge (Aktenzeichen B 13/91).

- Ein Bericht über Tierquälereien in Zoohandlungen erschien dem Presserat so allgemein, dass er die Ehre aller Zoohändler verletzt sah. Er missbilligte den Bericht (Aktenzeichen B 16/94).
- Ebenfalls als Ehrverletzung missbilligte der Presserat die Bezeichnung »Professor Horror« für einen Wissenschaftler, der im Rahmen seiner Unfallforschung mit Leichen Crash-Tests gemacht hatte (Aktenzeichen B 90/93).
- Missbilligt wurde auch der in einem Kommentar ausgesprochene Vorwurf an einen namentlich genannten Gewerkschaftsführer, er schrecke nicht vor Handgreiflichkeiten zurück. Die Aussage eines Informanten, der von Rempeleien gesprochen hatte, reiche für diese Behauptung nicht aus (Aktenzeichen B 74/99).
- Auf der anderen Seite ließ der Presserat eine satirische Filmkritik des SPIEGELS unbeanstandet passieren. In dieser Satire über das Quotentreiben im Fernsehen (»Quotenfrösche im Telezoo«) hatte das Magazin auch das Wort zum Sonntag karikiert: »[…] wo frisch gestylte Pastoren sich neuerdings wie päderastische Märchenonkel aus dem Gard-Haarstudio aufführen […]« Der Vergleich sei zulässig, weil lediglich ausgeführt werde, dass sich Pastoren aufführten wie päderastische Märchenonkel.

Ziffer 10: Veröffentlichungen in Wort und Bild, die das sittliche oder religiöse Empfinden einer Personengruppe nach Form und Inhalt wesentlich verletzen können, sind mit der Verantwortung der Presse nicht zu vereinbaren.

Ziffer 10 des Pressekodex wird nach den Statistiken des Presserates nicht häufig angesprochen und wird, sofern sie zur Beratung kommt, häufig von mehr oder minder geglückten Versuchen der Satire tangiert. Die Spruchpraxis des Presserates zeigt den schmalen Grat zwischen zulässiger und nicht zulässiger Satire:

- In einer satirischen Kommentierung des Osterprogramms der privaten Fernsehsender entdeckt der Autor zum Beispiel: »RTL steigt am Ostersamstag mit dem ultimativen Titel für einen kritischen Jesus-Film ein ›Stirb langsam‹.« Und er bezeichnet ›Winnetous Rückkehr‹ als »Auferstehungsfilm«. Der Presserat ließ die Satire passieren: Einer Redaktion müsse es erlaubt werden, im Rahmen einer Satire auch Formulierungen zu wählen, die in anderen journalistischen Darstellungsformen gegebenenfalls kritikwürdig wären, um ihr Anliegen – in diesem Fall eine Programmkritik – dem Leser zu vermitteln (Aktenzeichen B 36/99).
- In einer satirischen Kommentierung des Fastfood entdeckt der Autor Rettung durch den Erpresser eines Nahrungsmittelkonzerns, der sich ein »nettes Steckenpferd« gesucht habe: »›Asia Nudelsnack‹, ›Maggi Fix Chili con Carne‹,

›Nudelspaß Huhn‹, all diese Produkte – an sich schon Instrumente der Körperverletzung – reichert der Mensch wohldosiert mit Giftstoffen an und erpresst dadurch den Nestlé-Konzern.« Besonders diese Formulierung beanstandete der Presserat mit einem Hinweis, sie verharmlose die Tat und sei geeignet, das sittliche Empfinden von Lesern zu verletzen (Aktenzeichen B 21/99).

Ziffer 11: Die Presse verzichtet auf eine unangemessen sensationelle Darstellung von Gewalt und Brutalität. Der Schutz der Jugend ist in der Berichterstattung zu berücksichtigen.

Richtlinie 11.1 Unangemessene Darstellung: Unangemessen sensationell ist eine Darstellung, wenn in der Berichterstattung der Mensch zum Objekt, zu einem bloßen Mittel, herabgewürdigt wird. Dies ist insbesondere dann der Fall, wenn über einen sterbenden oder körperlich oder seelisch leidenden Menschen in einer über das öffentliche Interesse und das Informationsinteresse der Leser hinausgehenden Art und Weise berichtet wird.

Richtlinie 11.2 Berichterstattung über Gewalttaten: Bei der Berichterstattung über Gewalttaten, auch angedrohte, wägt die Presse das Informationsinteresse der Öffentlichkeit gegen die Interessen der Opfer und Betroffenen sorgsam ab. Sie berichtet über diese Vorgänge unabhängig und authentisch, lässt sich aber dabei nicht zum Werkzeug von Verbrechern machen. Sie unternimmt keine eigenmächtigen Vermittlungsversuche zwischen Verbrechern und Polizei. Interviews mit Tätern während des Tatgeschehens darf es nicht geben.

Richtlinie 11.3 Unglücksfälle und Katastrophen: Die Berichterstattung über Unglücksfälle und Katastrophen findet ihre Grenze im Respekt vor dem Leid von Opfern und den Gefühlen von Angehörigen. Die vom Unglück Betroffenen dürfen grundsätzlich durch die Darstellung nicht ein zweites Mal zu Opfern werden.

Richtlinie 11.4 Abgestimmtes Verhalten mit Behörden/Nachrichtensperre: Nachrichtensperren akzeptiert die Presse grundsätzlich nicht. Ein abgestimmtes Verhalten zwischen Medien und Polizei gibt es nur dann, wenn Leben und Gesundheit von Opfern und anderen Beteiligten durch das Handeln von Journalisten geschützt oder gerettet werden können. Dem Ersuchen von Strafverfolgungsbehörden, die Berichterstattung im Interesse der Aufklärung von Verbrechen in einem bestimmten Zeitraum ganz oder teilweise zu unterlassen, folgt die Presse, wenn das jeweilige Ersuchen überzeugend begründet ist.

Richtlinie 11.5 Verbrecher-Memoiren: Die Veröffentlichung sogenannter Verbrecher-Memoiren verstößt gegen die publizistischen Grundsätze, wenn Straftaten nachträglich gerechtfertigt oder relativiert werden, die Opfer unangemessen belasten und durch eine detaillierte Schilderung eines Verbrechens lediglich Sensationsbedürfnisse befriedigt werden.

Richtlinie 11.6 Drogen: Veröffentlichungen in der Presse dürfen den Gebrauch von Drogen nicht verharmlosen.

Richtlinie 11.4 bescheidet in erfrischender Klarheit, dass die Presse grundsätzlich keine Nachrichtensperren akzeptiert. Aber sie lässt Raum für alle die Fälle, in denen es zur Rettung von Menschenleben geboten ist, über laufende Verfahren nicht zu berichten. Meist handelt es sich bei diesen Fällen um Entführungen. Tatsächlich haben sich in der Vergangenheit in bestimmten Fällen alle Medien sogar über Wochen hin an das gebotene Schweigen gehalten. Es gibt eben täglich viele Fälle mustergültigen Verhaltens der Medien, was gerade bei der Auflistung von Rügen des Presserates nie übersehen werden darf.

Ziffer 11 betont mit dem Schutz der Jugend eigentlich eine Selbstverständlichkeit. Umso merkwürdiger, dass sich auch Jugendzeitschriften auf Kollisionskurs mit dem Pressekodex begeben. So zum Beispiel POPCORN. Das Blatt hatte es für nötig befunden, im Januar 2005 über japanische Sexmangas zu berichten, und den Bericht mit – wie der Presserat schrieb – »vielen pornografischen Darstellungen« illustriert. Diese verstießen nach Meinung des Gremiums gegen die Menschwürde, waren frauendiskriminierend, gewaltverherrlichend und dadurch jugendgefährdend. Damit nicht genug. In derselben Ausgabe berichtete die Jugendzeitschrift über einen Rapper namens Sido. Der Beitrag war mit Fotos illustriert, auf denen Frauen zu Sexualobjekten erniedrigt wurden. Beide Artikel, so der Presserat, waren durch die Vermischung von Gewalt und Sexualität »extrem jugendgefährdend«. Die öffentliche Rüge erging wegen Verstoßes gegen die Ziffern 1, 11 und 12 des Pressekodex (Aktenzeichen BK 2-60/05).

Dass mit Fotos von Gewalt auch ganz anders umgegangen werden kann, illustrierte das Magazin einer Tageszeitung. Das Blatt veröffentlichte 1997 ein Interview mit einem renommierten US-Kriminalisten. Der Beitrag enthielt Fotos von Serienkillern und deren Opfern, darunter auch ein Foto einer unbekleideten, an den Füßen aufgehängten Leiche. Die Redaktion hatte diese Fotos nach – wie sie dem Presserat schrieb – »einer sehr leidenschaftlichen Diskussion« veröffentlicht, weil sie die Abstraktion (und damit die Mystifikation) der Taten, wie sie in den Nachrichten zu sehen waren, ebenso unterliefen wie die Darstellung von Gewalt und Mord in Filmen und Romanen, die den Serienmörder heroisieren, etwa »Das Schweigen der Lämmer«. Für den Presserat ging die Redaktion mit der Veröffentlichung der Fotos an die Grenze des Zumutbaren, sie verzichtete aber auf eine sensationelle Darstellung der Form von Gewalt. Der Presserat sah keinen Verstoß gegen den Kodex, wobei er anerkennend berücksichtigte, dass die Redaktion die Originalfotos durch eine entsprechende Rasterung verfremdet hatte.

Ziffer 12: Niemand darf wegen seines Geschlechts, einer Behinderung oder seiner Zugehörigkeit zu einer rassischen, ethnischen, religiösen, sozialen oder nationalen Gruppe diskriminiert werden.

Richtlinie 12.1 Berichterstattung über Straftaten: In der Berichterstattung über Straftaten wird die Zugehörigkeit der Verdächtigen oder Täter zu religiösen, ethnischen oder anderen Minderheiten nur dann erwähnt, wenn für das Verständnis des berichteten Vorgangs ein begründbarer Sachbezug besteht. Besonders ist zu beachten, dass die Erwähnung Vorurteile gegenüber schutzbedürftigen Gruppen schüren könnte.

Vermutete Verstöße gegen Ziffer 12 des Pressekodex werden dem Presserat relativ häufig aufgegeben, regelmäßig jedes Jahr am 7. Dezember mit einer Art Sammelbeschwerde des Zentralrates Deutscher Sinti und Roma. Das Datum hat Bedeutung: Am 7. Dezember 1935 hatte das Reichsinnenministerium angeordnet, bei allen Mitteilungen an die Presse über Straftaten von Juden die Rassenzugehörigkeit hervorzuheben. Daran erinnert der Zentralrat mit seiner regelmäßigen Aktion.

Zudem steht die Diskriminierungsziffer immer wieder zur Diskussion: Im Mai 2003 diskutierte das 20-köpfige Plenum des Presserates seine Spruchpraxis zu Ziffer 12 mit fünf Chefredakteuren, im Frühjahr 2005 wurde die Ziffer erweitert. Dennoch drehen sich viele der vom Presserat dokumentierten Fälle immer wieder um die nicht zulässige Praxis mancher Journalisten, bestimmte Vergehen einer bestimmten Ethnie zuzuschreiben. Oft und immer wieder geht es dabei um Sinti und Roma oder Landfahrer. Und trotz der nun schon über Jahrzehnte immer gleichen Spruchpraxis des Presserates, dass eben der Hinweis auf die ethnische Zugehörigkeit von Tätern oder Tatverdächtigen für die Darstellung des zentralen Sachverhalts nicht zwingend erforderlich sei, kommt es immer wieder zu Verstößen gegen Ziffer 12. Noch im März 2005 erhielt die Zeitschrift WILD UND HUND eine öffentliche Rüge, weil sie in einer Glosse über Schlingensteller unter anderem behauptet hatte, dass es sich bei den Tätern »um Angehörige einer ethnischen Minderheit, und zwar einer mitgliederstarken Landfahrersippe aus Rumänien« handelt (Aktenzeichen BK 2-240/04, 36/05).

Die Spruchpraxis zu Ziffer 12 illustriert zudem, dass Redaktionen auch die Inhalte von Leserbriefen und Anzeigen im Auge behalten müssen. 1998 erhielt die SIEGENER ZEITUNG eine öffentliche Rüge für einen Leserbrief, in dem im Zusammenhang mit Homosexuellen von »Abartigkeit« die Rede war (Aktenzeichen B 58/98). Nur knapp um eine Maßnahme des Presserates herum kam eine Zeitung, die eine Anzeige von Tierversuchsgegnern gedruckt hatte, in der die Tierexperimentatoren als »Wesen besonderer Art« bezeichnet wurden, die man »nicht leichtfertig Menschen nennen« sollte. Dieses Zitat hätte, so der Presserat, nicht gedruckt werden dürfen, weil hier Wissenschaftlern die Menschenwürde abgesprochen werde. Er sah allerdings von einer Maßnahme ab, weil die Anzeigenabteilung der Zeitung die Sache von sich aus in Ordnung brachte: Sie distanzierte sich von der Anzeige und bedauerte die Veröffentlichung (Aktenzeichen B 45/87).

Der Pressekodex gilt auch für Anzeigen und Leserbriefe.

Ziffer 13: Die Berichterstattung über Ermittlungsverfahren, Strafverfahren und sonstige förmliche Verfahren muss frei von Vorurteilen erfolgen. Die Presse vermeidet deshalb vor Beginn und während der Dauer eines solchen Verfahrens in Darstellung und Überschrift jede präjudizierende Stellungnahme. Ein Verdächtiger darf vor einem gerichtlichen Urteil nicht als Schuldiger hingestellt werden. Über Entscheidungen von Gerichten soll nicht ohne schwerwiegende Rechtfertigungsgründe vor deren Bekanntgabe berichtet werden.

Richtlinie 13.1 Vorverurteilung – Folgeberichterstattung: Die Berichterstattung über Ermittlungs- und Gerichtsverfahren dient der sorgfältigen Unterrichtung der Öffentlichkeit über Straftaten, deren Verfolgung und richterliche[n] Bewertung. Bis zu einer gerichtlichen Verurteilung gilt die Unschuldsvermutung, auch im Falle eines Geständnisses. Auch wenn eine Täterschaft für die Öffentlichkeit offenkundig ist, darf der Betroffene bis zu einem Gerichtsurteil nicht als Schuldiger im Sinne eines Urteilsspruchs hingestellt werden. Vorverurteilende Darstellungen und Behauptungen verstoßen gegen den verfassungsrechtlichen Schutz der Menschenwürde, der uneingeschränkt auch für Straftäter gilt. Ziel der Berichterstattung darf in einem Rechtsstaat nicht eine soziale Zusatzbestrafung Verurteilter mithilfe eines »Medien-Prangers« sein. Daher ist zwischen Verdacht und erwiesener Schuld in der Sprache der Berichterstattung deutlich zu unterscheiden. Hat die Presse über eine noch nicht rechtskräftige Verurteilung eines namentlich erwähnten oder für einen größeren Leserkreis erkennbaren Betroffenen berichtet, soll sie auch über einen rechtskräftig abschließenden Freispruch bzw. über eine deutliche Minderung des Strafvorwurfs berichten, sofern berechtigte Interessen des Betroffenen dem nicht entgegenstehen. Diese Empfehlung gilt sinngemäß auch für die Einstellung eines Ermittlungsverfahrens. Kritik und Kommentar zu einem Verfahren sollen sich erkennbar vom Prozessbericht unterscheiden.

Richtlinie 13.2 Straftaten Jugendlicher: Bei der Berichterstattung über Ermittlungs- und Strafverfahren gegen Jugendliche sowie über ihr Auftreten vor Gericht soll die Presse mit Rücksicht auf die Zukunft der Betroffenen besondere Zurückhaltung üben. Diese Empfehlung gilt sinngemäß für jugendliche Opfer von Straftaten.

Ziffer 13 stand 1976 noch als Ziffer 12 für die erste große Änderung des Pressekodex: Der damalige Präsident des Bundesverfassungsgerichts Ernst Benda hatte sich beschwert, dass mehrere Zeitungen über die Gerichtsentscheidungen zur Diätenbesteuerung vor deren offizieller Verkündung berichtet hatten. Auch der Deutsche Richterbund und die Justizpressekonferenz Karlsruhe setzten sich für eine entsprechende Änderung des Pressekodex ein. Die Ergänzung erfolgte dann im März 1976. Die Berichterstattung über Gerichtsurteile vor deren Verkündung ist aber weniger häufig Thema des Presserates als die Vorverurteilung von Verdächtigen.

Es ist unverständlich, dass es manche Redaktionen nicht schaffen, Verdächtige so lange als mutmaßliche Täter oder als Verdächtige zu bezeichnen, bis sie rechtskräftig verurteilt sind. Die Statistiken des Presserates sind voll von Rügen für Boulevardzeitungen, die Verdächtige als Täter überführt sahen, noch bevor die Gerichte gesprochen hatten. Oft waren sogar nicht einmal die Ermittlungen abgeschlossen. Immer wieder waren Fälle dabei, in denen die Verdächtigen am Tag der Veröffentlichung bereits wieder auf freiem Fuß waren. Jede Auswertung der öffentlichen und nicht öffentlichen Rügen des Presserates zeigt das immer gleiche Muster von Verstößen: Verdächtige werden durch Bezeichnungen wie »Kinderschänder«, »Busengrapscher« oder »Spion« gebrandmarkt. Dabei werden sie gelegentlich mit schlecht gepixelten Fotos erkennbar abgebildet und durch viel zu detaillierte Beschreibungen auch noch identifizierbar gemacht. Nahezu typisch das Versagen der Berliner B.Z.: Das Blatt erhielt im Herbst 2004 gleich zwei Rügen des Presserates, weil es einen Lehrer und einen Boxtrainer vor jedem Urteil erkennbar und identifizierbar als Sexualtäter an den Pranger gestellt hatte (Aktenzeichen BK 1 – 89/04, BK 2 – 108/04).

Ziffer 14: Bei Berichten über medizinische Themen ist eine unangemessen sensationelle Darstellung zu vermeiden, die unbegründete Befürchtungen oder Hoffnungen beim Leser erwecken könnte. Forschungsergebnisse, die sich in einem frü-

hen Stadium befinden, sollten nicht als abgeschlossen oder nahezu abgeschlossen dargestellt werden.

Richtlinie 14.1 Medizinische oder pharmazeutische Forschung: Die Berichterstattung über angebliche Erfolge oder Misserfolge der medizinischen oder pharmazeutischen Forschung zur Bekämpfung von Krankheiten verlangt Sorgfalt und Verantwortungsgefühl. In Text und Aufmachung ist alles zu unterlassen, was bei Kranken und deren Angehörigen unbegründete und mit dem tatsächlichen Stand der medizinischen Forschung nicht in Einklang stehende Hoffnungen auf Heilung in absehbarer Zeit erweckt. Andererseits sollen durch kritische oder gar einseitige Berichte über kontrovers diskutierte Meinungen Kranke nicht verunsichert und der mögliche Erfolg therapeutischer Maßnahmen nicht infrage gestellt werden.

Kann ein Glas Buttermilch pro Tag vor Krebs schützen? Hat ein Berliner Forscher den Krebs besiegt? Gibt es ein Aids-Wunder? Und gibt es mit dem Aids-Wunder ein Ende des Sterbens? Natürlich nicht. Nichts davon ist wahr, alles aber stand so in Überschriften zu Berichten über Forschungsergebnisse in der Medizin. Und immer weckten diese Überschriften unbegründete Hoffnung bei Betroffenen. Genau deshalb wurden die Redaktionen vom Presserat gemaßregelt. Da half es der B.Z. auch nichts, dass der Artikel über die Erprobung eines neuen Medikaments gegen Leukämie den Stand der Forschung sachgerecht wiedergab. Die Überschrift »Berliner Forscher: Krebs besiegt« reichte nach Ansicht des Gremiums aus, um unbegründete Hoffnung auf Heilung zu wecken. Und genau das ist zu unterlassen. Das Boulevardblatt wurde dafür im Dezember 2004 öffentlich gerügt (Aktenzeichen BK 2 – 132/04).

Ziffer 15: Die Annahme und Gewährung von Vorteilen jeder Art, die geeignet sein könnten, die Entscheidungsfreiheit von Verlag und Redaktion zu beeinträchtigen, sind mit dem Ansehen, der Unabhängigkeit und der Aufgabe der Presse unvereinbar. Wer sich für die Verbreitung oder Unterdrückung von Nachrichten bestechen lässt, handelt unehrenhaft und berufswidrig.

Richtlinie 15.1 Einladungen und Geschenke: Die Gefahr einer Beeinträchtigung der Entscheidungsfreiheit von Verlagen und Redaktionen sowie der unabhängigen Urteilsbildung der Journalisten besteht, wenn Redakteure und redaktionelle Mitarbeiter Einladungen oder Geschenke annehmen, deren Wert das im gesellschaftlichen Verkehr übliche und im Rahmen der beruflichen Tätigkeit notwendige Maß übersteigt. Schon der Anschein, die Entscheidungsfreiheit von Verlag und Redaktion könne durch Gewährung von Einladungen oder Geschenken beeinträchtigt werden, ist zu vermeiden. Geschenke sind wirtschaftliche und ideelle Vergünstigungen jeder Art.

Die Annahme von Werbeartikeln zum täglichen Gebrauch oder sonstiger geringwertiger Gegenstände zu traditionellen Gelegenheiten ist unbedenklich. Recherche und Berichterstattung dürfen durch die Vergabe oder Annahme von Geschenken, Rabatten oder Einladungen nicht beeinflusst, behindert oder gar verhindert werden. Verlage und Journalisten sollten darauf bestehen, dass Informationen unabhängig von der Annahme eines Geschenks oder einer Einladung gegeben werden.

Es ist typisch, dass die Broschüre des Deutschen Presserates mit ihren vielen Fallbeispielen zum Pressekodex zu Ziffer 15 nicht ein einziges Beispiel aufführt. Es passt ins Bild, dass die Statistiken hier seit Jahren keine einzige Beschwerde ausweisen. Und es überrascht vor diesem Hintergrund wenig, dass der Presserat einen behaupteten Verstoß eines Chefredakteurs gegen Ziffer 15 nicht prüfen konnte, weil es ihm an entsprechenden Beweisen fehlte. Dies alles ist bezeichnend für die Grenzen des Pressekodex.

Denn tatsächlich kann ruhigen Gewissens davon ausgegangen werden, dass rund um Ziffer 15 eine riesige Grauzone von Gefälligkeiten gegenüber Journalisten besteht, die durch die Sparmaßnahmen der Verlage seit 2000 kaum kleiner geworden ist. Haller und Wiebersiek listeten die Gefälligkeiten nach Branchen des Journalismus auf:

- Wirtschaftsjournalisten – Vorzugsaktien, Anlagehinweise, Geldzuwendungen, Beraterverträge;
- Motorjournalisten – kostenlose oder vergünstigte Nutzung von Fahrzeugen, Geschenke, Reisen, Honorarverträge;
- Reise- und Modejournalisten – kostenlose Reisen, vergünstigte Urlaubsdomizile, aufwändige Geschenke;
- Gastronomie- und Gourmetjournalisten – Umsatzbeteiligungen, Tantiemen, kostenlose Restaurantbesuche und Reisen, vergünstigte Einkaufsmöglichkeiten, Geschenke;
- Lokaljournalisten – persönliche Beziehungsgeflechte, Privilegien bei der Nutzung öffentlicher Einrichtungen, bevorzugte Behandlung im Behördenbereich.

Unter Journalisten gelten auch noch die Kosmetik- und Computerindustrie als spendierfreudig, und viele Journalisten wissen aus eigener Erfahrung, was mit Vortragshonoraren und Presserabatten gemeint ist.

All das passt in keiner Weise zu Sinn und Formulierung von Ziffer 15 und Richtlinie 15.1 und rechtfertigt es durchaus, davon zu reden, dass im deutschen Journalismus täglich in nennenswertem Umfang »unehrenhaft und berufswidrig« gehandelt wird, ohne dass der Presserat tätig werden kann. Das Rabattwesen hatte zwischenzeitlich so weit um sich gegriffen, dass es einem Journalistenmagazin ein Anliegen war, Übersichten zu Presserabatten bei unterschiedlichen Herstellern zu publizieren, so als ob die Anbieter von Autos, Computern oder Reisen Journalisten Rabatte ohne jeden Hintergedanken gewähren. Natürlich wollen sie eine freundliche Presse, genau wie die Autohersteller, die ihre Neuwagen in exklusiven Urlaubsgegenden vorstellen oder die Industrieunternehmen, die Journalisten zur Eröffnung neuer Fließbänder in ferne Länder fliegen.

Unbestechlich oder nicht, ein bisschen korrupt geht nicht. *Schon der Anschein, die Entscheidungsfreiheit von Verlag und Redaktion könne durch Gewährung von Einladungen oder Geschenken beeinträchtigt werden, ist zu vermeiden* – fordert Richtlinie 15.1, was eigentlich nur heißen kann: Unbestechliche Redaktionen und Journalisten folgen dem Vorbild der WASHINGTON POST, die den Umgang mit Geschenken, Rabatten und Vergünstigungen in ihren »Standards and Ethics« schlicht und ergreifend regelt: »We accept no gifts from news sources. We accept no free trip. We neither seek nor accept preferential treatment that might be rendered because of the positions we hold.« (zit. n. Haller/Wiebersiek 2001, S. 3) Die Ausnahmen, die die WASHINGTON POST zu diesen Regeln zulässt, sind äußerst übersichtlich: Zufällige und arglose Essenseinladungen und Karten zu Veranstaltungen, die nicht an das Publikum verkauft werden. Wenn irgend möglich, bezahlt die Redaktion der WASHINGTON POST aber jede Eintrittskarte.

Dass so viel journalistische Unabhängigkeit Geld kostet, steht außer Zweifel. Manchen Verlegern ist sie zu teuer. Sie lassen dann ihre Redakteure und freien Mitarbeiter weiter auf Kosten anderer an Reisen teilnehmen. Dann aber sollten die Leser über den Hintergrund des jeweiligen Berichtes aufgeklärt werden. Haller und Wiebersiek definieren zu Recht eine ergänzende Regel für den Fall der Einladungsreisen (Haller/Wiebersiek 2001, S. 4):

»Klären Sie Ihre Leser, Hörer oder Zuschauer über die Umstände und Bedingungen auf, unter denen Ihr Bericht zu Stande kam. Wenn Sie eingeladen wurden: Schreiben Sie es. Nennen Sie den Veranstalter, den Sponsor. Verkaufen Sie ihr Publikum nicht für dumm, sondern weihen Sie es ein.«

Ziffer 16: Es entspricht fairer Berichterstattung, vom Deutschen Presserat öffentlich ausgesprochene Rügen abzudrucken, insbesondere in den betroffenen Publikationsorganen.

Richtlinie 16.1 Rügenabdruck: Für das betroffene Publikationsorgan gilt: Der Leser muss erfahren, welcher Sachverhalt der gerügten Veröffentlichung zugrunde lag und welcher publizistische Grundsatz dadurch verletzt wurde.

So selbstverständlich Ziffer 16 auch anmutet, ein Streit um den Abdruck öffentlicher Rügen brachte den Deutschen Presserat 1982 bis 1985 an den Rand seiner Existenz. Das Gremium stellte seine Arbeit für drei Jahre ein und nahm sie erst Ende 1985 auf der Basis einer neuen Satzung wieder auf, nachdem die Mehrheit aller Verlage dem Abdruck öffentlicher Rügen in den eigenen Blättern zugestimmt hatte. Seitdem sind die Verlage mehrfach zum Abdruck öffentlicher Rügen verpflichtet: Über den Pressekodex, über die Satzung des Trägervereins des Deutschen Presserates und über eine Selbstverpflichtungserklärung. Satzung und Selbstverpflichtungserklärung sagen auch noch, wann die Rüge abzudrucken ist: »aktualitätsnah«.

19.3 Zusammenfassung

Weltweit haben die Verbände von Verlegern oder Journalisten oder einzelne Medienhäuser Grundsatzpapiere mit Normen für gutes journalistisches Handeln entwickelt. Dabei hat sich als Art gemeinsamer Nenner der einzelnen internationalen Pressekodizes eine Reihe von Standesgrundsätzen für Journalisten herausgebildet. Diese betreffen zum Beispiel das Verantwortungsbewusstsein bei der Erfüllung der öffentlichen Aufgabe, die Unabhängigkeit bei der Berichterstattung, die Achtung vor der Wahrheit, die korrekte Beschaffung und Wiedergabe von Informationen, die Richtigstellung falscher Veröffentlichungen, die Wahrung von Vertraulichkeit, den Respekt der Privat- und Intimsphäre, das Eintreten für Frieden und Menschenrechte, die Ablehnung der Diskriminierung von Nationen, Rassen und Religionen, die Zurückhaltung bei der Berichterstattung über Ermittlungen und schwebende Gerichtsverfahren oder die Ablehnung von Geschenken und Vorteilen.

In Deutschland beschreiben die so genannten Publizistischen Grundsätze (Pressekodex) und die Richtlinien für die publizistische Arbeit nach den Empfehlungen des Deutschen Presserats sittlich einwandfreies journalistisches Handeln. Die 16 Grundsätze und 41 Richtlinien bilden den Maßstab der freiwilligen Selbstkontrolle der deutschen Presse durch den Deutschen Presserat. Sie stellen die beste und umfassendste Beschreibung des Berufsethos von Journalisten in Deutschland dar.

Literatur

Deutscher Presserat (Hrsg.): Regeln für guten Journalismus. Die publizistischen Grundsätze des Deutschen Presserates mit Fallbeispielen. Bonn, o. J.

Deutscher Presserat, Institut zur Förderung des publizistischen Nachwuchses (Hrsg.): Ethik im Redaktionsalltag, Konstanz 2005.

Donsbach, Wolfgang: Journalist, in: Noelle-Neumann, Elisabeth u. a. (Hrsg.): Das Fischer-Lexikon Publizistik, Massenkommunikation. Aktualisierte, vollst. überarb. und erg. Aufl., Frankfurt 2002, S. 78–125.

Funiok, Rüdiger: Medienethik. Der Wertediskurs über Medien ist unverzichtbar, in: Aus Politik und Zeitgeschichte B 41-42/2000, S. 11–18.

Gerhardt, Rudolf, Erich Steffen: Kleiner Knigge des Presserechts, Frankfurt 2002.

Haller, Michael, Kathrin Wiebersiek: Den Verführungen widerstehen, in: Sage & Schreibe Werkstatt 9/2001, S. 2–4, Beilage Journalist 9/2001.

Kunczik, Michael; Astrid Zipfel: Publizistik. Ein Studienhandbuch, Köln u. a. 2001.

Pörksen, Bernhard: Medienethik, in: Weischenberg, Siegfried u. a. (Hrsg.): Handbuch Journalismus und Medien, Konstanz 2005, S. 211–220.

Pürer, Heinz u. a. (Hrsg.): Praktischer Journalismus. Presse, Radio, Fernsehen, Online. 5., völlig neue Auflage, Konstanz 2004.

Riehl-Heyse, Herbert: Bestellte Wahrheiten. Anmerkungen zur Freiheit eines Journalistenmenschen, München 1992.

Riehl-Heyse, Herbert: Arbeiten in vermintem Gelände. Macht und Ohnmacht des Journalismus. 2. Aufl., Wien 2003.

Sage & Schreibe Werkstatt. Verhaltensregeln. Der hohe Preis der Unabhängigkeit. Beilage Journalist 9/2001.

Thomaß, Barbara: Journalistische Ethik, Opladen u. a. 1998.

Schwarz-Weiß-Buch. Spruchpraxis des Deutschen Presserats, Hrsg.: Trägerverein des Deutschen Presserats e. V., Bonn 1990.

Wilke, Jürgen (Hrsg.): Ethik der Massenmedien, Wien 1996.

Anhang

Richtlinien für redaktionelle Hinweise in Zeitungen und Zeitschriften (Verlegerrichtlinien)

Um die im Interesse der Öffentlichkeit, der Werbungtreibenden, aber auch der Zeitungen und Zeitschriften selbst unbedingt notwendige klare Abgrenzung der Textteile und der Anzeigenteile der periodischen Druckwerke voneinander zu erreichen, sind die an der Herausgabe beteiligten Verbände übereingekommen, ihren Mitgliedern dringend nahezulegen, die folgenden Richtlinien anzuwenden. Die Verleger werden sie in die Geschäftsanweisung aufnehmen, die sie ihren Redaktionen erteilen. Die Redakteure sollen sich bei der Anwendung der Richtlinien von dem Grundsatz leiten lassen, daß der Textteil unter keinen Umständen die Gegenleistung der Zeitung oder Zeitschrift für gleichzeitig oder vorher oder nachher veröffentlichte Anzeigen sein darf.

Vorwort

Verleger und Redakteure (Journalisten) wirken bei der Gestaltung der öffentlichen Meinung mit. Um ihre publizistische Aufgabe erfüllen zu können, brauchen sie das Vertrauen ihrer Leser. Dieses Vertrauen kann insbesondere dann nicht entstehen oder erhalten bleiben, wenn die Leser in den Textteilen der Zeitungen und Zeitschriften redaktionelle Hinweise finden, die, ohne äußerlich als bezahlte Wirtschaftswerbung in Erscheinung zu treten, privatwirtschaftlichen Belangen dienen. Als Teil der Textgestaltung gehören die redaktionellen Hinweise zum Verantwortungsbereich der Schriftleitung. Aufgabe des Redakteurs ist es daher, aus der Berichterstattung über ein Unternehmen und seine Leistung alles auszusondern, was über den Rahmen einer sachlichen Unterrichtung hinausgeht. Zugeständnisse, die in Verbindung mit Anzeigenaufträgen in Form günstiger Beurteilung privatwirtschaftlicher Unternehmen, ihrer Erzeugnisse, Leistungen oder Veranstaltungen im Textteil des Druckwerkes eine zusätzliche Leistung des Verlages darstellen, sind geeignet, die Grundsätze der Sauberkeit in der Werbung, der Unabhängigkeit der Presse und der Freiheit der Meinungsäußerung zu gefährden, und sollten deshalb weder von Werbungtreibenden erwartet noch von Verlagen gewährt werden, zumal sie darüber hinaus gegen die Preistreue verstoßen.

1. Amtliche Bekanntmachungen und Verlautbarungen

Bekanntmachungen und Verlautbarungen, die Behörden, Körperschaften, Innungen usw. durch die Presse verbreiten wollen, gehören in der Regel in den Anzeigenteil. Ein Hinweis auf solche Bekanntmachungen usw. im Textteil ist zulässig.

2. Veranstaltungen, Sport, Mode, Theater, Film u. a.

Für Veranstaltungen unterhaltender Art (Theater, Lichtspielhäuser, Varietés, Zirkus, Konzerte und Vorträge) sowie für alle Veranstaltungen kultureller, religiöser und vaterländischer Art gilt der Grundsatz, daß eine einmalige Vorbesprechung gestattet ist, sofern in ihr alles Geschäftliche bzw. Vortragsfolge, ausführliche Angaben über Eintrittspreise, Kartenverkaufsstellen, Vorverkauf usw. vermieden wird. Diesen Zwecken dienende Bekanntmachungen und Werbeaufrufe gehören in den Anzeigenteil. Auf wichtige Veranstaltungen kann hingewiesen werden, sofern der Redakteur der Überzeugung ist, daß die Mehrzahl der Leser über ihre Bedeutung aufgeklärt werden muß.

Über gelegentliche und kleinere Varieté-Vorstellungen in Gaststätten können Betrachtungen veröffentlicht werden, wenn die artistischen Leistungen dieser Veranstaltungen als besprechenswert erscheinen. Ob und wann das zutrifft, hat jede Redaktion im Einzelfall selbst zu entscheiden.

Dagegen sind Hinweise auf sonstige Veranstaltungen von Gaststätten, Bars, Tanztees usw. und Berichte darüber abzulehnen. Hinweise darauf gehören in den Anzeigenteil. Den Verlegern ist zu empfehlen, sogenannte Vereinskalender zusammenzustellen, für die sie ermäßigte Grundpreise gewähren können.

Bei Wohltätigkeitsveranstaltungen ist darauf zu achten, daß jede Werbung für die Veranstalter oder einen bestimmten Kreis vermieden wird. Die Gemeinnützigkeit muß in Zweifelsfällen durch Rückfrage bei den Behörden festgestellt werden. Firmenwerbung in Veröffentlichungen über gemeinnützige Veranstaltungen ist zu unterlassen.

3. Programmübersichten u. ä.

Die Veröffentlichung von Programmübersichten für Theater, Lichtspielhäuser, Konzerte, Vorträge usw. im Textteil ist unter Vermeidung aller geschäftlichen Angaben zulässig. Sie muß sich auf das Allernotwendigste (wenige Zeilen) zur Unterrichtung der Leserschaft beschränken, denn sie soll für den Veranstalter kein Ersatz für die Anzeige sein. Gottesdienstordnungen werden im Anzeigenteil veröffentlicht, ebenso die Bekanntmachung über den Sonntags- und Nachtdienst der Ärzte, Zahnärzte, Apotheker, Kraftfahrzeughandwerker usw.

4. Kurorte, Vergnügungsreisen usw.

Über Bäder-, See-, Bahn- und Autoreisen, Vergnügungsveranstaltungen kann berichtet werden unter Fernhaltung all dessen, was in den Anzeigenteil gehört, z. B. Kurtaxen, Bäderpreise, Eintrittspreise usw.

Werbeartikel über Kurorte, die den Redaktionen von Reisebüros, Verkehrsvereinen oder sonstigen Stellen eingesandt werden, dürfen nur als Unterlage für die eigene Würdigung benutzt werden.

In Reisebeschreibungen usw. sind Namen von Fahrzeugen, Gaststätten usw. nicht zu nennen.

5. Sportliche Veranstaltungen

Im besonderen Falle, wie bei Programmänderungen und größeren sportlichen Veranstaltungen (z. B. Meisterschaften, internationalen Kämpfen, Autorennen, tourensportlichen Kraftfahrzeugwettbewerben) können auch mehrmalige, verschieden gehaltene Vorbesprechungen veröffentlicht werden. Dies gilt auch von örtlichen Sportveranstaltungen, falls für sie im Verbreitungsgebiet des betreffenden Blattes ein allgemeines öffentliches Interesse besteht.

6. Theater, Film und andere Veranstaltungen

Von den beteiligten Künstlern oder den Veranstaltern verfaßte Vorberichte oder Rezensionen dürfen nur mit deutlicher Quellenangabe übernommen werden. Für Filme – deutsche und ausländische – ist besonders hervorzuheben, daß Vorbesprechungen nur unterrichtende Mitteilungen enthalten sollen. Besprechungen von Werbefilmen einzelner Unternehmungen sind abzulehnen, es sei denn, es handele sich um Musterbeispiele der Werbekunst. Auch in diesem Falle darf der Name der Firma in der Besprechung nicht in auffallendem Druck gebracht werden. Der Abdruck von Waschzetteln über solche Filme ist nicht zulässig.

7. Textil-Modegewerbe

Die Berichterstattung über dieses Fachgebiet soll der Förderung des modischen Schaffens allgemein dienen und nicht der Werbung für einzelne Unternehmungen. Berichte über Modeschauen und Kollektionsbesichtigungen müssen eigene Arbeit der Redakteure oder deren Mitarbeiter sein. Waschzettel werden nicht abgedruckt. Die Hervorhebung von Firmennamen Stoffbezeichnungen oder Marken in einer Weise, daß die Berichterstattung zur Reklame wird, widerspricht diesen Richtlinien und wird daher abgelehnt.

Eine mehrmalige Veröffentlichung von Berichten über die gleichen Kollektionen ist nicht zulässig.

Modeberichte sollen keine Preisangaben oder sonstige Einzelheiten rein geschäftlichen Charakters enthalten.

Die Verlage lehnen Anzeigenaufträge von Firmen des Modegewerbes ab, welche die Bedingung enthalten, im Textteil Berichte über die Erzeugnisse des Auftraggebers zu veröffentlichen. Bei Veröffentlichungen von Schnittmustermodellen ist die Nennung der Kenn-Nummer und der Marke erlaubt. Gestattet ist auch die Angabe der Bezeichnungsart neuer Garne, Stoffe usw., die für die Ausführung der Modelle vorgeschlagen werden, aber nicht die Nennung einzelner Firmenmarken. Solche Veröffentlichungen im Textteil dürfen nicht als Anzeige wirken, auch darf mit ihnen weder für die Schnittmusterfirma noch für den Warenhersteller Werbung verbunden werden.

8. Lotterien

Vollständige Gewinnlisten von Lotterien sollen nicht im Textteil veröffentlicht werden. Es bleibt den Zeitungen und Zeitschriften jedoch überlassen, Auszüge aus Gewinnlisten (größere Gewinne) zu veröffentlichen.

9. Versteigerungen

Vorberichte von Tierversteigerungen sind dann zulässig, wenn es sich um Veranstaltungen zur Förderung der Tierzucht handelt. Geschäftliche Daten sind hierbei fortzulassen. Die Angaben müssen sich auf züchterisch wichtige Bemerkungen beschränken.

Vor- und Nachbesprechungen über Versteigerungen von Kunstwerken und Sammlungen sind gestattet, sofern es sich um Gegenstände von besonderem Kunstwert handelt und dabei Firmen nicht genannt werden.

10. Besprechungen von Büchern und Schallplatten

Waschzettel dürfen lediglich als Anhalt benutzt werden. Schallplatten dürfen in Zeitungen und Zeitschriften mit Angabe der Marke nur einmal besprochen werden; die Nennung von Preis und Nummer ist dabei nicht gestattet.

Werbebroschüren, Prospekte, Hausmitteilungen usw. wirtschaftlicher Unternehmen sind redaktionell nicht zu behandeln, es sei denn, daß allgemein interessierende Sonderleistungen vorliegen.

11. Veranstaltungen von Firmen und Verbänden

Berichte über Firmenveranstaltungen sind zulässig, wenn sie von allgemeinem Interesse sind.

12. Allgemeine Entwicklung der Wirtschaft, Technik u. ä.

Es ist eine Aufgabe der Redaktion, über die allgemeine Entwicklung in Industrie, Handwerk, Handel, Kredit- und Versicherungswesen, Gewerbe und Technik zu berichten. Solche Berichte (auch Bildveröffentlichungen) werden vielfach zur versteckten Wirtschaftswerbung benutzt. Wirtschaftswerbung gehört aber in den Anzeigenteil. Zu den Fortschritten von Wirtschaftszweigen kann der Redakteur Stellung nehmen, doch darf damit keine Werbung für Einzelfirmen verbunden werden.

Dasselbe gilt von Berichten, die sich mit bestimmten Wirtschaftsräumen (regionale Gliederung der Wirtschaft) befassen.

Wenn Redaktionen Erzeugnisse der gewerblichen Wirtschaft fotografieren oder zeichnen lassen, darf in der Bildbeschriftung (Bildunterschrift, textliche Erklärung zum Bild) nur dann der Name der Herstellerfirma genannt werden (aber ohne typographische Hervorhebung), wenn es sich um eine Neuheit oder Sonderleistung handelt, die ein öffentliches oder besonderes fachliches Interesse beansprucht.

Bilder oder Zeichnungen, die von den Herstellerfirmen der dargestellten Gegenstände selbst angefertigt worden sind, oder für die sie die ausschließlichen Werknutzungsrechte erworben haben, müssen den Bildurhebervermerk »Werkaufnahme« oder »Werkzeichnung« tragen.

Reklamebilder, die zum Zweck augenfälliger Eigenwerbung Markenfabrikate oder Herstellernamen des abgebildeten Erzeugnisses über Gebühr groß erscheinen lassen, gehören nicht in den redaktionellen Teil.

13. Marktberichte

Anzeigenaufträge von Firmen, welche die Bedingung enthalten, im Textteil vom Auftraggeber verfaßte Berichte über Rohstoff-, Produkten-, Wertpapier- oder dergleichen Märkte ohne Herkunftsbezeichnung abzudrucken, werden von den Verlagen abgelehnt. Redaktionen übernehmen keine Marktberichte, für deren Abdruck im Textteil mit oder ohne Herkunftsbezeichnung Entgelte angeboten werden.

14. Messen und Ausstellungen

Die Berichte der Messe- und Ausstellungsämter dürfen ebenso wie die der ausstellenden Firmen nur als Material benutzt werden. Die Einzelbeschreibung bereits eingeführter Gegenstände ist zu unterlassen, ebenso die reklamehaft aufgemachte Beschreibung von Waren bzw. Standschilderung von Firmen.

Eine Berichterstattung über Messen und Ausstellungen soll der Niederschlag eigener Überzeugung auf Grund persönlicher Besichtigung und Prüfung sein, dabei kann diese persönliche Besichtigung und Prüfung verantwortlich von Fachmitarbeitern oder Redaktionen der Korrespondenzbüros übernommen werden.

Wünscht ein Werbungtreibender die Veröffentlichung der Beschreibung seiner Erzeugnisse und Leistungen und ihre Empfehlung unter Nennung seines Firmennamens, der Marke und der Preise, so darf eine solche Reklamenotiz nur gegen Bezahlung zum Textmillimeterpreis laut Anzeigenpreisliste abgedruckt werden, und zwar nur in dem außer Verantwortung der Redaktion stehenden und als solchen deutlich gekennzeichneten Werbeteil.

15. Berichterstattung über Neuheiten

Bei Neuheiten und neuen Verwendungszwecken ist die Nennung der Hersteller (aber nicht der Wiederverkäufer) zulässig. Als Neuheiten gelten solche Erzeugnisse oder Verwendungsarten, die für den Leserkreis des Blattes wichtig und bisher in dem Blatte noch nicht besprochen worden sind.

Allgemeine Neuerungen, wie sie alltäglich durch wirtschaftlichen Wettbewerb und Fortschritt laufend entwickelt und angeboten werden, sind keine wirklichen Neuheiten im Sinne des vorstehenden Absatzes.

Die Nennung des Preises, der Marke und der Herstellerfirma (nicht des Wiederverkäufers) ist zulässig bei Erfindungen, die ein öffentliches Interesse beanspruchen. Das gilt auch dann, wenn Neuschöpfungen zweifelsfrei als Sonderleistungen anzusprechen bzw. für das jeweilige Fachgebiet von ganz besonderer Bedeutung sind und der Redakteur zu der Überzeugung kommt, daß die Erwähnung des Preises und Herstellers in einem solchen Falle überragender Leistungen den allgemeinen binnen- und exportwirtschaftlichen Interessen dient. In allen anderen Fällen ist die Beschreibung eines Fabrikates unter Nennung der Herstellerfirma und des Preises oder beider Angaben stets einer Textanzeige gleichzuachten. Dasselbe gilt für die Wiederholung einer Neuheitenbesprechung sowie für Veröffentlichungen von Schaufensterbildern, die den Zweck haben, für namentlich gekennzeichnete und schon bekannte Verkaufserzeugnisse zu werben.

16. Auskunfts-Rubriken

Die Angabe von Bezugsquellen in Textrubriken wie »Frage und Antwort«, »Fragekasten«, »Fragen aus dem Leserkreis«, »Der Leser hat das Wort«, »Briefe an die Redaktion« usw. ist unzulässig. Auch wirkliche Neuheiten sind in derartigen Rubriken nicht namentlich aufzuführen. Selbstverständlich dürfen diese Rubriken auch keinerlei Kaufempfehlungen oder Kaufberatung sowie vergleichende Werturteile, Empfehlungen von Hotels, Verkaufserzeugnissen usw. enthalten. Grundsatz bei allen Auskunftserteilungen muß sein, daß sowohl bei den veröffentlichten Fragen als auch Antworten der jeweilige Sachverhalt sachlich unter Vermeidung jeglicher Herabsetzung oder Empfehlung dargestellt wird.

17. Kraftfahrzeuge und Zubehör

Neue oder fortentwickelte Konstruktionen von Kraftfahrzeugen und solche Zubehörneuheiten, die den Fortschritt der Kraftfahrzeugtechnik augenfällig günstig beeinflussen, sind als Sonderleistungen im Sinne dieser Richtlinien zu betrachten. Ausstellungsberichte dürfen nicht lediglich Standbeschreibungen darstellen, die mehr oder minder werbend wirken; sie sind vielmehr nach Sachgebieten zu gliedern, bei Kraftfahrzeugen aller Art zweckmäßigerweise nach Klassen oder Marken.

In anderen Berichten, so bei Sportberichterstattung, ist die Nennung von Zubehörfirmen der Kraftfahrzeugwirtschaft unzulässig. Ausnahmen sind hier nur bei überragenden Sonderleistungen gemäß diesen Richtlinien gestattet, also wenn z. B. ein beschriebenes Erzeugnis aus einem neuen Werkstoff hergestellt worden ist oder wenn es sich um besondere Spezialrennreifen handelt. Zulässig ist auch die über Kraftfahrzeuge aller Art in der Fachpresse übliche Veröffentlichung von Prüfungsbetrachtungen (Teste), aber nur unter Einhaltung ganz bestimmter Richtlinien, die zur Sicherung notwendiger Sachlichkeit festgelegt werden müssen, weil die in jeder Prüfungsbetrachtung zum Ausdruck kommende fachliche Wertung auf den jeweiligen Leserkreis beeinflussend wirkt.

Sogenannte Typenbeschreibungen sind nur in Verbindung mit Prüfungsbetrachtungen, technischen Arbeitsanleitungen oder anderen technischen Aufklärungsartikeln unter Beachtung strengster Sachlichkeit zugelassen. Dagegen fallen reine Typentafeln oder Typentabellen von Kraftfahrzeugen aller Art mit Preisangaben der Erzeugnisse und Nennung der Herstellerfirma (die solche Tafeln vielfach für die Kundengewinnung verwenden) in das Gebiet der Werbung und dürfen deshalb nur gegen Bezahlung im Werbeteil veröffentlicht werden.

18. Jubiläen, Geburtstage usw.

Redaktionelle Notizen über Jubiläen von Unternehmungen, Persönlichkeiten der Wirtschaft, verdienter Belegschaftsmitglieder dürfen nicht zu irgendwie gearteter Wirtschaftswerbung gebraucht werden.

Anlaß zu solchen Notizen kann nur die 25., 50., 75. oder 100. Wiederkehr eines wichtigen Tages bieten.

Sinngemäß gilt das Gleiche für Mitteilungen über Geburtstage usw. Es darf also nicht jeder beliebige Lebensabschnitt zum Anlaß einer redaktionellen Veröffentlichung werden.

Handelsnachrichten von Firmen, Neueintragungen im Handelsregister, Erteilung von Prokura, Vergleiche, Patentanmeldungen und Patenterteilungen, Auszeichnungen bei Ausstellungen usw. dürfen nur mit wenigen Zeilen gebracht werden, die sich auf das rein Sachliche und Tatsächliche zu beschränken haben. Darstellungen des Lebens verdienter Persönlichkeiten und Entwicklungsgeschichten von Firmen mit allgemein wirtschaftsgeschichtlicher Bedeutung können unter selbstverständlicher Vermeidung jeglicher Wirtschaftswerbung veröffentlicht werden, wenn ein öffentlicher Anlaß dies ausreichend rechtfertigt.

19. Mitarbeit von Fachleuten der Wirtschaft

Bei Aufsätzen, die Fachleute der Wirtschaft geschrieben haben, darf der Firmenname dem Verfassernamen nur dann beigefügt werden, wenn sich der Inhalt des Artikels mit allgemeinen Wirtschaftsfragen befaßt, nicht dagegen bei Behandlung von Fachfragen, die in ein Produktions- oder Arbeitsgebiet fallen, auf dem noch weitere Firmen im Wettbewerb stehen. Jede Werbung durch Namensnennung der Hausfirma oder durch unmittelbare Hervorhebung der Hauserzeugnisse muß unterbleiben.

20. Firmenveranstaltungen, Vorträge, Besichtigungen usw.

Wenn Firmen über ihre Werke oder Erzeugnisse in Veranstaltungen aller Art, z. B. auch bei Wandervorführungen sowie vor Verbänden, Innungen usw. Vorträge halten lassen, dürfen Firmen oder Markennamen bei der Berichterstattung nicht angegeben werden. Vor- und Nachberichte mit der Nennung von bestimmten Verbrauchserzeugnissen können nur gegen Bezahlung im Werbeteil veröffentlicht werden. Einladungen zu Besichtigungen von Betrieben sind dann grundsätzlich abzulehnen, wenn die Absicht erkennbar ist, daß mit der Veröffentlichung eines Berichtes über die Besichtigung eine kostenlose Werbung erreicht werden soll.

21. Fachliche Fotoerläuterungen

Bei Abbildungen dürfen in den Bildunterschriften Objektive, Aufnahmeapparat und das verwendete Platten- oder Filmmaterial sowie deren Herstellerfirmen und -marken nur in Fotofachzeitschriften, die zur ausschließlichen Belehrung dienen, genannt werden.

22. Mitteilungen über Wirtschaftswerbung

Zur Belehrung, Aufklärung und Schulung über vorbildlich durchgeführte Wirtschaftswerbung darf textlich und bildlich berichtet werden, sofern die veröffentlichten Beispiele nicht offene oder versteckte Verkaufswerbung für Firmen darstellen.

23. Neubauten

Bei Würdigung neuer Bauten sowie bemerkenswerter Umbauten, die ein allgemein-öffentliches Interesse rechtfertigen, darf der Name des Architekten genannt werden. Dagegen ist die Aufzählung der am Bau beteiligten Lieferantenfirmen im Textteil unstatthaft, solche Werbung gehört in den Werbeteil.

24. Beilagenhinweise

Beilagenhinweise sollen nicht so aufgemacht werden, daß sie als Äußerung der Redaktion betrachtet werden können.

Herausgeber:
Arbeitsgemeinschaft Zeitschriftenverlage (AGZV) im Börsenverein des Deutschen Buchhandels
Bundesverband Deutscher Zeitungsverleger (BDZV)
Verband Deutscher Zeitschriftenverleger (VDZ) in Zusammenarbeit mit dem Deutschen Journalisten-Verband und dem
Zentralverband der deutschen Werbe-wirtschaft (ZAW)

Quelle:
www.vdz.de/mediabase/documents/37_Richtlinie_fuer_redaktionell_Hinweise.
pdf vom 19.10.2005

ZAW-Richtlinien redaktionell gestaltete Anzeigen (Fassung vom Januar 2003)

Anzeigen in Druckschriften (z. B. Zeitungen und Zeitschriften), die wie redaktionelle Mitteilungen gestaltet sind und nicht erkennen lassen, daß sie gegen Entgelt abgedruckt sind, erwecken beim unvoreingenommenen Leser den Eindruck unabhängiger redaktioneller Berichterstattung, während sie in Wirklichkeit Anzeigen darstellen. Wegen ihres irreführenden Charakters verstoßen sie gegen die Grundsätze lauterer Werbung und gefährden das Ansehen und die Unabhängigkeit der redaktionellen Arbeit; sie sind daher auch presserechtlich untersagt. Wahrheit und Klarheit der Werbung fordern die klare Unterscheidbarkeit von redaktionellem Text und Werbung.

Der Zentralverband der deutschen Werbewirtschaft stellt daher fest:

Ziffer 1: Nicht erkennbarer Anzeigencharakter

Eine Anzeige in einem Druckwerk, die durch ihre Anordnung, Gestaltung oder Formulierung wie ein Beitrag des redaktionellen Teils erscheint, ohne den Anzeigencharakter, d. h. den Charakter einer entgeltlichen Veröffentlichung, für den flüchtigen Durchschnittsleser erkennen zu lassen, ist irreführend gegenüber Lesern und unlauter gegenüber Mitbewerbern.

Ziffer 2: Kenntlichmachen einer Anzeige durch Gestaltung und Anordnung

Der Charakter als Anzeige kann durch eine vom redaktionellen Teil deutlich abweichende Gestaltung – Bild, Grafik, Schriftart und -grade, Layout und ähnliche Merkmale – und durch die Anordnung des Beitrages im Gesamtbild oder Gesamtzusammenhang einer Druckseite kenntlich gemacht werden.

Ziffer 3: Kennzeichnungspflicht als Anzeige bei Verwechslungsgefahr

Hat der Verleger eines Druckwerks oder der für den Anzeigenteil Verantwortliche für eine Veröffentlichung ein Entgelt erhalten, gefordert oder sich versprechen lassen und reichen die in Ziffer 2 genannten Elemente nicht aus, den Anzeigencharakter der Veröffentlichung für den flüchtigen Durchschnittsleser erkennbar werden zu lassen, ist diese Veröffentlichung deutlich mit dem Wort »Anzeige« zu kennzeichnen.

Ziffer 4: Beurteilung der Gestaltung, Anordnung und Text einer Anzeige durch den flüchtigen Durchschnittsleser

Die Frage, wann Anordnung, Gestaltung und Text einer Anzeige die Pflicht zu ihrer zusätzlichen Kennzeichnung begründet, beurteilt sich nach den Umständen des Einzelfalls. Maßgebend ist hierbei der Eindruck, den ein nicht völlig unbeachtlicher Teil der Leser, an die sich die Druckschrift richtet, bei ungezwungener Auffassung gewinnt. Ferner ist die Verwechslungsfähigkeit vom Standpunkt eines flüchtigen Lesers aus zu beurteilen. An die Aufmerksamkeit des Lesers, seine Erfahrung und Sachkunde ist ein Durchschnittsmaßstab anzulegen. Insgesamt ist daher der Gesamteindruck entscheidend, den die Anzeige bei ungezwungener Gesamtwürdigung durch den flüchtigen Durchschnittsleser macht. Dabei sind die Einzelelemente der Gestaltung, der Anordnung und des Textes der Anzeige zu berücksichtigen.

Ziffer 5: Beurteilung des Hinweises »Anzeige« durch den flüchtigen Durchschnittsleser

Eine deutliche Kennzeichnung liegt dann vor, wenn der Hinweis »Anzeige« – gemessen an dem Gesamt-Erscheinungsbild der Anzeige – durch Plazierung, Schriftart, -grad und -stärke den Durchschnittsleser bereits bei flüchtiger Betrachtung auf den Anzeigencharakter der Veröffentlichung aufmerksam macht.

Ob im Einzelfall eine redaktionell gestaltete Anzeige, die nach den vorgenannten Grundsätzen der Kennzeichnungspflicht unterliegt, in ausreichender Weise durch die Hinzufügung des Wortes »Anzeige« bezeichnet ist, beurteilt sich nach der ungezwungenen Gesamtwürdigung eines flüchtigen Durchschnittslesers.

Ziffer 6: Hinweis an anderer Stelle nicht ausreichend

Ein Hinweis lediglich im Impressum oder an anderer Stelle genügt nicht zur Kennzeichnung des Werbecharakters einer Anzeige. Genügend ist stets nur die unmittelbare Kennzeichnung.

Ziffer 7: Firmenbezeichnung nicht ausreichend

Die namentliche Nennung des werbenden Unternehmers, seiner Erzeugnisse oder Leistungen im redaktionell gestalteten werbenden Text genügt für sich allein nicht zur Kennzeichnung des Werbecharakters.

Ziffer 8: Verbot anderer Begriffe als »Anzeige«

Die Worte »PR-Anzeige«, »PR-Mitteilung«, »Public Relations«, »Public-Relations-Reportage«, »Werbereportage«, »Verbraucherinformation« und ähnliche Ausdrücke genügen nicht zur Kennzeichnung des Werbecharakters, wenn nicht die Entgeltlichkeit der Veröffentlichung bereits aus anderen Merkmalen hervorgeht.

Ziffer 9: Verbot von redaktionellen Zugaben

Redaktionelle Beiträge in Bild und Text außerhalb des Anzeigenteils einer Druckschrift, die
a) als zusätzliche Gegenleistung des Verlegers im Zusammenhang mit der Erteilung eines Anzeigenauftrages angeboten, gefordert oder veröffentlicht werden,
b) dabei in Form günstiger Beurteilung oder mit dem Anschein der Objektivität den Anzeigenauftraggeber, seine Erzeugnisse, Leistungen oder Veranstaltungen erwähnen und
c) hierdurch dem Erwerbsstreben dienen, ohne diese Absicht erkennen zu lassen,

sind unlauter. Diese Kopplungsangebote sind daher verboten.

Herausgeber:
Zentralverband der deutschen Werbewirtschaft (ZAW)

Quelle:
www.vdz.de/pages/static/1866.aspx-63k-17.okt.2005, vom 19.10.2005 auch unter: www.vdz.de/mediabase/documents/37_ZAW_Richtlinien_redaktionell_gestalteter_Anzeigen.pdf vom 19.10.2005

Literatur

Arnold, Bernd-Peter: Nachrichtenwert und Nachrichtenauswahl. Anmerkungen aus der Sicht der Praxis, in: Media Perspektiven 1/1982, S. 28–34.

Arnold, Bernd-Peter: ABC des Hörfunks. 2. überarb. Aufl., Konstanz 1999.

Augstein, Rudolf: So fingen wir an, so wurden wir angefangen, in: Der Spiegel, Sonderausgabe 1947–1997, Seite 6/7.

Blittkowsky, Ralf: Online-Recherche für Journalisten. 2. völlig überarb. Aufl., Konstanz 2002.

Blum, Roger: Sammler statt Jäger, in: Journalistik Journal, 3. Jg. Nr. 1 Frühjahr 2000, S. 8/9.

Böhme, Erich: Erzähltrick, in: Medium Magazin 2/1995, S. 26/27.

Bölke, Dorothee: Presserecht für Journalisten. Freiheit und Grenzen der Wort- und Bildberichterstattung, München 2005.

Branahl, Udo: Urheberrecht in der Presse, in: Medien-Praxis 11/1998, S. 1–8, Beilage Journalist 11/1998.

Brendel, Detlef; Bernd E. Grobe: Journalistisches Grundwissen. Darstellung der Formen und Mittel journalistischer Arbeit und Einführung in die Anwendung empirischer Daten in den Massenmedien, München 1976.

Brendel, Matthias u. a.: Richtig recherchieren. Wie Profis Informationen suchen und besorgen. 6. Aufl., Frankfurt 2004.

Brielmaier, Peter; Eberhard Wolf: Zeitungs- und Zeitschriftenlayout. 2. Aufl., Konstanz 2000.

Deutscher Presserat (Hrsg.): Regeln für guten Journalismus. Die publizistischen Grundsätze des Deutschen Presserates mit Fallbeispielen. Bonn, o.J.

Deutscher Presserat, Institut zur Förderung des publizistischen Nachwuchses (Hrsg.): Ethik im Redaktionsalltag, Konstanz 2005.

Donsbach, Wolfgang: Journalist, in: Noelle-Neumann, Elisabeth u. a. (Hrsg.): Das Fischer-Lexikon Publizistik, Massenkommunikation. Aktualisierte, vollst. überarb. und erg. Aufl., Frankfurt 2002, S. 78–125.

Egli von Matt, Sylvia; Hans-Peter von Peschke, Paul Riniker: Das Porträt, Konstanz 2003.

Esslinger, Detlef: Im Irrgarten zwischen Qualität und Quote, in: 50 Jahre Süddeutsche Zeitung, Beilage der Süddeutschen Zeitung Nr. 230 vom 6.10.1995, S. J 45.

Fasel, Christoph: Nutzwertjournalismus, Konstanz 2004.

Funiok, Rüdiger: Medienethik. Der Wertediskurs über Medien ist unverzichtbar, in: Aus Politik und Zeitgeschichte B 41-42/2000, S. 11–18.

Garcia, Mario R.: Was Redakteure über Farben wissen müssen, in: Sage & Schreibe 7/1996, S. 28.

Gerhardt, Rudolf: Lesebuch für Schreiber. Vom journalistischen Umgang mit der Sprache. Ein Ratgeber in Beispielen. 6., überarb. und erw. Auflage, Frankfurt 2001.

Gerhardt, Rudolf, Erich Steffen: Kleiner Knigge des Presserechts, Frankfurt 2002.

Glotz, Peter; Wolfgang R. Langenbucher: Der missachtete Leser. Zur Kritik der deutschen Presse, München 1993.

Haas, Hannes: Mediengattungen, in: Weischenberg, Siegfried u. a. (Hrsg.): Handbuch Journalismus und Medien, Konstanz 2005, S. 225–229.

Hajnal, Ivo; Franco Item: Schreiben und Redigieren – auf den Punkt gebracht! Das Schreibtraining für Kommunikationsprofis. 2., veränderte Aufl., Frauenfeld 2005.

Haller, Michael: Das Interview. Ein Handbuch für Journalisten. 3. überarbeitete Auflage, Konstanz 2001.

Haller, Michael: Das Unbekannte nahe bringen, in: Sage & Schreibe Werkstatt 9/1999, S. 10–11, Beilage Journalist 9/1999.

Haller, Michael: Die Reportage. Ein Handbuch für Journalisten. 1. Auflage, München u.a. 1987.

Haller, Michael: Die Reportage. Ein Handbuch für Journalisten. 4. Auflage, Konstanz 1997.

Haller, Michael: Recherchieren. 6. überarb. Aufl., Konstanz 2004.

Haller, Michael: Reportage/Feature, in: Weischenberg, Siegfried u. a. (Hrsg.): Handbuch Journalismus und Medien, Konstanz 2005, S. 405–411.

Haller, Michael (Hrsg.): Recherche-Werkstatt, Konstanz 2001.

Haller, Michael, Kathrin Wiebersiek: Den Verführungen widerstehen, in: Sage & Schreibe Werkstatt 9/2001, S. 2–4, Beilage Journalist 9/2001.

Hanfeld, Michael: Jetzt hat die ARD ihr Watergate, in: Frankfurter Allgemeine, Nr. 125 vom 2.6.2005, S. 40.

Heijnk, Stefan: Gesetze der Wahrnehmung, in: Sage & Schreibe Spezial 3/1996, S. 46–49.

Heijnk, Stefan: Layout, in: Weischenberg, Siegfried u. a. (Hrsg.): Handbuch Journalismus und Medien, Konstanz 2005, S. 200–202.

Hoppe, Anja Maria: Glossenschreiben. Ein Handbuch für Journalisten, Wiesbaden 2000.

Hruska, Verena: Die Zeitungsnachricht: Information hat Vorrang. 3. neubearb. Aufl., Bonn 1999.

Kaiser, Ulrike: Ein Maulkorb ohne Bestand, in: Journalist 6/2005, S. 17–20.

Kaltenhäuser, Bettina: Abstimmung am Kiosk. Der Einfluss der Titelseitengestaltung politischer Publikumszeitschriften auf die Einzelverkaufsauflage, Wiesbaden 2005.

Kisch, Egon Erwin: Marktplatz der Sensationen, Berlin 1962.

Kleinsteuber, Hans J. : Reisejournalismus, in: Weischenberg, Siegfried u. a. (Hrsg.): Handbuch Journalismus und Medien, Konstanz 2005, S. 403–405.

Klems, Michael: »Finden, was man sucht!«. Strategien und Werkzeuge für die Internet-Recherche. Hrsg. v. d. Landesanstalt für Medien Nordrhein-Westfalen, Köln 2003.

Knieper, Thomas: Bildjournalismus, in: Weischenberg, Siegfried u. a. (Hrsg.): Handbuch Journalismus und Medien, Konstanz 2005, S. 29–31.

Knieper, Thomas: Verkehrtes >S<, in: Sage & Schreibe Werkstatt 8/2000, S. 5, Beilage Journalist 8/2000.

Kunczik, Michael; Astrid Zipfel: Publizistik. Ein Studienhandbuch, Köln u. a. 2001.

La Roche, Walter von: Einführung in den praktischen Journalismus. 16. völlig neu bearbeitete Auflage; Nachdr. München 2004.

Leif, Thomas (Hrsg.): Mehr Leidenschaft Recherche. Skandal-Geschichten und Enthüllungsberichte. Ein Handbuch zu Recherche und Informationsbeschaffung, Wiesbaden 2003.

Linke, Dirk: Klassische Moderne, in: Sage & Schreibe Spezial 3/1996, S. 26/27.

Ludwig, Johannes : Investigativer Journalismus. Recherchestrategien – Quellen – Informanten, Konstanz 2002.

Martens, Andrea: Das EKG des Lesens, in: Wirtschaftsjournalist 2/2004, S. 42–44.

Mast, Claudia: Neue Ziele vereinbaren, in: Journalist 3/2002, S. 31–33.

Mast, Claudia (Hrsg.): ABC des Journalismus. Ein Handbuch. 10., vollst. neue Auflage, Konstanz 2004.

Meissner, Michael: Zeitungsgestaltung. Typografie, Satz und Druck, Layout und Umbruch. 2., erw. Aufl., München 1995.

Menhard, Edigna; Tilo Treede: Die Zeitschrift. Von der Idee bis zur Vermarktung, Konstanz 2004.

Meyer, Werner (Bearb.): Journalismus von heute. Hrsg. von Mercedes Riederer, Loseblattausg. Starnberg u. a., Stand Erg.-Lfg. 29, 2002.

Noelle-Neumann, Elisabeth u. a. (Hrsg.): Das Fischer-Lexikon Publizistik, Massenkommunikation. Aktualisierte, vollst. überarb. und erg. Aufl., Frankfurt 2002.

Nowag, Werner: Kommentar/Glosse, in: Weischenberg, Siegfried u. a. (Hrsg.): Handbuch Journalismus und Medien, Konstanz 2005, S. 148–153.

Nowag, Werner; Edmund Schalkowski: Kommentar und Glosse, Konstanz 1998.

Pörksen, Bernhard: Medienethik, in: Weischenberg, Siegfried u. a. (Hrsg.): Handbuch Journalismus und Medien, Konstanz 2005, S. 211–220.

Pruys, Karl Hugo: »Im Vorfeld wird zurückgeschossen...«. Wie Politiker und Medien die deutsche Sprache verhunzen, Berlin 1994.

Pürer, Heinz: u. a. (Hrsg.): Praktischer Journalismus. Presse, Radio, Fernsehen, Online. 5., völlig neue Auflage, Konstanz 2004.

Pürer, Heinz: (Hrsg.): Praktischer Journalismus in Zeitung, Radio und Fernsehen. 1. Auflage, München u.a. 1991.

Redelfs, Manfred: Exklusives aus der Datenfülle, in: Journalist 8/2004, S. 44–46.

Redelfs, Manfred: Recherche, in: Weischenberg, Siegfried u. a. (Hrsg.): Handbuch Journalismus und Medien, Konstanz 2005, S. 390–394.

Reifenrath, Roderich: Die Blattmacher. Vom Handwerk des Journalisten, Frankfurt 2003.

Reiners, Ludwig: Stilfibel. Der sichere Weg zum guten Deutsch. Neuaufl., München 1992.

Reus, Gunter: Kulturjournalismus, in: Weischenberg, Siegfried u. a. (Hrsg.): Handbuch Journalismus und Medien, Konstanz 2005, S. 194–198.

Reus, Gunter: Kunst-Gewerbe. Der Wandel des Feuilletons, in: Journalist 8/1998, S. 12–17.

Reus, Gunter: Ressort: Feuilleton. Kulturjournalismus für Massenmedien. 2. Aufl., Konstanz 1999.

Richter, Peter: Die Überschrift journalistischer Beiträge. Serie: Lehrheft zur journalistischen Methodik. 4., gründl. überarb. und erg. Aufl., Leipzig 1989.

Riehl-Heyse, Herbert: Bestellte Wahrheiten. Anmerkungen zur Freiheit eines Journalistenmenschen, München 1992.

Riehl-Heyse, Herbert: Arbeiten in vermintem Gelände. Macht und Ohnmacht des Journalismus. 2. Aufl., Wien 2003.

Rössler, Patrick: Kino im Kopf, in: Journalist 7/1997, S. 42–44.

Ruß-Mohl, Stephan: Journalismus. Das Hand- und Lehrbuch, Frankfurt 2003.

Sage & Schreibe Werkstatt. Bildtexte. Mit Worten Bilder zum Sprechen bringen. Beilage Journalist 11/1999.

Sage & Schreibe Werkstatt. Fotografie (Teil 1). Pressefotos, die aus dem Rahmen fallen. Beilage Journalist 7/2000.

Sage & Schreibe Werkstatt. Fotografie (Teil 2). Mit Bildern blühen Bleiwüsten auf. Beilage Journalist 8/2000.

Sage & Schreibe Werkstatt. Infografik (Teil 1). Wie man Nachrichten veranschaulicht. Beilage Journalist 5/1999.

Sage & Schreibe Werkstatt. Infografik (Teil 2). Der Stoff aus dem die Schaubilder sind. Beilage Journalist 6/1999.

Sage & Schreibe Werkstatt. Infografik (Teil 3). Text, Bild und Grafik im Zusammenspiel. Beilage Journalist 7/1999.

Sage & Schreibe Werkstatt. Internet Recherche. Wie man Stecknadeln im Heuhaufen findet. Beilage Journalist 2/2000.

Sage & Schreibe Werkstatt. Überschriften. Mit der ersten Zeile Leser fangen. Beilage Journalist 9/1999.

Sage & Schreibe Werkstatt. Verhaltensregeln. Der hohe Preis der Unabhängigkeit. Beilage Journalist 9/2001.

Schmuck, Michael: Der Bildtext, in: Insight 5/2004, S. 28–30.

Schneider, Wolf: Deutsch für Profis. Wege zum guten Stil, München 1999.

Schneider, Wolf; Paul-Josef Raue: Das neue Handbuch des Journalismus. 1., vollst. überarb. und erw. Neuausg., Reinbek 2003.

Schneider, Wolf; Detlef Esslinger: Die Überschrift. Sachzwänge – Fallstricke, Versuchungen – Rezepte. 3. Aufl., München 2002.

Schulz, Winfried: Nachricht, in Noelle-Neumann, Elisabeth u. a. (Hrsg.): Das Fischer-Lexikon Publizistik, Massenkommunikation. Aktualisierte, vollst. überarb. und erg. Aufl., Frankfurt 2002, S. 328–362.

Sick, Bastian: Der Dativ ist dem Genitiv sein Tod. Ein Wegweiser durch den Irrgarten der deutschen Sprache, Köln 2004.

Söhring, Jörg: Presserecht. 3., erw. u. überarb. Aufl., Stuttgart 2000.

Strunz, Claus: Spannende Aspekte fürs Bild, in: Sage & Schreibe Werkstatt 11/1999, S. 2–4, Beilage Journalist 11/1999.

Thomaß, Barbara: Journalistische Ethik, Opladen u. a. 1998.

Schwarz-Weiß-Buch. Spruchpraxis des Deutschen Presserats, Hrsg.: Trägerverein des Deutschen Presserats e.V., Bonn 1990.

Unterstöger, Hermann: Vom Plunder zum Wunder, in: 50 Jahre Süddeutsche Zeitung, Beilage zur Süddeutschen Zeitung Nr. 230 vom 6.10.1995, S. J 92/93.

Weischenberg, Siegfried: Nachricht/Bericht, in: Weischenberg, Siegfried u. a. (Hrsg.): Handbuch Journalismus und Medien, Konstanz 2005, S. 306–310.

Weischenberg, Siegfried: Nachrichten-Journalismus. Anleitungen und Qualitätsstandards für die Medienpraxis, Wiesbaden 2001.

Weischenberg, Siegfried u. a. (Hrsg.): Handbuch Journalismus und Medien, Konstanz 2005.

Wilke, Jürgen (Hrsg.): Ethik der Massenmedien, Wien 1996.

Wilke, Jürgen; Bernhard Rosenberger: Die Nachrichten-Macher. Eine Untersuchung zu Strukturen und Arbeitsweisen von Nachrichtenagenturen am Beispiel von AP und dpa, Köln u. a. 1991.

Sachregister

Siegfried Weischenberg,
Hans J. Kleinsteuber, Bernhard Pörksen (Hg.)
Handbuch Journalismus und Medien
2005, 500 Seiten, gebunden im Großformat
ISBN 3-89669-429-4

Markus Reiter
Überschrift, Vorspann, Bildunterschrift
2006, 140 Seiten, broschiert
ISBN 3-89669-492-8

Michael Haller
Recherchieren
6., überarbeitete Auflage
2004, 338 Seiten, Broschur
ISBN 3-89669-434-0

Jürg Häusermann
Journalistisches Texten
Sprachliche Grundlagen für professionelles Informieren
2., aktualisierte Auflage
2005, 220 Seiten, Broschur
ISBN 3-89669-463-4

Melanie Wieland / Matthias Spielkamp
Schreiben fürs Web
Konzeption – Text – Nutzung
2003, 304 Seiten, Broschur
ISBN 3-89669-359-X

Edmund Schalkowski
Rezension und Kritik
2005, 316 Seiten, Broschur
ISBN 3-89669-341-7

Wolfgang Zehrt
Hörfunk-Nachrichten
Inklusive Audio-CD
2., überarbeitete Auflage
2005, 268 Seiten, Broschur
ISBN 3-89669-476-6

Martin Ordolff
Fernsehjournalismus
2005, 412 Seiten, Broschur
ISBN 3-89669-457-X

www.uvk.de

Claudia Mast (Hg.)
ABC des Journalismus
Ein Handbuch
10., völlig neue Auflage
748 Seiten, gebunden im Großformat
ISBN 3-89669-419-7

Institut zur Förderung publizistischen Nachwuchses,
Deutscher Presserat (Hg.)
Ethik im Redaktionsalltag
2005, 244 Seiten, Broschur
ISBN 3-89669-469-3

Heinz Pürer, Meinrad Rahofer, Claus Reitan (Hg.)
Praktischer Journalismus
Presse, Radio, Fernsehen, Online.
Inklusive CD-ROM mit journalistischen Beispielen
5., völlig neue Auflage
2004, 472 Seiten, gebunden im Großformat
ISBN 3-89669-458-8

Kurt Weichler
Redaktionsmanagement
2003, 262 Seiten, Broschur
ISBN 3-89669-356-5

Svenja Hofert
Erfolgreich als freier Journalist
2003, 216 Seiten, Broschur
ISBN 3-89889-364-6

Stefan Wachtel
Schreiben fürs Hören
Trainingstexte, Regeln und Methoden
3. Auflage
2003, 194 Seiten, Broschur
ISBN 3-89669-427-8

Christoph Fasel
Nutzwertjournalismus
2004, 268 Seiten, Broschur
ISBN 3-89669-455-3